Faszinierende Welt der Bibel

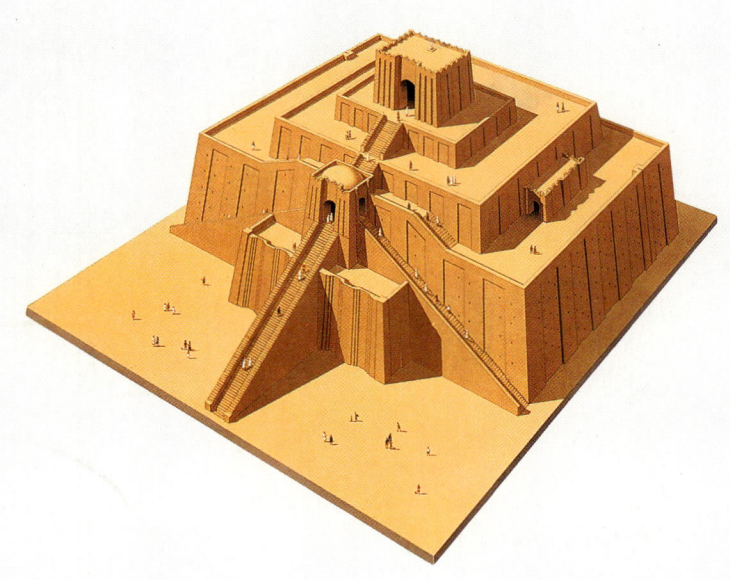

Faszinierende Welt der Bibel

Von Menschen und Schicksalen,
Schauplätzen und Ereignissen

Herder Freiburg · Basel · Wien

Great Events of Bible Times
New perspectives on the people, places and history of the Biblical world

Herausgegeben von
Bruce M. Metzger, George L. Collord, David Goldstein, John Ferguson

unter Mitarbeit von
Nicole Douek, Peter James, Margaret Oliphant, Sue Rollin,
William S. Campbell, Patrick Kalilombe, Frances Young

© Marshall Editions Limited, London 1987

DEUTSCHE AUSGABE
ÜBERSETZT UND HERAUSGEGEBEN VON
IVO MEYER

– Zweite Auflage –

Alle Rechte vorbehalten – Printed in Germany
© Verlag Herder Freiburg im Breisgau 1988
Satz: Freiburger Graphische Betriebe
Druck und Einband: Mohndruck Graphische Betriebe GmbH 1989
ISBN 3-451-21131–9

Vorwort

„Faszinierende Welt der Bibel" – wird da nicht zuviel versprochen? Wir haben uns vielleicht an schamlose Übertreibungen der Reklamesprache gewöhnt; aber wo es um die Bibel geht, erwarten wir ein höheres Maß an Ehrlichkeit. Die Begegnungen mit biblischen Texten in Gottesdiensten und im Schulunterricht – welche Gefühle haben sie bei uns hinterlassen?

Andererseits: Was bewegt eigentlich Menschen seit gut 150 Jahren, im Boden biblischer Länder herumzuwühlen, obwohl längst klar ist, daß da keine großartigen Schätze zu finden sind? Wie kommen Leute dazu, ihre ganze Energie darauf zu verwenden, beschriftete Papier- und Pergamentfetzen von der Größe einer Handfläche oder gar bloß eines Fingernagels zu sammeln und zu vergleichen, längst ausgestorbene Sprachen und Schriften zu entziffern, lesbar und übersetzbar zu machen? Warum werden da in allen möglichen Sprachen jährlich Bücher und Aufsätze zu biblischen Themen geschrieben in einer Menge, daß vierstellige Zahlen längst nicht mehr ausreichen, sie zu numerieren?

Man kann sich noch mehr fragen: Warum sehen Juden und Christen in der Bibel immer noch ihr Buch? Warum haben Christen in der Dritten Welt in ihrem Kampf um Befreiung ausgerechnet die Bibel als Weggefährtin entdeckt? Warum stützen sich bei uns gerade jene Christen, welche die Spaltung in Katholiken und Protestanten nicht mehr hinnehmen wollen, besonders auf dieses Buch?

Ausgerechnet die Bibel! – Vielleicht haben all diese Menschen zunächst gar nichts aus-gerechnet. Vielleicht war es anfangs nur eine Ahnung, die sie zu diesem Buch führte, eine Ahnung, die mit der Entstehung der Bibel zu tun hat.

Vor etwa 2500 Jahren haben Angehörige eines kleinen Volkes sozusagen alles verloren, wofür ihre Vorfahren gelebt, gekämpft, gearbeitet hatten: Ihre Häuser, ihre Heimat, ihren Arbeitsplatz, ihren Staat, ihren König, ihre Religion, ihren Tempel ... Solche Völker – und dafür gibt es Hunderte von Beispielen – sind in aller Regel untergegangen. Nicht so die Juden. Zum Teil verschleppt nach Babylon, zum Teil geflohen in Nachbarstaaten, zum Teil ohnmächtig zurückgeblieben im zerstörten Land haben sie begonnen zu sammeln: Erinnerungen an das, was bei ihnen einmal war; Geschichten, die bei ihnen erzählt, Lieder, die gesungen wurden; Gebote und Gesetze, die gegolten hatten; Drohungen und Warnungen, die von Kritikern geäußert und Hoffnungen, die gewagt, enttäuscht und dann doch festgehalten worden waren. So entstand die Bibel: ein Überlebensbuch. Sie war kein Buch eines Verfassers, der nach seinem Tod einen abgeschlossenen Text hinterließ. Sie war vielmehr das Werk eines Volkes, das mit dem Buch und offenbar auch dank des Buches weiterlebte. Daher wuchs auch die Bibel weiter. Menschen leben aber nicht von Papier und Pergament. Die Bibel wurde gemeinsam gelesen, studiert, ausgelegt, gelernt, im Gottesdienst in der Synagoge, in der Schule. So überlebte das Volk, so lernte es zu leben. Und die Quelle des Lebenswillens, der in diesem Überlebensbuch wirksam wurde, war für das Volk dieses Buches Gott.

Ein halbes Jahrtausend später kam Jesus von Nazaret und blies diesem Leben mit seinen Worten und Taten einen unerhört kräftigen Atem ein: Jetzt und durch ihn werde Gott sein Werk vollenden, seine Versprechungen einlösen, seine Herrschaft antreten. Dieser Jesus rief eine Bewegung hervor, welche die bisherigen Grenzen des Volkes Gottes sprengte.

Was Zeugen dieses Neuaufbruchs aufgeschrieben haben, wurde gesammelt zu einem ‚zweiten Band' der Bibel, den die Christen später „Neues Testament" nannten. Auch dieser Bibelteil ist ein Überlebensbuch, aus der Sorge entstanden, die Bewegung, die sich so rasend schnell über alle Welt ausbreitete, könne ebensoschnell ihren Ursprung vergessen und mißbraucht werden.

Die Bibel als Hilfe zum Überleben. Ist es das, was die Menschen durch die Zeiten immer wieder nach ihr greifen läßt?

Heute möchte vermutlich mancher einen neuen Versuch mit diesem Buch machen, fürchtet sich aber vor der fremdartigen Gedankenwelt, vor dem geschichtlichen Abstand und vor Schauplätzen, die ihm nicht vertraut sind. Eine Gruppe britischer Bibelwissenschaftler hat sich für diesen Band zusammengetan, um einmal nicht für ihresgleichen zu schreiben, sondern für jene, denen die Bibel doch eigentlich gehört. Modernste Hilfsmittel wie Satellitenaufnahmen oder Computergrafiken werden eingesetzt, Fotografien sowie bildliche Darstellungen aus der altorientalischen Umwelt und aus der jüdisch-christlichen Auslegungsgeschichte, um Schauplätze, Vorstellungswelt und Ereignisse anschaulich zu machen. Was wir über den geschichtlichen Hintergrund und die Entstehung biblischer Schriften wissen oder begründet vermuten können, wird vorgestellt und diskutiert. Alles mit der Absicht, Lesern Mut zu machen, ihren eigenen Weg zu gehen, von ihrem Leben zur Bibel und von der Bibel zurück in ihr Leben.

Adligenswil, im Januar 1988   *Ivo Meyer*

Inhaltsverzeichnis

Die Bücher der Heiligen Schrift und ihre Abkürzungen

DAS ALTE TESTAMENT

Die fünf Bücher des Mose (Pentateuch)

Das Buch Genesis (Gen)
Das Buch Exodus (Ex)
Das Buch Levitikus (Lev)
Das Buch Numeri (Num)
Das Buch Deuteronomium (Dtn)

Die Bücher der Geschichte des Volkes Gottes

Das Buch Josua (Jos)
Das Buch der Richter (Ri)
Das Buch Rut (Rut)
Das erste Buch Samuel (1 Sam)
Das zweite Buch Samuel (2 Sam)
Das erste Buch der Könige (1 Kön)
Das zweite Buch der Könige (2 Kön)
Das erste Buch der Chronik (1 Chr)
Das zweite Buch der Chronik (2 Chr)
Das Buch Esra (Esra)
Das Buch Nehemia (Neh)
Das Buch Ester (Est)

Die Bücher der Lehrweisheit und die Psalmen

Das Buch Ijob [Hiob] (Ijob)
Die Psalmen (Ps)
Das Buch der Sprichwörter [Sprüche] (Spr)
Das Buch Kohelet [Prediger, Ecclesiastes] (Koh)
Das Hohelied (Hld)

Die Bücher der Propheten

Das Buch Jesaja [Isaias] (Jes)
Das Buch Jeremia (Jer)
Die Klagelieder des Jeremia (Klgl)
Das Buch Ezechiel [Hesekiel] (Ez)
Das Buch Daniel (Dan)

Das Zwölfprophetenbuch:
Das Buch Hosea (Hos)
Das Buch Joël (Joel)
Das Buch Amos (Am)
Das Buch Obadja (Obd)
Das Buch Jona (Jona)
Das Buch Micha (Mi)
Das Buch Nahum (Nah)
Das Buch Habakuk (Hab)
Das Buch Zefanja (Zef)
Das Buch Haggai (Hag)
Das Buch Sacharja (Sach)
Das Buch Maleachi (Mal)

Die Spätschriften

Das Buch Judit (Jdt)
Das Buch der Weisheit (Weish)
Das Buch Tobit (Tob)
Das Buch Sirach [Ecclesiasticus] (Sir)
Das Buch Baruch (Bar)
Das erste Buch der Makkabäer (1 Makk)
Das zweite Buch der Makkabäer (2 Makk)

DAS NEUE TESTAMENT

Die Evangelien

Das Evangelium nach Matthäus (Mt)
Das Evangelium nach Markus (Mk)
Das Evangelium nach Lukas (Lk)
Das Evangelium nach Johannes (Joh)

Die Apostelgeschichte (Apg)

Die Briefe

Der Brief an die Römer (Röm)
Der erste Brief an die Korinther (1 Kor)
Der zweite Brief an die Korinther (2 Kor)
Der Brief an die Galater (Gal)
Der Brief an die Epheser (Eph)
Der Brief an die Philipper (Phil)
Der Brief an die Kolosser (Kol)
Der erste Brief an die Thessalonicher (1 Thess)
Der zweite Brief an die Thessalonicher (2 Thess)
Der erste Brief an Timotheus (1 Tim)
Der zweite Brief an Timotheus (2 Tim)
Der Brief an Titus (Tit)
Der Brief an Philemon (Phlm)
Der Brief an die Hebräer (Hebr)
Der Brief des Jakobus (Jak)
Der erste Brief des Petrus (1 Petr)
Der zweite Brief des Petrus (2 Petr)
Der erste Brief des Johannes (1 Joh)
Der zweite Brief des Johannes (2 Joh)
Der dritte Brief des Johannes (3 Joh)
Der Brief des Judas (Jud)

Die Offenbarung des Johannes (Offb)

Die Bücher der Bibel

Die Bibel (ein Lehnwort aus dem Griechischen mit der Bedeutung: „Buch") ist eine ganze Bibliothek von Schriften und bildet für Juden und Christen das Grunddokument ihres Glaubens. Im ersten Teil, den Büchern des Alten Testaments, berichtet sie über die Beziehung zwischen dem Volk Israel und seinem Gott (dem „Herrn", wie meist übersetzt wird; weil der ursprüngliche Eigenname aus Ehrfurcht nicht mehr ausgesprochen wurde, kann man nur vermuten, daß die Zeichen JHWH einmal „Jahwe" lauteten).

Hier wird erzählt von Israels Geschichte, den Vorfahren, dem Sklavendienst in Ägypten, dem Zug durch die Wüste, der Eroberung des Landes Kanaan, später über die Verschleppung nach Babylon und die Rückkehr eines Teils des Volkes. Es finden sich Klage- und Lobgebete, Gedanken über den Menschen, sein Tun und Ergehen sowie Verheißungen und Drohungen der Propheten, angefangen bei Amos im 8. bis hin zu Maleachi im 5. Jh. v. Chr.

Die Bücher des Alten Testaments sind weniger Werke von Verfasserpersönlichkeiten als von Sammlern. Ursprünglich wurden die Geschichten von Generation zu Generation mündlich weitergegeben. Die glanzvolle Zeit der Herrschaft eines David und eines Salomo gab vermutlich erstmals Anlaß, mündliche Überlieferungen zusammenzutragen. Vor allem aber die Verschleppung nach Babylon und die Zerstreuung unter die Völker weckten dann das Bedürfnis, die alten Überlieferungen schriftlich festzuhalten.

An Widersprüchen und Wiederholungen erkennt der Leser die verschiedenartige Herkunft der Texte. Da erzählt z. B. Gen 2, 4 bis 3, 24 die bekannte Geschichte, wie Gott den Menschen aus Erde formt und ihn in den Garten Eden versetzt, Tiere und Vögel für ihn macht und ihn schließlich durch die Erschaffung der Frau von seiner Einsamkeit befreit. Weil sie sich jedoch von der Schlange verführen lassen, vom verbotenen „Baum der Erkenntnis" zu essen, werden Adam und Eva schließlich aus dem Garten Eden vertrieben.

Vor dieser Geschichte von Adam und Eva steht aber eine andere Darstellung, wie alles entstanden sei: Gen 1, 1 – 2, 4a läßt Gott die Erde in sieben Tagen und die Tiere *vor* den Menschen erschaffen.

Wann, von wem und wozu diese beiden Geschichten entstanden und nebeneinandergestellt wurden, dies beschäftigt die Bibelwissenschaften, die auf zahlreiche ähnliche Probleme gestoßen sind.

Jüdische und christliche Bibeln unterscheiden sich in der Anzahl und der Anordnung ihrer Schriften. Das offizielle Judentum gruppiert 24 Bücher nach dem Gewicht ihrer Autorität: Am Anfang stehen die sog. Bücher des Mose (Genesis–Deuteronomium), die man aus praktischen Gründen auf fünf Rollen aufteilte (damit sie nicht zu schwer wurden). Nach dem griechischen Wort für den Fünf-Rollen-Behälter spricht man vom Pentateuch. Hebräisch heißt dieser Bibelteil Tora (deutsch: Gesetz, besser: Unterweisung). An zweiter Stelle stehen Bücher, für die man prophetische Verfasser annahm (Josua–Könige), dann die eigentlichen Prophetenbücher (Jesaja, Jeremia, Ezechiel und das Zwölf-Propheten-Buch). Die übrigen Schriften schließen für die Juden die Sammlung der maßgeblichen Bücher (= den Kanon) ab.

Die Christen haben ihre Schriften anders angeordnet: geschichtliche – poetische – prophetische Schriften. Sie haben außerdem der jüdischen Bibel eine zweite Schriftensammlung angefügt, die von Jesus Christus handelt. Denn sie sind überzeugt, daß mit Jesus die Erfüllung der prophetischen Ankündigung in Gang gesetzt wurde. Die beiden Schriftensammlungen werden seither „Altes" und „Neues Testament" genannt.

Verschiedene Kirchen haben weitere Bücher, die einst von griechisch sprechenden Juden im Gottesdienst und in der Schule gelesen worden waren, in die einzelnen Schriftengruppen aufgenommen oder als Anhang angefügt („Spätschriften").

Die Bücher der jüdischen Bibel sind größtenteils hebräisch abgefaßt. Die ältesten erhaltenen vollständigen Handschriften stammen aus dem 9. Jh. n. Chr. Rund 1000 Jahre ältere Einzelrollen und Bruchstücke aller Bücher (außer Ester) wurden in Qumran entdeckt. Alte Handschriften von Übersetzungen sind weitere wichtige Zeugen.

Im 3. und 2. Jh. v. Chr. wurde das Alte Testament (angeblich von 70 Männern, darum: Septuaginta) ins Griechische, später ins Syrische, Lateinische und Aramäische übersetzt.

Wissenschaftler sammeln und vergleichen abweichende Lesarten und versuchen zu erklären, wie sie absichtlich oder ungewollt entstanden sein könnten. Außerhalb der Bibel ist vom Hebräischen jener Zeit wenig erhalten geblieben. Rund 1000 hebräische Wörter der Bibel kommen nur ein einziges Mal vor. Sprachwissenschaftler ziehen darum zum Vergleich verwandte Sprachen bei: Aramäisch, Arabisch sowie Sprachen, welche die Archäologen neu entziffert haben.

1 עַד כִּי־יָבֹא שִׁילֹה

2 ἕως ἂν ἔλθῃ τὰ ἀποκείμενα αὐτῷ,

3 עַד דְּיֵיתֵי מְשִׁיחָא דְּדִילֵיהּ הִיא מַלְכוּתָא

4 ܥܕܡܐ ܕܢܐܬܐ ܡܢ ܕܕܝܠܗ ܗܝ,

Ergibt eine Textstelle keinen eindeutigen Sinn, hilft den wissenschaftlichen Auslegern oft der Blick auf die alten Übersetzungen. Ein Beispiel: Gen 49, 10 wird Juda verheißen, „das Zepter wird nie von ihm weichen, bis ‚Schilo' kommt" (1). Für das rätselhafte „Schilo" steht griechisch: „das für ihn Aufbewahrte" (2), aramäisch: „der Messias, dem das Königtum gehört" (3), syrisch: „er, dem es gehört" (4); alle drei Übersetzungen haben ein hebräisches „schelo" unterschiedlich verstanden!

5 וַיִּקְרָא אַרְיֵה עַל־מִצְפֶּה אֲדֹנָי אָנֹכִי עֹמֵד תָּמִיד
יוֹמָם וְעַל־מִשְׁמַרְתִּי אָנֹכִי נִצָּב כָּל־הַלֵּילוֹת׃

6 על מצפה הרואה

Die Entdeckung der Qumranrollen (siehe S. 186 f) wirft neues Licht auf die hebräische Bibel. So steht z. B. im herkömmlichen Text Jes 21, 8: „Der Löwe (5, Kästchen) rief: Ich stehe auf dem Posten." Die Qumranhandschrift scheint zu lesen: „Der Späher (6, Kästchen) rief …", was einen sinnvolleren Zusammenhang ergibt.

Kunstvoll gestaltetes Titelblatt des Psalmenbuches der Kennicott-Bibel (Spanien, 15. Jh.)

Die Geographie des alten Palästina

Das alte Israel war ein kleines Land. Es erstreckte sich „von Dan bis Beerscheba" (Ri 20, 1); das sind ganze 240 km. Seine Lage aber war einzigartig: Es bildete die einzige Landbrücke zwischen Afrika und Asien und stand daher oft im Mittelpunkt politischer Interessen. Ägypten einerseits und die Großreiche Mesopotamiens anderseits waren an ihm interessiert. Auf seiner Hauptverkehrsstraße, der Via maris, zogen Händler und Eroberungsheere in beiden Richtungen.

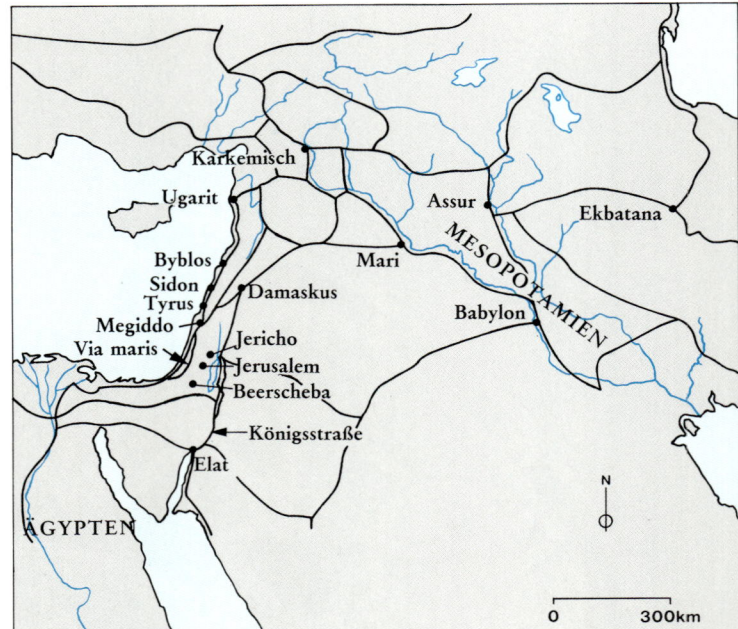

Die Fruchtbarkeit hing ganz vom Klima ab. Anders als in Ägypten und im Zweistromland, wo es ausgedehnte künstliche Bewässerungsanlagen gab, waren die Bauern und Hirten hier ganz auf die jährlichen Regenfälle angewiesen. Fielen diese ganz oder teilweise aus, drohten Trockenheit und Hungersnot.

Dtn 11, 10 f beschreibt Mose den Israeliten den Unterschied so: „In Ägypten mußtest du, wenn der Same gesät war, den Boden künstlich bewässern wie in einem Gemüsegarten. Das Land, in das ihr jetzt hinüberzieht, um es in Besitz zu nehmen, ist ein Land mit Bergen und Tälern, und es trinkt das Wasser, das als Regen vom Himmel fällt. Es ist ein Land, um das der Herr, dein Gott, sich kümmert."

Erstaunlich die landschaftliche Vielfalt auf kleinstem Raum! Am dichtesten besiedelt waren die Küstengegenden und ihr Ausläufer ins Landesinnere: die Jesreel-Ebene. Der Mangel an natürlichen Häfen ließ trotz der langen Küste keine bedeutsame Seefahrt aufkommen.

Als Hauptgebirgszug erstreckt sich ein Kalksteinrücken von Galiläa im Norden (bis 1200 m hoch) über Samaria (1000 m), Jerusalem (800 m) ins südliche Judäa, wo er sich im östlichen Negeb verläuft. Von der ursprünglich ausgedehnten Bewaldung blieb wenig übrig. Rodung und Übernutzung durch die Siedler führten zu massiver Bodenzerstörung.

Landschaftlich besonders eindrucksvoll zeigt sich der Jordangraben, durch den sich der Fluß in zahllosen Windungen schlängelt. An seiner Mündung ins Tote Meer liegt der tiefste Punkt der Erdoberfläche, rund 365 m unter dem Spiegel des Mittelmeeres. Das Klima ist hier tropisch und feucht; südlich des Sees Gennesaret fällt kaum Regen. Auf der sonst trostlos öden Westseite des Tales liegen einzelne fruchtbare Oasen, wie Jericho und En-Gedi („mit Hennastauden unter Weinbergen", Hld 1, 14), die für ihre Schönheit und Fruchtbarkeit berühmt sind. Vom transjordanischen Hochplateau gegenüber graben sich Flüsse und Bäche in den steilen Abhang zum Jordan hinunter.

Dort drüben herrscht ein kontinentales Klima, heiß und trocken im Sommer, kalt und feucht im Winter. In der Antike war das Hochland eine ergiebige Kornkammer. Die Bibel beschreibt das Land als äußerst fruchtbar: „... ein prächtiges Land ... mit Bächen, Quellen und Grundwasser, das im Tal und am Berg hervorquillt ... mit Weizen und Gerste, Feigenbaum und Granatbaum, Ölbaum und Honig ..." (Dtn 8, 7 f). Auch Datteln gedeihen in der Gegend des Toten Meeres und am Jordan.

Hirten mit Schafen und Ziegen betreuten einen wichtigen Wirtschaftszweig. Sie produzierten Fleisch und Milchprodukte, Wolle, Felle, Leder.

Palästina galt zugleich als ein Land, „dessen Steine aus Eisen sind, aus dessen Bergen du Erz gewinnst" (Dtn 8, 9). In der Tat finden sich Eisenminen vereinzelt in Transjordanien, Kupfer wurde in der Araba abgebaut. Aufs Ganze gesehen allerdings ist das Land eher arm an Bodenschätzen. Vieles mußte importiert werden, vor allem im Tauschgeschäft für Getreide, Wein, Öl, Honig, Duftstoffe und Salben.

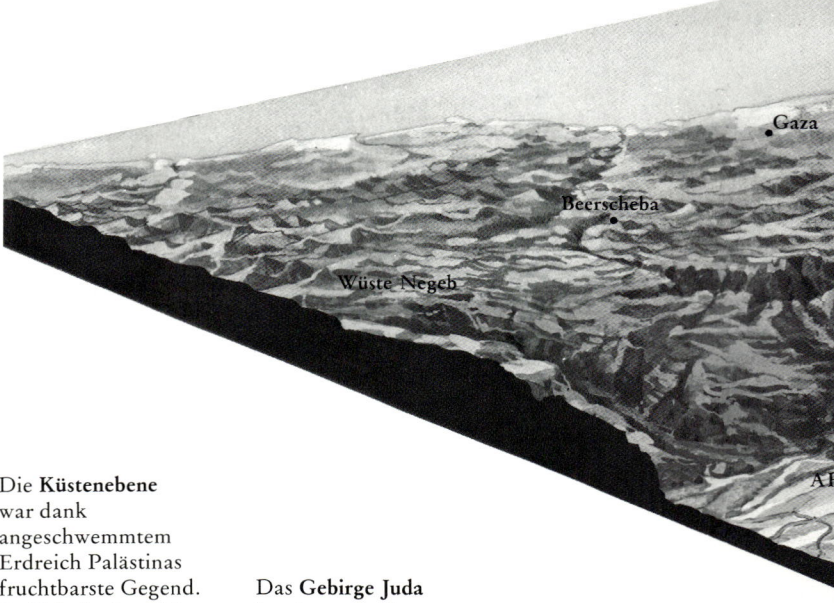

Die Küstenebene war dank angeschwemmtem Erdreich Palästinas fruchtbarste Gegend. Südlich des bewaldeten Karmels wuchsen auf einem kilometerbreiten Streifen Eichen. Weiter südlich weitet sich die Ebene, aber es fällt weniger Regen. Immerhin wurde bis Gaza hinunter Getreide angebaut.

Die Schefela, ein niedriges Hügelland zwischen Küste und Gebirge, war im Altertum dicht besiedelt. Das fruchtbare Land war berühmt für seine Oliven und Feigen.

Das Gebirge Juda brachte auf seinen terrassierten Abhängen Obst und Trauben hervor, die Ostseite allerdings konnte nur weidende Herden ernähren.

Die fruchtbare **Jesreel-Ebene** verbindet die Küste mit Transjordanien.

Die Araba ist die Fortsetzung des Jordangrabens südlich des Toten Meeres; eine heiße, öde Gegend, aber wichtig wegen ihrer Kupferminen.

Edom und Moab siedeln im südlichen Transjordanien, wo im Westteil mäßiger Winterregen fällt. Struppiger Buschwald wird diesem Teil Edoms den Namen „Seir" (= haariges Gebirge) eingebracht haben. Moab war weithin ein Land der Hirten.

Geschichte wie Kultur Palästinas wurden geprägt durch die Lage als Durchgangsgebiet für Armeen und Handelskarawanen. Von der Hauptverbindungs- straße, der Via maris, führte der eine Ast nach Phönizien, der andere nach Damaskus. Auch die transjordanische Hauptverkehrsader, die „Königsstraße" endete in Damaskus, einem wichtigen Knotenpunkt von Karawanenwegen. Die wichtigsten Straßen sind auf der Reliefkarte schwarz eingezeichnet.

Galiläa, eine Gegend mit bewaldeten Hügeln und fruchtbaren Tälern, produzierte Öl und Obst. Der See ist reich an Fischen.

Gilead und Baschan galten als Kornkammern. In Gilead gediehen Ölbäume, Eichen, Pinien. Baschan war berühmt für sein wohlgenährtes Vieh.

Der **Jordan** gräbt sein Bett in zahllosen Windungen durch den Talboden. Der tiefliegende Wasserlauf ist nicht schiffbar und erschwert die Verbindung östlicher und westlicher Gebiete. Im dichten Buschwald an den Ufern hausten in biblischen Zeiten Löwen.

Im Gegensatz zum öden Westufer war die östliche Jordangegend „bewässert ... wie der Garten Jahwes, wie das Land Ägypten" (Gen 13, 10) und ermöglichte eine Reihe von Städten von Galiläa bis zum Toten Meer.

Die Flut: Noachs Arche

„Alle Wesen auf dem Erdboden, Menschen, Vieh, Kriechtiere und die Vögel des Himmels – sie alle wurden vom Erdboden vertilgt. Übrig blieb nur Noach und was mit ihm in der Arche war" (Gen 7, 23).

Neben der Schöpfung gehört die Flut zu den umstrittensten Abschnitten des Alten Testaments, und beide, Schöpfung und Flut, sind in der biblischen Erzählung eng miteinander verknüpft. Das Buch Genesis stellt die Erschaffung des Lebens als Werk Gottes dar, aber als ein Werk, das mißrät. An Adams und Evas Fall und ihre Vertreibung aus dem Garten Eden reihen sich menschliche Untaten und Verstrickungen. So faßt schließlich Jahwe den Beschluß: „Ich will den Menschen, den ich erschaffen habe, vom Erdboden vertilgen..., denn es reut mich, sie gemacht zu haben" (Gen 6, 7). Was genau Jahwe mißfiel, wird nicht ausgeführt. Aber es war bereits Adams Sohn Kain zum Mörder an seinem Bruder geworden (Gen 4, 1–16). Ganz allgemein stellt der biblische Erzähler fest: „Die Erde war ... verdorben, sie war voller Gewalttat" (Gen 6, 11).

Mit wenigen Zügen wird die vorsintflutliche Welt charakterisiert: „Die Menschen hatten angefangen, sich über die Erde hin zu vermehren" (Gen 6, 1). Kain gilt als Gründer der ersten Stadt (4, 17), seine Nachkommen sollen Zither- und Flötenspiel, Erz- und Eisenbearbeitung erfunden haben (4, 21 f). Unwahrscheinlich alt sollen die Menschen jener Zeiten geworden sein (5).

Noach, an dem Gott als einzigem Gefallen gefunden habe, sei zu Beginn der Flut 600 Jahre alt gewesen. Er wurde von Jahwe vor der bevorstehenden Katastrophe gewarnt und bekam Anweisungen für den Bau eines Schiffes. Zusammen mit seiner Familie baute Noach gehorsam die Arche, bestückte sie mit Vorräten und brachte dann Vertreter der ganzen Tierwelt an Bord, je ein Paar von den unreinen und je sieben Paare von den reinen (opfertauglichen) Arten.

Sieben Tage nachdem Noach seine Vorbereitungen abgeschlossen hatte, nahm die Flut ihren Anfang. „Am 17. Tag des 2. Monats brachen alle Quellen der gewaltigen Urflut auf, und die Schleusen des Himmels öffneten sich. Der Regen ergoß sich vierzig Tage und vierzig Nächte lang auf die Erde" (Gen 7, 11 f). Die vereinten Kräfte der unterirdischen und der himmlischen Wasser verschlangen alles, was Lebensatem in sich trug, „alle Wesen auf dem trocknen Land" – ausgenommen natürlich Noach und die Seinen.

Drei Monate nach Anfang der Flut war der Wasserspiegel so weit gefallen, daß die Arche auf dem Berg Ararat aufsetzte. Um sich zu vergewissern, ob irgendwo Land in Sicht sei, ließ Noach Vögel ausfliegen. Ein Rabe kehrte zurück, eine Taube ebenfalls. Bei ihrem zweiten Flug aber brachte die Taube im Schnabel einen Olivenzweig. Beim dritten Mal blieb sie weg. „Da entfernte Noach das Verdeck der Arche, blickte hinaus, und siehe: Die Erdoberfläche war trocken" (Gen 8, 13).

So konnte das Experiment Mensch von neuem beginnen. Noach bevölkerte die Erde mit den Tieren, die er gerettet hatte, und galt fortan als Stammvater aller Menschenrassen durch seine Söhne Sem, Ham und Jafet.

Die Erzählung hat ein eigentümliches Nachspiel: Noach wird Ackerbauer und pflanzt eine Weinberg. Als er von dem ersten Wein trinkt, wird er betrunken. Wie er nun im Rausch unbekleidet im Zelt liegt, kommt sein Sohn Ham herein, sieht ihn nackt und macht sich draußen vor seinen Brüdern darüber lustig. Um dieser Sünde willen soll ein ewiger Fluch auf den Kanaanitern, den Nachfahren Hams, liegen.

Der Bau der Arche

Noachs Arche wird in der Bibel als riesiger, rechtwinkliger Bau beschrieben. Plan und Ausmaß lösten vielfältige Spekulationen aus. Die Länge der Arche wird mit 300 Ellen, ihre Breite mit 50 Ellen und ihre Höhe mit 30 Ellen angegeben (Gen 6, 15). Das Dach wird eine weitere Elle ausmachen. Die Arche wäre – wenn man diese Angaben umrechnet – 157,5 m lang, 26,25 m breit und 16,28 m hoch gewesen.

Was die Gestalt anbelangt, erscheint die Arche als einfacher Kasten mit drei Stockwerken (Symbole für Himmel, Erde, Unterwelt?).

Baumaterial soll nach dem biblischen Ausdruck „Gofer"-Holz gewesen sein – ein harziges Holz, vermutlich eine Art Zypresse. Das ganze Gefährt sollte innen und außen wasserdicht verpicht werden.

Teba, das Wort, das wir mit „Arche" übersetzen, kommt sonst in der Bibel nur noch als Bezeichnung für das Schilfkästchen vor, in welchem Mose auf dem Nil ausgesetzt wurde. Es scheint mit einem ägyptischen Wort verwandt zu sein, das „Truhe" oder „Sarg" bedeutet. Das weckt Erinnerungen an Osiris, den ägyptischen Gott von Tod und Auferstehung. Ähnlich wie Noach war er in einem hölzernen Kasten am 17. des Monats aufs Wasser gesetzt worden.

Solche Verwandtschaft verdeutlicht das mythische Element der Sintflutgeschichte, die man nicht einfach nur als wirklichkeitsgetreuen Katastrophenbericht lesen darf (siehe auch S. 14 f).

Das „Sonnenschiff" des Königs Cheops, etwa 2600 v. Chr. gebaut, ist das älteste erhaltene Schiff. 1954 wurde es bei Ausgrabungen rund um die Pyramide in einem tiefen Schacht entdeckt und wird seither in einem eigenen Museum gezeigt. Über 43 m lang und fast 6 m breit, ist es zusammengesetzt aus über 1200 Holzteilen (hauptsächlich aus Zedern vom Libanon). Zusammengehalten werden sie durch Seile und hölzerne Dübel rund um ein Gerippe im Innern. 12 gewaltige Ruder dienen zum Steuern und zur Fortbewegung. Die Untersuchung seines Wassergehalts ergab, daß das Schiff einmal auf dem Nil benutzt wurde, vermutlich anläßlich einer Zeremonie; bei der Bestattung des Königs wurde es sorgfältig zerlegt und in den Schacht gelegt, mit Steinquadern von bis zu 18 Tonnen Gewicht zugedeckt und übertüncht, so daß es 4500 Jahre erhalten blieb.

Da Inschriften fehlen, läßt sich nur vermuten, daß sein Zweck darin bestand, den Pharao in die jenseitige Welt zu tragen.

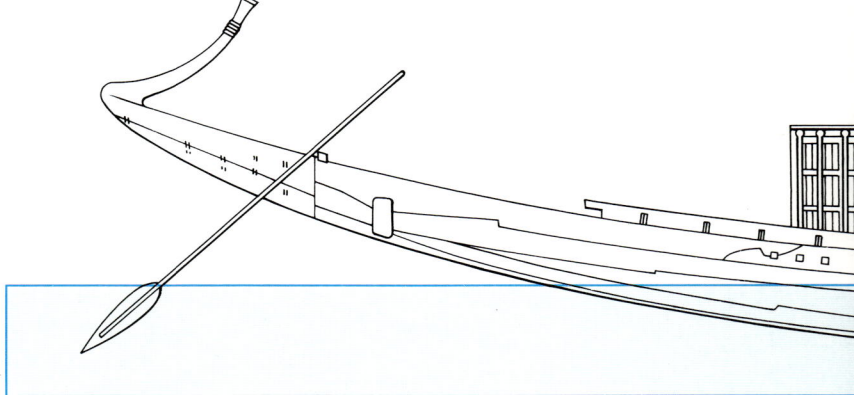

זה עץ כתוך היהיבה והיונה עליו צחה

Wilde Tiere im alten Palästina

Palästinas Tier- und Pflanzenwelt haben sich in den letzten Jahrhunderten stark verändert. Während des größten Teils der biblischen Zeit waren sie stärker afrikanisch geprägt als heute.

Von der Existenz von Elefanten in Syrien zeugen Elfenbeinverzierungen an Gebäuden und Möbeln. Jagd auf syrische Elefanten war Lieblingssport von Pharaonen und assyrischen Königen bis ins 10. Jh. v. Chr. Der asiatische Löwe, der heute nur noch in einem einzigen indischen Reservat überlebt, könnte nach Ausweis biblischer Heldengeschichten durchaus in Palästina/Syrien verbreitet gewesen sein.

Auch Simson war ein berühmter Löwenjäger: „Simson ging nach Timna. Als sie bei den Weinbergen von Timna waren, kam ihm plötzlich ein brüllender junger Löwe entgegen. Da kam der Geist des Herrn über Simson, und Simson zerriß den Löwen mit bloßen Händen, als würde er ein Böckchen zerreißen" (Ri 14, 5 f).

Selbst David gilt als Löwenbezwinger: „David sagte zu Saul: Dein Knecht hat für seinen Vater die Schafe gehütet. Wenn ein Löwe oder ein Bär kam und ein Lamm aus der Herde wegschleppte, lief ich hinter ihm her, schlug auf ihn ein und riß das Tier aus seinem Maul. Und wenn er sich dann gegen mich aufrichtete, packte ich ihn an der Mähne und schlug ihn tot" (1 Sam 17, 34 f).

Ferner fand man im Jordantal Knochen von Nilpferden aus der Zeit um 2000 v. Chr. Felszeichnungen aus dem Sinai zeigen Giraffen (vielleicht die bei klassischen Autoren erwähnten „Kamelleoparden"). Das Rhinozeros ist nicht nachweisbar im biblischen Palästina, auch wenn es als Prototyp des „Einhorns" gilt; schon eher der wilde Auerochse.

Nicht Noachs Flut, eher unsere moderne Lebensweise hat eine Vielfalt von Tieren aussterben lassen. Der Bau einer neuen Arche, um dem Rest das Überleben zu sichern, scheint fällig . . .

„Dann wartete er noch weitere sieben Tage und ließ wieder die Taube aus der Arche. Gegen Abend kam die Taube zu ihm zurück, und siehe da: In ihrem Schnabel hatte sie einen frischen Olivenzweig" (Gen 8, 10 f).

Diese stilisierte Darstellung Noachs und seiner Arche stammt aus einer hebräischen Bibel- und Gebetbuch-Handschrift des späten 13. Jh. (heute in der British Library).

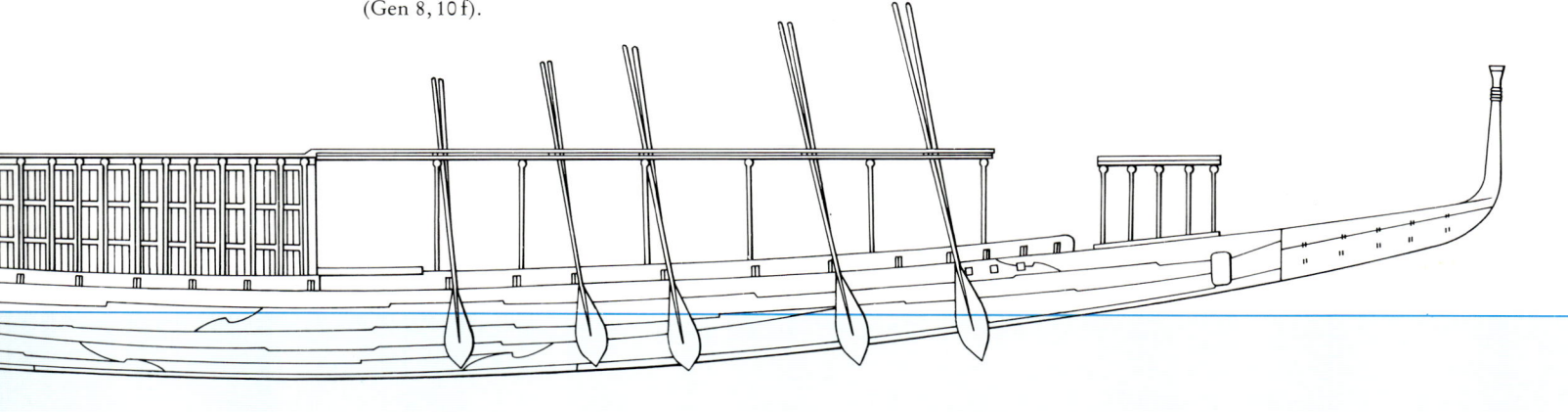

Die Flut - Tatsache oder Dichtung?

Vielfältige Versuche sind unternommen worden zur Deutung der biblischen Flutgeschichte. Wer die Darstellung einer Überschwemmung der ganzen Welt wortwörtlich nehmen will, beruft sich auf angebliche vorgeschichtliche Katastrophen wie die Abschmelzung der Eiskappen der Pole oder den Zusammenstoß mit einem Riesenkometen. Nüchterner hören sich Deutungen an, die damit rechnen, daß örtliche Überschwemmungsberichte zu Legenden von einer weltweiten Flut ausgestaltet wurden.

Beliebt ist die Erklärung, die biblische Geschichte stamme aus Babylonien. Nachdem einmal Tafeln mit einer babylonischen Fassung entdeckt worden waren, wollten einige Ausgräber gar Beweise für die Flut selber gefunden haben. Aber die angeblichen Sintflutablagerungen erwiesen sich eindeutig als Resultat örtlich begrenzter Überschwemmungen. Die Theorie, die biblische Geschichte gründe auf der babylonischen Tradition, ist nicht haltbar. Tatsächlich verblüffende Übereinstimmungen weisen eher auf einen gemeinsamen Ursprung als auf direkte Abhängigkeit der einen von der anderen hin. Abenteuerliche Expeditionen zur Entdeckung der Arche auf ihrem angeblichen Landeplatz brachten keine wissenschaftlich haltbaren Resultate. (Der Berg Ararat ist militärisches Sperrgebiet an der Grenze zwischen der Türkei und der UdSSR.) Die entdeckten schiffgestaltigen Gegenstände und Holzreste beweisen nur, daß mittelalterliche Mönche dort oben neben hölzernen Kreuzen auch Boote zur Erinnerung an Noachs Landung aufgebaut haben. Altersbestimmungen mittels Karbontests wiesen denn auch die Funde durchwegs ins christliche Zeitalter.

Wer sich darauf beschränkt, eine bestimmte Fassung – z. B. die babylonische – als die ursprüngliche nachzuweisen, kann immer noch nicht erklären, wie es zu Fluterzählungen in himmelweit voneinander entfernt liegenden Teilen der Erde kam. In ihnen spricht sich offensichtlich nicht einfach Erinnerung an eine Überschwemmung, sondern eine mythologische Botschaft aus. So brauchen auch die Züge im Bild des Noach nicht zu überraschen, die ihn halbgöttlichen Gestalten ähnlich machen:

Vater der gesamten Menschheit; Herr und Hüter der Tiere; Erfinder des Weinbaus; Baumeister eines „Schiffes", das eher wie ein symbolisches Modell des Kosmos als wie ein seefahrttüchtiges Wasserfahrzeug aussieht; zuweilen trägt er sogar Züge alter Fruchtbarkeitsgötter.

Versuche, diese Gestalt des Noach zu verstehen, sind wohl ergiebiger als abenteuerliche Expeditionen zur Entdeckung der Arche oder zum Nachweis von geologischen Sintflutablagerungen. Sollte in der biblischen und babylonischen Sintflutgeschichte tatsächlich ein Rest von Erinnerung an eine Riesenüberschwemmung erhalten geblieben sein, müßte man diese am ehesten mit vorgeschichtlichen Vorgängen in Verbindung bringen, am wahrscheinlichsten mit den erdgeschichtlichen Umwälzungen am Ende der letzten Eiszeit vor rund 10 000 Jahren.

Auch so wäre diese Erinnerung umfassend überlagert worden von Aussagen über eine mythische Gestalt, welche die Menschheit gezeugt, die Tierwelt erhalten und den Weinbau erfunden hat. Die Geschichte vom drohenden Untergang alles Lebenden bringt eine menschliche Grunderfahrung zum Ausdruck. Und die Übernahme des Themas durch die biblische Tradition soll zeigen, daß Gott die Welt des Lebendigen trotz Verderbtheit und Gewalttätigkeit nicht aufgeben will. So haben wohl weder Historiker noch Geologen, weder Mythologen, Theologen oder Psychologen eine abschließende Deutung anzubieten.

Die babylonische „Sintflut"

„Bring den Samen aller lebendigen Wesen an Bord des Schiffes!" So lautet eine Zeile der babylonischen Fassung der Flutgeschichte auf einer Schrifttafel, die oben ausschnittweise zu sehen ist. Sie wurde 1872 im British Museum gefunden. Die babylonische Erzählung weist verblüffende Ähnlichkeit zur biblischen auf: zerstörerischer Regen, Warnung einer Einzelperson (hier ein Mann namens Utnapischtim), ein Riesenschiff zur Rettung von Menschheit und Tierwelt und Vögel als „Kundschafter".

Fromme Viktorianer haben den Fund als „Beweis" gelesen, daß das Alte Testament ,doch recht habe' – dies zu einer Zeit, als der Darwinismus die biblische Autorität zu bedrohen schien. Der babylonische Text wurde im 7. Jh. v. Chr. geschrieben; ältere Bruchstücke und Lesarten lassen eine sumerische Fassung aus der Zeit um 2000 v. Chr. vermuten. Wegen ihres Alters nahm man die babylonische Fassung als Beleg für die Wahrheit der biblischen Erzählung. Die Keilschriftfassungen sind die der Bibel nächstverwandten bekannten Flutgeschichten. Sie sind aber genauso mythologisch, und beide gehen wohl auf mündliche Tradition zurück.

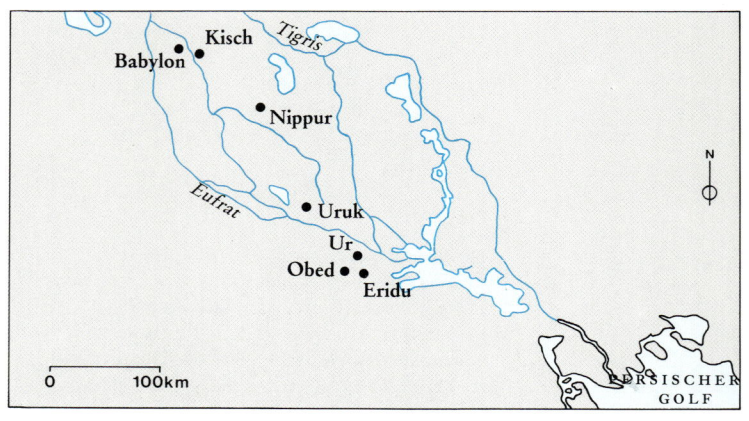

Ur war die alte Sumererstadt, in welcher der britische Archäologe Leonard Woolley den Beweis für die Sintflut glaubte gefunden zu haben. Bei der Ausgrabung der ältesten Schichten stieß er 1928 auf ,gewachsenen Grund'; 2,5 m darunter fand er nochmals Scherben und Steinwerkzeuge. Seine Frau ,löste das Rätsel', wie Woolley schreibt: „Sie ging weg mit der beiläufigen Bemerkung: ,Nun, das muß die Sintflut sein.' Das war die richtige Antwort." Tatsächlich handelte es sich um Schwemmland, aber kaum von einer weltweiten Überschwemmung vom Ausmaß der Sintflut. Nicht einmal das benachbarte Obed, 33 km entfernt, war von ihr betroffen worden. Altmesopotamische Städte sind oft von schwersten, aber örtlich begrenzten Überschwemmungen durch Eufrat und Tigris heimgesucht worden.

Die griechische Vase (unten; 530 v. Chr.) zeigt Dionysos auf dem Meer, ein beliebtes Motiv griechischer Kunst und Mythologie.

Der Berg Ararat (oben), der höchste Gipfel des gleichnamigen Gebirges in der Osttürkei, gilt mit seinen 5125 m Höhe als Landeplatz der Arche Noachs am Ende der Sintflut. Die Bibel spricht vom „Gebirge Ararat" (Gen 8, 4). Deshalb wurden auch andere Gipfel in Betracht gezogen. Trotz zahlreicher Expeditionen und Flugaufnahmen sind keine wissenschaftlich haltbaren Spuren der Arche gefunden worden.

Noach, Dionysos und Osiris

In griechischen Mythen zerstörten Götter Welt und Menschheit durch eine Flut als Strafe für ihre Bosheit. Deukalion und seine Frau aber bauten einen riesigen Holzkasten, versorgten ihn mit Proviant und überlebten. Anschließend bevölkerten sie die Erde neu, indem sie Steine über ihre Schultern warfen, die auf magische Weise zu Menschen wurden.

Deukalion wird in enge Verbindung mit dem Weinbau gebracht, wie auch Dionysos, der Gott des Weines und der Vegetation insgesamt. Beliebt war in der griechischen Kunst und Mythologie das Motiv „Dionysos auf dem Meer", auf einem Schiff segelnd, an dessen Takelwerk Trauben hängen. Griechische Mythen erzählen von einem Getümmel wilder Tiere an Bord.

In Ägypten hatte Osiris fast dieselben Eigenschaften wie Dionysos. Ermordet von seinem Bruder, wurde seine Leiche in einem hölzernen Kasten am 17. Tag des Monats aufs Meer gebracht, genau an dem Tag also, da die biblische Flut beginnt.

Eindeutige Schlüsse sind schwer zu ziehen, aber vielleicht kann man doch hinter Dionysos, Osiris und Noach einen gemeinsamen Archetyp sehen, eine Heroengestalt, verbunden mit Wein- und Ackerbau und einer schicksalhaften Fahrt auf einem riesigen Schiff.

Der Turm von Babel

Nach dem biblischen Bericht lebten die Menschen nach der Flut an ein und demselben Ort und sprachen eine einzige Sprache. Bei ihren Wanderungen im Osten gelangten sie zu einer Ebene im südlichen Mesopotamien und beschlossen, sich dort niederzulassen. Sie trafen Vorbereitungen für einen Bau. „Es dienten ihnen gebrannte Ziegel als Steine und Erdpech als Mörtel" (Gen 11,3).

Ihre Absicht war, „eine Stadt und einen Turm mit einer Spitze bis zum Himmel" zu bauen. Damit wollten sie sich einen Namen machen, „damit wir uns nicht über die ganze Erde zerstreuen" (Gen 11,4).

Aber ihr Gott hatte anderes mit ihnen vor. Ihr Größenwahn mißfiel ihm, weshalb er beschloß, „ihre Sprache zu verwirren, so daß keiner mehr die Sprache des anderen versteht". So zerstreute der Herr sie von dort aus über die ganze Erde, und sie hörten auf, an der Stadt zu bauen (Gen 11,7 f). Stadt und Turm wurden unfertig verlassen, ihr Name war seither Babel, „denn dort hat der Herr die Sprache aller Welt verwirrt" (Gen 11,9).

Die Geschichte schildert die Sinnlosigkeit menschlicher Anmaßung, in Gottes Oberhoheit einzugreifen. „Babel" bedeutet „Tor Gottes". Der biblische Verfasser verbindet es listig mit dem Wort ‚balal', was ‚verwirren' bedeutet. Die Erzählung hat zugleich die Sprachenvielfalt und die eigentümlichen babylonischen Tempeltürme zum Thema.

Die Sumerer bauten als erste sogenannte Zikkurats im 3. Jt. v. Chr. Die monumentalen Stufentürme trugen auf ihrer Spitze Tempel, stellten heilige Berge dar und sollten den Menschen den Kontakt mit den Göttern ermöglichen. Die besterhaltene Zikkurat – in Ur – war dem Mondgott geweiht.

Die Zikkurat von Babylon, Etemenanki, gehörte zum Tempelbereich Esagila und könnte die biblische Turmbaugeschichte angeregt haben. Sie geht auf das 2. Jt. v. Chr. zurück, als Hammurapi Babylon und seinen Gott Marduk zur Oberherrschaft führte.

Einen Widerhall findet die Geschichte im babylonischen Schöpfungsepos, wo Marduk die Kräfte des Chaos besiegt und dankbare Götter für ihn Babylon und Esagila bauen. Nach der Tradition bereiteten sie erst die heiligen Ziegel: „Ein Jahr formten sie Ziegel. Als das zweite Jahr anbrach, erhoben sie das Haupt von Esagila."

Die Babelgeschichte gibt die babylonische Bautechnik genau wieder. In Ermangelung von Steinen wurden Lehmziegel an der Sonne getrocknet oder gebrannt. Bitumen, Erdpech, diente als Mörtel. Es gehörte zu den königlichen Pflichten, den ersten Ziegel für einen Tempelbau zu formen, um Verantwortung für Unterkunft und Pflege der Götter symbolisch zu zeigen.

Die Turmbaugeschichte geriet wohl gegen Ende des 2. Jt. v. Chr. in den biblischen Erzählschatz, als nach dem Zerfall der Dynastie des Hammurapi Babylons Zikkurat zeitweilig in Trümmern lag. Die später nach Babylon verschleppten Juden müssen das Riesenbauwerk in der von Nebukadnezzar wiederhergestellten Form gesehen haben.

Der Grieche Herodot bringt seine eigene Geschichte von der geheimnisvollen Zikkurat. Im Tempel auf der Spitze der Zikkurat, so sagte er, habe ein Bett gestanden. Dort – so gibt er die Anschauung der Babylonier wieder – würde sich die Gottheit zum Ausruhen hinbegeben.

Heute sind nur noch Grundmauern des ‚Turms von Babel' sichtbar: Zeugen menschlicher Anmaßung, den Zugang zum Himmel zu erzwingen.

Tempelmagazine
Königspalast
Residenz der Oberpriesterin

Die Zikkurat von Ur bildete das Herzstück des heiligen Bezirks (links) des Mondgottes Nanna. Daneben standen Tempelmagazine, die Residenz der Oberpriester des Mondgottes und ein königlicher Palast.

Ur-Nammu hat in zahlreichen Städten gebaut. Der Wiederaufbau der Tempel von Nippur, dem religiösen Zentrum der Sumerer, brachte ihm den Titel „König von Sumer und Akkad" ein.

Mit seinem Hofstaat besuchte er gelegentlich die Stadt. Bei religiösen Festen wurden auf Opfertischen vor den Zikkurat-Treppen Tieropfer dargebracht. Dann stieg der König mit Gefolge feierlich hinauf zum Heiligtum. Riesige bronzene Hörner ragten aus den Tempelwänden, geschmückt mit Gold und Silber.

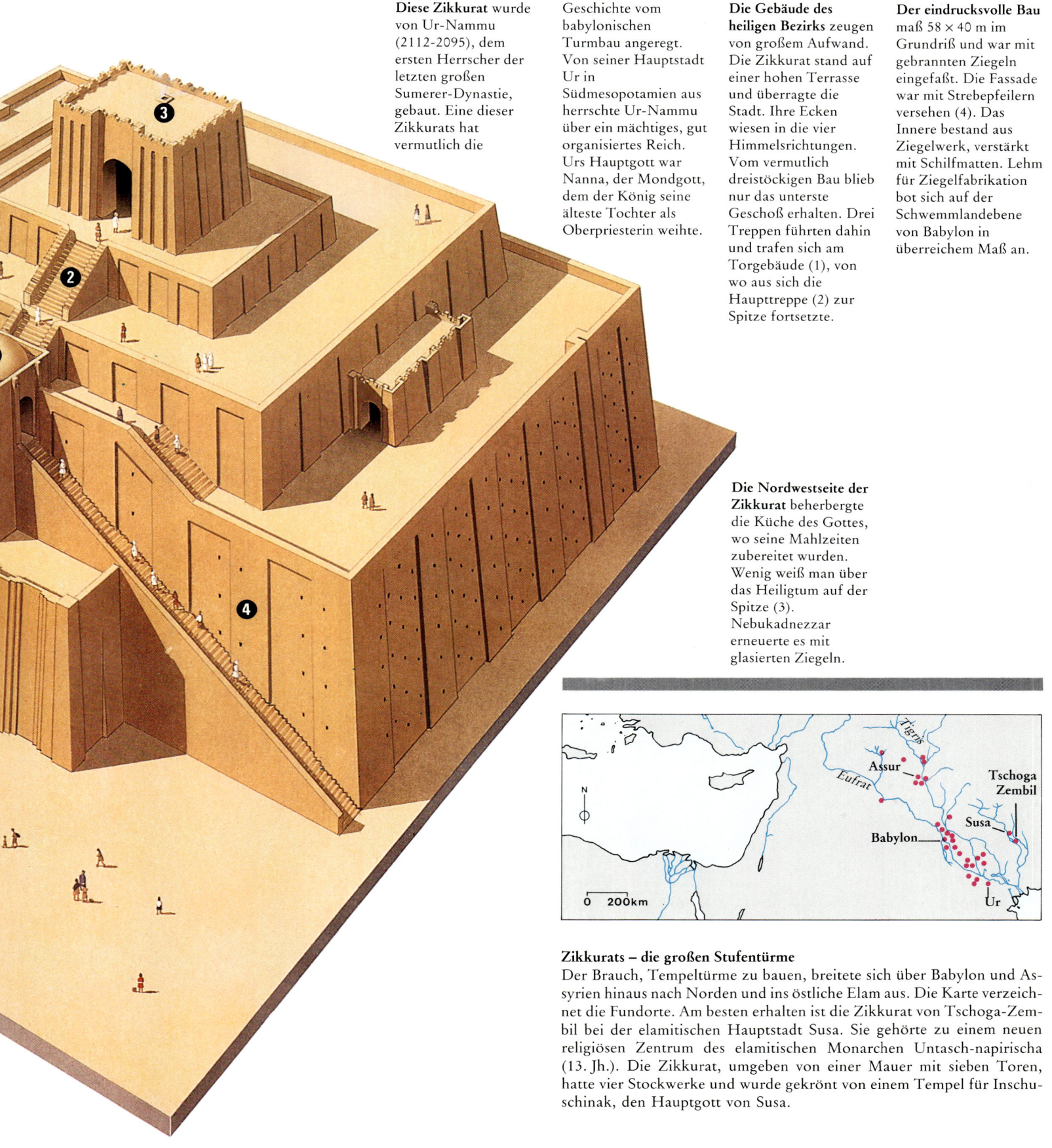

Diese Zikkurat wurde von Ur-Nammu (2112-2095), dem ersten Herrscher der letzten großen Sumerer-Dynastie, gebaut. Eine dieser Zikkurats hat vermutlich die Geschichte vom babylonischen Turmbau angeregt. Von seiner Hauptstadt Ur in Südmesopotamien aus herrschte Ur-Nammu über ein mächtiges, gut organisiertes Reich. Urs Hauptgott war Nanna, der Mondgott, dem der König seine älteste Tochter als Oberpriesterin weihte.

Die Gebäude des heiligen Bezirks zeugen von großem Aufwand. Die Zikkurat stand auf einer hohen Terrasse und überragte die Stadt. Ihre Ecken wiesen in die vier Himmelsrichtungen. Vom vermutlich dreistöckigen Bau blieb nur das unterste Geschoß erhalten. Drei Treppen führten dahin und trafen sich am Torgebäude (1), von wo aus sich die Haupttreppe (2) zur Spitze fortsetzte.

Der eindrucksvolle Bau maß 58 × 40 m im Grundriß und war mit gebrannten Ziegeln eingefaßt. Die Fassade war mit Strebepfeilern versehen (4). Das Innere bestand aus Ziegelwerk, verstärkt mit Schilfmatten. Lehm für Ziegelfabrikation bot sich auf der Schwemmlandebene von Babylon in überreichem Maß an.

Die Nordwestseite der Zikkurat beherbergte die Küche des Gottes, wo seine Mahlzeiten zubereitet wurden. Wenig weiß man über das Heiligtum auf der Spitze (3). Nebukadnezzar erneuerte es mit glasierten Ziegeln.

Zikkurats – die großen Stufentürme
Der Brauch, Tempeltürme zu bauen, breitete sich über Babylon und Assyrien hinaus nach Norden und ins östliche Elam aus. Die Karte verzeichnet die Fundorte. Am besten erhalten ist die Zikkurat von Tschoga-Zembil bei der elamitischen Hauptstadt Susa. Sie gehörte zu einem neuen religiösen Zentrum des elamitischen Monarchen Untasch-napirischa (13. Jh.). Die Zikkurat, umgeben von einer Mauer mit sieben Toren, hatte vier Stockwerke und wurde gekrönt von einem Tempel für Inschuschinak, den Hauptgott von Susa.

Babel: Völker und Sprachen

Auf, steigen wir hinab, und verwirren wir dort ihre Sprache, so daß keiner mehr die Sprache des anderen versteht" (Gen 11,7). – So spricht Jahwe in der Turmbaugeschichte. Diese will begründen, weshalb die Völker der Welt, die doch von derselben Familie abstammen, so viele verschiedene Sprachen sprechen.

Tatsächlich war der Mittlere Osten im 2. Jt. v. Chr., als diese Geschichte vermutlich entstand, von zahlreichen unterschiedlichen Völkern besiedelt. Es war eine Zeit politischer Veränderungen und internationalen Handels. Akkadisch, die Sprache Babylons, wurde zur weltweiten Diplomatensprache.

Die nördlicheren Assyrer vom Oberlauf des Tigris sprachen einen anderen Dialekt desselben Akkadisch. Ihre Hauptstadt Assur war ein blühendes Handelszentrum. Familienunternehmen unterhielten erfolgreiche Wirtschaftsbeziehungen bis hinein in nordwestanatolische Städte. Ihre Tochterniederlassungen handelten mit Zinn und Textilien, die sie auf Eselkarawanen aus Assur übers Gebirge brachten, und tauschten dafür Silber und Gold.

Ende des 19. Jh. v. Chr. erhob sich eine neue Dynastie in Assyrien. Ihr erster König, Schamschi-Adad, trieb seine Eroberung Richtung Westen bis nach Mari, dem Zentrum am Mittleren Eufrat, vor. Archäologen haben hier einen gewaltigen Palast mit mehr als 260 Kammern und Höfen freigelegt. Das Studium der Korrespondenz der Herrscher von Mari stieß auf die Spuren der Großen jener Zeit, unter ihnen auch Schamschi-Adad und seinen Zeitgenossen Hammurapi. Letzterem gelang es schließlich, seinerseits Mari und Assyrien zu kontrollieren.

Die Jahrhunderte nach Hammurapis Tod führten zu großen politischen Veränderungen im westlichen Asien. Nichtsemitische Völker, Kassiter, Hetiter und Hurriter, begannen auf Babylon Druck auszuüben. Die Kassiter, ein Bergvolk aus dem Osten, übernahmen die Oberherrschaft. Ihre Sprache ist wenig bekannt, denn sie schrieben akkadisch. 400 Jahre – länger als jede andere Dynastie – regierten sie Babylon. Dann unterlagen sie dem Angriff der Elamiter, deren Königtum im südwestlichen Iran seit langem Rivale von Mesopotamien war.

Das 14. Jh. v. Chr. war eine Zeit intensiver internationaler Diplomatie. Die Archive des Pharao Amenophis IV. (Echnaton) in Amarna am Nil enthielten nicht nur Briefe kleiner Fürsten aus Syro-Palästina, sondern auch die Korrespondenz mit den Großkönigen des westlichen Asien. Das ägyptische und das kassitische Herrscherhaus verbanden sich durch Heirat; Geschenke wurden ausgetauscht. Babylon sandte Pferde, Wagen, Lapislazuli und bekam dafür von Ägypten Gold.

In Nordmesopotamien blühte das Königreich von Mitanni, dessen Herrscher dem Pharao akkadisch, aber auch in ihrer eigenen Sprache: hurritisch, schrieben. Das Mitanni-Reich war ein Bündnis von hurritischen Staaten, deren Herrscher gegenüber der Zentralherrschaft verantwortlich waren. Da die Hauptstadt Waschukanni noch nicht gefunden werden konnte, gibt die Geschichte des Reiches noch viele Rätsel auf, und die Sprache ließ sich noch nicht richtig entschlüsseln. Mitanni geriet mit den Hetitern und den Ägyptern in Auseinandersetzungen über die Vorherrschaft in Nordsyrien.

Das Hetiterreich, das um 1200 v. Chr. unterging, war die wichtigste politische Macht im Anatolien des 2. Jt. v. Chr. Die Hetiter sprachen eine indoeuropäische Sprache, ältestes Zeugnis einer Sprachgruppe, zu der auch Griechisch und Lateinisch gehören. Einzelne Wörter sind leicht wiedererkennbar, z. B. wātar = ,Wasser' oder kwis = lateinisch quis (deutsch: wer).

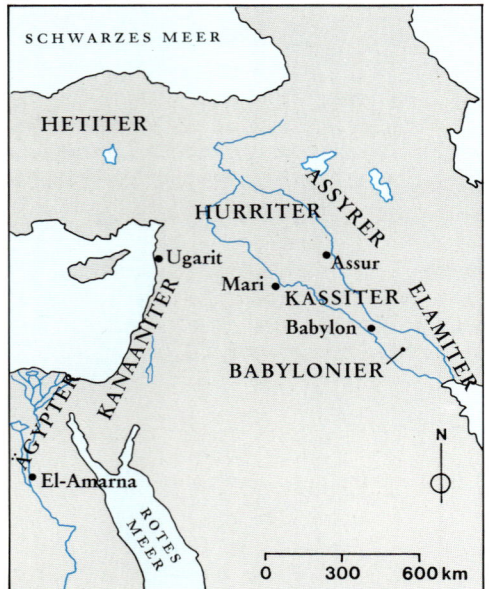

Eine Karte des **Mittleren Ostens** Ende des 2. Jt. v. Chr. zeigt die Verteilung der Völker. Ägypten kontrollierte die syro-palästinensischen Staaten. Mitanni, Ägypten und die Hetiter stritten um die Vorherrschaft in Syrien. Weiter im Osten waren Kassiter, Elamiter und Assyrer auf Machterweiterung aus.

Ein **vornehmer Assyrer**, mit typischem langem Haar und gekräuseltem Bart, trägt ein Gewand mit Troddel und Gurt.

Der **typische Babylonier** dagegen trägt eine Mütze mit breiter Krempe, vermutlich aus Wolle, sowie ein langes Gewand.

Die Frühgeschichte der Schrift

In Mesopotamien wurde die Schrift für die Verwaltungsarbeit erfunden. Die frühesten Texte aus Uruk (biblisch: Erech) im Süden sind Listen von Tieren und landwirtschaftlichen Gerätschaften. Sie entstanden um 3100 und wurden auf Tontafeln geschrieben – wie die meisten mesopotamischen Dokumente. In dieser Bilderschrift war jedes in Tontafeln geritzte Zeichen eine Andeutung eines Gegenstandes.

Vermutlich waren die ersten Tafeln sumerisch beschrieben; sicher ist dies allerdings nicht: zwar ist die Bedeutung der Wortzeichen klar, Hinweise auf den Wortklang aber gibt es nicht. Bald vereinfachten die Sumerer die Zeichen und verwendeten sie nicht bloß zur Bezeichnung ganzer Wörter, sondern auch für einzelne Silben.

Die Schrift verlor allmählich ihren Abbildcharakter, die Zeichen wurden gedreht und als keilförmige Striche mittels eines Schilfrohrs in den feuchten Lehm gedrückt. Die akkadisch sprechenden Völker übernahmen die Keilschrift von den Sumerern für ihre eigene Sprache. Im Lauf der Jahrhunderte wurden die Zeichen verändert. Die untenstehende Tabelle zeigt die Entwicklung von fünf Zeichen, von oben nach unten:

1. Früheste piktographische Zeichen. 2. Sumerische Zeichen um 2500 v. Chr. 3. Altbabylonische Zeichen um 1800 v. Chr. 4. Neuassyrische Zeichen um 700 v. Chr. 5. Neubabylonische Zeichen um 600.

Das Keilschriftsystem war einer der wertvollsten Beiträge Mesopotamiens zur kulturellen Entwicklung der damaligen Welt. Verschiedenste Völker übernahmen es. Es wurde früh verwendet in Elam und Syrien, später von Hurritern und Hetitern und anderen. Da die Schrift aus Bild- und Silbenzeichen bestand, brauchte sie Hunderte verschiedener Zeichen.

In Ugarit und im alten Persien erfand man dann ein Alphabet, welches sich an Keilschriftzeichen anlehnte. Die Keilschrift wurde rund 3000 Jahre lang verwendet und verschwand um die Zeitenwende.

Die **Tontafel** (links) aus Sumer wurde um 2800 v. Chr. beschrieben und registriert Felder und Ernteerträge. Die kantigen Zeichen stammen deutlich von einer Bilderschrift.

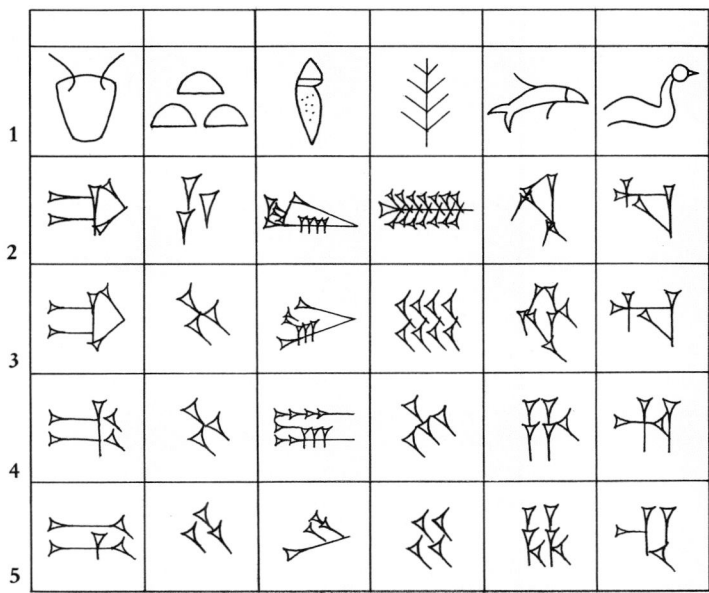

Eine **Tafel aus Ninive** (links), geschrieben um 645 v. Chr., hält fest, wie Kakkulani, ein hoher Offizier, eine Sklavin tauscht gegen einen Sklaven, der drei Männern, davon zwei Brüdern, gehörte.

Diese **Tabelle** (links), um 1980 v. Chr. geschrieben, registriert Lage und Ausmaße von 5 Feldern. Die unregelmäßige Form der Flächen wird berechnet, indem von einem rechteckigen oder regelmäßigen Umriß ausgegangen und „Ein- und Ausbuchtungen" subtrahiert bzw. addiert werden.

Abrahams Wanderungen

Abram – später Abraham genannt – verließ seinen Geburtsort Ur in Chaldäa, zusammen mit seinem Vater Terach, seiner Frau und Halbschwester Sarai und seinem Neffen Lot. Sie übersiedelten nach Haran in Obermesopotamien, wo Terach starb.

In Haran erhielt der 75jährige Abram von Gott den Befehl, nach Kanaan zu wandern: „Zieh weg aus deinem Land, von deiner Verwandtschaft und aus deinem Vaterhaus in das Land, das ich dir zeigen werde. Ich werde dich zu einem großen Volk machen ..." (Gen 12, 1 f).

In der Folge machten sich Abram, Sarai und Lot auf den Weg in das unbekannte Land. Abram vertraute Gott, ohne Fragen zu stellen. Damit nahm die Entstehung Israels und seiner Religion ihren Anfang.

Auf seinem Zug durch Kanaan errichtete Abram in Sichem und östlich von Bet-El Altäre für Jahwe. Etappenweise gelangte er so in den Negeb. Hungersnot führte ihn nach Ägypten, dem klassischen Asylland bei klimatischem und politischem Ungemach. Nach der Rückkehr zwang der angewachsene Bestand ihrer Herden Abram und Lot, sich zu trennen. Lot ließ sich in der fruchtbaren Jordangegend nieder, Abram blieb im Negeb. Nachdem Abram die Wahl des Landes selbstlos Lot überlassen hatte, erhielt er erneut von Jahwe die Zusage: „Das ganze Land, das du siehst, will ich dir und deinen Nachkommen für immer geben" (Gen 13, 15).

Die biblische Geschichte vom Lebensweg des Erzvaters Abram mit all seinen Stationen soll die Anfänge Israels darstellen. Es geht also nicht bloß um Abrams Person und Familie, sondern um die Ursprünge einer neuen Religion und Gesellschaft. Hauptthemen sind darum die wiederholten Verheißungen des Gottes Jahwe, Abram solle Vater einer großen Nation werden, und dies angesichts der Tatsache, daß er und seine Frau alt und kinderlos waren.

In Gen 17, 1–27 bekommt der Bund, den Jahwe Abram anbietet, genauere Züge: ‚Abram' wird ‚Abraham", was „Vater der Menge" bedeuten soll; die Beschneidung wird zum Zeichen für den Bund: „eine männliche Person, die nicht beschnitten ist, soll aus dem Volk ausgemerzt werden. Sie hat meinen Bund gebrochen." Sarais Name ist künftig Sara, d. h. Herrin. Mutter von Königen soll sie werden. „Mutter der Nation" heißt sie sogar Jes 51, 2. Als treue Gefährtin Abrahams wird sie dargestellt. Aber aus Eifersucht jagt sie Hagar (die Magd, die Sara selbst Abraham als Nebenfrau gegeben hatte) samt deren (und Abrahams) Sohn Ismael in die Wüste.

Die Abrahamsüberlieferungen spielen zwar an bestimmten heiligen Stätten Kanaans, zeitlich aber lassen sich die Begebenheiten nicht festlegen. Man kann allenfalls versuchen, die Wanderungen der Stammväter mit Völkerwanderungen in den Jahrhunderten der Mittleren und Späten Bronzezeit in Verbindung zu bringen. Eine wachsende Zahl von Forschern bezieht sie allerdings auf die Zeit, da Israel bereits im Land Kanaan seine Rolle zu spielen beginnt (ab 1.200 v. Chr.). Die Aramäer, aber auch die zu Haustieren gemachten Kamele in den biblischen Erzählungen passen jedenfalls nicht ins 2. Jahrtausend und sind erst später nachweisbar.

Die Abrahamsgeschichten sind so oder so nicht von der Art, die sich als historisch nachweisen ließe. Patriarchengeschichten insgesamt sind keine Biographien. Man sollte sie als Familien- oder Stammessagen lesen, die gesammelt wurden, um zu zeigen, wie Jahwe sich sein Volk geschaffen und berufen hat.

Wüste Negeb

Abraham verließ seinen Geburtsort Ur in Chaldäa und übersiedelte nach Haran, einem wichtigen Zentrum am Fluß Balik. Dort erhielt er den Auftrag Gottes, nach Kanaan zu ziehen. Seine Wanderung bis hinunter nach Ägypten ist oben rot in die Karte eingetragen. Unterwegs in Kanaan errichtete er Altäre in Sichem und Bet-El. Er zog weiter in den Negeb. Dort zwang ihn eine Hungersnot, in Ägypten Zuflucht zu suchen, ehe er nach Bet-El zurückkehrte. Schließlich ließ er sich in Hebron, westlich des Toten Meeres, nieder. Ausgrabungen in Nuzi, Ebla und anderswo beleuchten das Leben der Patriarchenzeit. Nuzi war ein Zentrum hurritischer Kultur und weist manche Ähnlichkeiten mit Gesellschafts- und Rechtsverhältnissen im biblischen Haran auf. Die entdeckten Texte handeln über Heirats-, Adoptions-, Erb- und Grundbesitz-Regelungen. In Ebla, einer blühenden Stadt jener Zeit, graben Italiener seit 1970 ein großes Archiv aus. Einer seiner Könige hieß Ebrium, was an einen Vorfahren Abrahams namens Eber denken läßt.

KANAAN

ROTES MEER

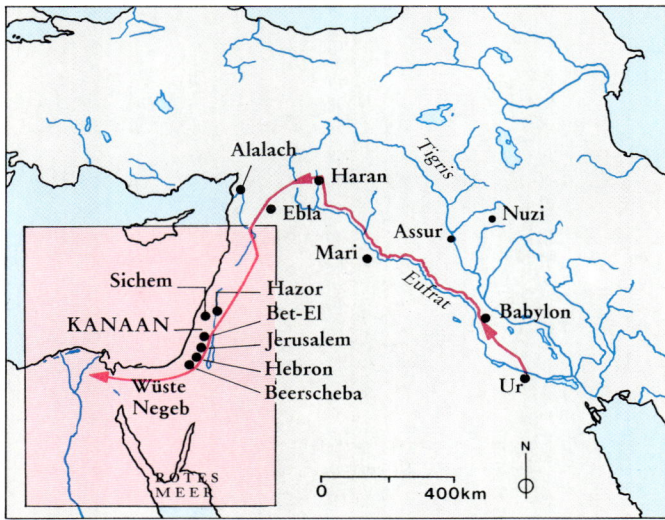

Alalach

Haran

Ebla

Assur

Nuzi

Mari

Sichem

Hazor

Bet-El

KANAAN

Jerusalem

Hebron

Beerscheba

Wüste
Negeb

Babylon

Eufrat

Tigris

Ur

ROTES
MEER

0   400km

N

Leben unter den Nomaden

Manche Züge der Patriarchengeschichten legen einen nomadischen oder halbnomadischen Lebensstil der Vorfahren Israels nahe. Auch als seßhafte Siedler behalten die Israeliten Elemente dieses Lebens bei. Ein „Nomadenideal" wird bei späteren Propheten sichtbar, wenn sie den zeitgenössischen Luxus der Städter geißeln und das einfache und unverdorbene Leben zur Zeit der Wüstenwanderung preisen.

Nomadischen Lebensstil hat es in der langen Geschichte des Nahen Ostens immer gegeben. Vergleiche mit früherem oder heutigem Nomadentum können vielleicht ein Bild geben von jenem Leben zur Zeit der Patriarchen. Denn Nomaden hinterlassen natürlich wenig Spuren ihrer Geschichte und Lebensweise. So erstaunt es nicht, daß wir davon nur aus Zeugnissen der Seßhaften wissen, mit denen sie in Kontakt kamen. Ein sumerischer Text zeigt, wie die Nomaden von den Städtern verachtet wurden: „Sie haben keine festen Häuser, kennen nicht einmal Getreide und graben nach Trüffeln in der Wüste ..."

Eigentliches Großnomadentum von der Art heutiger arabischer Beduinen gibt es erst seit der Nutzung von Kamelen im 1. Jt. v. Chr. Die Lebensart der Patriarchen dagegen ähnelt mehr der von Kleinvieh-Hirten, die saisonbedingt von Weideplatz zu Weideplatz ziehen und Esel als Lasttiere benützen. Ihr Lebensraum ist nicht die Wüste. Aber sie ziehen natürlich von Wasserstelle zu Wasserstelle. Darum die zahlreichen Geschichten, die um Brunnenrechte kreisen. „Die Knechte Isaaks gruben in der Talsohle und fanden dort einen Brunnen mit frischem Wasser. Da stritten die Hirten von Gerar mit den Hirten Isaaks und behaupteten: Uns gehört das Wasser. Da nannte er den Brunnen Esek (Zank) ... Als sie einen anderen Brunnen gruben, stritten sie auch um ihn ..." (Gen 26, 19–21).

Nomaden brauchen den engen Zusammenhalt einer kleinen Gruppe, müssen aber auch zahlreich genug sein, um sich verteidigen zu können. Heute wie früher leben sie daher in einer Stammesgruppe mit gemeinsamem Ahnherrn, aufgeteilt in Sippen oder Familienverbände. Eine solche Aufteilung fand auch statt, als Abraham und Lot sich trennen mußten, weil der Verband zu zahlreich wurde. Jeder Stamm herrscht über ein bestimmtes Gebiet und regelt beispielsweise die Wasserrechte. Heutige Eigenheiten nomadischer Stämme wie beispielsweise Blutrache, Gast- und Asylrechte, finden sich auch in der Welt der Patriarchen.

Die Behausung der Nomaden ist seit eh und je ein schwarzes Zelt aus haarigem Ziegenfell von der eigenen Herde. Frauen spinnen und weben die Haare zu einem wasserdichten Gewebe, welches die Sonnenstrahlen verschluckt; hier ist es drinnen kühler als in den weißen Segeltuchzelten der Europäer. Die äußere Form ist ein Trapez, getragen von unterschiedlich langen Pfosten und befestigt durch Seile und Pflöcke. Bilder eines Lebens im Zelt finden sich überall in der Bibel. Das Wort Zelt wird zum Inbegriff von „Haus". „Jeder zu seinem Zelt", riefen die Israeliten, als sie sich einmal gegen ihren König stellten (1 Kön 12, 16), das bedeutete: „Jeder dient nur noch seinem eigenen Haus!"

Abrahams Opfer

Abraham und Sara waren schon sehr alt, als der von Jahwe verheißene Sohn geboren wurde. Abraham nannte ihn Isaak („er lacht"), denn Sara – die 90jährige – sagte: „Gott ließ mich lachen; jeder, der davon hört, wird mit mir lachen. Wer, sagte sie, hätte Abraham zu sagen gewagt, Sara werde noch Kinder stillen? Und nun habe ich ihm noch in seinem Alter einen Sohn geboren" (Gen 21, 6 f).

Eine letzte Probe seines Glaubens hatte Abraham zu bestehen, als Isaak herangewachsen war: Gott forderte ihn auf: „Nimm deinen Sohn, deinen einzigen, den du liebst, Isaak, geh in das Land Morija, und bring ihn dort auf einem der Berge, den ich dir nenne, als Brandopfer dar" (Gen 22, 2).

Widerspruchslos tat Abraham, was ihm aufgetragen wurde. Er sattelte seinen Esel, spaltete Brennholz und machte sich mit Isaak und zwei Knechten auf den Weg ins Land Morija. Am angewiesenen Ort baute er einen Altar, „schichtete das Holz auf, fesselte seinen Sohn Isaak und legte ihn auf den Altar … Schon streckte Abraham seine Hand aus und nahm das Messer, um seinen Sohn zu schlachten" (Gen 22, 9 f).

Dieser Beweis von Abrahams Bereitschaft, sein Liebstes zu opfern, genügte Jahwe, und er griff im letzten Augenblick durch seinen Engel ein: „Da rief ihm der Engel des Herrn vom Himmel her zu: Abraham, Abraham! Er antwortete: Hier bin ich. Jener sprach: Streck deine Hand nicht gegen den Knaben aus, und tu ihm nichts zuleide! Denn jetzt weiß ich, daß du Gott fürchtest, du hast mir deinen einzigen Sohn nicht vorenthalten.

Als Abraham aufschaute, sah er: Ein Widder hatte sich hinter ihm mit seinen Hörnern im Gestrüpp verfangen. Abraham ging hin, nahm den Widder und brachte ihn statt seines Sohnes als Brandopfer dar" (Gen 22, 11–13). Dann kehrte er mit Isaak nach Hause zurück.

Manche sehen in dieser Geschichte ein Zeugnis dafür, daß zur damaligen Zeit Kinderopfer üblich waren. Sie halten die Geschichte für eine Ätiologie, d.h. eine Erzählung, die einen Ursprung erklären will, in diesem Fall: wie es kommt, daß man nicht mehr Menschen, sondern Tiere opferte. Denn irgendwann waren Kinderopfer in Israel verschwunden: Nur in Zeiten der Not erinnerten sich die Israeliten manchmal daran und überlegten, ob sie Gott etwa Kinderopfer darbringen sollten: „Womit soll ich vor den Herrn treten, wie mich beugen vor dem Gott in der Höhe? Soll ich mit Brandopfern vor ihn treten, mit einjährigen Kälbern? … Soll ich meinen Erstgeborenen hingeben für meine Vergehen, die Frucht meines Leibes für meine Sünden?" (Mich 6, 6 f).

Die Erzählung von Isaaks Opferung könnte auch erklären, warum in einem bestimmten Heiligtum Israels im Gegensatz zu den Heiligtümern der Kanaaniter keine Menschen, sondern nur Tiere dargebracht wurden. Israelitische Propheten verurteilen jedenfalls oft die kanaanitischen Kinderopfer. Unsere Geschichte hatte zu dieser Zeit vielleicht den Zweck zu sagen, daß Israels Gott keine Menschenopfer wollte.

Opfer ganz allgemein dürften in Israel seit frühesten Zeiten zum Kult gehört haben: „Kain brachte dem Herrn ein Opfer von den Früchten des Feldes dar; auch Abel brachte eines dar von den Erstlingen seiner Herde" (Gen 4, 3 f). Sie waren Gaben des Menschen an Gott. Die vollständigste Gabe lag im Verbrennen eines Tieres, im „Brandopfer" oder „Ganzopfer". Andere Opferarten boten Gott Brot, Öl, Wein, Mehl, Kuchen oder Weihrauch an.

Opfer wurden gebracht, um eine Bitte an Gott zu verstärken, um ein Gelübde zu erfüllen, als Dank oder zur Sühne einer Schuld.

Nimm deinen Sohn, deinen einzigen, … Isaak, … bring ihn als Brandopfer dar (Gen 22, 2).
Dieses Mosaik aus der Capella Palatina in Palermo (Sizilien) stellt die Fesselung Isaaks dar.
Gott verlangt zunächst von Abraham das Opfer seines einzigen Sohnes; dieser begibt sich widerspruchslos auf den Weg zum festgesetzten Ort im Land Morija. Wie er bereits die Hand mit dem Messer hebt, wird Abraham durch Gottes Engel Einhalt geboten.

Abraham hatte seine Glaubensprobe bestanden. Isaak wurde verschont. An seiner Stelle wurde ein Widder dargebracht, der sich mit seinen Hörnern in einem nahegelegenen Busch verfangen hatte.

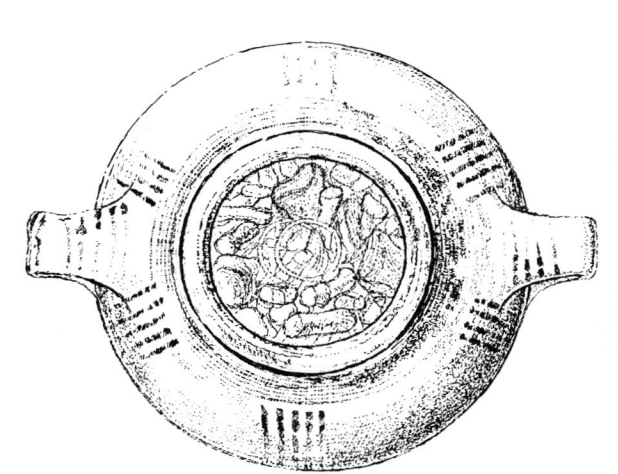

Kinderopfer

Diese Urne aus Ur mit den verbrannten Gebeinen eines Kindes bezeugt klar die Praxis von Kinderopfern (und Menschenopfern überhaupt). Allerdings scheint sie im Alten Nahen Osten nicht weit verbreitet gewesen zu sein. In Mesopotamien fanden sich zahlreiche Skelette in der Umgebung von Königsgräbern in Ur. Daß diese Menschen allerdings geopfert worden sind, ist weniger sicher, als meist behauptet wird. Außerhalb der phönizischen Welt sind Menschenopfer spärlich belegt.

Die Geschichte von Iphigenie, die von ihrem Vater Agamemnon geopfert wird, damit die griechischen Schiffe nach Troja auslaufen können, ist weder für die Bronzezeit noch für das geschichtliche Griechenland typisch. Auch im Alten Testament ist nur unter außerordentlichen Umständen von Kinderopfern die Rede, z.B. bei der Geschichte von Jiftachs Tochter: Ihr Vater hatte gelobt, bei siegreicher Rückkehr aus der Schlacht würde er die erste Person, die ihm aus seinem Haus entgegenkomme, als Brandopfer darbringen. Dies war nun ausgerechnet seine Tochter. Jiftach hielt sein Gelübde und opferte sie (Ri 11, 30–40).

Ähnlich abscheulich ist die Erzählung vom König von Moab, der seinen Sohn auf den Mauern seiner Hauptstadt schlachtet, als sie von den Israeliten belagert wurde (2 Kön 3, 27). Einige sehen darin einen Beweis für Kinderopfer in Israels Frühzeit. Wahrscheinlicher ist, daß man es hier den Kanaanitern nachgemacht hat, vielleicht auch den Phöniziern.

Israels Gesetz verbot bei Todesstrafe die Opferung von Kindern (Lev 18, 21; 20, 2). Dennoch soll König Manasse seinen Sohn dargebracht haben (2 Kön 21, 6). Um so etwas unmöglich zu machen, entweihte König Joschija die dafür übliche Opferstätte im Hinnomtal (2 Kön 23, 10).

Die berüchtigten „Molochopfer", bei denen man Kinder „durchs Feuer gehen ließ", gelten wohl dem Gott Baal, dessen Titel ‚Melech' (König) nach dem Wort boschet (= Schande) verunstaltet wurde.

Kanaanitische Kultur dehnte sich mit Hilfe der Phönizier ums Mittelmeer aus, auch nach Karthago in Nordafrika.

Im Heiligtum von Tanit bei Karthago wurden Urnen mit verbrannten Knochen von Lämmern und Ziegen, vor allem aber von Kindern gefunden. Nach dem sizilianischen Geschichtsschreiber Diodor (bis 21 v. Chr.) glaubten im Jahre 310 v. Chr. die Bewohner von Karthago, ein Unglück bedrohe sie nur deshalb, weil sie angefangen hatten, kranke und gekaufte Kinder zu opfern. Das würde die Götter erzürnen. Daraufhin habe man 200 Kinder aus den besten Familien geopfert.

In Mesopotamiens Religion gelten die Menschen als geschaffen, um Gott zu bedienen. Riten und Zeremonien waren ihnen genau vorgeschrieben. Die Versorgung der Götter mit Speise und Trank gehörte dazu, und alte Rollsiegel zeigen oft Kult-Teilnehmer mit Tieropfern. Die Einlegearbeit aus Elfenbein und Perlmutter (ganz links) aus dem 3. Jt. v. Chr. stammt aus Mari am Eufrat und zeigt die Opferung eines Widders durch Priester. Eine ganze Reihe von Keilschrift-Texten enthält Opfervorschriften. Darunter auch solche über das Schlachten von Tieren, welches niqu (= Ausgießung) heißt, weil das Blut vor der Gottheit vergossen wurde. Das Opfertier, meist ein Schaf, wurde nach besonderen Maßstäben (Alter, Farbe) ausgesucht. Ähnliche Regelungen finden sich im AT (Ex 12, 5). Der nasch-patri, der „Schwertträger", schnitt dem Tier die Kehle durch und sang dazu eine Beschwörung. Das Blut bildete ein Gußopfer. Begleitet von weiteren Beschwörungen wurde der Kopf zu einem Weihrauchständer gebracht und mit heiligem Wasser besprengt. Ein schangu-Priester brachte auf speziellen Altären oder auf dem Tempeldach Opfer dar.

Der Untergang von Sodom und Gomorra

Die Geschichte von Sodom und Gomorra (Gen 13–14; 18 f) spielt in der Zeit, da Abram (bzw. Abraham) und Lot mit ihren Herden durchs südliche Palästina ziehen. Die Stämme waren zahlreich geworden, und „zwischen den Hirten Abrams und den Hirten Lots kam es zum Streit" (Gen 13,7) über Weidegründe. Man mußte sich trennen, und Abraham überließ Lot die Wahl des Landes. Lot entschied sich für die fruchtbare Gegend am Jordan und am Toten Meer. Er ließ sich „in den Städten jener Gegend nieder und schlug seine Zelte bis Sodom hin auf" (13,12). Doch vier Könige aus dem Norden überfielen die Gegend, wo Lot siedelte, und schlugen die vereinigten Kräfte von Sodom, Gomorra, Adma, Zebojim und Zoar – der fünf Städte der Ebene – in die Flucht. Lot geriet in Gefangenschaft, doch sobald Abram davon hörte, setzte er den Siegern nach und befreite ihn.

Doch schlimmeres Unheil sollte bald über die Gegend kommen, in der Lot lebte. Denn „die Leute von Sodom waren sehr böse und sündigten schwer gegen den Herrn" (Gen 13,13). Deshalb beschloß Gott ihre Vernichtung. Lot sollte gerettet werden. Deshalb drängten zwei Engel ihn samt Frau und Tochter zur Flucht, ohne Verzug und ohne zurückzuschauen.

Lot und seine Familie befolgten den Rat und gelangten nach Zoar, als das Unheil seinen Lauf nahm: „Jahwe ließ auf Sodom und Gomorra Schwefel und Feuer regnen ..., er vernichtete jene Städte und die ganze Gegend, auch alle Einwohner der Städte und alles, was auf den Feldern wuchs" (19,24 f). Lot und seine Töchter wurden gerettet; seine Frau jedoch „blickte zurück und erstarrte zu einer Salzsäule".

Lot verließ Zoar und ließ sich in einer Höhle in den Bergen nieder. Seine Töchter hielten sich für die letzten Menschen auf Erden und befürchteten das Aussterben der Art. Sie gaben deshalb ihrem Vater übermäßig Wein zu trinken und schliefen dann mit ihm. Beide wurden schwanger und gebaren Söhne, die sie Moab und Ben-Ammi nannten. So erklärt die Bibel den Ursprung der Moabiter und Ammoniter.

Die Geschichte von Sodom und Gomorra gibt mehrere Rätsel auf. Die meisten glauben nicht an einen wirklichen Einfall der vier Könige. Nach den Städten der Ebene sucht man in der Gegend südlich des Toten Meeres. Forscher stellten das Vorhandensein von Erdpech in der Region fest.

Möglicherweise steht hinter der Erzählung über den Untergang von Sodom und Gomorra die Erinnerung an ein Erdbeben, das ja häufig in diesem Einbruchgraben vorkam. Dabei könnte sich das Erdpech entzündet haben. Phantasiebegabte Reisende fanden immer wieder säulenförmige Gebilde aus Salzkristall am Dschebel Usdum, dem Berg von Sodom, in denen sie Lot's Frau zu sehen meinten.

Jüngste archäologische Forschungen hatten interessante Ergebnisse: Frühbronzezeitliche Keramik wurde an fünf Orten gefunden (darunter es-Safi, das seit byzantinischer Zeit mit Zoar identifiziert wurde), allesamt an Wadis gelegen, die zum Südbecken des Toten Meeres führen. Alle müssen um 2350 v. Chr. verlassen worden sein, wobei Numeira, Feife und Bab ed-Dhra (ein religiöses Zentrum mit Friedhof) Spuren einer Feuersbrunst zeigen. Die Gegend war vermutlich im Altertum fruchtbarer als heute, dank behutsamem Umgang mit den Wasserreserven, und entspräche so der Lage der „Städte der Ebene". Zoar allerdings müßte von der Katastrophe verschont geblieben sein. Doch haben Abram und Lot nach Ansicht der meisten Forscher einige Jahrhunderte später gelebt.

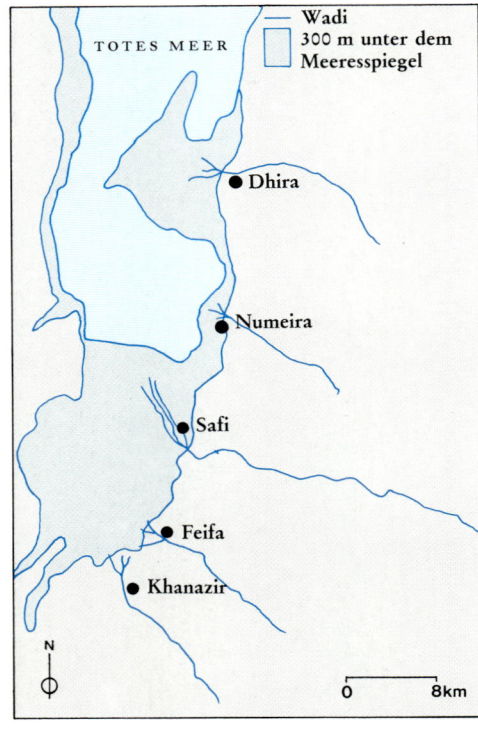

Fünf Städte wurden entdeckt in der Gegend südlich des Toten Meers, aber ihre Zugehörigkeit zu den „Städten der Ebene" (Sodom, Gomorra, Adma, Zebojim, Zoar) ist umstritten. Umgekehrt können noch weitere Ortslagen entdeckt werden; einige liegen womöglich jetzt unter Wasser.

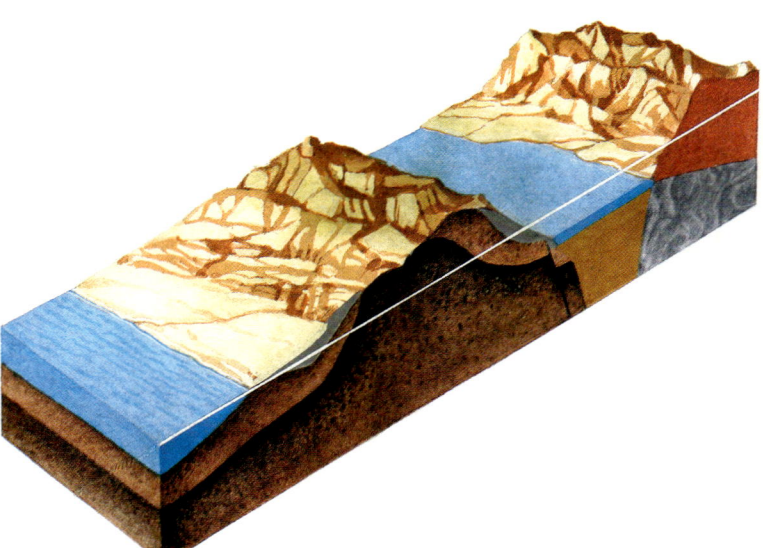

Dieser **Schnitt durch die Lisan-Halbinsel** zum Westufer zeigt, wie seicht das Tote Meer hier ist. Im Altertum könnte das Südbecken eine Ebene gebildet haben, die erst durch Erdbeben oder Ansteigen des Wasserspiegels überschwemmt wurde.

Abgesunkene Bäume sind heute der Küste entlang im Wasser sichtbar, und in römischer Zeit lief eine Straße über die Lisan-Halbinsel bis hinüber ans Westufer.

Zu Lots Zeiten sah die Gegend am Toten Meer „wie der Garten Jahwes aus" (Gen 13,10). Heute ist sie Wüste: Kein Leben im Wasser, und fast immer drückende Hitze. Felsklippen mit Salzkrusten springen von öden Küsten ins Wasser vor. Wo allerdings frisches Wasser vorkommt, ist der Boden fruchtbar. Im Altertum haben wohl Bewässerungsanlagen die Anlage üppiger Gärten und Parks möglich gemacht.

Lot, damals in Sodom wohnhaft, war durch Jahwe vor der kommenden Katastrophe gewarnt worden. Er floh mit seiner Familie aus der Stadt. Als seine Frau gegen Jahwes ausdrückliches Verbot zurückschaute, erstarrte sie zu einer Salzsäule. Der hohe Salzgehalt des Toten Meeres, an dessen Ufer Sodom gelegen haben muß, läßt fast kein Leben zu.

Das Salz kristallisiert ganze Blöcke aus, oft mit säulenähnlichen Formen.

Moab und Ben-Ammi
Nach der Tradition war Lots Sohn, den er mit seiner ältesten Tochter hatte, der Stammvater der Moabiter. Die Moabiter ließen sich vermutlich im 13. Jh. v. Chr. auf dem Tafel-Hochland östlich des Toten Meeres nieder. Sie waren Israels Nachbarn während seiner ganzen Geschichte, und die Region Nordmoabs blieb ein dauernder Zankapfel beidseitiger Gebietsansprüche.

Der bekannteste König Moabs ist Mescha aus dem 9. Jh. v. Chr. Ein beschrifteter Gedenkstein aus seiner Hauptstadt Dibon berichtet von seinen Siegen über Israel. Die Bibel sagt von ihm: „Mescha, der Moabiterkönig, war ein Schafzüchter" (2 Kön 3, 4). In der Tat war Schafzucht Moabs Wirtschaftsgrundlage.

Ben-Ammi, der Sohn Lots von seiner jüngsten Tochter, galt als Ahnherr der Ammoniter, die wohl ebenfalls im 13. oder 12. Jh. v. Chr. im Ostjordanland nördlich von Moab seßhaft wurden.

Die heutige Hauptstadt Jordaniens, Amman, hat den zweiten Namensteil der alten Ammoniterhauptstadt behalten: Rabbat-Ammon. Diese Stadt lag strategisch am Knotenpunkt wichtiger Straßenverbindungen, unter anderem an der „Königsstraße", die durch ganz Transjordanien lief. Es gab dauernd Konflikte zwischen Israel und den Ammonitern; zeitweilig kontrollierte Israel den kleinen Ammoniterstaat.

Jakob stiehlt Esaus Erstgeburtsrecht

Nach Gen 25,23 war die Rivalität zwischen Jakob und Esau, den Zwillingen Isaaks, schon vor ihrer Geburt angekündigt worden. Während ihrer schwierigen Schwangerschaft soll Rebekka sich voller Sorge an Jahwe gewandt und von ihm diese Antwort bekommen haben: „Zwei Völker sind in deinem Leib; zwei Stämme trennen sich schon in deinem Schoß. Ein Stamm wird dem andern überlegen, der ältere muß dem jüngeren dienen."

Esau wurde dann als erster geboren, „rötlich, über und über mit Haaren bedeckt wie mit einem Fell" (Gen 25,25). Danach kam Jakob zur Welt, der seinen Bruder an der Ferse festhielt. Herangewachsen wurde Esau ein tüchtiger Jäger, während Jakob das ruhigere Leben im Haus vorzog. „Isaak hatte Esau lieber, denn er aß gern Wildbret; Rebekka aber hatte Jakob lieber" (Gen 25,28).

Eines Tages kam Esau erschöpft von der Jagd nach Hause und bat Jakob, ihm etwas von seinem Linsengericht abzutreten. Jakob nutzte die Situation und verlangte als Gegenleistung das Erstgeburtsrecht seines Bruders. In seinem Heißhunger überlegte Esau nicht lang, „er schwor ihm und verkaufte sein Erstgeburtsrecht an Jakob" (25,33).

Jahre danach war Isaak alt und blind geworden; er fühlte sein Ende nahe und wollte Esau seinen Segen geben. Er forderte ihn auf, ihm ein Wild zu jagen und ein leckeres Mahl zu bereiten, damit er es genieße und ihn danach segne. Rebekka hatte diese Worte mitgehört und nahm sich vor, Jakob den väterlichen Segen zu verschaffen. Zwei Ziegenböcklein mußte Jakob ihr holen, und sie bereitete daraus ein köstliches Mahl. Sie zog Jakob Esaus Kleider an, umwickelte seine Arme mit Fellen, um die haarige Haut seines Bruders vorzutäuschen, und schickte ihn zu Isaak hinein.

Der blinde Alte hielt ihn tatsächlich für Esau und gab ihm den Segen.

Als Esau von der Jagd zurückkam und seinerseits dem Vater ein Mahl vorsetzen wollte, merkte er, daß er betrogen worden war, und geriet in rasende Wut. Der Segen aber konnte nicht zurückgenommen werden.

In seinem Schmerz schrie Esau: „Zweimal hat er mich betrogen: Mein Erstgeburtsrecht hat er mir genommen, jetzt nimmt er mir auch noch den Segen" (Gen 27,36), und er faßte den Plan, Jakob nach dem Tod des Vaters umzubringen. Darum schickte Rebekka Jakob zu ihrem Bruder Laban ins ferne Haran im Norden.

Um den bitteren Preis der Flucht von zu Hause war Jakob hier in Sicherheit. Zwanzig Jahre danach erst kehrte er nach Kanaan zurück. Noch immer fürchtete er den Zorn seines Bruders und schickte Boten voraus nach Edom, wo Esau nun lebte. Der Zorn seines Bruders war aber längst verraucht. Er lief Jakob entgegen, „umarmte ihn und fiel ihm um den Hals; er küßte ihn, und sie weinten" (Gen 33,4).

Die Geschichte von Jakob und Esau beschreibt altisraelitisches Familienbrauchtum. Der Älteste besaß besondere Vorrechte. Zu Lebzeiten des Vaters nahm er den ersten Rang unter seinen Brüdern ein, bei seinem Tod erhielt er einen doppelten Anteil am Erbe und wurde Haupt der Sippe. Bei Zwillingen kam diese Rolle dem Erstgeborenen zu, er konnte aber seine Vorrechte verlieren durch ein Vergehen.

Auch andernorts in der Bibel laufen Nachgeborene dem Ältesten oft den Rang ab: Isaak wird Erbe Ismaels; Josef wird von Jakob seinen Brüdern vorgezogen; David übergibt seine Herrschaft dem Jüngsten: Salomo. Die Bibel betont immer wieder: Gottes Ziele haben Vorrang vor menschlichen Sitten und Gebräuchen.

Jakobs Betrug an seinem Bruder Esau hat manchen Künstler beschäftigt. Auf diesem Blatt aus der „Nürnberger Bibel" (1493) ist dargestellt, wie Jakob und seine Mutter Rebekka den alten Isaak täuschen.

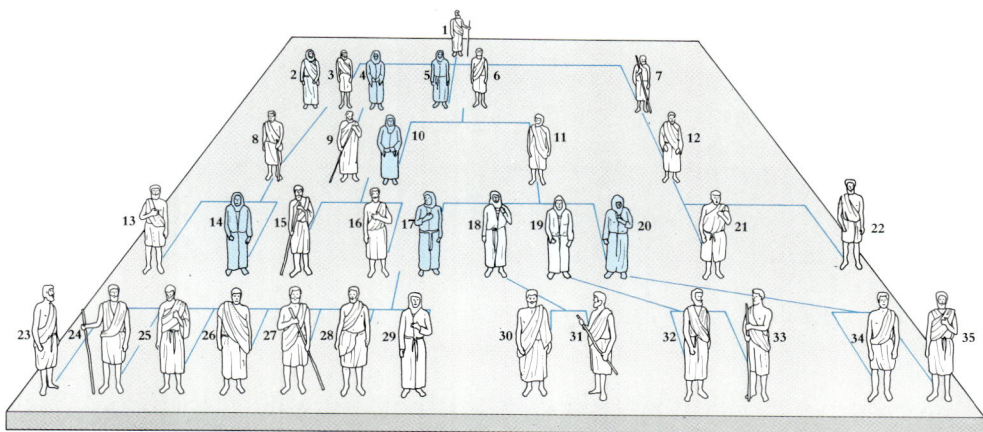

Edom:
Schnittpunkt der Handelsstraßen
Nach der Bibel war Esau der Vater der Edomiter. Zu ihrem Gebiet gehörten die Bergregionen des südlichen Transjordanien, die auch „Gebirge Seir" heißen. Die Beschreibung Esaus als ‚rot' (hebr.: ’admoni) und ‚haarig' (hebr.: sa’ir) spielt auf Edom und Seir an.

Die wichtige Rolle Esaus in der Vätertradition spiegelt die Bedeutung Edoms in der Frühgeschichte Israels wider.

Die Edomiter ließen sich im 13. Jh. v. Chr. in Transjordanien nieder. Edom soll früher als die Israeliten Könige gehabt haben. Zur Zeit König Davids im zehnten Jahrhundert war das Königtum offenbar erblich geworden.

Edom hatte zwei Hauptstädte: Tema im Süden und Bosra im Norden. Die sogenannte „Königsstraße" zog durch Edom zum Hafen Elat am Roten Meer. Von Bosra aus zweigte die Arabastraße durch den Negeb ab.

Diese Straßen dienten dem Handel zwischen Südarabien und Afrika und brachten Reichtum nach Edom. Bedeutsam für den damaligen Wohlstand waren auch die reichen Kupferminen des Landes.

Dieser Familienstammbaum zeigt die Nachkommenschaft Terachs (1), des Vaters Abrahams (3), bis hinunter zu Jakob (16) und seinen zwölf Söhnen. Heiraten zwischen Cousins und Cousinen 1. Grades waren üblich (z. B. Isaak und Rebekka). Ein Mann konnte mehrere Frauen haben (blau) und diese konnten ihrem Gemahl eine Konkubine anbieten (hellblau). Dies sind Terachs Nachkommen, ihre Frauen und Nebenfrauen: Hagar (2), Sara (4), Nahor (5), Betuel (6), Haran (7), Ismael (8), Isaak (9), Rebekka (10), Laban (11), Lot (12), Nebajot (13), Mahalat (14), Esau (15), Jakob (16), Lea (17), Silpa (18), Bilha (19), Rahel (20), Moab (21), Ben-Ammi (22). Jakob hatte zwölf Söhne (die Väter der zwölf Stämme Israels) und eine Tochter, Dina (29). Die Söhne hießen: Ruben (23), Simeon (24), Levi (25), Juda (26), Issachar (27), Sebulon (28), Gad (30), Ascher (31), Dan (32), Naftali (33), Josef (34) und Benjamin (35).

Auf seiner **Flucht nach Haran** übernachtete Jakob im Hügelland nördlich von Jerusalem. Als Kopfkissen (oder besser als Kopfschutz) benutzte er einen Stein. In einem symbolischen Traum versprach ihm Jahwe, der Boden, auf dem er liege, werde einst ihm und seinen Nachkommen gehören. Als er aufwachte, wußte Jakob, daß er an einem heiligen Ort gelegen hatte. Darum nahm er den Stein, richtete ihn auf als Säule und salbte ihn mit Öl (Gen 28, 18). Er nannte den Ort Bet-El, „Haus Gottes". Wie andere heilige Orte der Vätergeschichten war Bet-El ursprünglich ein kanaanitisches Heiligtum. Solche Heiligtümer unter freiem Himmel heißen biblisch Bamot, meist übersetzt als „Kulthöhe". Zu ihr gehörte oft ein „üppiger Baum" (Dtn 12, 2). Hier standen „Masseben", Steinmale. Sie erinnerten an göttliche Offenbarungen, wie in Bet-El, und galten als Symbole von Gottheiten oder als Totengedenksteine. Ein eindrucksvolles Beispiel fand sich in Geser: eine Reihe von zehn massiven Steinblöcken zeugt von einer Gottesdienststätte aus der Mitte des 2. Jt. v. Ch.

Josefs Aufstieg zur Macht

Die Geschichte von Josef (Gen 37–48) schließt die Patriarchenzeit ab und ist der Übergang zu den Ereignissen des Buches Exodus. Josef gilt in der Bibel als elfter Sohn Jakobs und als erster seiner Lieblingsfrau Rahel. Die Sippe führte ein halbnomadisches Leben, züchtete Kleinvieh und bebaute Felder.

Jakob liebte Josef mehr als seine Brüder. „Er ließ ihm einen Ärmelrock machen" (Gen 37, 3).

Dies ärgerte seine Brüder. Ihre Mißgunst wuchs, als Josef anfing, Träume zu erzählen, die seine künftige Größe anzukündigen schienen. Sobald sich eine günstige Gelegenheit bot, packten ihn daher seine Brüder und verkauften ihn einer ismaelitischen Karawane, die ihn nach Ägypten auf den Sklavenmarkt brachte und zum Verkauf anbot.

Hier begann Josefs märchenhafter Aufstieg. Er wurde von Potifar, dem Obersten der pharaonischen Leibwache, gekauft, gewann dessen Vertrauen und wurde Verwalter seiner Besitztümer. Seine Gabe, Träume zu deuten, ließ ihn schließlich auch weiter aufsteigen: Der Pharao hatte geträumt von sieben fetten Kühen, die von sieben mageren aufgefressen wurden. Josef sah darin die Vorhersage, Ägypten würde sieben Jahre des Wohlstandes, gefolgt von ebensovielen Jahren der Not erleben. Der Pharao ordnete daraufhin an, während der Jahre des Überflusses Getreidereserven anzulegen. In der Tat konnte man damit in den folgenden mageren Jahren Hungersnot und Elend abwenden. Aus Dankbarkeit erhielt Josef das Amt des Wesirs, des zweiten Mannes im Staat.

Da auch angrenzende Länder von Dürre heimgesucht wurden, kamen Nachbarvölker nach Ägypten und baten um Nahrung und Weideland für ihre Tiere. Unter ihnen waren Josefs Brüder. Sie erkannten ihren Bruder Josef nicht, der da als oberster Beamter die Zuteilung von Getreiderationen vornahm. Josef aber erkannte sie sofort.

Er ließ sich zunächst nichts anmerken und stellte die Brüder auf die Probe, ob sie wohl immer noch zu schändlichen Gemeinheiten bereit wären, wie er sie von ihnen erfahren hatte. Danach aber gab er sich ihnen zu erkennen und erreichte beim Pharao, daß ihnen das fruchtbare Land Goschen im Osten des Nildeltas zum Siedeln angewiesen wurde. So kam Jakob mit seiner gesamten Sippe nach Ägypten. Sie vermehrten sich und kamen zu Wohlstand. Als Jakob starb, brachte man seine Leiche nach Kanaan ins Grab seiner Vorfahren.

Die Josefsgeschichte gehört zu den bekanntesten biblischen Erzählungen. Ein historischer Kern ist allerdings kaum auszumachen: Josefs Pharao hat keinen Namen; ägyptische Zeugnisse von einem semitischen Wesir namens Josef gibt es nicht; die Archäologie bietet keine Anhaltspunkte.

Vereinzelte Forscher bringen Josef in Verbindung mit den Hyksos, semitischen Erobererkönigen, die das Land zeitweilig (1650–1550 v. Chr.) von der Deltastadt Avaris aus regieren.

Wie immer es mit der Herkunft der Erzählung stehen mag, die Anwesenheit von Semitengruppen im Delta ist in der ägyptischen Geschichte erwiesen. Mantische Begabung und die Kunst, Träume zu deuten, gehören zu Israels Propheten wie zur ägyptischen Tradition. Hungersnöte in Ägypten werden gelegentlich auf Inschriften und Reliefs beschrieben.

Wenn die Gestalten der Geschichte bisher historisch nicht nachgewiesen werden konnten, so beschreibt sie doch zahlreiche politische, kulturelle und soziale Eigentümlichkeiten des 2. und 1. vorchristlichen Jahrtausends.

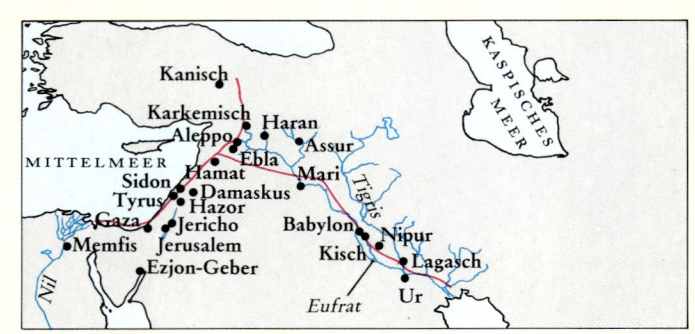

Die Ismaeliter und ihre Handelskarawanen

Als Josefs Brüder „beim Essen saßen und aufblickten, sahen sie, daß gerade eine Karawane von Ismaelitern aus Gilead kam. Ihre Kamele waren mit Tragakant, Mastix und Ladanum beladen. Sie waren unterwegs nach Ägypten. Da schlug Juda seinen Brüdern vor: Was haben wir davon, wenn wir unseren Bruder erschlagen und sein Blut zudecken? Kommt, verkaufen wir ihn den Ismaelitern. Wir wollen aber nicht Hand an ihn legen, denn er ist doch unser Bruder und unser Verwandter. Seine Brüder waren einverstanden" (Gen 37, 25–27).

Die Güter der Ismaeliter waren Duftstoffe, die in Ägypten in großen Mengen zur Herstellung von Medikamenten und Kosmetika und für den Kult Verwendung fanden. Besonders bei der Mumifizierung wurden erst die Eingeweide herausoperiert, dann die Leichen mit Natronsalz dehydriert, anschließend mit Ölen, Harzen und Gewürzen behandelt und dann in Bandagen eingewickelt. Auch von Josef heißt es Gen 50, 26: er „starb im Alter von 110 Jahren. Man balsamierte ihn ein und legte ihn in Ägypten in einen Sarg."

Ägypten war zwar reich an Mineralien und landwirtschaftlichen Produkten, mußte aber vor allem Bauholz – vornehmlich aus dem Libanon – im großen Stil für den Haus- und Schiffsbau einführen.

Aus Asien kamen ferner: Wein, Olivenöl, Silber, Zinn, Halbedelsteine wie Lapislazuli aus Afghanistan und Türkis aus dem Sinai. Exotische Luxusgüter wie Weihrauch, Sandel- und Ebenholz, Leopardenfelle, Affen und Giraffen, Straußenfedern und Elfenbein kamen aus Punt an der somalischen Küste.

Im Austausch lieferte Ägypten eine Vielzahl an Produkten, so etwa feines Leinen, Papyrus, gesalzenen Fisch und Getreide. Ägypten war der nahöstliche Hauptlieferant für Gold. Darauf gründete – mehr als auf militärischer Macht – Ägyptens wirtschaftliche und politische Vormachtstellung in Vorderasien.

Dies zeigt sich deutlich in den sogenannten Amarnabriefen, der diplomatischen Korrespondenz der Pharaonen Amenophis III. und Echnaton (1391–1335 v. Chr.) mit zeitgenössischen Königen und Fürsten.

Mit Goldlieferungen an Mitanni, Assyrien und Babylon erlangte Ägypten seine höchste Blütezeit. Tuschratta, der König von Mitanni, schrieb an Amenophis III.: „Mein Bruder, sende doch Gold in größtmöglichen Mengen, daß man es gar nicht zählen kann; möge mein Bruder mehr senden, als mein Vater bekam. Ist nicht Gold im Land meines Bruders wie Staub auf dem Boden?"

"Josef ließ während der sieben Jahre, in denen es Überfluß gab, alles Brotgetreide in Ägypten sammeln" (Gen 41, 48). Holzmodelle von Getreidemagazinen (links) wurden Gräbern beigegeben, um Überfluß für den Toten im Jenseits zu garantieren. Dieses Beispiel zeigt einen Schreiber, der die Mengen registriert, bevor sie in drei große Behälter mit Luken gefüllt werden. Im Vordergrund mahlt eine Frau Gerste. Der griechische Historiker Herodot berichtet, während der 26. Dynastie (664–525) seien in Ägypten Priester von Steuern frei gewesen. Dies läßt sich vergleichen mit Josefs Agrarreform, bei der ein Fünftel des Landes und der Erträge Ägyptens dem Pharao abgeliefert werden mußten, mit Ausnahme priesterlicher Landgüter.

"Der Pharao sagte zu Josef: Hiermit stelle ich dich über ganz Ägypten" (Gen 41, 41). Die Darstellung (oben) aus dem Grab des Wesirs Rechmire in Theben zeigt diesen, begleitet von seiner Mutter vor einem Tisch mit aufgestapelten Nahrungsmitteln, Bierkrügen darunter und Ölbehältern darüber. Er trägt eine Amtstracht, wie Josef sie getragen haben mag, samt einem Zeremonialstab. Auf der Wand sind die Dienstpflichten des Wesirs verzeichnet. Als Chefbeamter des Landes verwaltete er das gesamte Rechnungswesen. Er war auch Außenminister und Schatzmeister, verantwortlich für Festsetzung und Eintreibung der Steuern. Er befehligte Truppenaushebungen und setzte Bürgermeister und Distriktgouverneure ein, organisierte die Staatsarchive und hatte die Aufsicht über die Lebensmittelversorgung, die Regulierung der Nilüberschwemmungen und den Zustand der Ernten.

Bauen für den Pharao

Ein neuer König kam in Ägypten an die Macht, der Josef nicht gekannt hatte" (Ex 1, 8). Die Ereignisse, die zum Auszug der Israeliten aus Ägypten führten, spielen auf einem ganz anderen politischen Hintergrund als die Josefsgeschichte (siehe S. 28 f).

Nach der Vertreibung der Hyksos – Semitenkönige, die Ägypten regiert hatten – unternehmen die Pharaonen der 18. Dynastie ab 1550 v. Chr. eine Reihe erfolgreicher Feldzüge in Syrien und Palästina. Innerhalb eines Jahrhunderts bauten sie ein Reich auf, das vom Eufrat in Nordsyrien bis zum vierten Katarakt des Nil in Nubien reichte.

Ägypten beutete die beherrschten Länder des Nahen Ostens aus und kontrollierte die Handelswege nach und von Anatolien und Mesopotamien. Das bedeutete, daß gewaltige Güterströme und Abgaben in die Schatzhäuser seiner Hauptstädte – Theben im Süden und Memfis im Norden – flossen. Neben Luxusgütern, Edelsteinen, Holz und Metallen, Pferden und Vieh kamen auch zahlreiche Sklaven und Kriegsgefangene, Hurriter und Semiten wie Kanaaniten und Amoriter, nach Ägypten. Sie wurden unter härtesten Bedingungen zu schweren Arbeiten auf Feldern, in Bergwerken und bei den riesigen Bauprojekten der Pharaonen herangezogen.

In diese Zeit hinein gehört Mose, die eindrucksvolle Anführergestalt, ein Mann, der wie wenige andere Männer die Geschichte und Religion der Menschheit prägen sollte. Manches weiß die Bibel von ihm zu berichten. Seine Geburt allerdings bleibt im Halbdunkel der Legende.

Weil ihre Zahl für Ägypten zur Gefahr geworden sei, so erzählt das Buch Exodus, habe der Pharao befohlen, die männlichen Neugeborenen Israels zu töten. Mose allerdings sei von der Tochter des Pharao aus dem Nil gerettet worden. Sie hatte das Kind in einem Schilfkörbchen schwimmend entdeckt und seiner Mutter übergeben, bis es zur Ausbildung an den königlichen Hof gebracht werden konnte.

Die wunderhafte Rettung des Mose entspricht einer im alten Mittleren Osten wohlbekannten Legende. Ganz ähnlich wird etwa von Sargon von Agade erzählt, dem Sumererkönig, der das erste mesopotamische Großreich gründete: „Meine Mutter ... legte mich in ein Binsenkörbchen, versiegelte den Deckel mit Erdpech. Sie warf mich in den Fluß, der nicht über mich emporstieg. Akki, der Wasserschöpfer, holte mich heraus, er nahm mich als Sohn an und zog mich auf."

Im Ägypten des Neuen Reiches (ca. 1550–1200 v. Ch.) war es für Ausländerkinder – oft Söhne ägyptischer Vasallen aus Palästina – nichts Ungewöhnliches, zusammen mit königlichen Kindern am Pharaonenhof aufzuwachsen. „Mose" ist ein weitverbreiteter ägyptischer Name. Das ägyptische Wort ms bedeutet „geboren werden" und wird meist mit einem Götternamen verbunden (Ramses heißt „Sohn des Ra", Thutmosis „Sohn des Thot").

Genau datieren lassen sich die Ereignisse im Buch Exodus nicht. Die meisten Forscher glauben, die biblische Beschreibung von Leben und Arbeit der Israeliten passe am besten in die Zeit Ramses' II. (1290–1224 v. Chr.).

Ägyptische Quellen berichten nichts über die Ereignisse der Exoduserzählung. Ein einziger Beleg erwähnt Israel: Merneptah, Sohn und Nachfolger Ramses' II., hält die Erfolge seines asiatischen Feldzuges auf einer Siegesstele fest: „Kanaan ist gefangen mit allem Leid, Aschkelon erobert, Geser eingenommen, Israel ist verwüstet, ohne Nachkommenschaft ..."

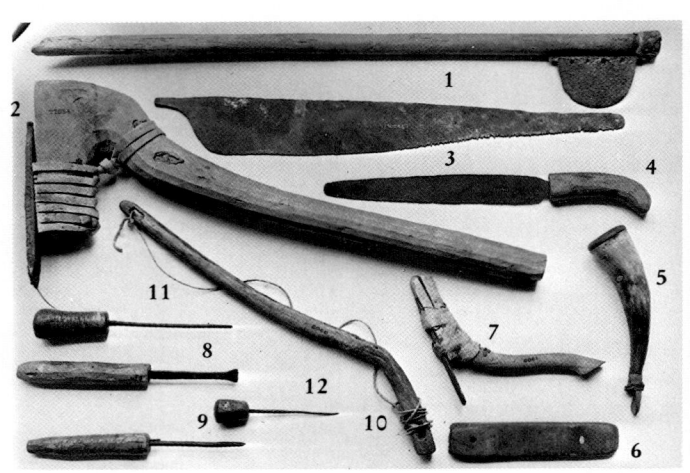

Ägyptens reichhaltiges Werkzeugsortiment
Dank extremer Trockenheit des Klimas sind Werkzeuge aus Holz und Metall in Ägypten erhalten geblieben. In der Auswahl von Werkzeugen von Bauleuten, Steinhauern, Zimmerleuten (oben) finden sich: eine Axt (1), ein großes Beil (2), ein bronzenes Sägeblatt (3), eine Handsäge (4), ein Ölbehälter (5), ein Schieferwetzstein zum Schärfen (6), ein Beil mit Bronzekeil (7), ein Bronzemeißel (8), eine Bronzeahle (9), ein hölzerner Bogenbohrer (10) mit zwei Bohrstücken (11 u. 12). Der Glaube an ein Jenseits ähnlich dem Diesseits ließ die Ägypter ihre Totenmonumente aus Stein errichten, damit sie ewig bestehenbleiben.

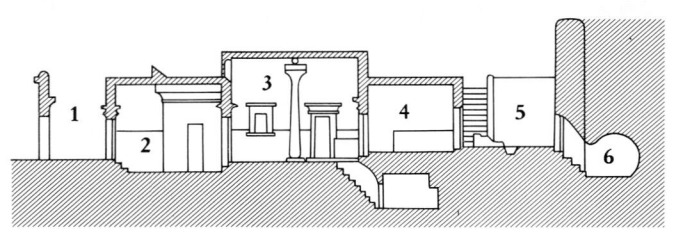

Ein Handwerkerdorf
Israelitische Siedlungen glichen vermutlich derjenigen der Handwerker von Deir el Medine, welche für den Bau der Königsgräber im Tal der Könige errichtet worden war. Von den Pharaonen der 18. Dynastie gebaut (ab 1550 v. Chr.), wurde sie mehrere Jahrhunderte lang bewohnt und lag in der Wüste unmittelbar neben der Gräberstadt.

Die Häuser standen an zwei Parallelstraßen (1) und waren ursprünglich von einer dicken Ziegelmauer umschlossen. Zur Blütezeit bestand die Siedlung aus 70 terrassenförmig aneinandergebauten eingeschossigen Einheiten, mit jeweils einer Vorhalle (2), dem Hauptwohnbezirk (3), dem Schlafraum (4), einer Küche (5), einem Vorratskeller (6) und einem Flachdach.

Die schreibkundigen Handwerker hinterließen zahlreiche Informationen über das tägliche Leben. Sie waren eingeteilt in zwei Arbeitskolonnen. Jede lebte in einer der engen Straßen und hatte je einen Vorarbeiter, einen Stellvertreter und einen oder mehrere Schriftführer, zusammen mit Steinbrucharbeitern, Zimmerleuten, Bildhauern und Malern.

„Warum habt ihr nicht das festgesetzte Soll an Ziegeln erfüllt?"
(Ex 5, 14)
Das Relief (links) aus dem Grab des Wesirs Rechmire zeigt die Herstellung von Ziegelsteinen im Alten Ägypten.
Die Arbeiter schoben erst Schwemmschlamm zusammen, der sich in den Klärgruben nach der jährlichen Überschwemmung abgelagert hatte, trugen ihn in Eimern zur Ziegelei, wo er mit einer kleinen Haue geknetet wurde. Die Beigabe von Häcksel als Bindemittel erhöht die Formbarkeit. Mit Hilfe eines rechtwinkligen Holzmodels wurden die Formen gepreßt und anschließend an der Sonne getrocknet.

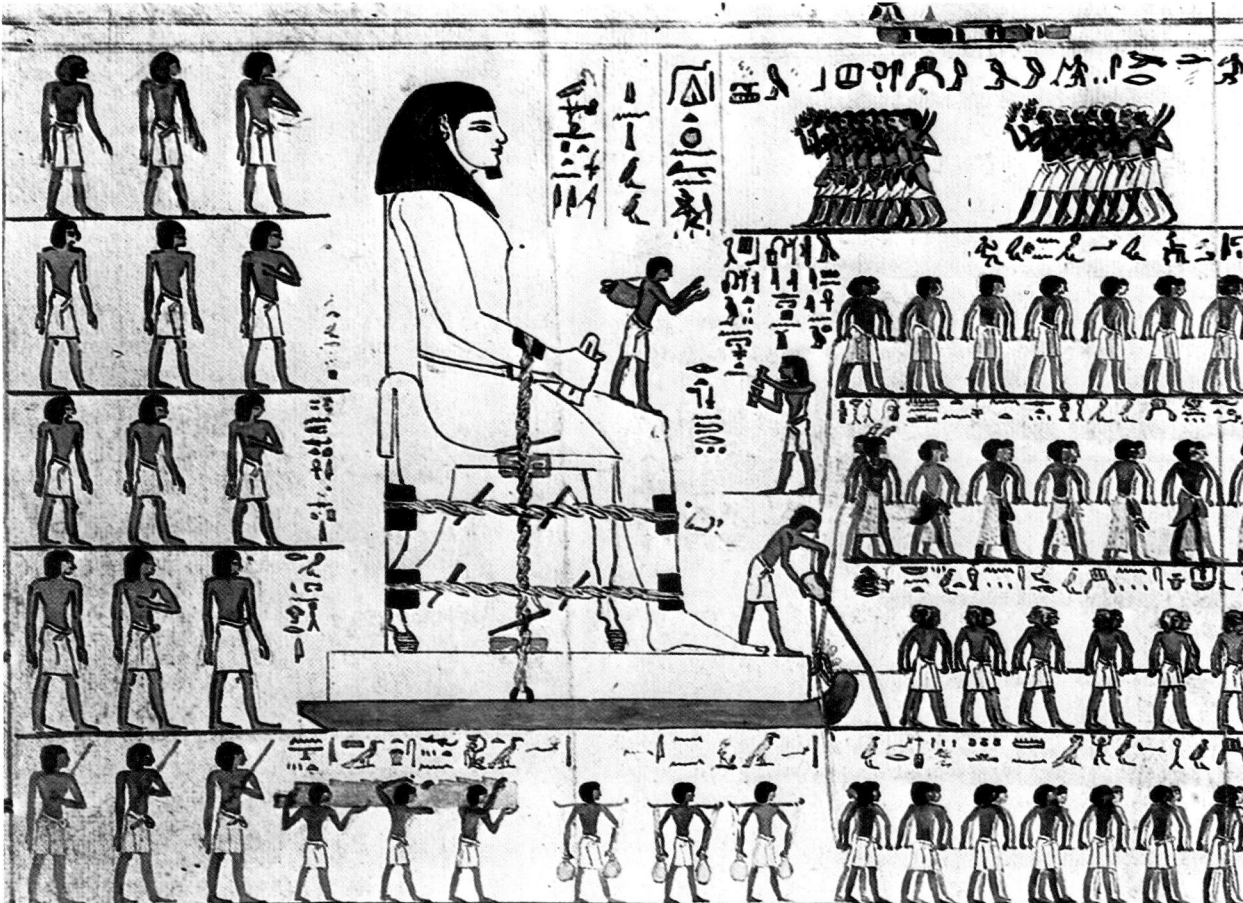

Das Gemälde (links) aus dem Grab des Prinzen Djehutihotep zeigt die ägyptische Technik des Transportes großer Steinobjekte. Die riesige, sitzende Statue, aus einem einzigen Alabasterblock gehauen, maß über 6 m in der Höhe. Auf einem hölzernen Schlitten wurde sie mit Seilen gesichert. Vier Kolonnen von Männern zogen das Gefährt. Der Aufseher steht auf den Knien des Kolosses und gibt durch Händeklatschen das Startkommando; vor ihm hält einer ein Weihrauchgefäß, während ein anderer Wasser an den Schlittenboden gießt, um die Reibung zu verringern.

31

Bauen für den Pharao: der Tempel von Karnak

Exodus 1, 11 berichtet, wie grausam die Ägypter die Israeliten behandelten, als sie Ziegelsteine für Pitom und Ramses, die Vorratsstädte des Pharao, herstellen mußten. Man hat entdeckt, daß Pitom – das ägyptische Per-Atum – der heutige Ruinenhügel Tell el Maskuta im östlichen Delta ist. Pharao Ramses hatte es als Grenzfestung bauen lassen. Neuere Funde lassen vermuten, hier könnte auch das biblische Sukkot gelegen haben, die erste Wegstation auf der Flucht der Israeliten zum Sinai. Die Stadt Ramses, die neue Residenz der Könige der 19. Dynastie, ist auf den Ruinen des alten Avaris erbaut worden; seit den Tagen der Hyksos war der Ort 300 Jahre lang verlassen. Pitom wie Ramses liegen in der Nähe des Landes Goschen, und semitische Siedler dieser Gegend dürften zu den Handwerkerbrigaden bei ihrem Bau gehört haben.

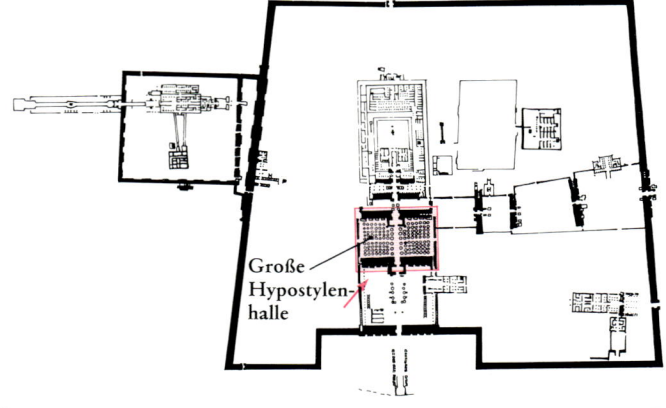

Große Hypostylen-halle

Heutige Umstände im Delta sind für die Archäologie recht ungünstig: Ein hoher Grundwasserspiegel sowie heutige Städte über den alten Ruinen verhindern Grabungen, ganz abgesehen vom Problem der ,sebbachin' – der Bauern, die seit Jahrhunderten die alten Lehmziegel aus Nilschlamm als Dünger für ihre Felder verwenden.

Doch auch so bleiben Spuren, welche die einstige Pracht und den Reichtum der Stadt Ramses ahnen lassen. „Eine Stadt, die einen mit ihren Lapislazuli- und Türkishallen blendet", hatte einst ein alter Ägypter geschwärmt.

In einer Botschaft an seine Arbeiter rühmt sich Pharao Ramses II. seiner großherzigen Sorge für die Arbeiterschaft: „Ich bin euer treuer Versorger. Der Nachschub für euch ist gewichtiger als das Werk. Die Speicher platzen vor Korn; ich habe die Scheunen für euch mit allem angefüllt: Brot, Fleisch, Kuchen, um euch zu ernähren; auch Sandalen, Kleidung, Salben, um euere Köpfe zu salben …"

Davon haben die israelitischen Arbeiter nichts gemerkt. Ihr Leben hätte kaum härter und brutaler sein können. Mose wurde Zeuge der Beschwerden seiner Stammesgenossen und wollte sich für sie wehren. Er erschlug einen Ägypter, der einen Israeliten geprügelt hatte.

Aus Furcht, entdeckt zu werden, floh er in die Wüste. Hier wurde er vom Stamm des Midianiterpriesters Jitro aufgenommen, heiratete dessen Tochter und lernte unter rauhen Wüstenbedingungen zu überleben.

Jüngste Ausgrabungen in der Wüste Negeb haben einiges Licht auf diese entscheidende Lebensphase des Mose geworfen und seine Beziehungen zu dem Volk erkennen lassen, das zur Zeit des Exodus hier lebte. Archäologen stießen auf Spuren einer Midianitersiedlung im Tal von Timna. Die Ägypter hatten hier im großen Stil Kupfer abbauen und schmelzen lassen und der Göttin Hathor, der „Herrin des Türkis", ein Heiligtum gebaut. Nach dem 12. Jh. übernahmen die Midianiter den Abbau von Kupfer von den Ägyptern und errichteten ihr eigenes Zelt-Heiligtum über den Ruinen des Hathor-Tempels. In seinem Allerheiligsten entdeckten die Ausgräber eine Kupferschlange mit vergoldetem Kopf, was an die eherne Schlange denken läßt, die Mose aufgerichtet haben soll (Num 21, 9).

Während seines Aufenthaltes in der Wüste hatte Mose seine erste Gottesbegegnung. Gott, „der Gott seiner Väter, der Gott Abrahams, der Gott Isaaks, der Gott Jakobs", erschien ihm, kündigte seinem Volk die Befreiung aus der ägyptischen Sklaverei an und beauftragte Mose, das Volk herauszuführen in die Freiheit, „in ein schönes, weites Land, in ein Land, in dem Milch und Honig fließen" (Ex 3, 8).

Ägyptische Tempel haben meist denselben Grundplan, wobei jedes Element einen Teil der mythischen Schöpfungsinsel symbolisiert, von der das Leben seinen Anfang nahm. Ein Pylon oder Hauptportal führte in einen oder zwei Höfe. Eine Hypostylenhalle (Säulenhalle) leitete über zum bedachten Teil, an dessen anderem Ende das Allerheiligste lag, wo die Götterstatue wohnte. Dahinter befand sich eine Reihe von Wirtschaftsgebäuden.

Neben seiner Aufgabe als Haus für die Gottheit und für den Staatskult spielte der Tempel eine bedeutende Rolle im wirtschaftlichen, administrativen und sozialen Leben in Ägypten. Zum Tempel gehörten große Ländereien und zahlreiches Personal: Verwalter, Schreiber, Handwerker, Bauern, Wächter und Priester, Musikanten und Sänger. Tempel waren Hort des überlieferten Wissens, Stätten der Gelehrsamkeit und Ausbildungszentrum für Schreiber, Künstler, Ärzte.

Die große Hypostylenhalle des Tempels von Karnak in Theben wurde von Seti I. gebaut und von Ramses II. vollendet, jenem Pharao also, der Israel unterdrückt haben soll. Das Dach (1) wurde von 134 Säulen getragen(2), die mit pflanzenförmigen Kapitellen die Pflanzenwelt der mythischen Schöpfungsinsel darstellten.

Eine Doppelreihe von Zentralsäulen (3) entlang der Prozessionsstraße war höher als der Rest. Licht fiel durch einen Lichtgaden ein (4). Wände und Säulen waren behauen und bemalt mit Szenen, welche Kultakte und Heldentaten des Pharaos darstellten.

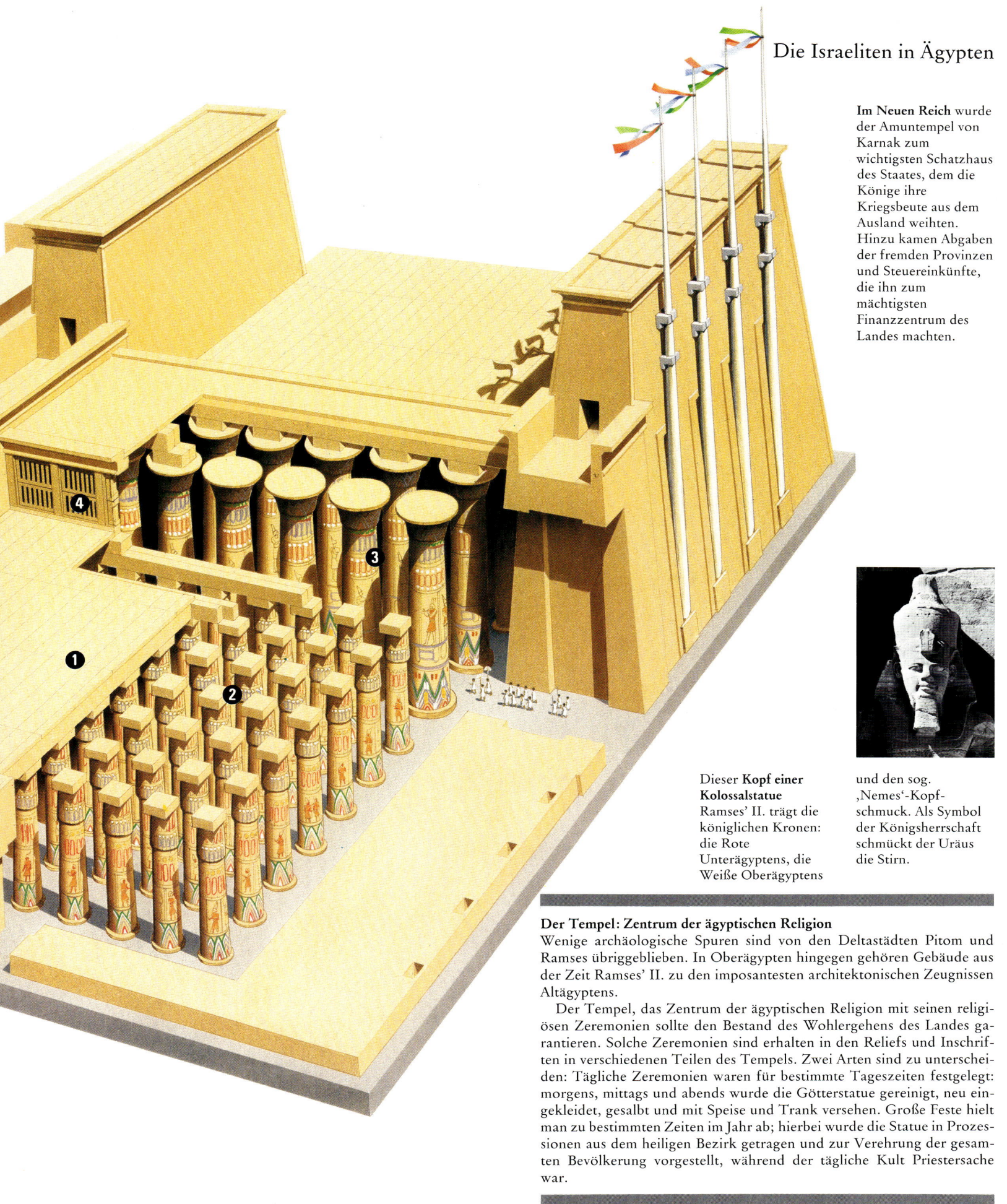

Die Israeliten in Ägypten

Im Neuen Reich wurde der Amuntempel von Karnak zum wichtigsten Schatzhaus des Staates, dem die Könige ihre Kriegsbeute aus dem Ausland weihten. Hinzu kamen Abgaben der fremden Provinzen und Steuereinkünfte, die ihn zum mächtigsten Finanzzentrum des Landes machten.

Dieser **Kopf einer Kolossalstatue** Ramses' II. trägt die königlichen Kronen: die Rote Unterägyptens, die Weiße Oberägyptens und den sog. ,Nemes'-Kopfschmuck. Als Symbol der Königsherrschaft schmückt der Uräus die Stirn.

Der Tempel: Zentrum der ägyptischen Religion

Wenige archäologische Spuren sind von den Deltastädten Pitom und Ramses übriggeblieben. In Oberägypten hingegen gehören Gebäude aus der Zeit Ramses' II. zu den imposantesten architektonischen Zeugnissen Altägyptens.

Der Tempel, das Zentrum der ägyptischen Religion mit seinen religiösen Zeremonien sollte den Bestand des Wohlergehens des Landes garantieren. Solche Zeremonien sind erhalten in den Reliefs und Inschriften in verschiedenen Teilen des Tempels. Zwei Arten sind zu unterscheiden: Tägliche Zeremonien waren für bestimmte Tageszeiten festgelegt: morgens, mittags und abends wurde die Götterstatue gereinigt, neu eingekleidet, gesalbt und mit Speise und Trank versehen. Große Feste hielt man zu bestimmten Zeiten im Jahr ab; hierbei wurde die Statue in Prozessionen aus dem heiligen Bezirk getragen und zur Verehrung der gesamten Bevölkerung vorgestellt, während der tägliche Kult Priestersache war.

Die zehn Plagen

Mit dem Auftrag, sein Volk zu befreien, kehrte Mose aus der Wüste nach Ägypten zurück. Israels Gott hatte ihn vorgewarnt: Durch Zeichen und Wunder werde er erst seine Überlegenheit über die Götter des Landes und den Willen des Pharao zeigen müssen, ehe die Ägypter das Volk Israel ziehen ließen.

Ein erstes, nach Magie aussehendes Zeichen des Mose – die Verwandlung seines Stabes in eine Schlange – machte auf den Pharao keinen Eindruck, denn seine Zauberer brachten dasselbe zustande. Mose und Aaron sprachen erneut beim Pharao vor und baten eindringlich um Israels Freilassung. Erfolglos. Jahwe mußte erst zehn Plagen über ihn bringen, ehe sein Widerstand gebrochen wurde:

Zunächst wurde das Wasser des Nils zu Blut, alle Fische starben, und das Wasser wurde ungenießbar. Doch die Zauberer des Pharao taten dasselbe; sein Herz blieb weiterhin hart, und er verweigerte sich der Forderung des Mose. Dann überschwemmten Frösche das Land; die Zauberer wiederholten auch dieses Zeichen.

Mückenschwärme überfielen Ägypten, und diesmal versagten die Zauberer. Doch der Pharao gab nicht nach. So schickte Gott eine Ungezieferplage. Danach folgte eine Viehseuche. Der Pharao aber blieb ungerührt.

Eine Beulenpest befiel Mensch und Vieh. Ein Hagelwetter, begleitet von Donner und Blitz, zerstörte Flachs- und Gerstenernte und entwurzelte Bäume.

Als nächstes überzogen Heuschreckenschwärme das Land. Daraufhin legte sich eine Finsternis über Ägypten, so daß drei Tage lang keiner mehr etwas sehen noch sich von seiner Stelle rühren konnte. Alles dies jedoch vermochte den Starrsinn des Pharao nicht zu ändern. Er blieb verstockt.

Darum führte Gott seinen härtesten Schlag gegen das Land: Um Mitternacht ließ er alle männliche Erstgeburt des Landes sterben, den Kronprinzen mit eingeschlossen. Nun gab der Pharao nach, und Mose, der sein Volk auf die Reise vorbereitet hatte, führte Israel aus Ägypten heraus.

Der biblische Bericht läßt einen deutlichen Unterschied zwischen den ersten neun und der zehnten Plage erkennen. Die ersten neun ähneln den Naturkatastrophen, die oft eintraten, wenn die jährliche Nilüberschwemmung zwischen Juli und nachfolgendem März besonders schlimm war. Die Verwandlung des Nils erinnert an die Rotfärbung des Wassers durch rote Schwemmerde aus dem Hochland Äthiopiens. Da das Wasser verschmutzt war, mögen die Frösche an Land gekommen und den Menschen zur Qual geworden sein. Stechmücken und Fliegen fanden Brutplätze in den Tümpeln, die nach dem Ablaufen des Wassers übrigblieben. Eine Milzbrandseuche könnte das Vieh, ein Beulenpest die Menschen hinweggerafft haben. Hagelwetter, die Flachs und Gerste zerstören, ereignen sich hin und wieder im Januar. Winde blasen gelegentlich Heuschrecken aus dem Sudan und Äthiopien durchs Niltal herunter, und die drei Tage Finsternis sehen aus wie typische Begleitphänomene eines außergewöhnlich heftigen „Chamsin" mit seinen Sandstürmen.

Die letzte Plage aber trägt Anzeichen eines Wunders, und der Tod aller Erstgeburten Ägyptens zwingt den Pharao endlich zum Nachgeben. Die Häufung, die besonderen Umstände und die Steigerung der Plagen sind für Israel ein Beweis, daß Gottes Macht die Schwachen und Unterdrückten schützt vor dem Pharao, dem Musterbeispiel eines Gewaltherrschers der damaligen Zeit.

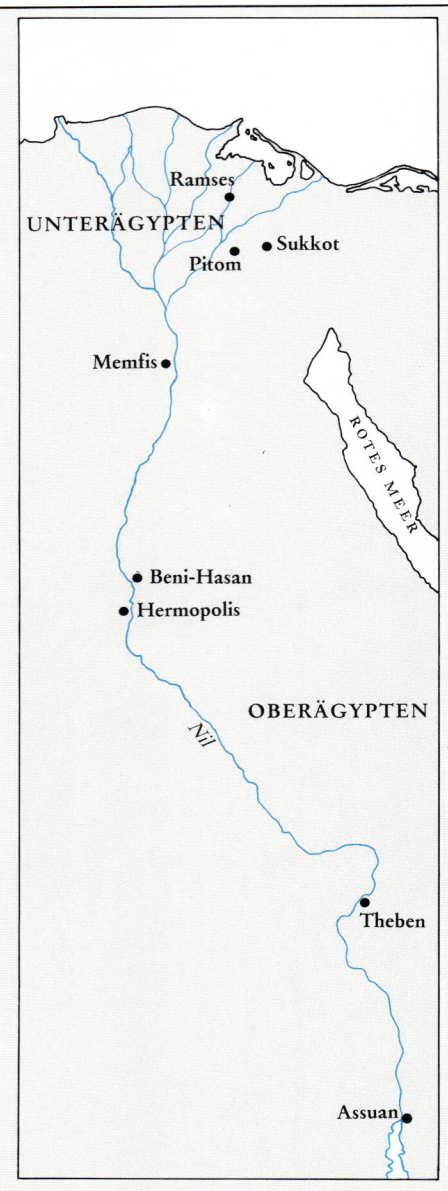

Klima und Landschaft spielen eine wichtige Rolle für die Entwicklung der altägyptischen Zivilisation. Jährliche Nilüberschwemmungen bilden die Basis für das Land als Kornkammer der Alten Welt. Die Wasser des Blauen Nils aus Äthiopien und des Weißen Nils aus dem Viktoria-See steigen während der sommerlichen Monsunregen. In Altägypten begann die Überschwemmung im Juli/August und dauerte bis Oktober. Tiefster Wasserstand stellt sich im April bis Juni ein. Die Fluten bedecken fast den gesamten Talgrund und schwemmen eine Schicht von Schlamm an, der als Dünger den Boden fruchtbar macht.

Sklaverei im Alten Ägypten

„Da setzte man Fronvögte über sie ein, um die Israeliten durch schwere Arbeit unter Druck zu setzen" (Ex 1, 11). Die herkömmliche Sicht von einer ägyptischen Sklavenhaltergesellschaft läßt sich nicht halten. Erst im Neuen Reich, als Ägyptens Herrschaft sich über Syrien, Palästina und Nubien erstreckte, kamen Kriegsgefangene ins Land, die zu Zwangsarbeit eingesetzt wurden.

Während der Überschwemmungszeit war keine Feldarbeit möglich. Nach dem Ablaufen der Wasser waren Dämme und Kanäle zu erneuern. Die Menschen wurden zu Arbeitskolonnen eingezogen, die bei großen Bauunternehmungen, in Bergwerken und bei Landgewinnungsmaßnahmen und anderer Feldarbeit eingesetzt wurden. Das Rekrutierungswesen ist nicht genau bekannt. Ein Eingezogener konnte offenbar einen Stellvertreter abordnen. Die Strafen für Deserteure waren hart. Nur bestimmte Personengruppen wie Priester und Schreiber waren von diesem Arbeitsdienst befreit.

Magie: eine Erscheinung des ägyptischen Alltags

„Da rief der Pharao Weise und Beschwörungspriester, und sie, die Wahrsager der Ägypter, taten mit Hilfe ihrer Zauberkunst das gleiche" (Ex 7, 11). Magie gehörte im Alten Ägypten zu allen Bereichen des Lebens, und man glaubte an ihren Einfluß auch auf das Jenseits. Magische und medizinische Texte, Volkserzählungen, Begräbnisbräuche, religiöse Rituale, dargestellt auf Gebäuden und heiligen Gegenständen, belegen dies.

Magisches Tun gründete auf dem Glauben an die Einheit von Geist und Materie und darauf, daß durch das richtige Zauberwort der Schicksalslauf beeinflußt und üble Kräfte abgewendet werden können. Vom Glauben Ägyptens an die Macht des gesprochenen und geschriebenen Wortes zeugen hieroglyphische Inschriften auf Tempelwänden, Gräbern und anderen Objekten sowie Zauberbücher. Die täglichen Tempelrituale dienten dazu, die Weltordnung, die Ma'at, aufrechtzuerhalten.

Magie wurde ebenso als Abwehrmaßnahme eingesetzt, für den einzelnen, der sich durch Amulette gegen alltägliche Gefahren absicherte, wie für den Staat gegen seine Feinde. Ein Beispiel für letzteres sind die sogenannten Ächtungstexte, beschriftete Tonfiguren und Ostraka (Tonscherben) mit den Namen der Feinde Ägyptens, die rituell zerschlagen wurden.

Krankheiten wurden nicht nur durch Einnahme entsprechender Medizin, sondern auch durch Zaubersprüche behandelt. Magische Rituale begleiteten die Mumifizierung, um den Toten im Jenseits auferstehen zu lassen. Begräbnistexte enthielten Zauberformeln, die den Übergang in die andere Welt sichern sollten. Die Darstellungen von Landwirtschafts- und Mußeszenen auf Grabwänden hatten den Zweck, das Wohlbefinden zu sichern für den Fall, daß die Hinterbliebenen den Nachschub von Grabgaben vernachlässigten. Sogenannte Uschebti – Dienerfigürchen – sollten dem Toten zu Diensten sein, damit er sich nicht selbst bei der jährlichen Aushebung von Arbeitspersonal stellen mußte.

Kleine Stele, **Cippi des Horus** genannt, mit Darstellung des Gottes Horus, auf Krokodilen stehend, mit Schlangen, Skorpionen und Gazellen in der Hand – lauter Unheilsmächte. Gegen sie konnte man sich schützen durch Berührung mit Wasser, das über den Stein gegossen und so mit einer Zauberkraft aufgeladen worden war.

„Mose warf seinen Stab auf den Boden. Da wurde der Stab zu einer Schlange" (Ex 4, 3). Der Zauberstab (oben) läßt sich mit dem Stock des Mose vergleichen. Sein Elfenbein ist geschmückt mit feingeritzten Darstellungen von realen und mythischen Tieren und magischen Zeichen; ein Frosch, ein Drache, eine Schlange und die nilpferdköpfige Göttin Theoris, die eine Schlange beißt.

Prinz Chaemwaset, Sohn Ramses' II., soll ein großer Zauberer und zugleich der erste Ägyptologe gewesen sein. So berichten zahlreiche volkstümliche Geschichten. Berühmt für ihre Zauberkünste sind auch Imhotep, der Wesir und Architekt des Königs Djoser (2630 v. Chr.), und Djedi, der in der „Geschichte von Cheops und den Zauberern" den König mit magischen Künsten und Zukunftsvorhersagen unterhält.

Diese Hieroglyphen stammen von einem Zauberspruch auf einer „Cippi des Horus". Ein Teil lautet: „Geh weg, Schlange, nimm dein Gift zurück vom Gebissenen. Siehe, die Zauberkraft des Horus ist stärker als die deine. Geh und versteck dich, Aufrührer! Geh deinen Weg zurück, Gift!"

Der Exodus

Der Tod der ägyptischen Erstgeborenen brachte den Pharao dazu, den Israeliten zu erlauben, Ägypten zu verlassen. Eilig brachen sie mit ihren Herden auf. Sie zogen nach Sukkot. „Doch Gott führte sie nicht den Weg ins Philisterland, obwohl er der kürzeste war" (Ex 13,17). Statt dessen nahmen sie eine längere Route durch die Wüste des Schilfmeeres, über Etam nach Pi-Hahirot zwischen Migdol und dem Meer, gegenüber von Baal-Zefon.

Inzwischen hatte der Pharao seine Truppen aufgeboten. Sie setzten den Israeliten nach. Hier, gegenüber Baal-Zefon, mögen sie die Fliehenden eingeholt haben. Als die Israeliten dies sahen, wurden sie von Angst gepackt.

Aber „Mose streckte seine Hand über das Meer aus, und Jahwe trieb die ganze Nacht das Meer durch einen starken Ostwind fort. Er ließ das Meer austrocknen" (Ex 14,21). Die Israeliten konnten nun hindurchziehen, doch als die Ägypter sie verfolgen wollten, flossen die Wasser zurück und ertränkten sie alle. Die Israeliten waren jetzt frei und setzten ihren Weg ins Gelobte Land fort.

Der Exodusweg und Israels Wanderweg in der Wüste sind schwierig festzustellen. Ägyptische Quellen gibt es nicht. Offizielle Berichterstattungen pflegen stets nur Erfolge zu registrieren und schließen daher jedesmal: „Die Armee ist sicher heimgekehrt …" Auch hatte die Flucht einer Anzahl Sklaven kaum Chancen, in Dokumenten festgehalten zu werden.

Archäologische Forscher fanden auf der Sinaihalbinsel keine Spuren eines israelitischen Durchzugs. Von Zeltbewohnern mit ihren Habseligkeiten sind solche auch gar nicht zu erwarten. Lediglich die ersten Wegstationen sind feststellbar, soweit Ortsnamen aus ägyptischen Quellen bekannt und im Ostdelta aufzufinden sind!

Die fliehenden Israeliten mieden die Küstenstraße – die spätere Philisterroute –, weil diese durch ein Netz von ägyptischen Grenzposten bewacht war. „Sukkot" ist sehr wahrscheinlich die ägyptische Festung von *Tkw* bei Pitom. „Migdol" wie „Baal-Zefon" ließen sich inzwischen ausfindig machen; ersteres war eine ägyptische Festung nordöstlich von Sile, letzteres lag auf einem schmalen Landstreifen, der den Sirbonischen See vom Mittelmeer trennt.

Der Ort der wunderbaren Rettung Israels vor der Armee des Pharao bleibt das meistumstrittene Problem. Die früher übliche Übersetzung „Rotes Meer" ist nicht zu halten. Der hebräische Ausdruck „jam suf" bedeutet „Schilfmeer".

Vermutlich haben gar nicht alle biblischen Traditionen den Ort der Rettung an dieselbe Stelle verlegt. Ex 14,1 f denkt wohl an die Lagune am Sirbonischen See; das „Schilfmeer" von Ex 13,17 f ist aber am Golf von Aqaba zu suchen. Auch die Vorstellungen von der Vernichtung der Ägypter sind nicht einheitlich. Einmal heißt es: „Rosse und Wagen warf er ins Meer" (Ex 15,21), ein andermal: „er hemmte die Räder an ihren Wagen und ließ sie nur schwer vorankommen" (14,24 f).

Die Bibel redet des weiteren von 600 000 Israeliten, nur die Männer gezählt (Ex 12,37). Ein so großes Volk aber hätte in der Wüste nicht überleben können. Es handelt sich gewiß um eine runde Zahl aus viel späterer Zeit (Volkszählung Davids?), die hierher zurückverlegt wurde.

Die Geschichte vom Rettungswunder des gespaltenen Meeres endet mit einem Danklied: „Jahwe, wer ist wie du unter den Göttern? Wer ist wie du gewaltig und heilig, gepriesen als furchtbar, Wunder vollbringend?" (Ex 15,11).

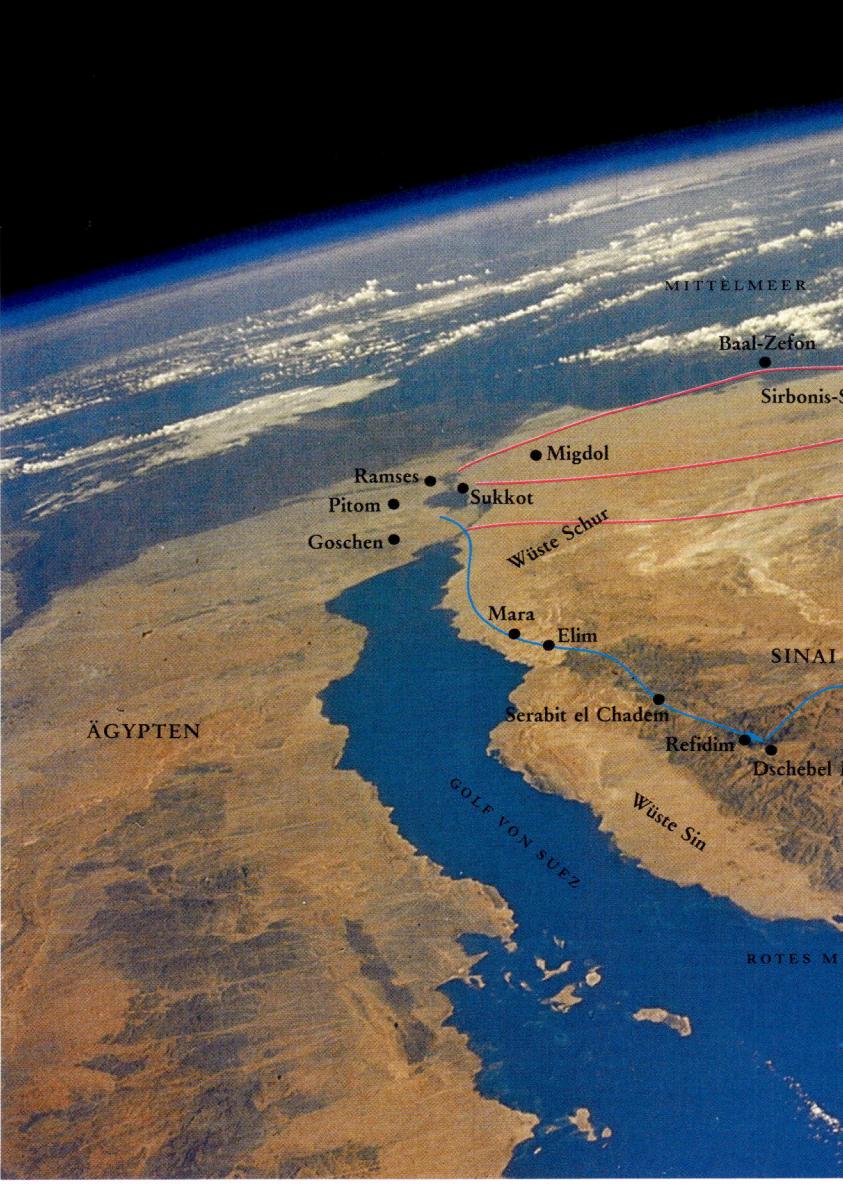

„Im dritten Monat nach dem Auszug der Israeliten aus Ägypten … kamen sie in der Wüste Sinai an. Dort lagerte Israel gegenüber dem Berg" (Ex 19,1 f). Manche Wegstationen des biblischen Weges lassen sich nicht mehr feststellen. Vier Hauptrouten überqueren die Halbinsel. Die erste, die Meeresstraße, führt dem Mittelmeer entlang nach Gaza und heißt biblisch „Straße der Philister", obwohl diese erst viel später ins Land kamen. Ein Netz von Festungen sicherte die Grenze. Der Bericht eines Beamten aus *Tkw* (biblisch: Sukkot) zeigt, wie sorgfältig die Ägypter die Nomaden registrierten, welche die Grenze passierten. Da steht: „Soeben haben wir den Durchzug der Stämme der Schasu aus Edom durch die Festung Merneptah-Hotefirma in *Tkw* zu den Teichen von Pitom abgeschlossen, um sie und ihre Herden im Land des Pharao am Leben zu erhalten."

Die zweite Route durch die Wüste Schur führte direkt nach Beerscheba und Hebron. Sie berührt Kadesch-Barnea, wo Israel ein Lager vor der Landnahme aufschlug.

Die dritte Route läuft quer über die Halbinsel nach Ezjon-Geber; oft benutzt von ägyptischen Händlern, ist sie mangels Wasserstellen für Kleinviehnomaden ungeeignet.

Die meisten Forscher tippen auf die blau

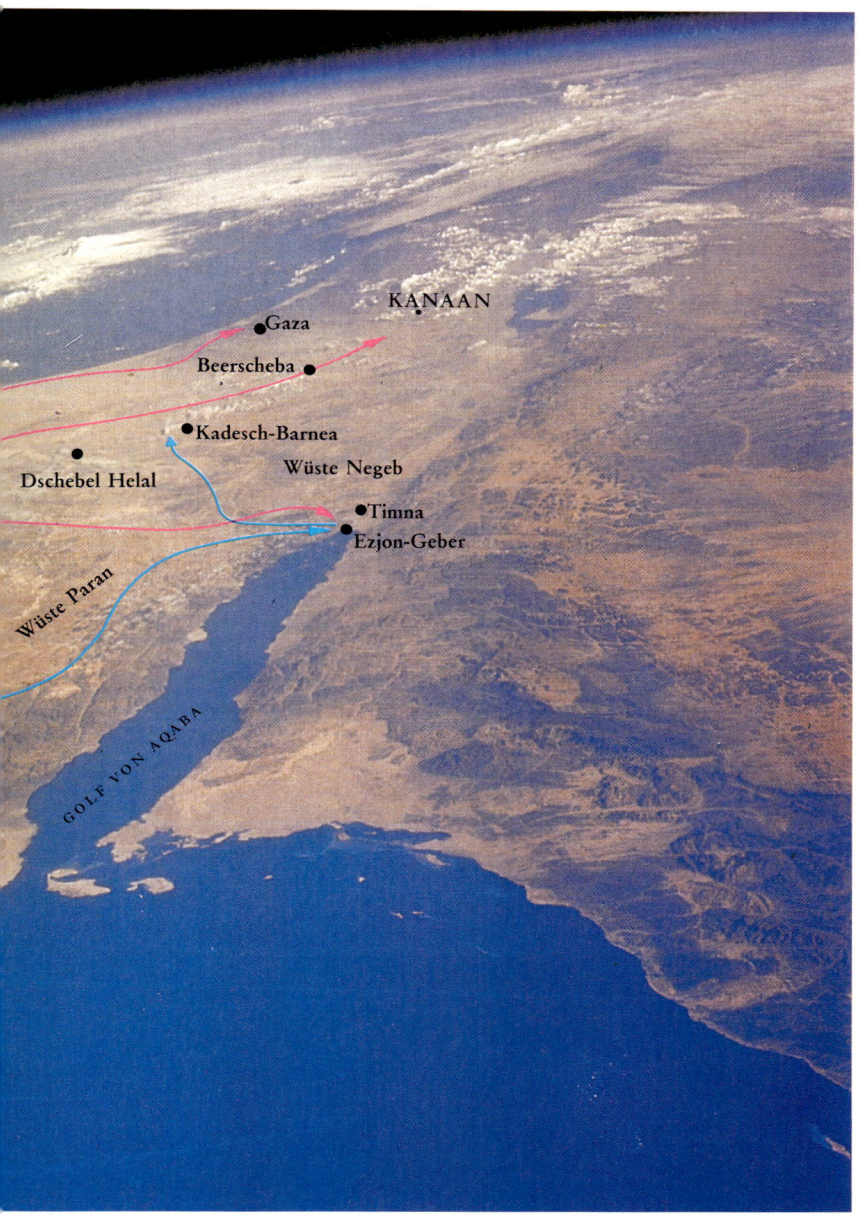

KANAAN

Gaza

Beerscheba

Kadesch-Barnea

Dschebel Helal

Wüste Negeb

Timna

Ezjon-Geber

Wüste Paran

GOLF VON AQABA

„600 auserlesene Streitwagen nahm der Pharao mit ... und drei Mann auf jedem Wagen" (Ex 14,7). Im Neuen Reich erfuhr die Kriegstechnik entscheidende Neuerungen: neue Waffen, ein festes Berufsheer, neue Kampftaktiken und perfekte Strategie. Besonders wichtig war die Einführung des zweirädrigen, von Pferden gezogenen Kriegswagens, den wohl die Hyksos (um 1650 v. Chr.) nach Ägypten gebracht hatten. Es handelte sich um ein leichtes Gefährt, größtenteils aus Holz, teilweise aus Leder oder Metall. Seine Besatzung bestand aus einem Wagenlenker und einem Krieger mit Bogen, Speer und Schild. (Der biblische Erzähler hat offenbar nicht ägyptische Streitwagen vor Augen.) Schnelligkeit und Wendigkeit dieser Truppe erlaubten eine neue Art von Überraschungsangriffen. Die ungepanzerten Wagen waren zwar nicht für Frontalangriffe geeignet, aber ideal, um Infanterie aufzusprengen und zu verfolgen. Die Streitwagentruppe mit ihren hochrangigen Offizieren bildete offensichtlich Ägyptens Elitetruppe. Gleiches gilt von den übrigen nahöstlichen Armeen, vor allem den Hurritern. Auf den Kriegsgefangenenlisten der Kriegsberichte der Schlachten von Megiddo unter Thutmosis III. und Kadesch unter Ramses II. werden die „Mariannu", die „Streitwagenkämpfer", immer gesondert aufgeführt.

eingezeichnete traditionelle Route, die zunächst zu den ägyptischen Türkisminen bei Serabit el Chadem und von dort südwärts zur Wüste Sin führt. Von dort aus wird das Bergland der südlichen Halbinsel erreicht mit dem Dschebel Musa als traditionellem Berg der Gesetzgebung. Nach einjährigem Aufenthalt wären die Israeliten nordwärts weitergezogen in die Wüste Paran, zur Oase von Kadesch-Barnea. Die

Gleichsetzung von Dschebel Musa und Sinai ist erst seit dem 4. Jh. n. Chr. zu belegen, als die Mutter Kaiser Konstantins an seinem Fuß eine Kapelle errichten ließ. Im 6. Jh. n. Chr. ließ Kaiser Justinian das Kloster der hl. Katharina errichten, das bis heute überlebte. Neuere Versuche, den Sinai mit dem Dschebel Helal bei Kadesch-Barnea gleichzusetzen, fanden wenig Zustimmung. Von Kadesch aus

entsandte Mose die Kundschafter – aus jedem Stamm einen Mann –, um den besten Zugang zum Gelobten Land auszuspionieren.

Das Paschafest

„Warum ist diese Nacht anders als jede andere Nacht?" Diese Frage steht am Anfang der Seder-Feier, des Paschamahls, das Juden in aller Welt feiern, um der Befreiung aus Ägypten zu gedenken. Pascha (hebr.: Pesach) heißt „Vorübergang" und erinnert daran, daß der Verderberengel die Häuser der Israeliten „übergangen" habe. So überlebten ihre Erstgeborenen die letzte ägyptische Plage. Die Antwort auf die Eingangsfrage, die Erzählung mit ihren Gebeten und Liedern, vergegenwärtigt Gottes eingelöste Verheißung bei Israels Rückkehr in sein Land.

Ursprünge und Ausgestaltung dieses Festrituals sind vielfältig verwoben: Ein Ritus, bei dem das Blut eines Lammes an die Türpfosten gestrichen wurde, um den Dämon abzuwehren, der im Frühjahr die junge Saat mit seinen fatalen Winden bedrohte, wurde evtl. später zusammengelegt mit dem Mazzenfest, bei dem die Israeliten sieben Tage ungesäuertes Brot des ersten Gerstenschnittes aßen, um der unverdienten Gabe von Land und Fruchtbarkeit zu gedenken. Und das Wallfahrtsfest im Tempel wurde nach dessen Zerstörung in die Familien verlegt.

Leben in der Wüste

Den ägyptischen Truppen entronnen, wurde Israel von Mose immer tiefer in die Wüste geführt. Drei Tage zogen sie durch die Wüste Schur, ohne Wasser zu finden. Sie gelangten schließlich zur Oase Mara, deren bitteres Wasser nicht trinkbar war. Israel beschwerte sich über die Lebensbedingungen – noch oft sollte sich dieses „Murren" Israels auf dem Wüstenzug wiederholen –, da verwandelte Mose mit Gottes Hilfe das Bitterwasser in Trinkwasser.

Hernach führte der Weg zur Oase Elim. Von hier ging es weiter in die Wüste Sin. In der trostlosen und unfruchtbaren Wüste vergaßen die Israeliten die düsteren Erfahrungen ihres einstigen Sklavendaseins; die Erinnerungen an Ägypten mit seinem Wasserreichtum, dem üppigen Nahrungsangebot und den schattenspendenden Bäumen ließen sie angesichts von Hunger, Durst und Hitze klagen: „Wären wir doch in Ägypten durch Jahwes Hand gestorben, als wir an den Fleischtöpfen saßen und Brot genug zu essen hatten" (Ex 16, 3). Wieder mußte sich Mose an Jahwe wenden. Am folgenden Morgen lag auf dem Boden „etwas Feines, Knuspriges": das Manna – jene glasig-weißen Kügelchen, die aus dem Sekret einer Schildlaus an den Blättern einer Tamariskenart entstehen, bei steigender Temperatur zu Boden fallen und schnell verderben. Am Abend darauf flogen Wachteln heran, die von den Israeliten gejagt werden konnten. Das nächste Lager schlug man in Refidim auf, wo Mose auf wunderbare Weise Wasser aus dem Felsen fließen ließ. Die Amalekiter – ein wilder Wüstenstamm – griffen hier Israel an und konnten erst nach langer Schlacht besiegt werden. Schließlich gelangte man zum Sinai.

Das Leben in der Wüste fiel einem Volk, das sich an Seßhaftigkeit im fruchtbaren Nildelta gewöhnt hatte, überaus schwer. Auch wenn die Landschaft mit ihren schroffen Felsmassiven, unwegsamen Schluchten und der dürftigen Vegetation nicht zum Wohnen einlädt, so ist jedoch ein Überleben in ihr möglich.

Schon seit der 3. Dynastie (2600 v. Chr.) schickten die Ägypter regelmäßig Expeditionen in die Sinaihalbinsel, um im Wadi Megara und in Serabit el Chadem (nahe dem biblischen Refidim) Türkis abzubauen. Vielbegangene Karawanenpisten durchqueren den Sinai an mehreren Stellen. Oasen in den Wadis erlaubten auch ortskundigen Kleinviehnomaden, von Weideplatz zu Weideplatz zu ziehen. Wasserstellen finden sich mancherorts unter Kalksteinfelsen.

Alte Reiseberichte erwähnen des öfteren die wunderbare Entdeckung von Wasser, als schon alles verloren schien. So erging es einem Leiter einer Minenexpedition ins Wadi Hammamat, wo ägyptische Soldaten Steine für den Sarkophag des Pharao Mentuhotep (ca. 2060 v. Chr.) holen sollten. Bei gnadenlos stechender Sonne und unerträglich gewordenem Durst tauchte unversehens eine Gazelle auf und führte die Männer zu einem Felsvorsprung, unter welchem Wasser hervorsprudelte.

Wüstenbewohner halten sich Ziegen, sammeln Datteln und Feigen. Willkommene Abwechslung des Speisezettels bringen Schwärme von Zugvögeln wie Wachteln, von denen manche – vom Flug übers Meer erschöpft – zu Boden fallen.

Zur Zeit des biblischen Exodus dienten Esel (noch nicht Kamele) als Lasttiere für die Zelte und Habseligkeiten der Wandernden. Israel überstand die Strapazen des Wüstenzuges und gelangte am Ende nach Kanaan, dem Gelobten, d. h. von Jahwe verheißenen Land. Propheten werden später die dürftigen Jahre in der Wüste mit all ihren Entbehrungen und der täglichen Überlebensangst als „wahre Brautzeit Israels" bezeichnen, wo man nicht nach fremden Göttern schielte.

Dieser Ausschnitt aus den Malereien im Grab des Prinzen Chnumhotep in Beni Hassan zeigt eine Jagd in der Wüste – ein beliebter Zeitvertreib vornehmer Ägypter. Gejagt wurden Gazellen, Hasen, Steinböcke, Strauße und Antilopen – Tierarten, die inzwischen selten oder ausgestorben sind. Jagd auf Löwen und Wildtiere war ein königlicher Sport, der den König als mächtigen Herrn der Tierwelt und Beschützer seines Volkes zeigen sollte. Jagdexpeditionen wurden von trainierten Windhunden begleitet, welche die Beute aufspüren mußten. Beliebte Sportarten Ägyptens waren

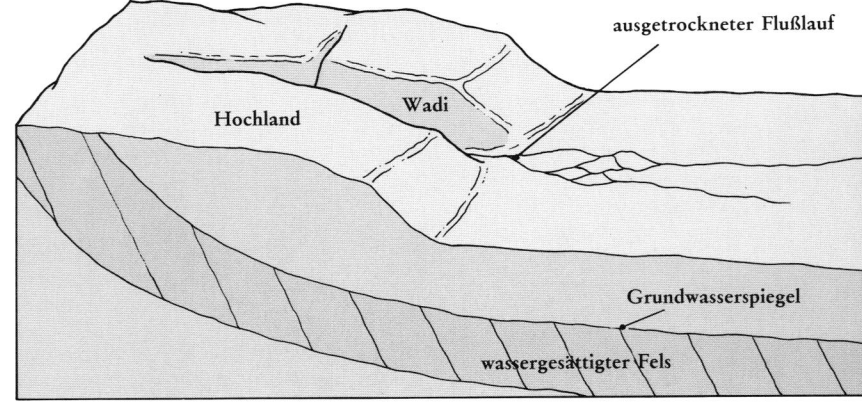

ausgetrockneter Flußlauf

Hochland   Wadi

Grundwasserspiegel

wassergesättigter Fels

Ein Schnitt durch ein Wüstental zeigt mögliche Wasserstellen in der sonst unfruchtbaren Landschaft. Trotz einiger gegenteiliger historischer und archäologischer Hinweise entsprach wohl das damalige Klima im Nahen Osten weitgehend dem heutigen. Gute und schlechte Jahre wechselten sich ab. Menschliche Tätigkeiten wie Dammbauten, aber auch Rodungen beeinflußten die Wassermengen, die versickerten oder verdunsteten. Was Beduinen heute praktizieren, entspricht damaligen daneben der Vogel- und Fischfang in den Sümpfen am Rand der Wüste, die von den Nilüberschwemmungen übrigblieben. Szenen auf Grabwänden stellen oft Familienausflüge ins Schilfdickicht dar. Frauen begleiten die Männer in leichten Booten. Wilde Vögel wurden mit Wurfstöcken erlegt, Katzen mußten sie aus dem Wasser holen. Fische wurden harpuniert oder mit Netzen gefangen und anschließend zum Trocknen an der Sonne an Land geschleppt. Die Jagd auf Wüstentiere war mehr Zeitvertreib als gewichtiger Beitrag zur Nahrungsvorsorge. Immerhin bereicherten sie das Speiseangebot, das sonst hauptsächlich aus Getreideprodukten und Hülsenfrüchten bestand.

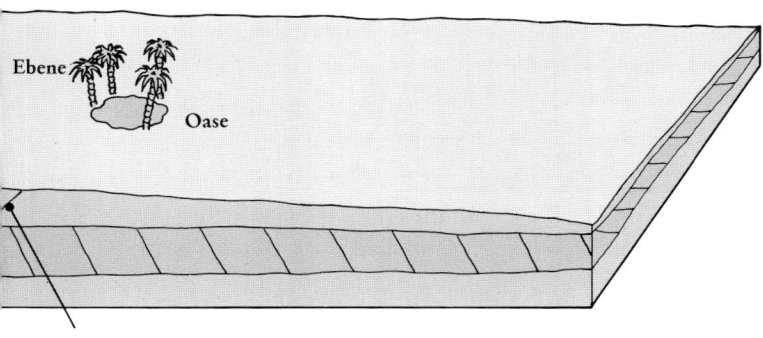

verfungslinie Überlebenstechniken. Brunnen konnten aus Quellen gespeist werden, die unberechenbar, dauernd oder jahreszeitlich bedingt flossen, meist dort, wo eine Verwerfung eine Felsschicht an die Oberfläche treten läßt. Oasen finden sich bei solchen Verwerfungen oder an Stellen, wo Grundwasser austritt. Sturzfluten ergießen sich bei Regenfall in höheren Regionen durch Wadis und ausgetrocknete Flußbette. Mit geringem technischem Aufwand konnten sie in Reservoirs gelenkt werden. Mauern schützten sie vor Verschmutzung durch Tiere. Brunnen wurden umgrenzt und zugedeckt, Sturzfluten durch den Bau kleiner Dämme gebändigt, um zu rasches Abfließen zu vermeiden.

In der Sinaiwüste folgen Nomaden dem Lauf der Wadis – ausgetrockneten Flußtälern – auf ihrem Weg von Oase zu Oase. Gelegentliche Regengüsse lassen Wildbäche anschwellen, die eine karge Vegetation versorgen, so daß Menschen und Tiere überleben können.

Die Zehn Gebote

Exodus 19 berichtet, Mose und die Israeliten hätten drei Monate nach ihrer Flucht aus Ägypten schließlich die Wüste Sinai erreicht und ihre Zelte am Fuß des Berges aufgeschlagen. Mose bestieg den Berg, Jahwe sprach mit ihm und versprach ihm einen Bund, der Israel zu einem heiligen Volk und zu Gottes persönlichem Eigentum machen soll: „Ihr sollt mir als ein Reich von Priestern und als ein heiliges Volk gehören" (Ex 19,6).

Nach Jahwes Weisung läßt Mose das Volk sich reinigen. Zwei Tage später „führt er es aus dem Lager hinaus Gott entgegen. Unten am Berg blieben sie stehen" (Ex 19,17). Unter Donner und Blitz und mit Hörnerschall stieg Jahwe im Feuer auf den Berg herab, der ganz in Rauch gehüllt war, und verkündete die Worte des Gesetzes. Schrecken ergriff die Menschen. Doch Mose sagte zu ihnen: „Fürchtet euch nicht! Gott ist gekommen, um euch auf die Probe zu stellen. Die Furcht vor ihm soll über euch kommen, damit ihr nicht sündigt" (Ex 20,20).

Als Jahwe zu Ende geredet hatte, „übergab er Mose die beiden Tafeln der Bundesurkunde ..., auf die der Finger Gottes geschrieben hatte" (Ex 31,18). Nachdem Mose diese Tafeln zertrümmert hatte, weil er bei seiner Rückkehr das Volk beim Tanz um ein goldenes Kalb antraf (Ex 32,19), versprach Gott, zwei neue Tafeln zu schreiben. Diese wurden dann in der Bundeslade verwahrt.

Die Zehn Gebote (griechisch: der Dekalog) sind das Kernstück des Mosaischen Gesetzes: Sie regeln religiöses und sittliches Verhalten; die Gebote, welche die Verehrung fremder Götter und das Herstellen irgendwelcher Götterbilder verbieten, unterscheiden Israel von den Nachbarvölkern. Rituelle Verpflichtungen werden nicht angesprochen. Diese erfährt Mose in weiteren Offenbarungen und überbringt sie Israel. Alles zusammen bildet das „Gesetz".

Das Gesetz (hebr.: „Tora") steht im sogenannten „Bundesbuch" (Ex 21–23), in der Gebotssammlung des Deuteronomiums (Dtn 12–24), im „Heiligkeitsgesetz" (Lev 17–26), in den Priestervorschriften (Ex 25–31 und 35–40) sowie in weiteren Teilen der Bücher Levitikus und Numeri.

Die verschiedenen Sammlungen stammen aus verschiedenen Zeiten und wurden von unterschiedlichen Kreisen verfaßt. Israelitische Heiligtümer im Gelobten Land wurden Aufbewahrungsorte der Gesetzbücher; ihre Priesterschaft – als Jahwes Sprecher – sollte sie verkündigen.

Jede der Gesetzessammlungen enthält Vorschriften, die auf die Zeit Moses zurückgehen können. Ihre vorliegende Gestalt erhielten sie aber erst in späterer Zeit. Man muß davon ausgehen, daß das Gesetz über Generationen von Priestern hinweg mündlich weitergegeben und erst nach und nach in eine schriftliche Form gebracht wurde.

Manche Vorschriften haben Ähnlichkeit mit altorientalischen Gesetzessammlungen. Doch das Gesetz Israels enthielt sehr viel mehr Gebote der Menschlichkeit, etwa Forderungen zum Schutz der Armen und Schwachen, seien sie Freund oder Feind. Selbst Tiere sollen beispielsweise von der Sabbatruhe profitieren. Die Macht der Mächtigen wurde begrenzt, die Anhäufung von Besitz eingedämmt. Grund und Boden sollten Jahwe allein gehören, freien Israeliten zum Lehen gegeben sein und nur für begrenzte Zeit verkauft werden können. Soziales Gefälle wie in Ägypten oder Kanaan sollte es in Israel nicht geben. Auch Sklaven bekamen Rechte, und männliche Willkür gegenüber Frauen erhielt Schranken.

Die Zehn Gebote

Die Zehn Gebote, „die zehn Worte" (Ex 34,28) oder „die Tafeln des Bundes" (Dtn 9,9) entstammen nach der Bibel dem Willen Gottes am Sinai: Mit eigener Hand habe Gott sie auf Steine geschrieben.

Die Bibel bietet zwei verschiedene Fassungen dieses Textes (Ex 20,1–17; Dtn 5,1–22). Die Lebensbereiche, die in diesen Geboten geregelt werden, lassen eher darauf schließen, daß die Zusammenstellung der Gebote erst nach der Landnahme entstanden ist.

„Ich bin Jahwe, dein Gott, der dich aus Ägypten geführt hat, aus dem Sklavenhaus.

Du sollst neben mir keine anderen Götter haben.

Du sollst dir kein Gottesbild machen und keine Darstellung von irgend etwas am Himmel oben, auf der Erde unten oder im Wasser unter der Erde ...

Du sollst den Namen Jahwes, deines Gottes, nicht mißbrauchen ...

Gedenke des Sabbats: Halte ihn heilig! ...

Ehre deinen Vater und deine Mutter ...

Du sollst nicht morden.

Du sollst nicht die Ehe brechen.

Du sollst nicht stehlen.

Du sollst nicht falsch gegen deinen Nächsten aussagen.

Du sollst nicht nach dem Haus deines Nächsten verlangen. Du sollst nicht nach der Frau deines Nächsten verlangen, nach seinem Sklaven oder seiner Sklavin, seinem Rind oder seinem Esel oder nach irgend etwas, das deinem Nächsten gehört" (Ex 20,1–17).

Der Berg Sinai, der Ort der biblischen Gesetzgebung, heißt in einigen Überlieferungen Horeb (Ex 33,6). Wo er liegt, ist umstritten. Die frühen Christen verehrten ihn am Dschebel Musa (oben), im Süden der gleichnamigen Halbinsel; doch nur auf einem vertrackten Umweg könnten die wandernden Israeliten zu diesem imposanten Berg gelangt sein. Auch der Dschebel Helal wurde vorgeschlagen. Er liegt 48 km westlich der Oase Kadesch-Barnea am nördlichen Weg durch die Sinaiwüste.

Eine Miniatur des 13. Jh. n. Chr. aus dem Traktat „La Somme Le Ray" zeigt oben Mose auf dem Gottesberg und unten die Israeliten beim Tanz um das goldene Kalb.

41

Mose zertrümmert das goldene Kalb

Mose verweilte im Gespräch mit Gott auf dem Berg. Da wurde das Volk ungeduldig und bestürmte Aaron, Moses Bruder: „Komm, mach uns Götter, die vor uns herziehen" (Ex 32,2). Aaron ließ nun die goldenen Ohrringe der Frauen und Kinder einsammeln, schmolz sie ein und goß daraus die Statue eines jungen Stieres. Vor der Statue errichtete er einen Altar und verkündete: „Morgen ist ein Fest zur Ehre Jahwes" (Ex 32,5).

Wie nun Mose vom Berg herunterkam, „die zwei Tafeln der Bundesurkunde in der Hand ..., die Gott selbst gemacht und mit seinem Finger beschrieben hatte ...", da packte ihn beim Anblick des Volkes und des Stierbildes eine gewaltige Wut, und er zertrümmerte die Tafeln. „Dann packte er das Kalb, das sie gemacht hatten, verbrannte es im Feuer und zerstampfte es zu Staub. Den Staub streute er in Wasser und gab es den Israeliten zu trinken" (Ex 32,20).

Als Mose das völlig verwilderte Volk sah, trat er ans Lagertor und rief: „Wer für Jahwe ist, her zu mir!" Den Leviten, die sich allesamt bei ihm versammelten, befahl er: „Jeder lege sein Schwert an ... Jeder erschlage seinen Bruder, seinen Freund, seinen Nächsten" (Ex 32,26 f). Gegen 2000 Mann wurden ausgerottet. Danach wurde der Bund neu geschlossen, neue Tafeln wurden geschrieben.

Vielleicht will diese Geschichte zeigen, warum der Stamm Levi zum Priesterdienst erwählt wurde: nämlich aufgrund seiner Treue zu Jahwe und Mose. Zugleich wird der Kult des Stierbildes (verächtlich „Kalb" genannt) verurteilt, wie er zur Zeit der getrennten Reiche Israel und Juda (vgl. S. 94 f) im Norden praktiziert wurde.

Im späten 10. Jh. v. Chr., anläßlich der Trennung der Nordstämme von Jerusalem, wollte König Jerobeam die Anziehungskraft des Salomonischen Tempels vermindern. Daher versah er die Reichsheiligtümer seines Herrschaftsbereiches, Bet-El und Dan, mit goldenen Stierbildern. Wahrscheinlich dachte man sich Jahwe unsichtbar auf diesen Bildern thronend. Vielleicht machten aber auch viele Menschen keinen Unterschied zwischen Gott und Bild. Deshalb galt „die Sünde Jerobeams, des Sohnes Nebats", bald als Götzendienst, der Jahwe zu einer Naturgottheit machte und ihn mit kanaanitischen Göttern gleichsetzte.

Heutzutage sehen einige Forscher im goldenen Kalb den ägyptischen Apis-Stier von Memfis. Aber der Stier ist im alten Nahen Osten überall als Symbol der Macht und der Fruchtbarkeit bekannt.

In Mesopotamien wird Sin, der Mondgott, angeredet als „mächtiger Jungstier mit starken Hörnern und vollendeten Lenden", und im babylonischen Gilgamesch-Epos steigt „der Himmelsstier" auf die Erde herab, um zu toben. Geflügelte Wächterfiguren mit Stierkörpern und Menschenköpfen wurden an Toren aufgestellt. Sie heißen gelegentlich „kuribu" und entsprechen den biblischen Keruben im Allerheiligsten und an den Türen des Jerusalemer Tempels.

Bei den Kanaanitern, in deren Land Mose Israel führen sollte, galt der Stier als Tier des Baal, des Gottes des Donners und des Blitzes. Baal wurde oft mit Hörnerkrone dargestellt, vielleicht, weil er ursprünglich stiergestaltig gedacht wurde. Aber Hörner sind auch sonst ein vielverwendetes Machtsymbol.

Wie auch immer der Ursprung der Geschichte vom goldenen Kalb zu erklären ist, sie zeugt von der Versuchung, in Jahwe bloß einen Fruchtbarkeitsgott zu sehen, wie ihn die Völker ringsum verehrten.

Der Kodex des Hammurapi
Die Gesetzessammlung des Hammurapi, des Königs von Babylon im 18. Jh. v. Chr., wurde in Keilschrift auf eine Dioritstele von 2,3 m Höhe geschrieben. Zuoberst zeigt sie ein Relief mit Hammurapi, der stehend vom Sonnengott Schamasch, dem Schutzgott der Gerechtigkeit, den Auftrag entgegennimmt, das Gesetz aufzuschreiben.

1901/02 fanden französische Archäologen den Stein in Susa, wohin ihn ein Elamiterkönig im 12. Jh. v. Chr. verschleppt hatte. Weil er lange Zeit die älteste bekannte Rechtsquelle war, wollte man biblische Rechtstexte direkt von ihm ableiten.

Inzwischen ist klar geworden, daß beide zu einer gemeinorientalischen Rechtstradition gehören. Größere Teile von älteren Rechtssammlungen sind inzwischen bekanntgeworden, die älteste aus sumerischer Zeit um ca. 2100 v. Chr. Auch assyrische und hetitische Gesetze wurden entdeckt.

Biblische Gesetze zeigen manche Ähnlichkeiten mit Hammurapis Kodex: So steht hier beispielsweise: „Stiehlt ein Bürger das Kind eines Bürgers, soll er getötet werden", während Ex 21,16 festlegt: „Wer einen Menschen raubt ..., wird mit dem Tod bestraft."

Vergleiche auch das Gesetz „Schlägt ein Sohn seinen Vater, soll ihm die Hand abgehackt werden" (Hammurapi) mit Ex 21,15: „Wer seinen Vater oder seine Mutter schlägt, wird mit dem Tod bestraft."

Aber auch Unterschiede werden deutlich: Während im babylonischen Gesetz Vergehen gegen Eigentum und Besitz ähnlich geahndet werden wie gegen Menschen, kennt die Bibel Körperstrafen nur bei Vergehen gegen Leib und Leben.

Dieser bronzene Kultstier (oben) wurde in einem Heiligtum unter freiem Himmel gefunden und um 1200 v. Chr. datiert. Der Kultort diente als Zentrum einer Anzahl von eisenzeitlichen Siedlungen zwischen Dotan und Tirza. Es könnte sich um Dörfer des Stammes Manasse gehandelt haben. Die tiefen Augenhöhlen des Stieres enthielten vermutlich Edelsteine. Das 18 cm lange und 13 cm hohe Figürchen ohne Sockel war vermutlich eine Votivgabe.

Das ägyptische Gußbild des Fruchtbarkeitsgottes Apis aus Bronze (links) läßt manche an Zusammenhänge zwischen dem Apis-Stier und dem „goldenen Kalb" denken. Der Rücken ist mit eingeritzten Adlerflügeln dekoriert. In Memfis wurde Apis auch als lebendiger Stier verehrt, der bei seinem Tod einbalsamiert und begraben und durch einen Artgenossen ersetzt wurde.

Die vielen Namen Gottes

„Jahwe" haben die Israeliten wohl ursprünglich den Namen ihres Gottes ausgesprochen. Aus Ehrfurcht vor seiner Heiligkeit sagte man später „Adonai" – mein Herr. Da Blitz und Donner ihn begleiten (Ex 19, 16; 20, 18), wird Jahwe anfänglich als Himmelsgott verehrt worden sein. Er wird mit Bergen in Verbindung gebracht, und Feinde bezeichnen ihn als einen „Gott der Berge" (1 Kön 20, 23). Im Feuer erscheint er am Sinai und im brennenden Dornbusch.

Die Kurzform seines Namens lautete „Jah" (Ex 15, 2), vielleicht ursprünglich ein Ausruf, der zu einem Namen wurde. Ex 3, 14 bringt den Namen in einen Zusammenhang mit dem Verb HJH (= da sein, wirksam sein): „Ich bin der Ich-bin-da." Nach einer anderen Überlieferung hat Gott dem Mose in Ägypten gesagt: „Ich bin Abraham, Isaak und Jakob als El-Schaddai (Gott, der Allmächtige) erschienen, aber unter meinem Namen ‚Jahwe' habe ich mich ihnen nicht zu erkennen gegeben" (Ex 6, 3).

Als der Gott, der sich Israel zum persönlichen Eigentum erwählt hatte, wachte er eifersüchtig darüber, daß Israel keine fremden Götter neben ihm verehrte. Erst viel später, zur Zeit des babylonischen Exils, wurde aus dieser Forderung der (monotheistische) Glaubenssatz: „Ich bin Jahwe und sonst niemand: außer mir gibt es keinen Gott" (Jes 45, 5).

Gott offenbart sich im Feuer

Feuer ist biblisch oft Kennzeichen der Anwesenheit Gottes. Am Horeb offenbart sich Jahwe dem Mose „in einer Flamme, die aus einem Dornbusch emporschlug ... Der Dornbusch brannte und verbrannte doch nicht ... Gott rief ihm aus dem Dornbusch zu ..." (Ex 3, 2–4).

Unterwegs in der Wüste zog Jahwe dem Volk voraus „bei Tag in einer Wolkensäule, um ihnen den Weg zu zeigen, bei Nacht in einer Feuersäule, um ihn zu leuchten. So konnten sie Tag und Nacht unterwegs sein" (Ex 13, 21).

Auf dem Sinai erschien er erneut im Feuer: „Der ganze Sinai war in Rauch gehüllt, denn Jahwe war im Feuer auf ihn herabgestiegen" (Ex 19, 18).

Feuer war auch Symbol seiner Heiligkeit und Gerechtigkeit: „Denn Jahwe, dein Gott, ist verzehrendes Feuer; er ist ein eifersüchtiger Gott" (Dtn 4, 24). Die Eifersucht ist hier Ausdruck heftigster und ausschließlicher Zuwendung zu seinem Volk.

Gottes Zorn auf Menschen wurde mit einem verzehrenden, strafenden Feuer verglichen. Um seine überlegene Gegenwart zu beweisen, erscheint Jahwe an anderer Stelle ebenfalls im Feuer, so etwa um den Zweikampf zwischen Elija und den Baalspropheten zu entscheiden (1 Kön 18, 38).

Das Heiligtum wird gebaut

Nachdem Mose das Bundesbuch von Jahwe erhalten hatte (vgl. S. 40f), verweilte er noch einmal 40 Tage und Nächte auf dem Berg. Hier unterwies ihn Jahwe, wie die Israeliten ein Heiligtum errichten sollten: „Macht mir ein Heiligtum! Dann werde ich in ihrer Mitte wohnen. Genau nach dem Muster der Wohnstätte und aller ihrer Gegenstände, das ich dir zeige, sollt ihr es herstellen" (Ex 25, 8 f). Es folgen ausführliche und präzise Angaben, wie die Bundeslade, das Zelt und die Ausstattung auszusehen haben (Ex 25, 10 – 27, 21). Die Israeliten sollten Edelmetalle und weitere kostbare Materialien zusammentragen. Bezalel aus dem Stamm Juda und Oholiab aus Dan sollten die Ausführung leiten.

Das „heilige Zelt" oder „die Stiftshütte" heißt hebräisch „ohel mo'ed" (= Zelt der Begegnung) oder „mischkan" (= Wohnstätte). Letzteres bezeichnete ursprünglich die transportable Behausung von Nomaden: das Zelt.

Jahwe wollte dort mit Mose reden; eine Wolke über dem Eingang des Zeltes sollte seine Gegenwart anzeigen. „Dort werde ich mich dir zu erkennen geben und dir über der Deckplatte zwischen den beiden Kerubim, die auf der Lade der Bundesurkunde sind, alles sagen, was ich dir für die Israeliten auftragen werde" (Ex 25, 22). Wer Jahwe befragen wollte, kam zum Zelt, wo Mose als Mittler amtete. Das Zelt in der Wüste galt auch als Orakelstätte.

Die Behausung bestand aus einem hölzernen Rahmen für ein Gebäude von 14 m Länge und je 5 m Breite und Höhe. Die Ostseite blieb offen. Das Gerippe wurde mit zusammengenähten Tüchern aus zwei großen Teilen bedeckt. Haken und Klammern hielten sie zusammen. Die Tücher waren mit Kerubenfiguren bestickt. Etwas längere Ziegenfellstreifen spannte man wie ein Zelt über die Wohnstätte. Schließlich wurde das Ganze noch mit Decken aus rötlichen Widderfellen und aus Tahaschhäuten überzogen.

Am Eingang hing ein leinengewebter rot-violett-purpurner Vorhang. Manche Elemente der Stiftshütte erinnern an Salomos Tempel (vgl. S. 86–89). Textilien jener Zeit wurden mit dem berühmten phönizischen Purpur gefärbt, einem Sekret einer Meeresmuschel (der Murex trunculus). Purpur war sehr kostbar, es galt als Kennzeichen von Königtum und Macht. Leinen wurde in Ägypten hergestellt. Karmesinfarbe gewann man aus der winzigen Cochenille (Kermocollus vermilio), einem Parasiten der Eichen.

Über der Lade mit den steinernen Gesetzestafeln lag ein Deckel aus Gold, „kapporet" genannt, mit zwei Keruben. Über dem „kapporet" sprach Jahwe mit Mose, so als ob die Lade für ihn ein Schemel wäre. Weil die Israeliten keine Bilder herstellen durften, wird nicht ganz klar, wie sie sich Gottes Anwesenheit vorstellten.

Die genannte Deckplatte ist vermutlich ein jüngeres Element aus der Zeit nach dem babylonischen Exil. Ein Zeltheiligtum jedoch haben die Israeliten schon in der Wüste mitgeführt. Die heutige Beschreibung scheint von Gegebenheiten des Salomonischen Tempels mitgeprägt.

Der Bau des Heiligtums war ein entscheidender Schritt in der religiösen Entwicklung des Volkes Israel. Jahwe sollte eine Wohnstätte unter seinem Volk finden:

„Ich werde mitten unter den Israeliten wohnen und ihnen Gott sein. Sie sollen erkennen, daß ich der Herr, ihr Gott, bin, der sie aus Ägypten herausgeführt hat, um in ihrer Mitte zu wohnen" (Ex 29, 45).

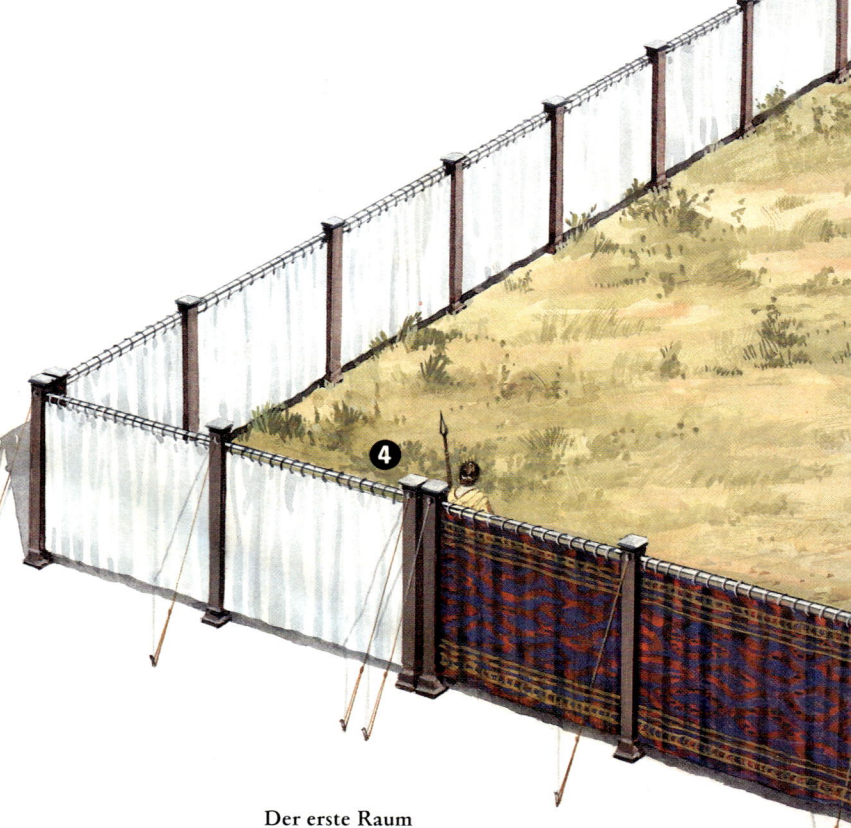

„Damit er in ihrer Mitte wohne ..." Ähnlich wie manche andere Religionen Ort und Gestalt ihrer Tempel auf Eingebungen der Gottheit zurückführen, berichtet die Bibel von Jahwes Anweisungen an Mose zum Bau eines transportablen Heiligtums.

Mittelpunkt des Heiligtums war das Zelt (1) mit zwei Räumen, abgetrennt durch einen Vorhang aus feinem Leinen, das purpurn und karmesinrot gefärbt und mit geflügelten Wesen bestickt war.

Der erste Raum enthielt einen Brandopferaltar, einen Leuchter und den Tisch mit den Schaubroten. Der Weihrauchständer war aus Akazienholz und mit Goldblech überzogen, er maß 0,4 m² und war 80 cm hoch. Oben war er mit einer goldenen Zierleiste eingefaßt. An den vier Ecken hatte er Hörner.

Der Leuchter (die sog. „menora") hatte die Form eines stilisierten Baumes und war aus Gold. Sechs Äste gingen aus dem zentralen Stamm hervor und erhoben sich zur selben Höhe. So konnten insgesamt sieben Lampen nebeneinander angebracht werden.

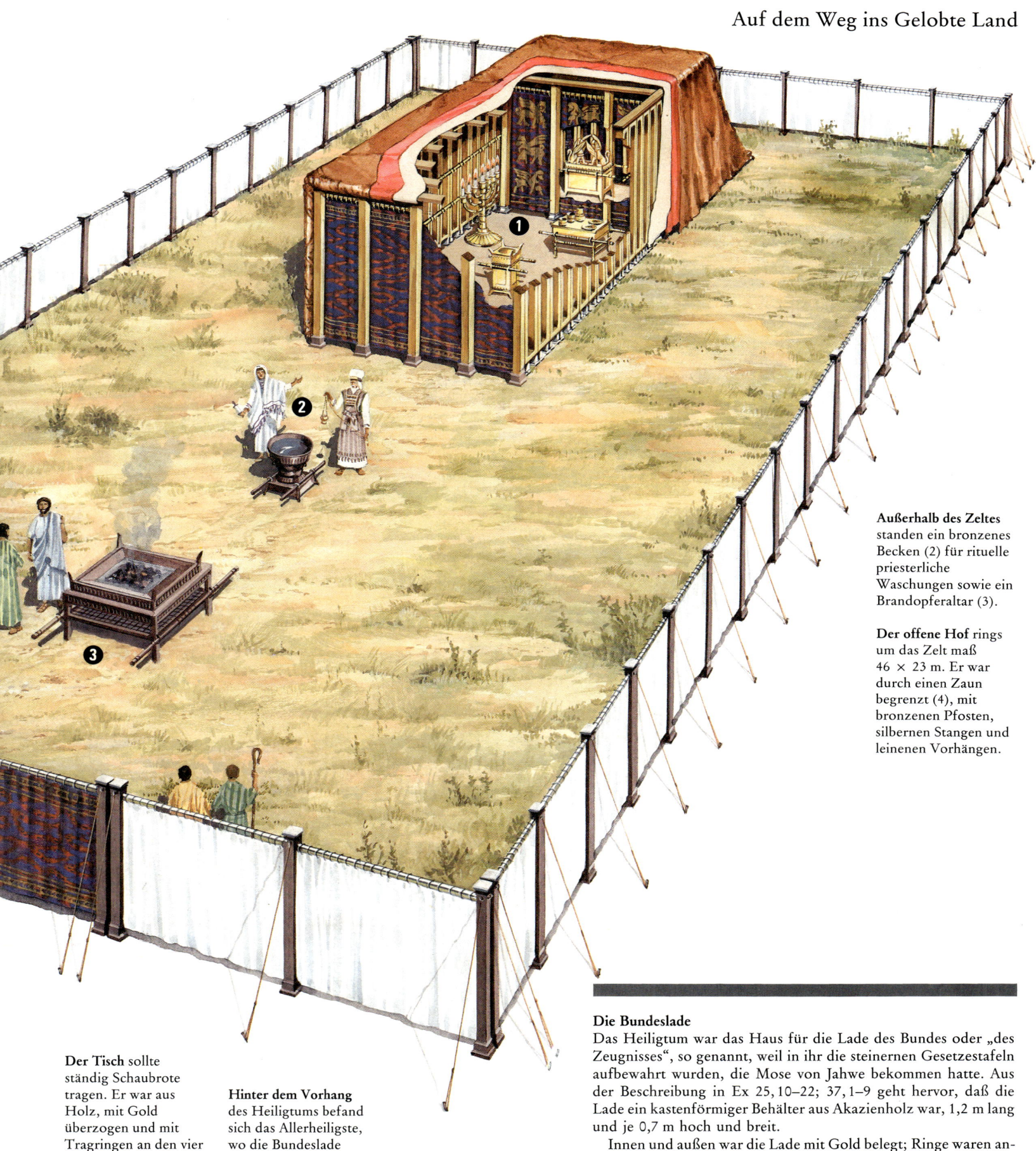

Außerhalb des Zeltes standen ein bronzenes Becken (2) für rituelle priesterliche Waschungen sowie ein Brandopferaltar (3).

Der offene Hof rings um das Zelt maß 46 × 23 m. Er war durch einen Zaun begrenzt (4), mit bronzenen Pfosten, silbernen Stangen und leinenen Vorhängen.

Der Tisch sollte ständig Schaubrote tragen. Er war aus Holz, mit Gold überzogen und mit Tragringen an den vier Ecken versehen. Nach der Überlieferung standen auf ihm auch goldene Schüsseln, Schalen, Kannen und Krüge für Trankopfer.

Hinter dem Vorhang des Heiligtums befand sich das Allerheiligste, wo die Bundeslade stand. Den Eingang zum Zelt verhüllte ein fein gewobener Vorhang in violettem und rotem Purpur und Karmesin.

Die Bundeslade

Das Heiligtum war das Haus für die Lade des Bundes oder „des Zeugnisses", so genannt, weil in ihr die steinernen Gesetzestafeln aufbewahrt wurden, die Mose von Jahwe bekommen hatte. Aus der Beschreibung in Ex 25,10–22; 37,1–9 geht hervor, daß die Lade ein kastenförmiger Behälter aus Akazienholz war, 1,2 m lang und je 0,7 m hoch und breit.

Innen und außen war die Lade mit Gold belegt; Ringe waren angebracht für Tragholme. Auf der Lade lag eine („kapporet" genannte) Deckplatte. Darauf standen sich zwei Kerube von Angesicht zu Angesicht gegenüber und bedeckten das Ganze mit ihren Flügeln.

45

Der Tod des Mose

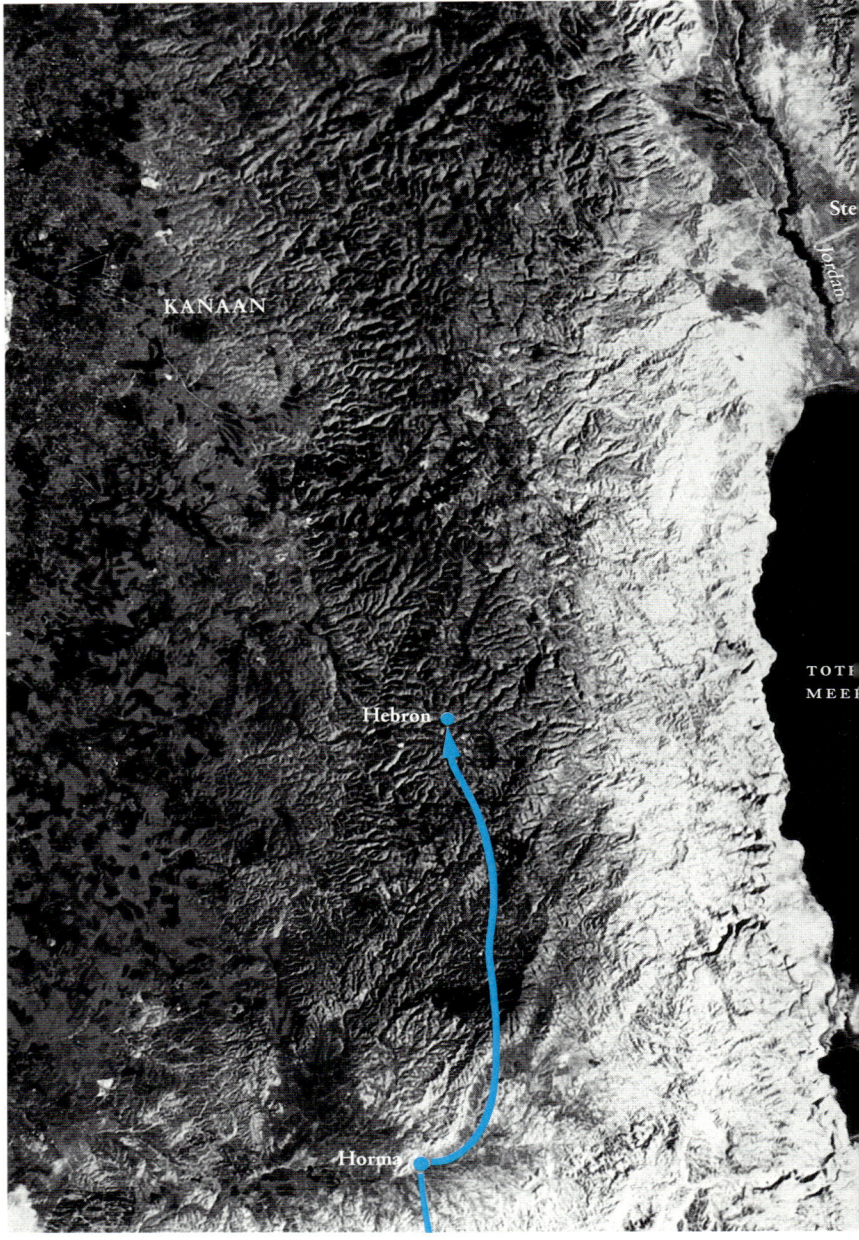

Jahwe sprach zu Mose: Geh hinauf in das Gebirge Abarim, das du vor dir siehst, steig auf den Berg Nebo, der in Moab gegenüber Jericho liegt, und schau auf das Land Kanaan, das ich den Israeliten als Grundbesitz geben werde. Dort auf dem Berg, den du ersteigst, sollst du sterben und sollst mit deinen Vorfahren vereint werden, wie dein Bruder Aaron auf dem Berg Hor gestorben ist und mit seinen Vorfahren vereint wurde" (Dtn 32, 48–50).

120 Jahre alt soll Mose geworden sein, „sein Auge war noch nicht getrübt, seine Frische war noch nicht geschwunden" (Dtn 34, 7) – eine kaum glaubliche Beschreibung, die jedoch zum biblischen Bild dieses Mannes voller Energie und Charisma paßt.

Mose hatte nicht nur den Auszug organisiert, sondern auch das Volk während der Wüstenwanderung zusammengehalten und es zur Gottesbegegnung am Sinai geführt. Er hat Israels Glauben an den Gott Abrahams eine neue Gestalt gegeben. Die Rolle als Gesetzgeber ist hingegen Mose wahrscheinlich erst von späteren Generationen zugeschrieben worden, als man kultische, juristische und ethische Regeln in der Gründungszeit des Volkes verankern wollte.

Kanaan, an dessen Grenzen Mose sein Volk führen sollte, liegt im Westen des Jordans. Einige ostjordanische Gebiete wurden noch von ihm selbst erobert. Nach der Zerstörung der Städte Horma und Arad im Süden Kanaans wandten sich die Israeliten ostwärts nach Moab, um nördlich des Toten Meeres den Jordan zu überqueren.

Den Amoriterkönig Sihon baten sie durch Boten um die Erlaubnis, durch sein Land zu ziehen. Da er dies verweigerte, griffen ihm die Israeliten an und eroberten seine Städte. Dasselbe widerfuhr Og, dem König von Baschan. Auch das Nomadenvolk der Midianiter wurde besiegt. Im Amoriterland östlich des Jordans erlaubte Mose den Stämmen Ruben, Gad und Manasse, sich anzusiedeln.

Fast das ganze Buch Deuteronomium besteht aus Abschiedsreden des Mose. „Hiermit lege ich dir heute das Leben und das Glück, den Tod und das Unglück vor. Wenn du auf die Gebote ... deines Gottes, auf die ich dich heute verpflichte, hörst, ... deinen Gott liebst, auf seinen Wegen gehst und auf seine Gebote, Gesetze und Rechtsvorschriften achtest, dann wirst du leben und zahlreich werden, und ... dein Gott wird dich in dem Land, in das du hineinziehst, um es in Besitz zu nehmen, segnen.

Wenn du aber dein Herz abwendest und nicht hörst, wenn du dich verführen läßt, dich vor anderen Göttern niederwirfst und ihnen dienst – heute erkläre ich euch: Dann werdet ihr ausgetilgt werden; ihr werdet nicht lange in dem Land leben, in das du jetzt über den Jordan hinüberziehst, um ... es in Besitz zu nehmen" (Dtn 30, 15–18).

Vor diese Wahl stellte Mose sein Volk vor seinem Tod. Dann bestellte er Josua zu seinem Nachfolger, bestieg den Berg Nebo und warf einen Blick auf das Gelobte Land, das zu betreten Jahwe ihm versagte: „Ihr (Mose und Aaron) seid mir untreu gewesen inmitten der Israeliten beim Haderwasser von Kadesch in der Wüste Zin und habt mich inmitten der Israeliten nicht als den Heiligen geehrt. Du darfst das Land von der anderen Talseite aus sehen. Aber du darfst das Land, das ich den Israeliten geben werde, nicht betreten" (Dtn 32, 51 f).

Wodurch Mose gesündigt hatte, bleibt dunkel. Gut verstehen aber kann man, wenn gesagt wurde: „Niemals wieder ist in Israel ein Prophet wie Mose aufgetreten. Ihn hat der Herr Auge in Auge berufen. Keiner ist ihm vergleichbar" (Dtn 34, 10 f).

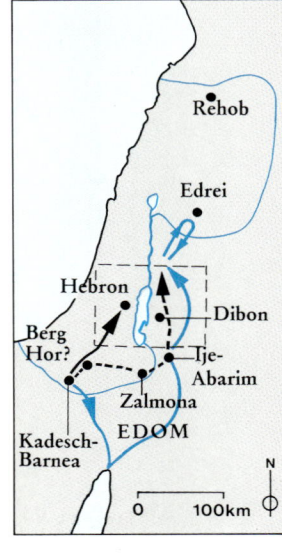

Diese Luftaufnahme zeigt das „Gelobte Land" in den biblischen Grenzen. Eingezeichnet sind die Routen, welche Israel vom Sinai her genommen haben könnte. Von Kadesch-Barnea aus sandte Mose Spione, je einen pro Stamm, um das Land auszukundschaften (Num 13, 2). Die Karte (links) zeigt schwarz den Weg Richtung Norden bis Hebron. (Der Vers Num 13, 21 läßt die Kundschafter bis an Kanaans Grenzen in Rehob ziehen.) Ihr Bericht pries die Fruchtbarkeit des Landes, säte aber Zweifel, ob man es je erobern könne. Josua und Kaleb allein wollten Jahwes Verheißung trauen. Darum kündigte Mose an, nur diese beiden würden einst das Ziel erreichen, während die Auszugsgeneration in der Wüste sterben müsse. Vergeblich wollten daraufhin die Israeliten die

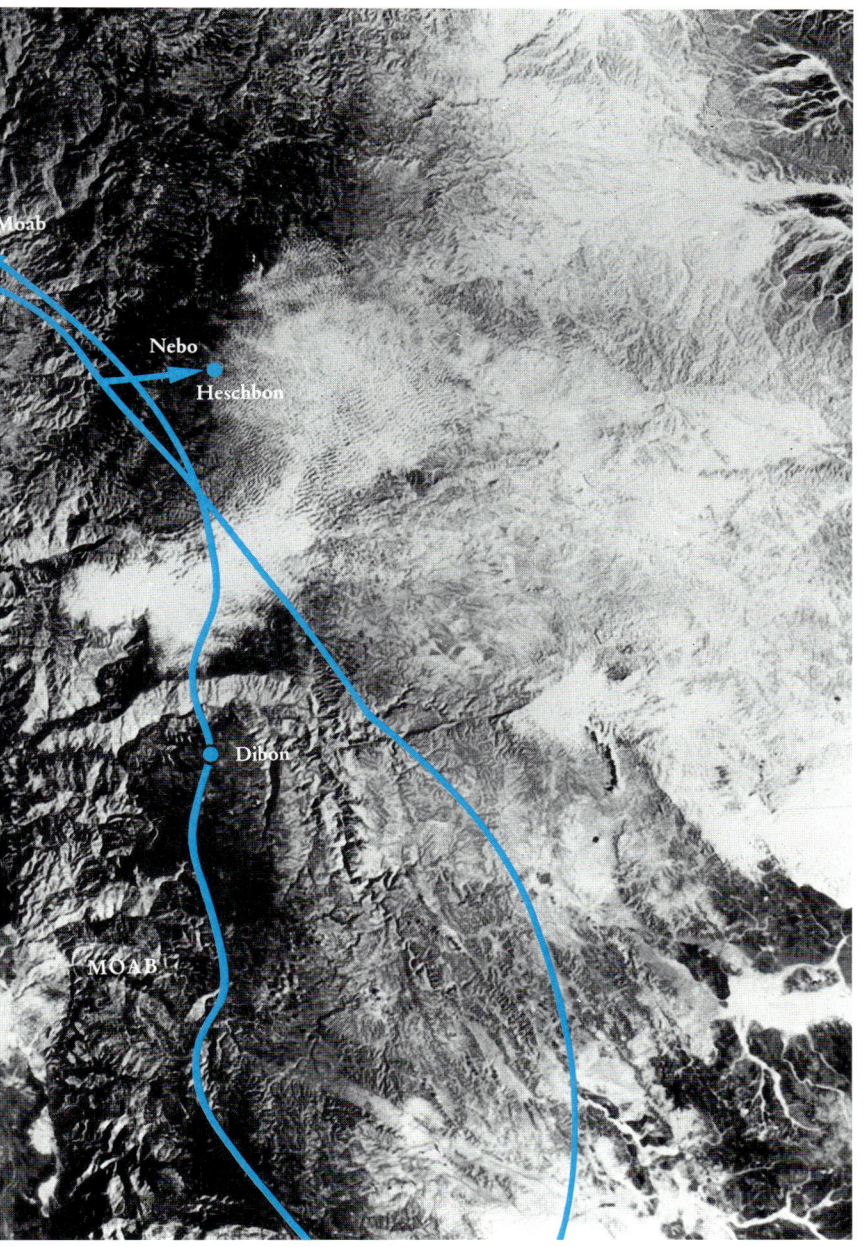

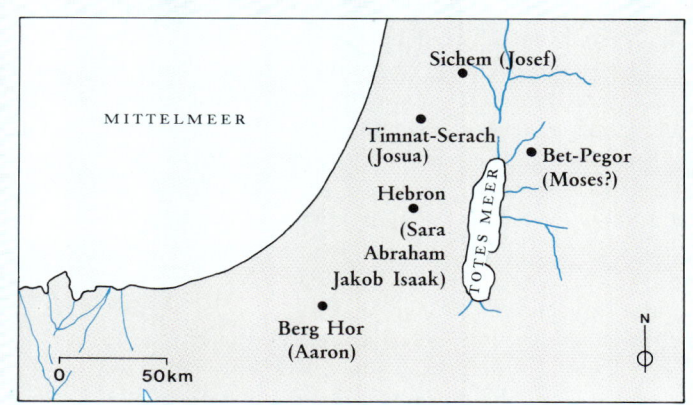

Die Gräber der Väter

Die Karte verzeichnet die Lage der Patriarchengräber.

Mose wurde in einem Tal am Nebo begraben. „Bis heute kennt niemand sein Grab" (Dtn 34, 6).

Aaron starb auf dem Berg Hor (Num 20, 28).

Abraham hatte selbst in Hebron die Höhle Machpela als Grabstätte für sich und seine Frau Sara gekauft (Gen 23).

Auch Isaak (Gen 35, 27–29) und Jakob (Gen 50, 1–14) wurden hier bestattet.

Josefs Leiche soll von den ausziehenden Israeliten in einem Familiengrab in Sichem beigesetzt worden sein (Jos 24, 32).

Josua erhielt ein neues Grab in Timnat-Sera in Efraim (Jos 24, 30).

Mose: Prinz, Prophet, Wundertäter

Die Vielzahl der Überlieferungen macht Mose zu einer historisch schwer faßbaren Gestalt. Er begegnet in verschiedensten Rollen: als ägyptischer Prinz, als Flüchtling in Midian, als Anführer des Aufstandes in Ägypten, dann als exemplarischer alttestamentlicher Prophet und Wundertäter, schließlich auch als Gesetzgeber und Heerführer.

Mose ist die unvergleichliche Gestalt der hebräischen Bibel. Er hat aus einem Haufen Sklaven das Volk Israel geformt und es auf die Erfüllung von Gottes Willen verpflichtet.

Immer wieder erinnerte er es an seinen Ursprung: „Auch ihr sollt die Fremden lieben, denn ihr seid Fremde in Ägypten gewesen … ihr selbst habt alle großen Taten, die Jahwe getan hat, mit eigenen Augen gesehen, seine Macht, seine starke Hand und seinen hoch erhobenen Arm, seine Zeichen und seine Taten: was er in Ägypten mit dem Pharao … und mit seinem ganzen Land getan hat; was er mit dem ägyptischen Heer, den Rossen und Streitwagen getan hat … was er mit euch in der Wüste getan hat, bis ihr an diesen Ort gekommen seid" (Dtn 10, 19; 11, 2–5).

Er ist der unvergleichliche Mittler zwischen Jahwe und Israel, Gottes Sprachrohr, aber auch Mensch aus Fleisch und Blut mit vielen Schwächen. Leidenschaftlich setzte er sich für Gottes Willen ein, aufbrausend war sein Zorn, wenn das Volk seinem Gott untreu wurde.

Historische Kritik erkennt in Mose eine geschichtliche Gestalt, die allerdings im Lauf der Geschichte immer neu mit Farben und Konturen übermalt wurde, welche der späteren Glaubensgeschichte wichtig geworden waren. Einem Jesus von Nazaret, einem Buddha oder einem Mohammed ist es bekanntlich nicht anders ergangen.

Eroberung ertrotzen. Sie wurden von Amalekitern und Kanaanitern bei Horma geschlagen. Nach einem Abstecher zum Berg Hor, wo Aaron starb, zog man auf die Ostseite des Toten Meeres. Nach Num 20 und 21 wich man Edom südlich aus, kam zum Schilfmeer und wandte sich dann nordwärts bis Ije-Abarim (blaue Linie). Um Moab herum zog man nordwestlich. Nach Siegen über die Amoriterkönige von Heschbon und Baschan erreichte man den Jordan. Num 33 gibt eine abweichende Route an (gebrochene Linie). Edom wird nicht umgangen. Israel erreicht Ije-Abarim über Zalmona. Von dort geht's über Dibon in die Steppen von Moab. Hier gab Mose dem Volk sein Vermächtnis, ehe er den Berg Nebo bestieg und starb.

Die Eroberung des Landes nach Josua und Richter

Nach Moses Tod – so die Bibel – nahm Israel das „Gelobte Land" in Besitz. Der Bericht im Buch Josua (Jos 1–12) beginnt mit Jahwes Auftrag in Josua: „Mach dich also auf den Weg, und zieh über den Jordan hier mit diesem ganzen Volk in das Land, das ich ihnen, den Israeliten, geben werde. Jeden Ort, den euer Fuß betreten wird, gebe ich euch" (Jos 1, 2 f). Anschließend wird erzählt, wie die geeinten Stämme unter Josuas Kommando innerhalb weniger Jahre das Westjordanland vollständig erobern. Der Bericht schließt mit einer Liste besiegter Könige.

Anders im Buch Richter (Ri 1, 1 – 2, 5). Hier beginnen die Israeliten nach Josuas Tod erst langsam im Land Fuß zu fassen. Militärische Operationen gibt es nur lokal begrenzt und als Angelegenheit einzelner Sippen und Stämme. Ri 1 schließt mit einem „negativen Besitzverzeichnis" – einer Liste von Städten, die nicht erobert werden konnten (darunter solche, die nach dem Josuabuch längst eingenommen worden sind!).

Man hat diese Widersprüche ganz unterschiedlich zu erklären versucht. Frühere Forscher nahmen an, Josua habe zwar das ganze Land erobert, die Stämme hätten aber nicht gleich Besitz davon ergriffen. Ähnlich denken auch heute jene, die sagen, Josuas Eroberung habe durch Einnahme von Schlüsselstädten das kanaanitische Stadtstaatensystem entscheidend geschwächt, so daß in einer zweiten Phase die Stämme die Landnahme schrittweise zu Ende führen konnten.

Andere Forscher rechnen mit einer allmählichen Infiltration von nomadischen oder halbnomadischen Verbänden, die zunächst im dünn besiedelten palästinensischen Hügelland seßhaft geworden seien. Anfangs lebte die israelitische Bauernschaft im Frieden mit den Kanaaniterstädten. Dann erstarkte sie, ihre Landansprüche wuchsen, und es kam zu militärischen Konflikten mit Eroberungen. Eine eigentliche großräumige kriegerische Landnahme unter Josua hat nach dieser Sicht, die sich auf das Richterbuch und zuverlässige alte Einzelüberlieferungen stützt, nie stattgefunden.

Eine weitere Gruppe von Forschern vermutet hinter den biblischen Erzählungen keine friedliche oder kriegerische Einwanderung fremder Völker, sondern eine Revolte bereits ansässiger, von den Herren in den Städten ausgebeuteter Kreise aus der Bauernschaft. Die Hebräer werden mit den „habiru" gleichgesetzt; „habiru" scheint nach zeitgenössischen Zeugnissen der Name für Individuen und Gruppen zu sein, die außerhalb des sozialen Systems stehen.

Eine allgemein akzeptierte Erklärung ist noch nicht in Sicht. Daß ein ganzes Volk in einer Invasion an einem Tag ins Land geströmt sei, daß eine Armee in je einem Zug nach Norden und nach Süden alles unterworfen habe, ist gewiß nicht zu vermuten. Ebensowenig, daß Josua das ganze Land schlug, „mit einem Schlag" (Jos 10, 42), niemanden entkommen ließ, alles, was lebte, dem Untergang weihte, „wie es Jahwe, der Gott Israels, befohlen hatte" (Jos 10, 40).

Ortssagen von unterschiedlichem geschichtlichem Wert (größtenteils aus dem Gebiet Benjamins) sind hier kunstvoll in ein Gesamtbild eingefügt, um einer späteren kriegerischen Zeit darzutun, daß Jahwe den Vergleich mit den Kriegsgöttern der mächtigen Eroberernationen nicht zu scheuen brauche und die Landnahme eines geeinten Israel sein Werk sei.

Wahrscheinlich sind die Stämme Israels erst im Kulturland entstanden. Ihre Namen entstammen zum Teil ihrem Siedlungsgebiet (z. B. „Bergland Naftali", „Wüste Juda").

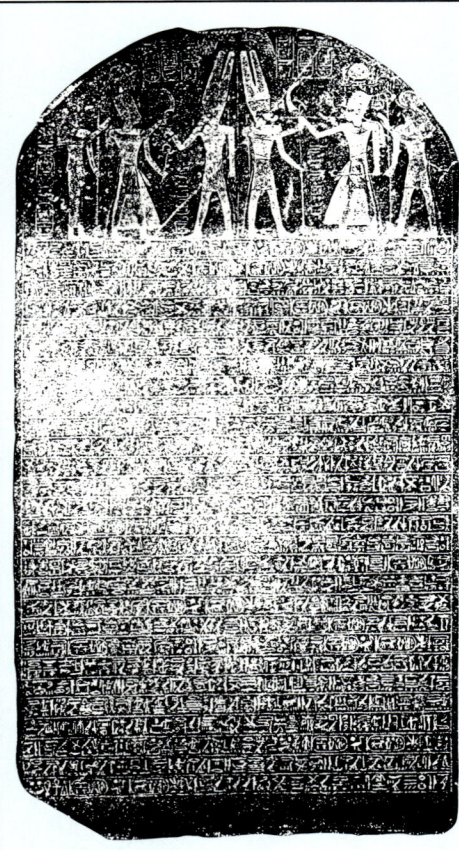

Die Siegesstele des Merneptah aus dem späten 13. Jh. v. Chr. bezieht sich wahrscheinlich auf eine kleinräumige Palästinakampagne des Pharao. Erstmals taucht hier der Name „Israel" auf. Dieses „Israel" wohnt offenbar im judäischen Hügelland und wird als „Volk", aber noch nicht als „Nation" dargestellt.

Archäologie und Bibelwissenschaft

Die meisten Forscher verlegen Israels „Landnahme" in den Übergang von der Bronzezeit zur Eisenzeit (13./12. Jh. v. Chr.). Der Besiedlungsprozeß erstreckt sich bis in die Davidszeit. Angesichts der Widersprüche der biblischen Berichte verdienen archäologische Ergebnisse besondere Aufmerksamkeit.

Versuche, literarische Zeugnisse der Bibel über die Eroberung bestimmter Städte durch Ausgrabungen zu erhärten, erwiesen sich als wenig erfolgreich.

Josua soll Jericho, Ai und Hazor eingenommen haben – doch waren die zwei erstgenannten zur fraglichen Zeit überhaupt nicht oder nur spärlich besiedelt. Ähnliches gilt von weiteren genannten Städten. Hazor ist damals tatsächlich zerstört worden, ob von Israeliten, läßt sich nicht beweisen. Unklar bleibt auch, wer für die damalige Zerstörung von Bet-El und Lachisch verantwortlich war.

In den dichtbesiedelten Regionen Syro-Palästinas ist kein markanter Bruch zwischen Bronze- und Eisenzeit feststellbar. Was sich ändert, ist die Besiedlungsstruktur.

Mit der Eisenzeit entstehen zahlreiche unbefestigte Dörfer in bisher unbesiedelten Gegenden, vor allem im zentralen und südlichen Hügelland sowie in Teilen Galiläas. Dörfer wurden auch auf verlassenen Stadtruinen wie in Arad oder Ai gebaut und lösten bronzezeitliche Stadtsiedlungen in Hazor und Megiddo ab.

Die wirtschaftlichen Grundlagen der Neusiedler sind Ackerbau und Viehzucht.

Natürlich liegt es nahe zu vermuten, daß die Neusiedler die in das Land eindringenden Israeliten gewesen sind. Bisher jedoch lassen sich keine Beweise dafür finden. Die Herkunft dieser Neusiedler muß daher weiterhin als ungewiß gelten.

- ☆ Eroberte Städte (Ri 1)
- ★ Schlachten
- ● Nicht eroberte Städte (Ri 1)

Das Buch der Richter
beginnt mit den Eroberungen der Stämme Juda, Simeon, Kaleb sowie der Keniter, hauptsächlich im Süden. Die Satellitenkarte (links) zeigt Schlachtorte und nicht eroberte Städte nach Ri 1. Bet-El wurde vom Haus Josef eingenommen. „Aber die Bewohner der Ebene konnten sie nicht vertreiben, weil sie eiserne Kampfwagen hatten" (Ri 1,19). Bedeutende Kanaaniterstädte im mittleren und nördlichen Palästina wurden nicht erobert.

Die meisten Städte der 31 Kanaaniterkönige, die Josua angeblich eroberte, können lokalisiert werden. Das Satellitenbild (rechts) zeigt Josuas Route nach der Darstellung des Buches Josua. Jericho, Ai und Hazor sollen zerstört worden sein. Nach Josuas Eroberungen blieb „noch viel vom Land in Besitz zu nehmen" (Jos 13,1), vor allem das Gebiet der Philister und der Sidonier.

Hazor

Ai
Jericho

Jordan

- ● Schlachten
- ● Städte auf Josuas Zügen (Jos 1–11)
- ● Eroberte Städte nach Jos 12

Kanaans Kultur

Das „Gelobte Land" war mit natürlichen Ressourcen recht gut ausgestattet – wie die Israeliten gehofft hatten. Aber die neue Heimat hielt auch geistige und materielle Versuchungen bereit. Mose hatte gewarnt: „Aber nehmt euch in acht! Laßt euer Herz nicht verführen, weicht nicht vom Weg ab, dient nicht anderen Göttern, und werft euch nicht vor ihnen nieder! Sonst wird Jahwes Zorn gegen euch entbrennen; er wird den Himmel zuschließen, es wird kein Regen fallen, der Acker wird keinen Ertrag bringen, und ihr werdet unverzüglich aus dem prächtigen Land getilgt sein ..." (Dtn 11, 16 f). Israel war durch Kanaans Kultur und militärische Stärke in seinem Bestand gefährdet.

Am leichtesten war es gewiß, im dünn besiedelten Hügelland Fuß zu fassen. In Galiläa hingegen, in der Jesreel-Ebene und in der Küstenebene hatte sich eine kanaanitische Stadtkultur entwikkelt.

Die Bücher Josua und Richter zeichnen das Bild einer Vielzahl unabhängiger Stadtstaaten. Regiert von „Königen", bestanden solche Staaten aus einer befestigten Hauptstadt (z. B. Hazor, Ai, Jericho), Tochtersiedlungen und umliegenden Feldern. Die Bevölkerung setzte sich zusammen aus Semiten, Hurritern, Indoeuropäern, Philistern ... Trotz dieser Vielfalt lassen sich typische Züge einer kanaanitischen Kultur beschreiben.

Eindruck auf Israel machten vor allem Reichtum und Technologie. Mit einiger Bewunderung registriert die Bibel eiserne Streitwagen des Königs von Hazor (Ri 4, 3) oder den Schuppenpanzer Goliats (1 Sam 17, 5).

Neben der Metallverarbeitung waren die Kanaaniter Meister in Elfenbeinschnitzkunst und Textilherstellung. Vielleicht kommt ihr Name vom semitischen Wort für Purpurwolle, wofür die Küstenregion berühmt war.

Obwohl ihre Wirtschaft hauptsächlich auf Ackerbau gründete, profitierte man auch von den handwerklichen Erzeugnissen und der hervorragenden geopolitischen Verkehrslage zwischen Asien, Afrika und dem Mittelmeer. Ägypten schätzte Kanaans Öl, Getreide, Bauholz und Vieh, aber auch Luxusprodukte wie Wagen mit Intarsien, Silberornate, Goldgefäße sowie begabte Musikanten.

Die kanaanitische Götterwelt spiegelt die entsprechende Gesellschaft. Anders als der Wüstengott Jahwe mit seiner transportablen Lade saßen kanaanitische Götter in steinernen Tempeln mitten in den Städten.

Entsprechend der buntgemischten Bevölkerung hatte die kanaanitische Religion auch Platz für ägyptische Götter wie Ptah oder Amun. Am populärsten aber waren die einheimischen Götter und Göttinnen, die Baale und Astarten, welche die Bibel so sehr verabscheut.

Kanaans Götter kann man als personifizierte Naturkräfte verstehen. Jahwe, der Gott Israels, stand dazu in scharfem Gegensatz. Doch nach und nach kam es vor, daß Israeliten ihm eine Göttin zur Seite stellten und eine beliebige Reihe weiterer Gottheiten neben ihm verehrten. Möglicherweise stand er auch gleichrangig neben Baal an der Spitze der Gottheiten. Jedenfalls waren die Israeliten ständig in der Gefahr, den Göttern Kanaans zu verfallen. Zumindest ging bei vielen nach und nach die Überzeugung unter, daß es nur einen einzigen Gott gibt und nicht eine Vielzahl unterschiedlicher Götter.

So ist es nur allzu verständlich, daß nach der Landnahme der Kampf um die Reinheit der Jahweverehrung das Hauptthema in der Geschichte Israels wurde.

Astarte

Baal

Die Götter Kanaans

Wie die bekannten Mythen aus Ugarit zeigen, glich die Welt der kanaanitischen Götter und Göttinnen jener des griechischen Olymp: eine streitsüchtige Familie mit überlebensgroßen, aber recht menschenartigen Figuren.

El, der höchste und älteste unter ihnen, „Schöpfer der Geschöpfe" und „Vater der Menschheit" genannt, spielte allerdings in Kult und Legende nicht die Hauptrolle.

Der jüngere Sturmgott Baal war König der Götter. Ugaritische Mythen erzählen von seinen Abenteuern, wie seiner inzestuösen Beziehung zu seiner Schwester Anat, alle beide als Büffel verkleidet; andernorts geht's um seinen Ehrgeiz, als junger Gott einen neuen Palast zu bekommen, um seine Kämpfe mit Jam (Meer) und Mot (Tod) – Rivalen um Els Gunst.

Den Göttern standen Göttinnen gegenüber, deren Bilder sich gelegentlich unentwirrbar vermischen:

Astarte erscheint ebenso kriegerisch wie Anat; während aber letztere als Jungfrau beschrieben wird, stellt man Astarte gern als nackte Fruchtbarkeitsgöttin dar.

Aschera, die Göttin mit dem ähnlich klingenden Namen, heißt „Herrin des Meeres" und wird in Hafenstädten wie Tyrus und Sidon besonders verehrt.

Die Hauptgötter werden unterstützt von weniger prominenten Gottheiten wie Schapasch, der Sonnengöttin, und Kotar, dem Gott des Handwerks. Zudem besaßen manche Orte ihre eigene Abart des Baal (der Name bedeutet: Herr) oder der Baalat (Herrin).

Dies also ist der Hintergrund, vor dem Israel um die Alleinverehrung Jahwes kämpft.

Die Ausgrabungen von Ugarit

Die Entdeckung des alten Ugarit um 1929 hat unser Wissen über die Kanaaniter auf eine völlig neue Basis gestellt. Ein paar zufällige Notizen aus klassischen Autoren und der biblische Kampf gegen das „sündige Kanaan" hatten bisher das Bild bestimmt.

Nun wurde in den Bibliotheken Ugarits die Stimme dieses Volkes selbst vernehmbar. Im heutigen Ras Schamra kam ein fast vollständiges Bild einer 6000jährigen Entwicklung ans Licht: Ugarit in Nordsyrien begann als Fischer- und Bauerndörfchen im 7. Jt. v. Chr.

Im Lauf von Jahrhunderten wurde es zu einer städtischen Siedlung, die mehrmals nach größeren Katastrophen (vermutlich Erdbeben) wieder aufgebaut wurde.

Sein goldenes Zeitalter erlebte Ugarit im 14. Jh. v. Chr. Seine Könige regierten als angesehene Handelsherren und pflegten Kontakte mit den Königen der Hetiter, Ägypter und Babylonier. Der Handel mit Zypern verband Ugarit mit der mykenischen Welt der Ägäis.

Um 1200 v. Chr. wurde die Stadt zerstört.

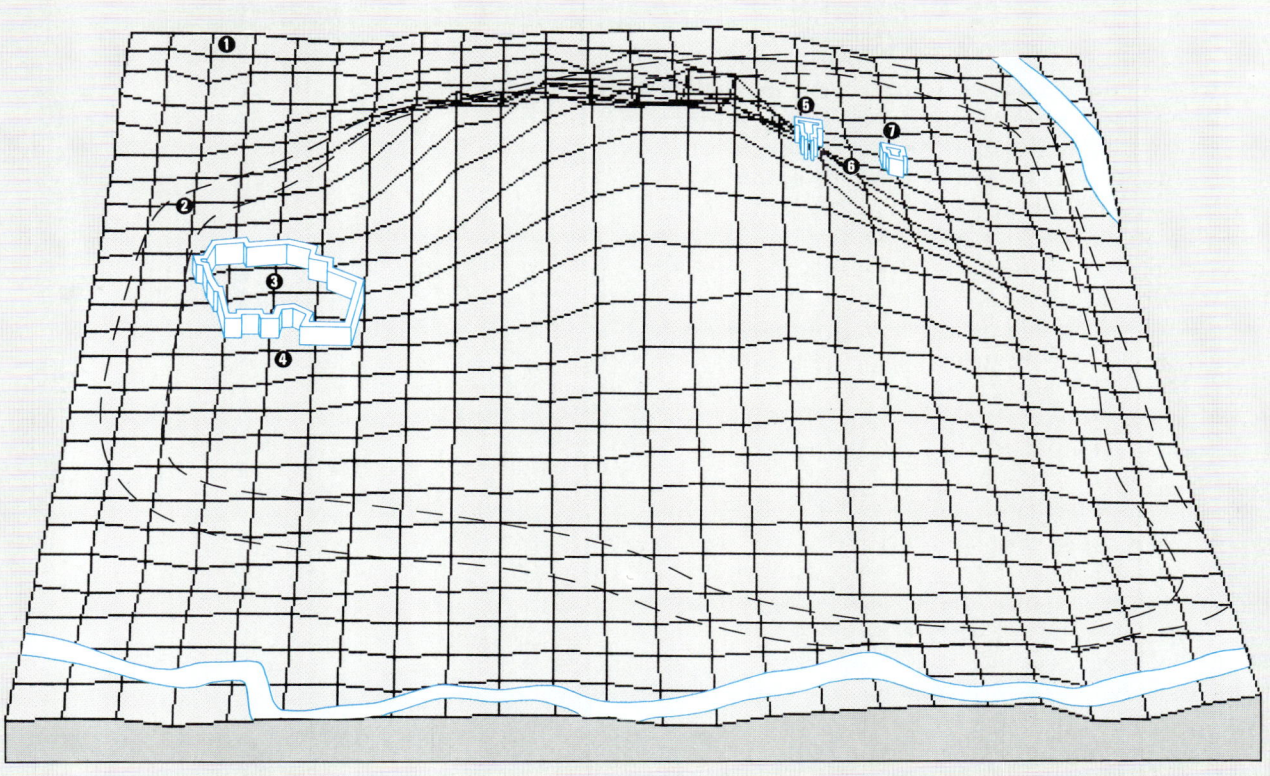

Das Paradebeispiel einer Kanaaniterstadt, Ugarit, liegt außerhalb des biblischen Kanaan an der nordsyrischen Küste. Im 14. Jh. kontrollierte Ugarit etwa 48 km Küstenland mit 4 Häfen, hatte eine ideale Lage für den Seehandel. Haupthafen war das nahe gelegene Minet el Beida (1). Handel brachte großen Wohlstand. Bei seiner größten Ausdehnung umfaßte die Verteidigungsmauer (2) eine Fläche von gut 20 ha. Der ausgedehnte Palastkomplex (3) mit seinen 67 Räumen und fünf Innenhöfen bedeckte 9145 m² Bodenfläche und besaß ein ausgedehntes Obergeschoß. Der vermutlich weitläufigste syrische Palast seiner Zeit war in den Empfangsräumen mit Holz und Elfenbein getäfelt. Er diente gleichzeitig als königliche Residenz, königliche Begräbnisgruft und als Zentrum der Verwaltung. Riesige Bibliotheken (4) horteten Tausende von Keilschrifttafeln mit Rechtsdokumenten, Verträgen und königlicher Korrespondenz. Die beiden Haupttempel waren dem Wettergott Baal (5) und seinem Vater, dem Korngott Dagon (7), geweiht. Daneben lag die Bibliothek der Priester (6) mit unschätzbaren Texten von Riten und Mythen, Hauptquelle für die kanaanitische Religion.

„Die Himmel regneten Öl, die Täler füllten sich mit Honig." Die Bildwelt solcher ugaritischer Verse erinnert unweigerlich an die biblische Verheißung: „ein Land, in dem Milch und Honig fließen" (Ex 3, 8). Die faszinierendsten Funde von Ugarit sind zweifellos die sprachlichen Parallelen zum Alten Testament. Eine frühe Entdeckung war, daß ugaritische Schreiber die Keilschrift auf ein Alphabet von 30 Buchstaben vereinfacht hatten, das mit dem hebräischen fast identisch war. Manche Texte in dieser Schrift gleichen biblischen Passagen, auch im Stil, im Wortschatz und in der Grammatik. Wie Baal dargestellt wird als Herr über Sturm, Regen, Schnee und Blitz und den alten Meeresdrachen bändigt, das ist unverkennbar verwandt mit Darstellungen Jahwes in den Psalmen.

Die Eroberung von Jericho

"Als das Volk den Hörnerschall hörte, brach es in lautes Kriegsgeschrei aus. Die Stadtmauer stürzte in sich zusammen, und das Volk stieg in die Stadt hinein, jeder an der nächstbesten Stelle. So eroberten sie Stadt. Mit scharfem Schwert weihten sie alles, was in der Stadt war, dem Untergang, Männer und Frauen, Kinder und Greise, Rinder, Schafe und Esel" (Jos 6, 20 f).

Josua hatte die Israeliten gegen Jericho geführt und es dem Erdboden gleichmachen lassen.

Die Einnahme Jerichos gilt als erster großer Sieg Israels bei der Landnahme im eigentlichen Kanaan, dem Gebiet westlich des Jordans.

Die „Palmenstadt" Jericho liegt in einer üppig fruchtbaren Oase im untersten Jordantal. Wichtige Handelsrouten kreuzen sich hier und brachten der Stadt beachtlichen Reichtum. Das Buch Josua berichtet von erbeutetem Silber, Gold, Bronze und Eisen und kostbaren Gewändern aus Babylon; alles kam in den Schatz Jahwes.

Der Angriff war sorgfältig vorbereitet worden. Josua hatte zwei Spione über den Jordan geschickt, um das Land auszukundschaften. Die beiden hatten bei der Dirne Rahab Unterschlupf gefunden, die sie versteckte und dann heimlich entkommen ließ. Ihre Botschaft für Josua war: Jericho ist wie gelähmt durch den militärischen Ruf, der Israel vorauseilt, und befürchtet einen baldigen Angriff. Als nun die Truppen Israels über den Jordan setzten, stoppte der Fluß auf wunderbare Weise sein Wasser. Am anderen Ufer, bei Gilgal, wurde der Marsch unterbrochen, um alle Männer zu beschneiden. Nach einer Erholungspause zogen sie gegen Jericho. Josuas Anweisungen lauteten: Im Schutz von Soldaten sollten sieben Priester mit Widderhörnern die Bundeslade um die Stadt herumtragen. Auch wenn die Hörner bliesen, sollte das Kriegsgeschrei zurückgehalten werden, bis Josua es befahl.

Sechs Tage lang umkreisten die Truppen zum Klang der Hörner die Stadt. Am siebten Tag ertönten die Hörner, das Kriegsgeschrei erhob sich, und die Mauern fielen zusammen. Nach Josuas Befehl wurde die Stadt bis auf den Grund abgebrannt, die Bürger dem Schwert ausgeliefert. Nur die Dirne Rahab und ihre Familie wurden verschont.

Einige wunderhafte Züge dieser Erzählung kann man geologisch erklären. Das plötzliche Versiegen der Jordanfluten beim Übergang der Israeliten war auch in moderner Zeit zu beobachten. Das Jordantal liegt in einem erdgeschichtlichen Einbruchsgraben, der öfter von Erdbeben erschüttert wird. Erschütterungsbedingte Erdrutsche haben beispielsweise auch 1927 den Fluß gestaut.

Einem ähnlichen Beben kann man die Austrocknung des Flusses zu Josuas Zeiten wie auch den plötzlichen Zusammenbruch der Stadtmauern Jerichos zuschreiben.

Archäologen rätseln, wie es kommt, daß Jericho um 1200 v. Chr. – zur Zeit der Landnahme – gar keine ummauerte Stadt war. Vielleicht muß man deshalb die Zeit der Landnahme vorverlegen, da um 1400 Jericho eine gewaltige Mauer besaß, deren Zerstörungsspuren auf ein Erdbeben deuten und unter einer Ascheschicht liegen.

Die archäologischen Akten über den Fall sind also noch nicht geschlossen. So oder so bleibt aber die biblische Erzählung eine Wundergeschichte, ist sie Ausdruck des Staunens darüber, daß Jahwe seinem schwachen Volk den Sieg und das Land gegeben hat.

Diese **Kopfplastik** aus Ton aus Jericho (Ende 4. Jt. v. Chr.) ist ca. 23 cm hoch. Orangefarbene Muschelschalen wurden als Augen in den feuchten Lehm gedrückt. Aus der Zeit um 7000 v. Chr. fand man in Jericho menschliche Schädel, deren Weichteile mit Gips nachgeformt und fleischfarben bemalt worden waren, ebenfalls mit Muscheleinlagen in den Augenhöhlen. Eine Reihe von Grabstätten wurde unter dem Fußboden jungsteinzeitlicher Häuser gefunden, oft mit Skeletten ohne Köpfe, die offenbar zur genannten Vergipsung gebraucht worden waren. Ob die Bewohner von Jericho sich auf diese Weise die Weisheit ihrer Vorfahren erhalten wollten?

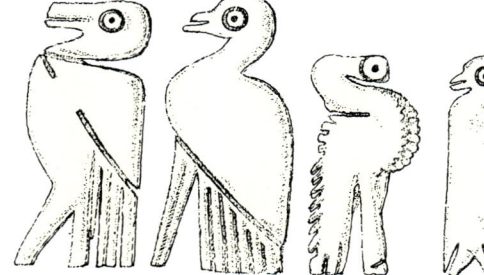

Die aus Knochen geschnitzten Vögel – Einlegearbeiten auf Holzkästchen – stammen aus Gräbern der Mittleren Bronzezeit (ca. 1850–1550 v. Chr.), der letzten Blüte Jerichos. Massengräber sind vielleicht Zeugnisse einer Seuche, welche die Stadt kurz vor ihrer Zerstörung heimgesucht hat. Als Grabbeigaben fand man neben den Leichen Waffen, hölzerne Sitzmöbel, Tische mit Opferspeisen sowie Körbe und Töpfe mit persönlichen Effekten: Kämme, Kosmetikdöschen und Schmuckstücke. Es zeigt sich hier nicht nur beachtlicher Wohlstand, sondern auch starker Glaube an ein Leben nach dem Tode.

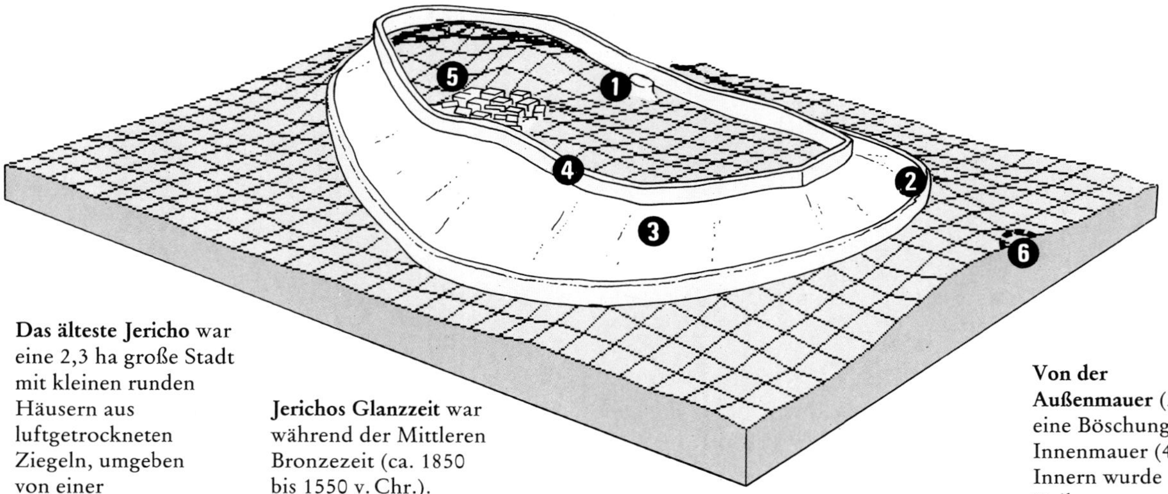

Das älteste Jericho war eine 2,3 ha große Stadt mit kleinen runden Häusern aus luftgetrockneten Ziegeln, umgeben von einer Verteidigungsmauer aus Stein mit einem eindrucksvollen Turm (1). In der späteren Jungsteinzeit zerfiel die Stadt, erholte sich aber in der Frühbronzezeit (ca. 3000 v. Chr.), als man riesige Ziegelmauern zum Schutz der Stadt baute.

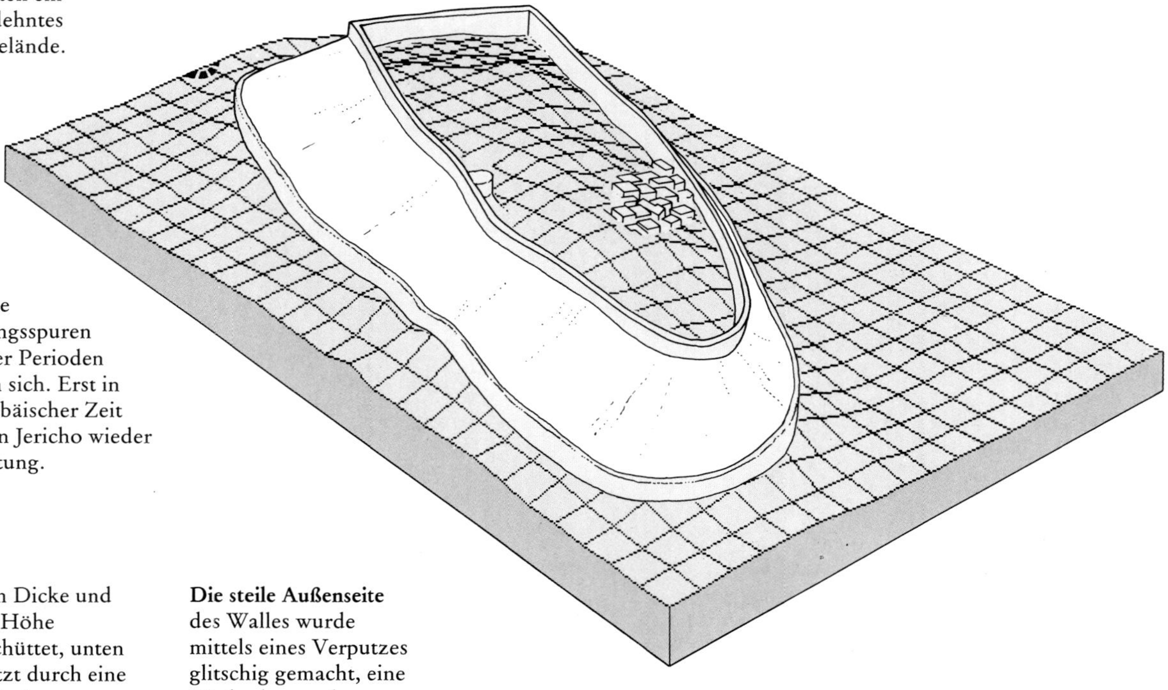

Ein Erdbeben oder eine kriegerische Eroberung muß die vollständige Zerstörung einer blühenden mittelbronzezeitlichen Stadt durch Feuer verursacht haben.

Jerichos Glanzzeit war während der Mittleren Bronzezeit (ca. 1850 bis 1550 v. Chr.). Eindrucksvolle Doppelmauern (vgl. Schnitt unten links) umfaßten ein ausgedehntes Stadtgelände.

Wenige Siedlungsspuren späterer Perioden fanden sich. Erst in makkabäischer Zeit gewann Jericho wieder Bedeutung.

Von der Außenmauer (2) führte eine Böschung (3) zur Innenmauer (4). Im Innern wurde eine Reihe eng zusammengebauter Häuser ausgegraben (5).

Außerhalb der Mauern fand sich eine sehr ergiebige Gruppe von mittelbronzezeitlichen Gräbern (6). Sie enthielten organisches Material (Körbe und hölzerne Möbel) in erstaunlich gut erhaltenem Zustand nach 3500 Jahren! Wissenschaftliche Analyse ergab, daß vermutlich Erdgase in die eben verschlossenen Gräber einströmten, Bakterien vernichteten und den Zerfall verhinderten – ein weiterer Hinweis auf Erdbeben zur Zeit des Untergangs der Stadt.

Der Schnitt durch eine Rekonstruktion (unten) zeigt Jerichos mittelbronzezeitliche Mauer, die letzte bekannte vor der Ankunft der Israeliten. Über einem Kern aus alten Trümmern wurde ein Erdwall von bis zu

20,75 m Dicke und 14,5 m Höhe aufgeschüttet, unten geschützt durch eine starke Steinmauer, oben bekränzt mit einer Ziegelmauer.

Die steile Außenseite des Walles wurde mittels eines Verputzes glitschig gemacht, eine Methode, um den Einsatz von Rammböcken unmöglich zu machen.

Jericho ist vielleicht die älteste Stadt der Welt. Die Karbon-Datierung führt in eine Entstehungszeit um 8000 v. Chr.

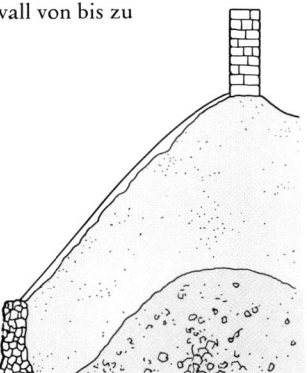

Der Fluch über Jericho

Nachdem die Stadt verbrannt worden war, ließ Josua die Israeliten schwören: „Verflucht der Mann, der es unternimmt, diese Stadt Jericho wieder aufzubauen. Seinen Erstgeborenen soll es ihn kosten, wenn er sie neu gründet, und seinen Jüngsten, wenn er ihre Tore wieder aufrichtet" (Jos 6, 26).

Jericho blieb für Jahrhunderte verlassen. Erst unter König Ahab hob Hiel aus Bet-El den Fluch auf; „um den Preis seines Erstgeborenen Abiram legte er die Fundamente, und um den Preis seines jüngsten Sohnes Segub setzte er die Tore ein, wie es Jahwe durch Josua, den Sohn Nuns, vorausgesagt hatte" (1 Kön 16, 34).

Die Schlacht um Ai

Nach Jerichos Eroberung sandte Josua Kundschafter ins judäische Hügelland im Westen, um die Gegend rund um die Stadt Ai auszuspionieren. Sie kamen mit zuversichtlich stimmenden Nachrichten zurück und erzählten Josua, ihrer Ansicht nach sollten 2000–3000 Mann zur Eroberung genügen.

Der Optimismus war schlecht begründet. „So stiegen vom Volk etwa 3000 Mann nach Ai hinauf; aber sie mußten vor den Männern von Ai die Flucht ergreifen. Die Männer von Ai erschlugen 36 von ihnen; die andern verfolgten sie vom Stadttor bis zu den Steinbrüchen und schlugen sie an der Steige" (Jos 7, 4 f).

Israel verlor den Mut. Verzweifelt wandten sich Josua und die Ältesten an die Bundeslade, um ein Orakel einzuholen. Sie erfuhren, daß einer von ihnen Unglück über sie gebracht hatte, weil er einen Teil der Beute der verfluchten Stadt Jericho gestohlen und so die Regeln der „Vernichtungsweihe" verletzt hatte, wonach alle Beute Jahwe gehört.

Durch schrittweise Aussonderung wurde der Schuldige ermittelt: ein gewisser Achan aus Juda. Er hatte ein Prunkgewand, 200 Schekel Silber und einen Goldbarren von 50 Schekel Gewicht beiseite geschafft. Der unglückselige Mann wurde aus dem Lager geführt und gesteinigt.

Das Vertrauen war damit wiederhergestellt. Israel beschloß daher einen neuen Angriff auf Ai. Josua hatte sich diesmal eine Kriegslist ausgedacht, um die Verteidiger aus der Stadt zu locken. 30 000 seiner besten Krieger gab er den Befehl: „Seht zu, daß ihr im Rücken der Stadt einen Hinterhalt legt, aber nicht zu weit entfernt von der Stadt. Dort haltet euch alle bereit! Ich werde mit allen Leuten, die bei mir sind, gegen die Stadt vorrücken, und wenn man dann wie beim erstenmal einen Ausfall macht, werden wir vor ihnen fliehen. Sie werden uns verfolgen, bis wir sie von der Stadt weggelockt haben ..., dann könnt ihr aus dem Hinterhalt hervorbrechen und die Stadt besetzen ... Wenn ihr dann die Stadt eingenommen habt, sollt ihr sie in Brand stecken" (Jos 8, 4–8).

Die Sondertruppe legte im Schutz der Nacht einen Hinterhalt westlich von Ai auf dem Weg nach Bet-El. Anderntags stellte Josua seine Hauptstreitmacht auf und zog vor ihr her nach Ai. „Im Norden von Ai schlugen sie ihr Lager auf. Zwischen ihnen und Ai lag ein Tal" (Jos 8, 11).

In der folgenden Nacht machte er einen Ausfall in die Ebene, damit die Leute von Ai die Anwesenheit der Israeliten registrierten. Bei Tagesanbruch kamen sie ihnen prompt entgegen, und alles verlief nach Plan: Die Israeliten flohen ostwärts Richtung Jericho, verfolgt von den Feinden, die ihre Stadt schutzlos zurückließen.

Das war der Moment für Josuas vereinbartes Signal. Er erhob sein Schwert in Richtung Ai, und „als er seine Hand ausstreckte, brachen die Männer im Hinterhalt eiligst aus ihrer Stellung hervor, stürmten in die Stadt, nahmen sie ein und steckten sie sogleich in Brand" (Jos 8, 19). Als die Männer von Ai entdeckten, daß ihre Stadt in Flammen aufging, erschraken sie. Dies nutzten die Israeliten und griffen ihre Verfolger an. Gleichzeitig kamen die Truppen aus der eroberten Stadt und fielen den Männern von Ai in den Rücken. Diese saßen in der Falle und wurden vernichtend geschlagen.

Daraufhin kehrten die Israeliten in die Stadt zurück und töteten gnadenlos den Rest der Bevölkerung. „Es gab an jenem Tag insgesamt 12 000 Gefallene, Männer und Frauen, alle Einwohner von Ai" (Jos 8, 25).

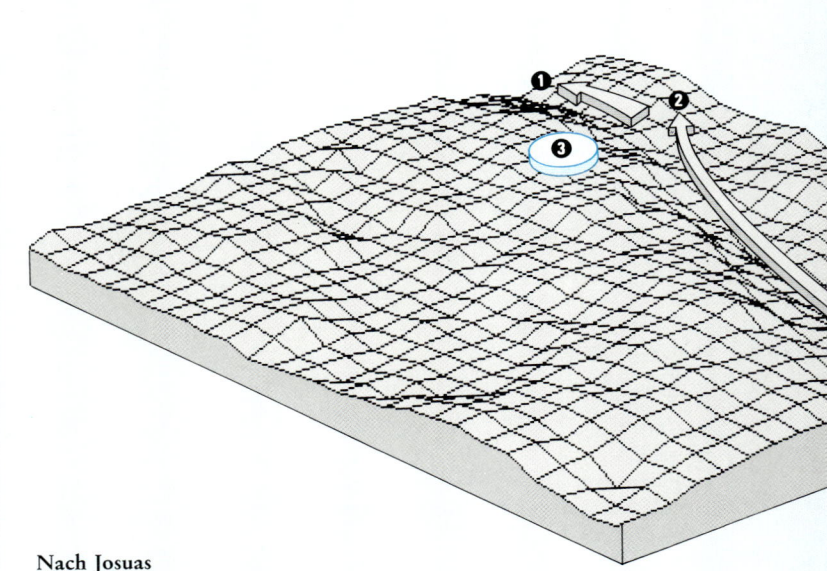

Nach Josuas Anordnung rückte eine Vorhut von 30 000 Mann unter dem Schutz der Nacht vor und versteckte sich westlich von Ai in einem Hinterhalt (1) an der Straße nach Bet-El. Hier warteten sie auf das Angriffssignal. Anderntags marschierte Josuas Heer auf Ai zu (3). Sie errichteten ihr Lager im Norden, auf der anderen Talseite (2).

Bei Tagesanbruch verließen die Männer von Ai (4) die Stadt zum Angriff auf die Israeliten (5). Diese täuschten einen Rückzug in Richtung Jericho vor und lockten so die Kanaaniter weg. Josua erhob sein Schwert zum Zeichen für die Leute im Hinterhalt (6), die ihr Versteck verließen und die Stadt einnahmen.

Die zurückweichenden Israeliten (7) drehten sich um und stellten sich den Verfolgern (8), die gleichzeitig erschreckt den Rauch über ihrer Stadt aufsteigen sahen. Die Eroberer von Ai fielen ihnen nun in den Rücken (9), und die Kanaaniter wurden aufgerieben. Die Israeliten kehrten nach Ai zurück und töteten

Aufgrund einer Elfenbeinschnitzerei aus dem 13. Jh. v. Chr. zeigt diese Rekonstruktion Infanteristen mit Schild und Sichelschwert. An kanaanitischen Streitwagen waren seitwärts Köcher und Bogenhalter angebracht. Sie waren schwerfällig und wegen ihrer Mittelachse schwierig zu manövrieren.

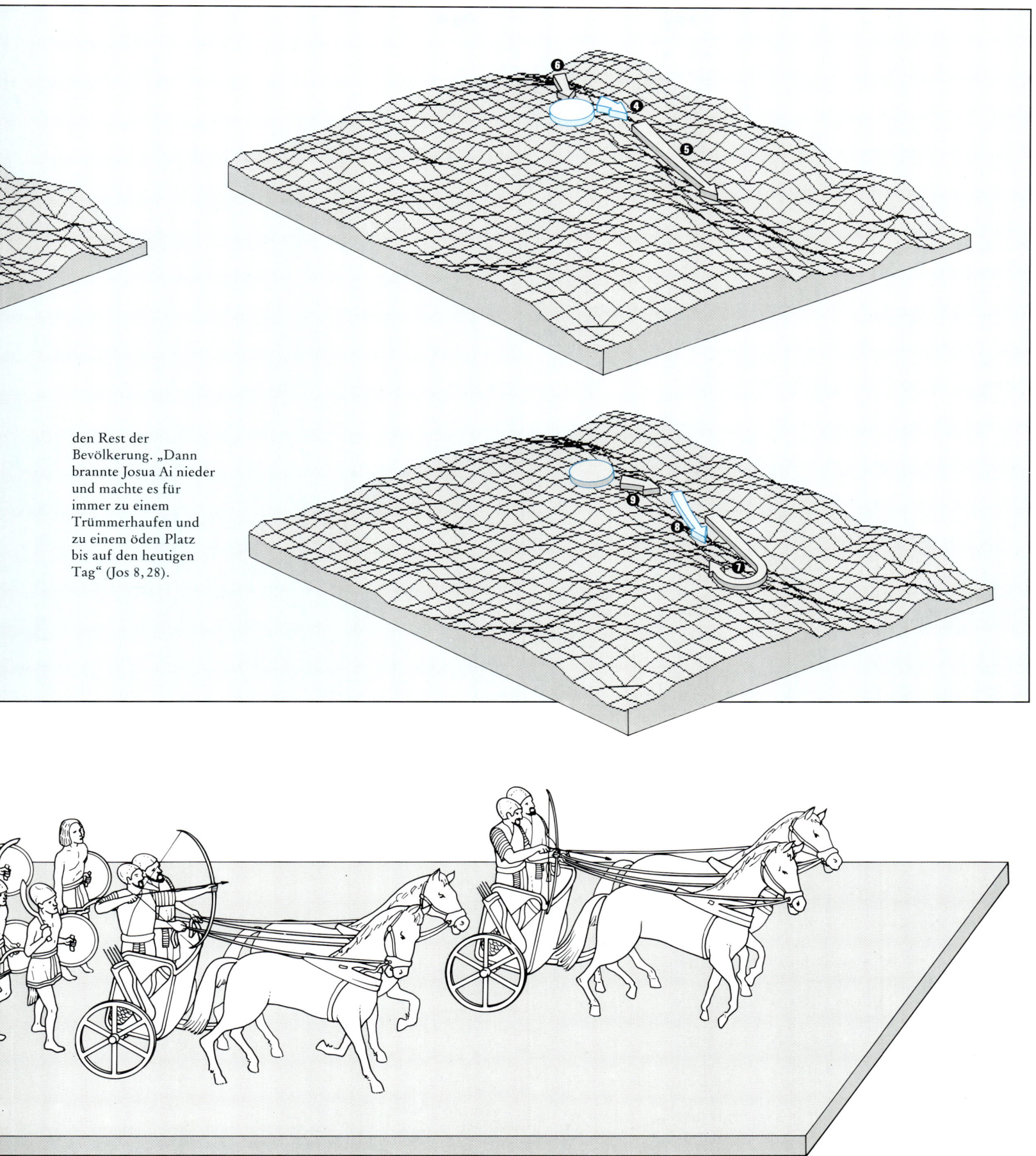

den Rest der
Bevölkerung. „Dann
brannte Josua Ai nieder
und machte es für
immer zu einem
Trümmerhaufen und
zu einem öden Platz
bis auf den heutigen
Tag" (Jos 8, 28).

Die Schlacht um Ai / 2

Die Stadt wurde geplündert und zerstört, der König lebendig gefangengenommen und an einem Baum aufgehängt. „Als die Sonne unterging, nahm man die Leiche auf Befehl Josuas von dem Baum ab und warf sie vor das Tor der Stadt. Man errichtete über ihr einen großen Steinhaufen, der heute noch da ist" (Jos 8, 29).

Die Geschichte von der Eroberung von Ai wird zwar in der Bibel sehr dramatisch erzählt, scheint aber kein historisches Fundament zu haben. Die gewaltigen Ruinen von Ai (das heutige Et Tell) liegen auf einem Hügel, gut 16 km nördlich von Jerusalem. Die große frühbronzezeitliche Siedlung wurde Ende des 3. Jt. v. Chr. zerstört, gut 1000 Jahre vor Josua, und war zur Zeit der Eroberung überhaupt nicht besiedelt.

Die Erzählung des Josuabuches enthält zahlreiche sagenhafte Züge und stellt die Eroberung als gesamtisraelitisches Unternehmen dar, was der Sicht und Absicht späterer Autoren entspricht. Für manche Forscher ist die Ai-Erzählung eine volkstümliche Sage, entstanden zur Erklärung der eindrucksvollen, alten Ruinen. Sie mag in der Richterzeit entstanden sein, als israelitische Siedler ihre Dörfer auf den Ruinenhügeln ehemaliger Städte erbauten.

Wenn auch für die Ereignisse selbst kein historischer Kern auszumachen ist, so ist die Geschichte doch aufschlußreich: Den wenig kriegsgeübten und schlecht bewaffneten Israeliten traut man offenbar keine direkte Auseinandersetzung mit kanaanitischen Streitkräften zu. Wo ihnen eine Eroberung gelingt, ist immer Verrat, Spionage, Hinterlist entscheidend mit im Spiel.

In Jericho half die Dirne Rahab den Spionen; in Bet-El zeigte ein Verräter den Kundschaftern, wie sie in die Stadt eindringen konnten. Der klassische Trick Josuas vor Ai wird bei anderer Gelegenheit den Benjaminiten gegenüber praktiziert: „Die Israeliten aber sagten: Wir wollen fliehen und sie von der Stadt weg zu den Straßen hinlocken" (Ri 20, 32). Joram, König von Israel, befürchtet später dieselbe List bei den Aramäern, als diese die Belagerung Samarias aufheben: „Ich will euch erklären, was die Aramäer gegen uns planen. Sie wissen, daß wir Hunger leiden, und haben das Lager nur verlassen, um sich auf dem freien Feld zu verstecken mit dem Hintergedanken: Wenn sie die Stadt verlassen, nehmen wir sie lebendig gefangen und dringen in die Stadt ein" (2 Kön 7, 12).

Für das Josuabuch ist die Eroberung Kanaans ein heiliger Krieg: Jahwe selbst kämpft für das Leben seines Volkes; das Volk seinerseits wird zum Glauben und zur Befolgung ganz bestimmter Regeln aufgefordert. Wer diese Regeln brach, wie beispielsweise Achan, brachte Fluch über das ganze Volk. Er mußte ausgerottet werden, um das Böse zu beseitigen.

Der Steinhaufen über dem Grab des Königs von Ai entspricht lokalem Brauchtum. Ein ähnlicher Grabhügel wurde über den Gräbern Abschaloms (2 Sam 18, 17) und Achans errichtet. Interessant ist auch die Waffe, die Josua als Zeichen des Angriffs für den Hinterhalt bei Ai erhebt: Sie heißt hebräisch „kidon". Auch der Philister Goliat trug ein „kidon" aus Bronze; es war an seinen Schultern festgemacht. Die früher übliche Übersetzung „Wurfspeer" muß wohl aufgegeben werden. Denn ein Zeugnis aus Qumran (vgl. S. 186 f) aus dem 1. Jh. v. Chr. beschreibt „kidon" als ein Schwert, etwa 68 cm lang und 4 Finger breit. Vielleicht war „kidon" aber eine Art Sichelschwert, wie der Pharao es in magischem Gestus schwingt. Das Wort ist sehr selten in der Bibel, und Josua vor Ai ist der einzige Israelit, in dessen Hand es erwähnt wird.

Die Männer von Ai (3) waren hereingefallen auf Josuas Taktik und hatten die sich zurückziehenden Israeliten auf dem Weg Richtung Wüste verfolgt. Da gab Josua das Zeichen für den Hinterhalt zum Angriff auf die Stadt. „Als die Männer von Ai sich umwandten, sahen sie plötzlich aus der Stadt Rauch zum Himmel steigen" (Jos 8, 20).

Josua griff mit seinen Truppen (4) die Kanaaniter an. Bevor sie sich vom Überraschungsangriff erholten, kamen die anderen Israeliten (2) aus der Stadt (1), so daß die Männer von Ai (3) zwischen die israelitischen Fronten gerieten.

Das Ergebnis war ein glanzvoller Sieg der Israeliten. Der Feind war vernichtet, kein einziger überlebte das grauenhafte Massaker, außer dem König von Ai. Er wurde gefangengenommen und später an einem Baum aufgehängt.

Der Sieg an den Wassern von Merom

Nach den Eroberungen von Jericho und Ai und der Unterwerfung des übrigen judäischen Hügellandes berichtet die Bibel von Josuas Kriegszug ins nördliche Kanaan. Ausgehend vom Lager in Gilgal führte der Zug nach Galiläa entweder durchs zentrale Hügelland oder dem westlichen Jordanufer entlang.

Die Könige des Nordens mit Jabin, dem König der wichtigen Kanaaniterstadt Hazor, an der Spitze sowie den Herrschern von Merom, Achschaf und Schimron hatten sich verbündet. Sie zogen Josua entgegen „mit all ihren Truppen, einem Heer so groß und zahlreich wie der Sand am Ufer des Meeres, dazu mit einer großen Menge von Pferden und Wagen. Alle diese Könige taten sich zusammen, rückten heran und bezogen gemeinsam ihr Lager bei den Wassern von Merom, um den Kampf mit Israel aufzunehmen" (Jos 11, 4f).

„Bei den Wassern von Merom" – vermutlich Quellen in der Nähe der Stadt – versammelten sich also die Kanaanitertruppen. Die Israeliten hatten offensichtlich keine Chance in einer offenen Feldschlacht gegen die kriegserprobten, gut bewaffneten Truppen samt ihren Streitwagen, mit denen man verheerende Überraschungsangriffe machen konnte. Josua mußte daher selbst zur Überraschungstaktik greifen.

Während die Kanaaniter noch ihre Vorbereitungen trafen, schlichen sich die Israeliten heimlich an und überfielen das Lager. Die Kanaaniter ließen sich völlig verwirren. „Josuas Leute schnitten ihren Pferden die Sehnen durch und steckten ihre Wagen in Brand" (Jos 11, 9); damit schalteten sie die gefährlichste Truppe, die Streitwagen, aus; der Rest des Heeres wurde zersprengt und aufgerieben, „daß keiner von ihnen übrigblieb, der hätte entkommen können" (Jos 11, 8).

Josua wandte sich daraufhin gegen Hazor. Die Israeliten nahmen die Stadt ein, töteten die ganze Bevölkerung, und „die Stadt selbst steckte man in Brand" (Jos 11, 11). Mit den restlichen Städten jener Gegend räumte Josua schnell auf, plünderte sie und ließ die Bewohner umbringen. Doch mit Ausnahme von Hazor wurde keine der „Städte, die (heute noch) auf ihren Trümmerhaufen stehen", verbrannt (Jos 11, 13).

Ob es den Nordfeldzug Josuas wirklich gab, ist ungewiß. Jabin, der König von Hazor, den Josua angeblich getötet hat, erscheint später noch einmal zur Zeit Deboras (vgl. S. 62f). Da zwei königliche Träger desselben Namens wenig wahrscheinlich sind, nehmen manche Forscher an, Jabin spiele in der Debora-Erzählung keine besondere Rolle und gehöre daher ursprünglich in die Josuazeit.

Andere verlegen die Schlacht an den Wassern von Merom samt der Zerstörung Hazors in spätere Zeit, als die Nordstämme ihre Macht in Galiläa ausbauten, vielleicht sogar im Gefolge des Krieges Deboras.

Der Ort der Stadt Merom, bei welcher Israels Sieg stattfand, wurde noch nicht eindeutig festgestellt, entspricht aber wohl dem heutigen Tell el-chirbe, 13 km von Hazor entfernt. Die Ausgrabungen der Stadt Hazor selbst haben ergeben, daß die Stadt im späten 13. Jh. v. Chr., also gegen Ende der Bronzezeit, zerstört wurde.

Auch ein genaues Datum und die Namen der Zerstörer lassen sich nicht feststellen. Der biblische Bericht paßt aber gut zu den archäologischen Funden. Ob tatsächlich Josua die angreifenden Israeliten angeführt hat oder ein späterer Schlachtenbericht diese berühmte Anführergestalt nachträglich eingefügt hat, bleibt eine offene Frage.

Hazor (heute Tell el-Kede), in dessen Nähe die Schlacht an den Wassern von Merom geschlagen wurde, ist eine der eindrucksvollsten Grabungsstätten Syro-Palästinas. Besiedelt seit dem 3. Jt. v. Chr., fällt seine Blütezeit ins 2. Jt., da die riesige Stadtanlage mit Zitadelle und Unterstadt als Handelszentrum in ägyptischen Quellen und Briefen aus Mari (aus dem 18. Jh.) erwähnt wird.

Im 14. Jh. v. Chr. trägt sein Herrscher – obwohl ägyptischer Vasall – den Königstitel. Hazor war damals besonders wohlhabend, besaß mehrere Tempel und typische kanaanitische Verteidigungsanlagen. Interessant war die Entdeckung eines kleinen Heiligtums im Festungswall der Unterstadt. Es enthielt eine sitzende Männerfigur und zehn Stelen; auf einer waren zwei Hände eingemeißelt, welche

sich zu einer Scheibe und einem Halbmond erheben, was die Verehrung des Mondgottes nahelegt. In einem anschließenden Raum fand man eine Töpferwerkstatt samt Drehscheibe.

Diese kleine Tonmaske aus der Töpferwerkstatt von Hazor war wohl ursprünglich als Gesicht an einer Statue oder einer Tempelwand angebracht.

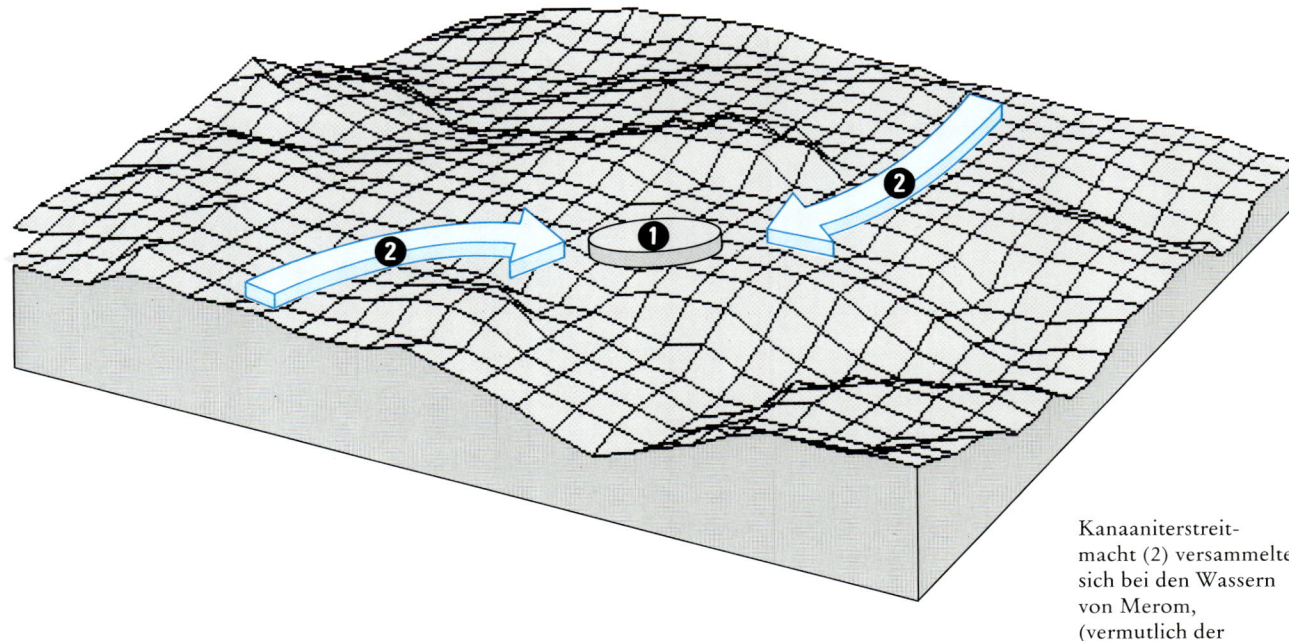

Dank einem Überraschungsangriff auf die ahnungslosen Kanaaniter konnte Josua sie vernichten. Die Streitwagentruppen schaltete er aus, indem er den Pferden die Sehnen durchschnitt und die Wagen anzündete. Israel verfolgte die geschlagenen Kanaaniter Richtung Küste im Nordwesten und Richtung Mizpe-Tal im Nordosten.

Kanaaniterstreit- macht (2) versammelte sich bei den Wassern von Merom, (vermutlich der Wasserversorgung der Stadt). Der König von Hazor befehligte die Truppen der Verbündeten mit Einheiten aus Merom, aus Schimron, in der Jesreel-Ebene und aus Achschaf an der Küste.

Die entscheidende Schlacht auf Josuas Feldzug nach Norden fand in der Nähe von Merom statt (1), vermutlich das heutige Tell el-chirbe, ca. 13 km von Hazor entfernt. Die

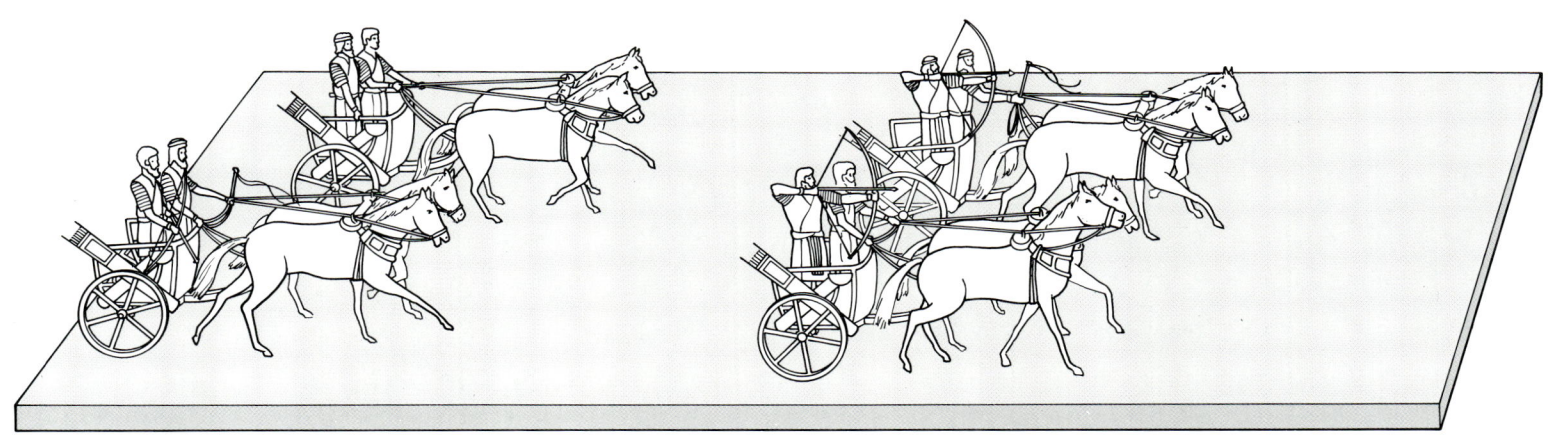

Bei der Schlacht an den Wassern von Merom bekam es Israel erstmals mit Streitwagen der Kanaaniter zu tun. Seit dem 16. Jh. besitzen diese solche Wagen, vermutlich aus Ägypten eingeführt. Seit etwa 1500 v. Chr. wurde die Wagentruppe die

wichtigste Truppengattung des Nahen Ostens. Israel baute erst zu Salomos Zeiten eine entsprechende Streitmacht auf. Noch David hat wohl eroberte feindliche Kriegswagen vernichtet – wie ehedem Josua. Der kanaanitische

Wagen zur Zeit der Landnahme war schwerer als früher und hatte Räder mit sechs Speichen. Die Wagen aus Holz waren mit Leder oder einem anderen leichten Material überzogen und wurden von zwei Pferden gezogen. Sie waren mit einem

Lenker und einem Bogenschützen bemannt, dessen Bogenhalter und Köcher seitlich am Wagen befestigt waren.

Die zwölf Stämme Israels

Nach biblischer Überlieferung gehen die zwölf Stämme Israels auf die zwölf Söhne Jakobs (der auch „Israel" hieß) zurück. Auf seinem Sterbebett soll Jakob seine Söhne reihum gesegnet und das Schicksal ihrer Nachkommen vorhergesagt haben (Gen 49). Nach dem Buch Josua haben die zwölf Stämme gemeinsam unter Josuas Anführung das verheißene Land erobert (siehe S. 48 f).

Danach sollen Ruben, Gad und Halb-Manasse nach Transjordanien zurückgekehrt sein zu ihren Wohnsitzen, die ihnen Mose früher zugelost hatte. Das Land westlich des Jordans wurde von Josua den restlichen 9½ Stämmen zugeteilt, die dann gruppenweise ihres Weges ziehen. Die Söhne Josefs hatten sich zu dieser Zeit in zwei Stämme, Efraim und Manasse, aufgeteilt. Das Land Galiläa besiedelten Ascher, Sebulon, Issachar und Naftali. Dan versuchte erst vergeblich, die ihm zugedachten Gebiete in der Küstenebene zu besetzen, und wanderte daraufhin ins oberste Jordantal ab. Efraim und Halb-Manasse siedelten sich im zentralen Hügelland an, Benjamin erhielt einen schmalen Streifen zwischen Bet-El und Jerusalem. Juda und Simeon zogen ins südliche Hügelland. Levi erhielt keinen Landbesitz, dafür 48 Städte über das ganze Land verstreut.

Die Vorstellung von zwölf Stämmen ist für diese Frühzeit gewiß eine vereinfachte Beschreibung späterer Schriftsteller. Denn der Besiedlungsvorgang war komplizierter, die Verbände, die sich später als „Stämme Israels" verstanden, hatten unterschiedliche Ursprünge und kamen unter verschiedenartigen Bedingungen zu ihren Gebieten. Die meisten Forscher halten das Stämmesystem für eine Organisationsform, die erst zwischen Landnahme und Königszeit entstand. Die Grundeinheit eines Stammes war die Familie, mehrere Familien bildeten einen Clan und eine Gruppe von Clans einen Stamm. Die Autorität lag bei den Ältesten, den Familienoberhäuptern eines Clans.

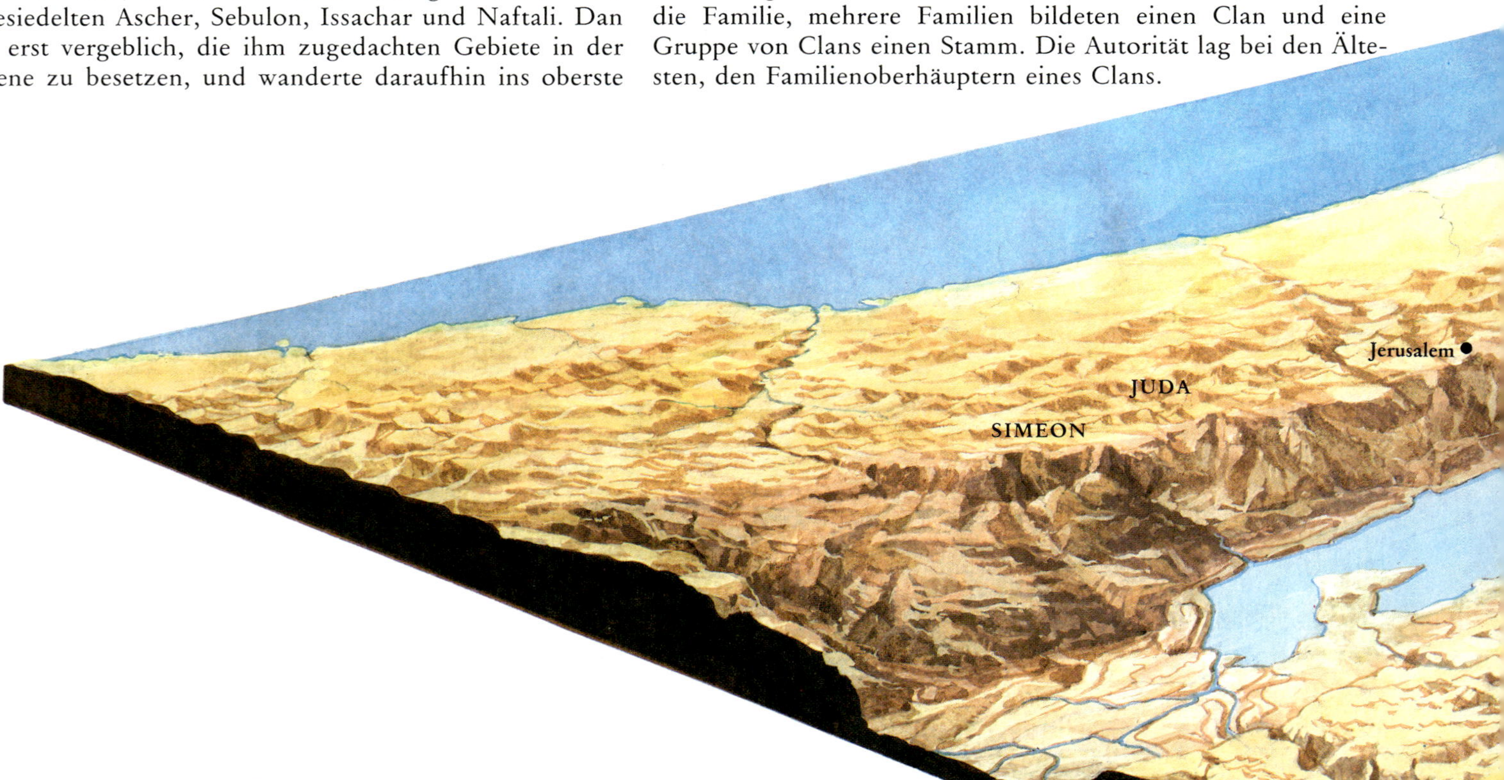

Jerusalem ●

JUDA

SIMEON

Simeon war Jakobs zweiter Sohn. Vor seinem Tod schalt Jakob ihn und Levi wegen ihres gewalttätigen Charakters und kündigte ihnen an, sie würden über Israel versprengt. Nach der Eroberung Kanaans erhielt Simeon zahlreiche Städte „im Erbbesitz der Söhne Judas".

Juda wurde Gründer eines der wichtigsten Stämme. Sein Siedlungsgebiet lag im südlichen Hügelland. Er verschmolz mit dem Stamm Simeon. Auch andere wichtige Verbände jener Gegend aus der Eroberungszeit – Kaleb, Kenas, Jerachmeel und die Keniter – gingen in Juda auf.

Benjamin, beschrieben als „reißender Wolf", konnte sich erst nach schweren Kämpfen nördlich von Jerusalem festsetzen. Der Name Benjamin (= Sohn des Südens) entstand vermutlich erst, nachdem der Verband seßhaft geworden war.

Efraim nahm das spärlich besiedelte zentrale Hügelland in Besitz. Efraim ist ein typischer geographischer Name, der erst nachträglich auf die Siedlergruppe übertragen wurde.

Rubens Gebiet lag in Transjordanien. Seine Lebensform blieb zum Teil nomadisch. Der Stamm verlor später seine Bedeutung.

Gad bewohnte die Waldregion Gileads, so daß Gad und Gilead beinahe austauschbare Namen wurden.

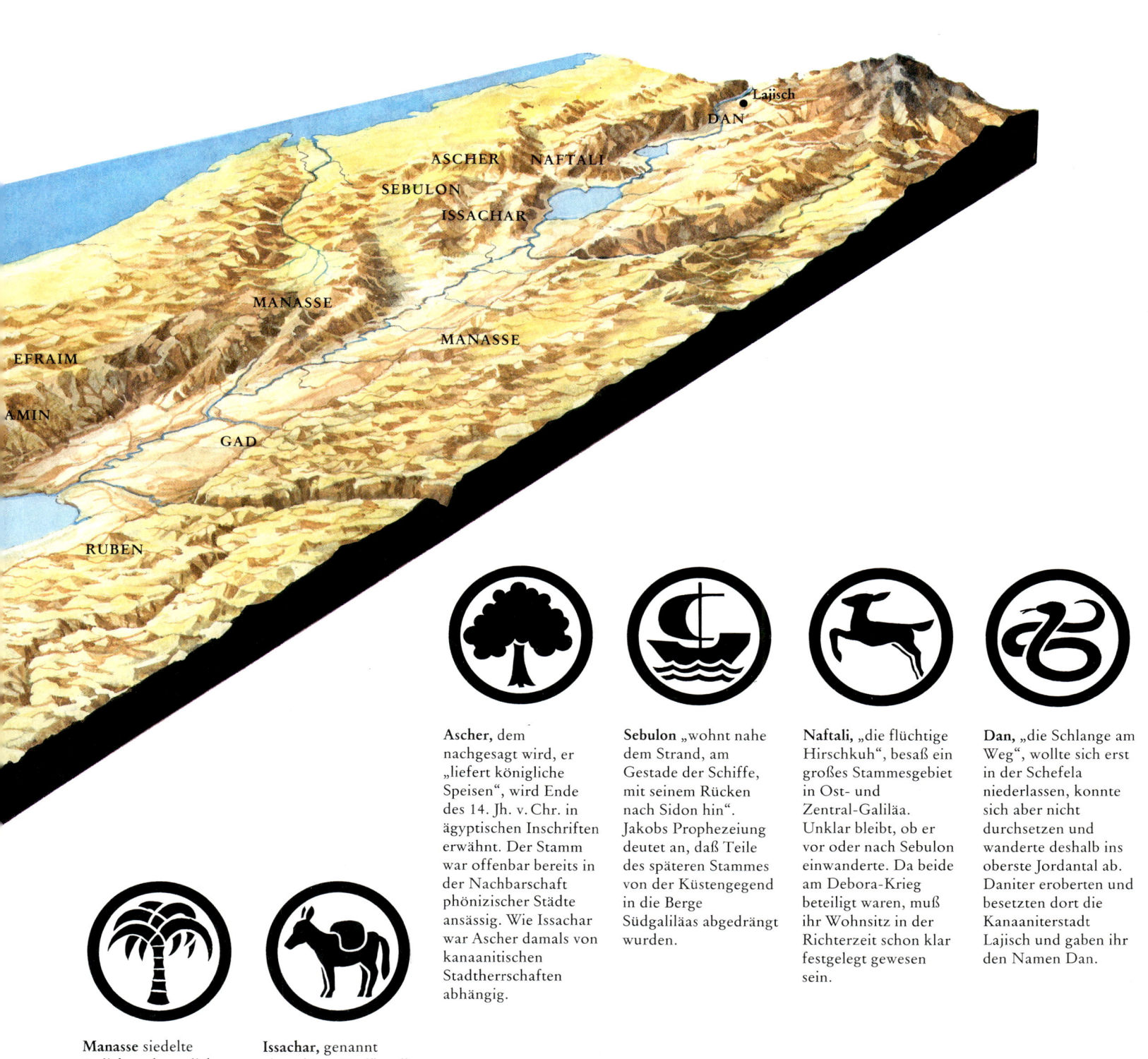

Manasse siedelte östlich und westlich des Jordans. Verschiedene Kanaaniterstädte heißen biblisch „Söhne" und „Töchter Manasses".

Issachar, genannt „knochiger Esel", soll sich zur Zwangsarbeit in die Sklaverei verkauft haben. Wahrscheinlich wurde der Stamm im 14. Jh. v. Chr. in Galiläa ansässig.

Ascher, dem nachgesagt wird, er „liefert königliche Speisen", wird Ende des 14. Jh. v. Chr. in ägyptischen Inschriften erwähnt. Der Stamm war offenbar bereits in der Nachbarschaft phönizischer Städte ansässig. Wie Issachar war Ascher damals von kanaanitischen Stadtherrschaften abhängig.

Sebulon „wohnt nahe dem Strand, am Gestade der Schiffe, mit seinem Rücken nach Sidon hin". Jakobs Prophezeiung deutet an, daß Teile des späteren Stammes von der Küstengegend in die Berge Südgaliläas abgedrängt wurden.

Naftali, „die flüchtige Hirschkuh", besaß ein großes Stammesgebiet in Ost- und Zentral-Galiläa. Unklar bleibt, ob er vor oder nach Sebulon einwanderte. Da beide am Debora-Krieg beteiligt waren, muß ihr Wohnsitz in der Richterzeit schon klar festgelegt gewesen sein.

Dan, „die Schlange am Weg", wollte sich erst in der Schefela niederlassen, konnte sich aber nicht durchsetzen und wanderte deshalb ins oberste Jordantal ab. Daniter eroberten und besetzten dort die Kanaaniterstadt Lajisch und gaben ihr den Namen Dan.

61

Debora besiegt Sisera

Die Prophetin Debora lebte in der sogenannten Richterzeit, das ist die Zeit zwischen der Eroberung Kanaans und der Königszeit. Israel war noch in Stämmen organisiert, ohne Hauptstadt und zentrale Verwaltung. Nach dem Richterbuch gab es in dieser Zeit kleinere kriegerische Auseinandersetzungen zwischen einzelnen israelitischen Verbänden und Kanaaniterstädten oder Nachbarvölkern.

In besonderen Krisen, wenn das Leben der Stämme in Gefahr geriet, wurden Retter berufen, die Israel befreiten. Sie heißen „Richter", obwohl die meisten von ihnen nichts mit Rechtsprechung zu tun hatten. Anders Debora: „Sie hatte ihren Sitz unter der Debora-Palme zwischen Rama und Bet-El im Gebirge Efraim, und die Israeliten kamen zu ihr hinauf, um sich Recht sprechen zu lassen" (Ri 4, 5). Neben den berühmten Helden- und Rettergestalten gab es noch „kleine Richter", über die wenig bekannt ist.

Debora ist die einzige Frau unter den großen Richtern Israels. Ihre Taten werden unter anderem auch im berühmten „Lied der Debora" (Ri 5) erzählt, dessen Hintergrund folgender ist:

„Die Israeliten taten, was Jahwe mißfiel, und dienten den Baalen. Sie verließen Jahwe, den Gott ihrer Väter, der sie aus Ägypten herausgeführt hatte, und liefen anderen Göttern nach, den Göttern der Völker, die rings um sie wohnen. Sie warfen sich vor ihnen nieder und erzürnten dadurch Jahwe ... Er gab sie in die Gewalt von Räubern, die sie ausplünderten, und lieferte sie der Gewalt ihrer Feinde ringsum aus" (Ri 2, 11–14). Einer dieser Feinde war Jabin, der König von Kanaan, der in Hazor herrschte. „Sein Heerführer war Sisera, der in Haroschet-Gojim wohnte. Da schrien die Israeliten zu Jahwe; denn Sisera besaß neunhundert eiserne Kampfwagen und hatte die Israeliten zwanzig Jahre lang grausam unterdrückt" (Ri 4, 2 f). Dabei war offenbar die Verbindung zwischen den galiläischen Stämmen und dem zentralen Hügelland durch die Kanaaniterstädte unterbrochen worden. Die abgeschnittenen Nordstämme fühlten sich angesichts der Kriegsmacht Jabins mit seinen 900 ehernen Kriegswagen äußerst bedrängt.

Da ließ Debora Barak, den Sohn Abinoams, aus Naftali kommen und eröffnete ihm ein Orakel von Jahwe: „Jahwe, der Gott Israels, befiehlt: Geh hin, zieh auf den Berg Tabor, und nimm zehntausend Naftaliter und Sebuloniter mit dir! Ich aber werde Sisera, den Heerführer Jabins, mit seinen Wagen und seiner Streitmacht zu dir an den Bach Kischon lenken und ihn in deine Hand geben" (Ri 4, 7).

Barak traute sich den Feldzug nicht zu und sagte zu Debora: „Wenn du mit mir gehst, werde ich gehen; wenn du aber nicht mit mir gehst, werde ich nicht gehen." Debora antwortete: „Ja, ich gehe mit dir; aber der Ruhm bei dem Unternehmen, zu dem du auszieh st, wird dann nicht dir zuteil; denn Jahwe wird Sisera der Hand einer Frau ausliefern" (Ri 4, 8 f).

Alles verlief nach Plan. „Barak rief Sebulon und Naftali in Kedesch zusammen, und zehntausend Mann folgten ihm" (Ri 4, 9). Dann schlugen er und Debora mit den zehntausend Israeliten das Lager an den Hängen des Berges Tabor auf. Das hügelige Gelände sicherte sie gegen einen Angriff der kanaanitischen Streitwagen ab. Während Ri 4 nur Sebulon und Naftali erwähnt, spricht das Debora-Lied von Efraim, Benjamin, Machir (vielleicht Manasse) und Issachar als Beteiligten. Als Sisera vom Anmarsch der Israeliten hörte, bot er seine gesamte Streitmacht auf – mit ihrer 900 Wagen starken Elitetruppe – und zog Richtung Kischonbach, der die Ebene südlich des Tabor durchfließt.

Das Lied der Debora
„Daß Führer Israel führten
und das Volk sich bereit zeigte,
dafür preist Jahwe" (Ri 5, 2).

„Horch, sie jubeln zwischen den Tränken;
dort besingt man die rettenden Taten Jahwes,
seine hilfreiche Tat an den Bauern in Israel" (Ri 5, 11).

„Auf, auf, Debora! Auf, auf, sing ein Lied!
Erheb dich, Barak,
führ deine Gefangenen heim,
Sohn Abinoams!
Dann steige herab,
was übrig ist unter den Herrlichen des Volkes;
Jahwe steige herab
mit mir unter den Helden" (5, 12 f).

„Gepriesen sei Jaël unter den Frauen,
die Frau des Keniters Heber,
gepriesen unter den Frauen im Zelt" (5, 24).

„Sie erschlug Sisera, zermalmte sein Haupt,
zerschlug, durchbohrte seine Schläfe.
Zu ihren Füßen brach er zusammen, fiel nieder, lag da ...
Wo er zusammenbrach, da lag er vernichtet" (5, 26 f).

„Aus ihrem Fenster blickt Siseras Mutter
und klagt durch das Gitter:
Warum säumt sein Wagen zu kommen,
warum zögert der Hufschlag seiner Gespanne?" (5, 28) ...

„So gehen alle deine Feinde zugrunde, Jahwe!
Doch die, die ihn lieben, sind wie die Sonne,
wenn sie aufgeht in ihrer Kraft" (5, 31).

Das Debora-Lied gilt als eines der ältesten Beispiele hebräischer Dichtung. Manche Forscher vermuten, es sei im unmittelbaren Anschluß an die besungenen Ereignisse entstanden. Andere allerdings halten es für erheblich jünger (9. Jh.). Das Lied ist dreiteilig. Die Verse 2–11 bilden die Einleitung, 12–30 den Hauptteil und 31 den knappen Schluß. Die Rahmenteile sowie Vers 18 mit seiner abweichenden Form sind wohl Nachträge. Der Kern ist ein Siegeslied. Es ruft zunächst zum Krieg auf, zählt dann die teilnehmenden Stämme auf und tadelt die abseits stehenden. Dem Bericht von der Schlacht, bei der sogar die Sterne auf Jahwes Seite eingriffen, folgt ein Segensspruch auf Jaël und ihre Heldentat. Das Gedicht endet mit dem Bild der vergeblich wartenden Mutter Siseras und der Verteilung der Beute.

Die Einleitung zum Deboralied, die Jahwes Größe besingt und zum Lobpreis aufruft, zusammen mit der abschließenden Bitte geben dem Gedicht die Gestalt eines Psalms. So ergeben sich reizvolle Vergleichsmöglichkeiten mit dem vermutlich ebenfalls frühen Ps 68. In einer Art heiligem Krieg kommen Israels Krieger „Jahwe zu Hilfe" (5, 23), und seine Feinde werden vernichtet. Als frühe Dichtungen Israels sind daneben auch der Jakobssegen (Gen 49) und das Lied Mirjams (Ex 15, 21) eingestuft und mit kanaanitischen Texten aus dem Ugarit des 14. Jh. v. Chr. verglichen worden.

Vor der Schlacht sammelte Barak Israels Truppen in seinem Heimatort Kedesch in Naftali. Der Ort dürfte dem heutigen Chirbet Kedesch, einer damals bedeutenden Siedlung am Abhang zum See Gennesaret entsprechen. Von hier aus zogen die Israeliten zum Tabor, einem heiligen Berg, auf dem „sie die Völker einladen, wo sie gültige Opfer schlachten" (Dtn 33, 19).

Die Streitkräfte der Kanaaniter unter Sisera bezogen am Kischonbach in der südlichen Jesreel-Ebene Stellung.

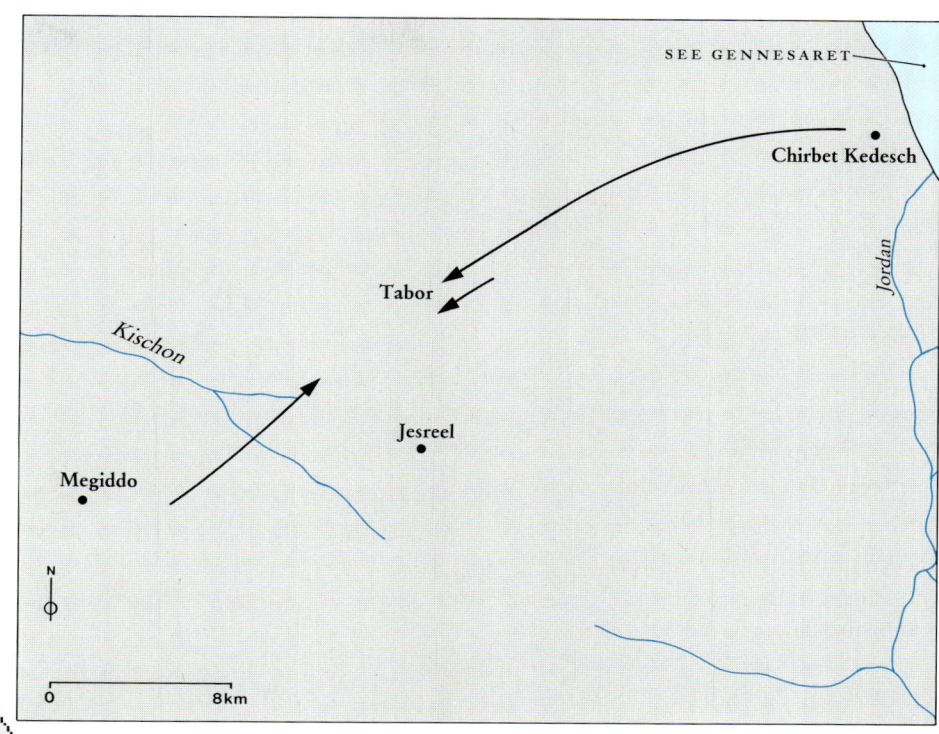

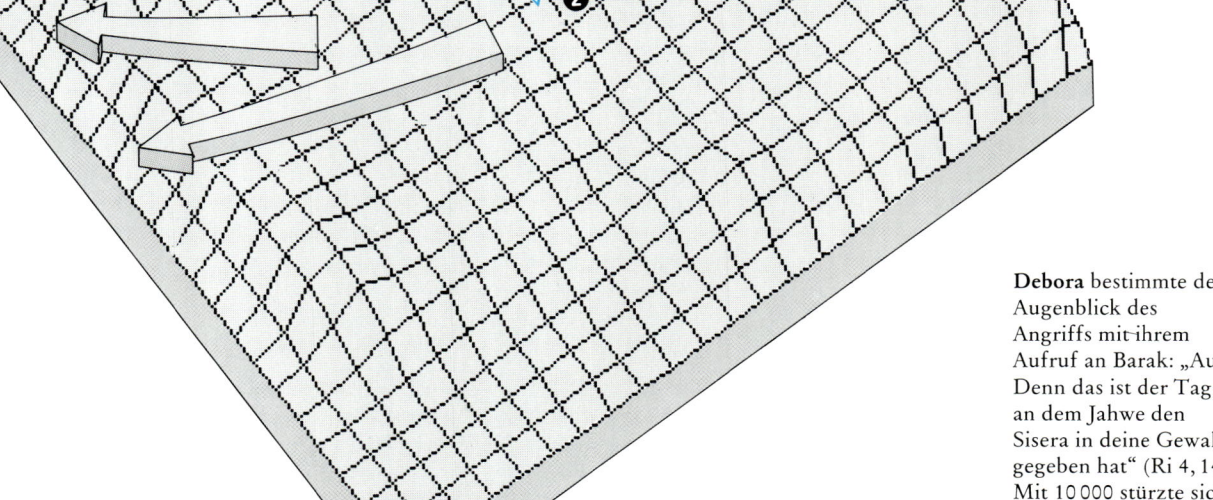

Debora bestimmte den Augenblick des Angriffs mit ihrem Aufruf an Barak: „Auf! Denn das ist der Tag, an dem Jahwe den Sisera in deine Gewalt gegeben hat" (Ri 4, 14). Mit 10 000 stürzte sich Barak vom Tabor herunter (1). Die überraschten Kanaaniter gerieten in Verwirrung (2). Heftige Regenfälle verwandelten das Terrain in einen Sumpf. Die Kriegswagen blieben stecken. Ihre Besatzungen versuchten zu Fuß zu fliehen; viele wurden von den Verfolgern niedergemacht. Israel errang einen gewaltigen Sieg.

Debora besiegt Sisera/2

Auf Deboras Zeichen hin stürzte sich Barak mit 10 000 Mann im Gefolge vom Tabor herunter auf die Kanaaniter (Ri 4, 14). Israels Überraschungsangriff fiel mit heftigen, für die Gegend ganz ungewöhnlichen Regengüssen zusammen. Die Bäche traten über die Ufer und verwandelten das Schlachtfeld in einen Sumpf. Die Wagen versanken im Schlamm, kamen kaum mehr voran und wurden eine leichte Beute für die Israeliten. Sisera „sprang vom Wagen und floh zu Fuß" (Ri 4, 15). Barak verfolgte die Fliehenden, und „das ganze Heer Siseras fiel unter dem scharfen Schwert; nicht ein einziger Mann blieb übrig" (Ri 4, 16).

Sisera selbst floh ostwärts Richtung See Gennesaret. Er kam zur Siedlung des Keniters Heber, dessen Familie mit Jabin, dem König von Hazor, in Frieden lebte. Jaël, Hebers Frau, kam ihm entgegen und lud ihn in ihr Zelt ein. Sie gab ihm Milch zu trinken und versteckte ihn dann unter einem Teppich. Sisera bat sie, Ausschau zu halten nach israelitischen Verfolgern und gegebenenfalls seine Anwesenheit zu verleugnen.

Als er erschöpft eingeschlafen war, faßte Jaël sich ein Herz, holte einen Hammer und erschlug ihn. So fand Sisera den Tod (Ri 4, 21).

Inzwischen war Barak herangekommen, der den fliehenden Sisera verfolgt hatte. Jaël lief auf ihn zu und sagte: „Komm, ich zeige dir den Mann, den du suchst" (Ri 4, 22). Als Barak mit ins Zelt ging, sah er Sisera in seinem Blut liegen.

Die Schlacht am Tabor war Israels erster Kampf mit Kanaans Streitwagenmacht. Die Ausrüstung der Israeliten bestand immer noch aus Schwert und Schleuder; „Schild und Speer waren nicht zu sehen bei den Vierzigtausend in Israel" (Ri 5, 8). Um so gewaltigeren Eindruck machte dieser Sieg, und Debora und Jaël wurden als Heldinnen gefeiert.

Es ist schwierig, den Ort der Schlacht zu bestimmen. Während das Deboralied vom Kampf „in Taanach, an den Wassern Megiddos" – also fast 50 km südwestlich des Tabors – redet, deutet manches auf unmittelbare Nähe zu diesem Berg. Vielleicht werden Taanach und Megiddo einfach als zwei der mächtigsten Kanaaniterstädte des Nordens und vermutliche Verbündete Siseras erwähnt.

Israel hat nach diesem Sieg die Kanaaniterstädte nicht erobert, doch wurde jetzt wohl die Verbindung zwischen Galiläa und dem zentralen Hügelland wiederhergestellt.

Auch der Zeitpunkt der Schlacht bleibt umstritten: Vorschläge reichen vom späten 13. bis zum späten 11. Jh. v. Chr. Das Ende der Richterzeit ist am wahrscheinlichsten. Die israelitischen Verbände sind hier offenbar bereits in der Lage, von ihren Stammgebieten im Hügelland aus in die Ebenen vorzustoßen.

Möglicherweise ist die Schlacht der Israeliten gegen die Philister bei Afek am Ende des 11. Jh. eine Folge des am Tabor gewonnenen militärischen Selbstbewußtseins. Vielleicht war Sisera sogar ein Philister. Sein Name ist jedenfalls nicht semitisch, und Philister und Kanaaniter mögen sich zuweilen verbündet haben; doch ist dies biblisch nicht belegt.

Aufschlußreich ist die Verbindung der verschiedenen israelitischen Stämme. Ri 4 nennt nur Naftali und Sebulon, das Lied hingegen zählt sechs beteiligte Stämme auf. Dagegen werden Ruben, Gilead, Dan und Ascher getadelt, weil sie ferngeblieben seien. Das ergibt einen Verband von 10 Stämmen und setzt ein geeintes Volk über ein ausgedehntes Gebiet hinweg voraus. Von den Südstämmen und von Levi ist bezeichnenderweise überhaupt nicht die Rede.

Auf Deboras Zeichen hin griff Barak mit 10 000 Mann (1) plötzlich vom Berg Tabor (3) herunter an – eine typische israelitische Überraschungstaktik. Der unerwartete Überfall „brachte Sisera, alle seine Wagen und seine ganze Streitmacht … in große Verwirrung" (Ri 4, 15). Israel war bisher direktem Kampf mit der kanaanitischen Kriegswagentruppe ausgewichen. Israels Stammesarmee bestand aus Abteilungen der verschiedenen Clans, die frei für sich entschieden, ob sie einem Kriegsaufgebot Folge leisten wollten. Sie kämpften mit Schwertern und Schleudern und besaßen weder Schilde noch Speere noch Wagen. Kriegswagen waren nur in offenen Feldschlachten effektiv. Im Siedlungsgebiet Israels, im Hügelland, hätte man sie nicht einsetzen können, selbst wenn man die Mittel zu ihrer Herstellung besessen hätte. Für die Kanaaniter bildeten sie hingegen die wichtigste Truppengattung. Sisera verfügte über 900 Wagen.

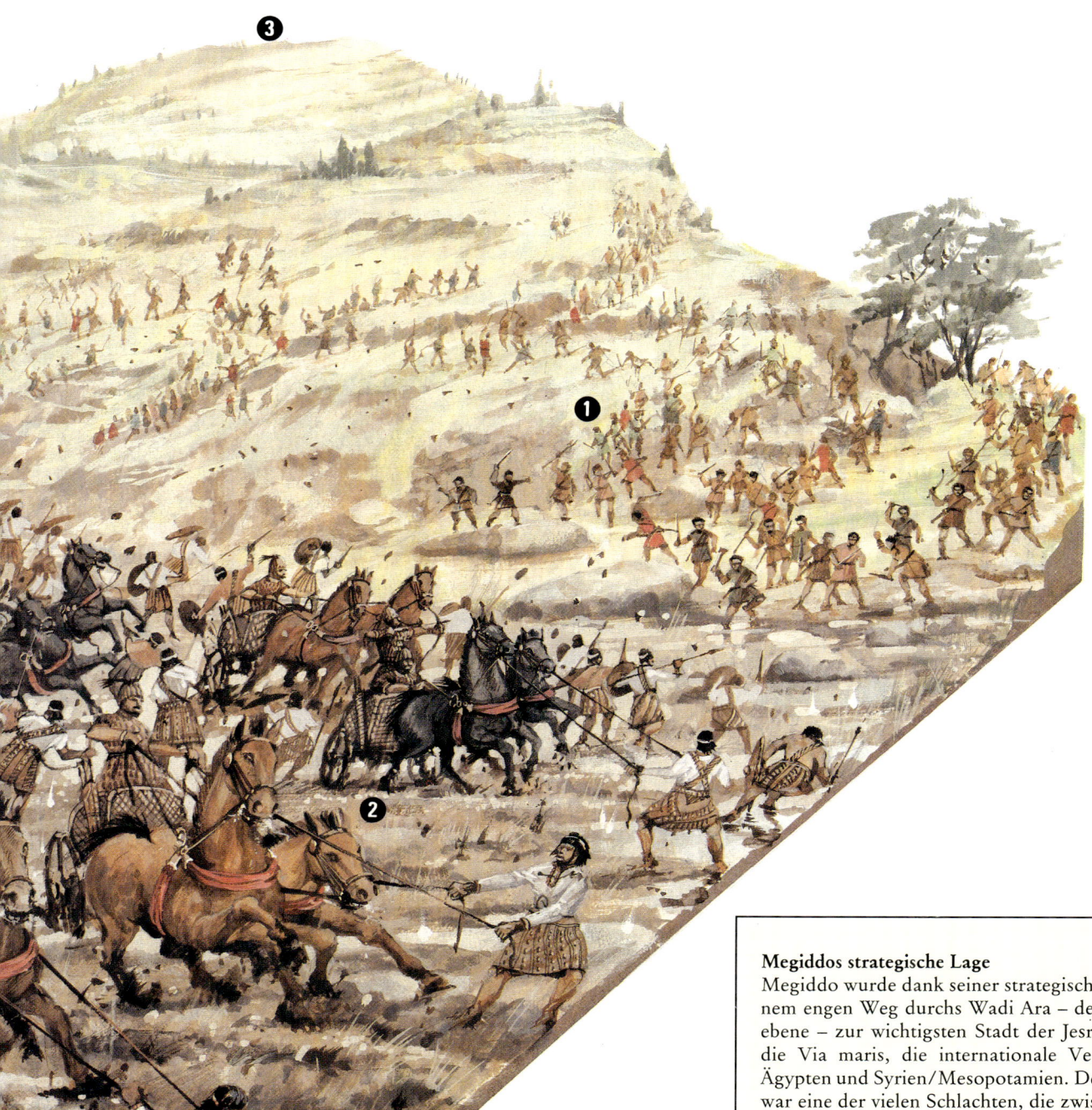

Baraks gewagter Schlag erhielt unvorhergesehene Schützenhilfe: Plötzliche Regengüsse weichten den Boden auf. Der Kischon trat über seine Ufer. Den Israeliten erschien dies als Wunder. Die Kanaaniterpferde (2) blieben im Schlamm stecken, und die Wagen wurden unmanövrierbar. Einige wurden von Fluten weggespült. Die Besatzungen versuchten zu Fuß zu fliehen. Das Kanaaniterheer wurde vernichtend geschlagen.

Megiddos strategische Lage
Megiddo wurde dank seiner strategischen Lage am Eingang zu einem engen Weg durchs Wadi Ara – der Verbindung zur Küstenebene – zur wichtigsten Stadt der Jesreel-Ebene. Es beherrschte die Via maris, die internationale Verbindungsstraße zwischen Ägypten und Syrien/Mesopotamien. Deboras Kampf gegen Sisera war eine der vielen Schlachten, die zwischen Tabor und Megiddo um die Kontrolle der Jesreel-Ebene geschlagen wurden.

Der gewaltige Ruinenhügel von Megiddo dehnt sich auf seiner Spitze über eine Fläche von sechs Hektaren aus. Er wurde seit dem 4. Jt. und durch die ganze Bronzezeit hindurch besiedelt. Vom 3. Jt. an war Megiddo eine gewaltige, blühende Stadt, oft zerstört, aber ebensooft wieder aufgebaut. Die spätbronzezeitliche Stadt aus der Epoche der ersten israelitischen Siedler besaß massive Verteidigungsmauern, eine gewaltige Toranlage, einen Palast und einen traditionellen kanaanitischen Tempel. In den Palastruinen fand man eine prächtige Sammlung von Elfenbeinschnitzereien.

Die Bibel nennt keinen Zeitpunkt, an dem Megiddo israelitisch wurde. In Ri 1 steht es auf der Liste der noch nicht eroberten Städte. Zu Israel gehört Megiddo aber sicher zur Zeit Salomos.

Die Philister: Israels Erzfeind

Das Alte Testament vermittelt den Eindruck, als ob die Philister die ärgsten Feinde Israels gewesen seien. Vielleicht ist deshalb ihr Name in europäischen Sprachen zum Schimpfwort für spießbürgerliche oder unzivilisierte Menschen geworden.

Die historischen Philister waren aber weder Barbaren noch Spießer. Ihre materielle Kultur war eher höher als die der Israeliten. Kein Töpfererzeugnis aus dem ganzen alten Palästina kann es beispielsweise mit der Philister-Keramik aufnehmen und ihrer feinen Verzierung.

Ägypten heuerte höchstwahrscheinlich Philister als Vasallentruppen für Palästina an, weil sie als tüchtige Soldaten galten. Die Herrschaft lag in den Händen der „seranim", der Fürsten der fünf wichtigsten Stadtstaaten (Gat, Aschdod, Aschkelon, Ekron und Gaza).

Dieser Fünf-Städte-Bund bildete das Kernland der Philister, ein überaus fruchtbarer Küstenstreifen. Von hier aus fielen sie häufig ins Hügelland vor den judäischen Bergen ein. Süd- und Mittelpalästina standen mindestens 200 Jahre unter der Oberherrschaft der Philister.

Diese Oberherrschaft haben sie verloren, geblieben aber ist ihr Name. Aus der hebräischen Bezeichnung „Pelischtim" für die Philister machten Griechen, welche seit 700 v. Chr. in den Küstenstädten verkehrten, „Palästina" und nannten so das ganze Land.

Philistäische Keramik wird bei den Israeliten als Luxusartikel gehandelt. Der künftige König David steht im 11. Jh. jahrelang als Vasall in philistäischen Diensten, wird sogar zum Kampf gegen seine Landsleute aufgeboten und hält sich später 600 Philister („Kreti und Pleti") als Leibgarde.

Warum dann die erbitterte Feindschaft? Für Israeliten waren die Philister vor allem die unbeschnittenen Fremden, Verehrer fremder Götter. Und anders als die einheimischen Kanaaniter sind nach Amos 9,7 die Philister Einwanderer, die etwa zur gleichen Zeit wie die Israeliten ins Land eindrangen. Daher waren Philister und Israeliten von Anfang an Gegner im Kampf um dieselben Gebiete. Doch jahrzehntelang blieb Israel den Philistern militärisch und kulturell unterlegen.

Herkunft und Zeitpunkt der Einwanderung der Philister bleiben rätselhaft. Manche Forscher vermuten die Zeit um 1200 v. Chr. Ein ausführliches Relief des ägyptischen Pharaos Ramses III. zeigt nämlich, daß um diese Zeit die Philister und einige Verbündete, die man „Seevölker" nannte, einen Angriff auf Ägypten unternommen haben.

Der besondere Stil der Keramik, die im Philisterland auftaucht und stark von der Mykenischen Kultur der Griechen beeinflußt ist, wurde gern als Beweis verstanden, daß die Philister zur entsprechenden Zeit in Palästina eingewandert sein müßten. Doch diese Keramik – so weiß man heute – ist nicht eingeführt, sondern im Lande selbst unter einer Vielfalt fremder Stileinflüsse um 1140 v. Chr. entwickelt worden.

Neuere Untersuchungen rechnen nicht mehr mit einer Völkerwanderung um 1200. Die Philister müssen sehr viel früher eingewandert sein. Den berühmten Angriff auf Ägypten unter Ramses III. haben sie vermutlich bereits von festen Wohnsitzen in Palästina aus unternommen. Dorthin kehrten sie nach dem Scheitern zurück.

Seit der Zeit Simsons schließlich gelten die Philister als Bedrücker und unrechtmäßige Besetzer des israelitischen Hügellandes und zählen zu Israels ärgsten Feinden.

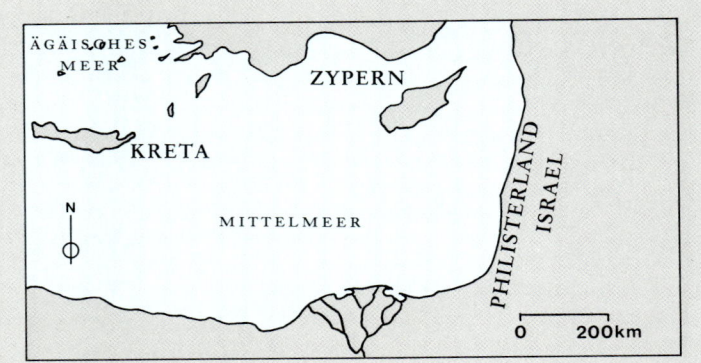

Die Herkunft der Philister
Woher die Philister ursprünglich kamen, ist noch ungeklärt. Nach Gen 10 gelten sie als Nachkommen Ägyptens, doch weist diese Aussage eher auf ihre kulturelle Abhängigkeit als ihren Ursprung. Andere Stellen reden von einer Herkunft aus Kaftor. Traditionell wurde Kaftor mit Kreta identifiziert. Die Philister zählte man zu den versprengten Überresten der minoischen Kultur, die um 1200 v. Chr. nach Palästina verschlagen worden seien. Jüngere Untersuchungen sprechen für eine Gleichsetzung von Kaftor mit Zypern, das seit 1550 v. Chr. regelmäßig mit Südpalästina Kontakt hatte. Die Philister sind wohl nicht in einem Schub um 1200 aus der Ägäis nach Palästina gekommen, sondern im Lauf von Jahrhunderten von Zypern her eingesickert. Von dem Augenblick an, da sie in biblischen und ägyptischen Zeugnissen greifbar werden, sind sie jedenfalls mit der einheimischen kanaanitischen Kultur voll vertraut.

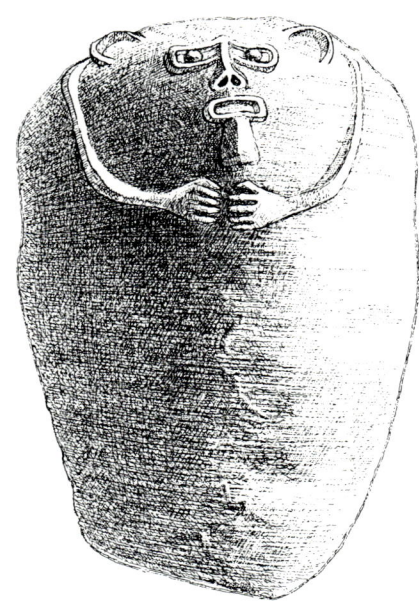

Dieser charakteristische Tonsarkophag aus dem 12. Jh. wurde im heutigen Tell-Fara in Südpalästina gefunden. Solche Sarkophage weisen eine entfernt menschenähnliche Form auf, sind hergestellt aus gebranntem Ton und oft mit grotesken Gesichtern ausgestattet. Beispiele wurden in Mittel- und Südpalästina und vor allem im Philisterland gefunden. Zahlreicher noch waren die Funde in Ägypten. Man schrieb sie zunächst philistäischen Söldnern zu, die dort gedient hatten und gestorben waren. Sie scheinen aber armen Ägyptern gehört zu haben, die sich keinen Holzsarg leisten konnten. Die palästinensischen Beispiele ihrerseits sind einfach Kopien ägyptischer Sarkophage ohne besondere Beziehung zu den Philistern.

Die Reliefs Ramses' III.
(oben) bieten die reichhaltigsten Informationen über Kleidung und Bewaffnung philistäischer Krieger. Im 8. Jahr seiner Herrschaft (ca. 1200 v. Chr.) griffen die Philister mit ihren Verbündeten Ägypten zu Wasser und zu Land an. Diese Truppen trugen Helme mit einem Kamm (1), vermutlich aus Lederstreifen oder Pferdeschwänzen, einen Brustpanzer (ähnlich der späteren Lorica römischer Legionäre) und einen Lendenschurz mit Quasten.
Ihre typischen Waffen: ein langes Schwert und ein runder Schild (2). Die Elemente dieser Rüstungen sind allesamt im Mittleren Osten längst vor 1200 bekannt, also keineswegs typisch ägäisch.
Eine verbündete Gruppe mit ähnlichen Waffen, aber gehörnten Helmen (3) sind wahrscheinlich die Schardana, deren Schiff blau bemalt ist, seit 200 Jahren bekannt als Söldner und Piraten an allen Küsten des östlichen Mittelmeers. Im Text der Bildbeschrift berichtet Ramses III., wie der Feind durch die Nilmündung, die er befestigt hatte, einzudringen versuchte. Nicht abgebildet ist oben die Pharaonengestalt, die rechts die Darstellung überragt und den Fuß auf unterworfene Feinde setzt. Von den Bogen seiner Schützen (4) schwirrt ein Hagel von Pfeilen. „Sein Pfeil durchbohrt, wen immer er will, Fliehende stürzen ins Wasser … ihre Waffen liegen zerstreut im Meer", brüstet sich Ramses. Ins Wasser gestürzte Feinde (5) werden von Ägyptern herausgezogen. Gleichzeitig stellen sich ägyptische Streitkräfte mit ihren eigenen Schardana-Hilfstruppen den Eindringlingen zum Kampf. Philistäische Kriegswagen und speerbewehrte Infanteristen (7) erliegen dem siegreichen Pharao. Buckelrinder (8) ziehen Karren mit den Familien der Eindringlinge, die offenbar in Ägypten seßhaft werden wollten. Im Kampfesgetümmel heben Philisterfrauen ihre Kinder vom Wagen herunter (9), sei es als Opfer an die Götter oder als Angebot von Geißeln, um den Pharao gnädig zu stimmen.

Simsons Leben und Tod

Zwanzig Jahre lang war Simson vom Stamm Dan „Richter über Israel". Von Rechtsprechung ist allerdings in den Berichten über ihn weniger die Rede als von Frauengeschichten, Festen und Husarenstückchen. Bei seinem Namen denkt man oft an übermenschliche Kraftakte, wie er sie in seinem Ein-Mann-Krieg gegen die Philister an den Tag legte.

Von Geburt an gilt er als Liebling Jahwes! Ein Engel habe seiner Mutter angekündigt, ihr Sohn werde ein Nasiräer sein, d. h. zu Jahwes besonderem Dienst auserwählt. Als solcher müsse er Alkohol und bestimmte Speisen meiden, und sein Haar dürfe niemals geschnitten werden, sonst werde er seine besondere Kraft verlieren.

Simson wuchs in der Nähe der Stadt Zora auf, als „der Geist Jahwes anfing, ihn umherzutreiben" (Ri 13, 25). Als er sich in ein Philistermädchen aus Timna verliebte, waren seine Eltern dagegen und erwiderten ihm: „Gibt es denn unter den Töchtern deiner Stammesbrüder und in meinem ganzen Volk keine Frau, so daß du fortgehen und eine Frau von diesen unbeschnittenen Philistern heiraten mußt? Simson antwortete seinem Vater: Gib mir diese, denn sie gefällt mir. Sein Vater und seine Mutter wußten nicht, daß es von Jahwe so geplant war, weil er einen Anlaß zum Kampf mit den Philistern suchte" (Ri 14, 3 f).

Unterwegs nach Timna stieß Simson eines Tages auf einen Löwen. „Da kam der Geist Jahwes über Simson, und Simson zerriß den jungen Löwen mit bloßen Händen, als würde er ein Böcklein zerreißen" (14, 6). Kurze Zeit später fand er einen Bienenschwarm im Löwenschädel und aß von dessen Honig.

Daraus machte er auf seiner Hochzeit ein Rätsel für seine philistäischen Gäste. Dreißig Festgewänder setzte er als Preis für die Lösung der Rätselfrage: „Vom Fresser kommt Speise, vom Starken kommt Süßes" (14, 14). Da die Gäste die Lösung nicht fanden, bedrängten sie seine Frau, ihn danach auszuhorchen. Als dies gelang, überraschten sie ihn am siebten Tag mit der Antwort: „Was ist süßer als Honig, und was ist stärker als ein Löwe?" (Ri 14, 18).

Da Simson merkte, daß er hereingelegt worden war, schlug er dreißig Philister in Aschkelon tot. So kam er zu den versprochenen dreißig Gewändern. Doch beim nächsten Besuch in Timna mußte er erfahren, daß ihr Vater seine Frau einem anderen gegeben hatte, weil er glaubte, Simson wolle sie nicht mehr. Simson ließ nun seine Wut an den Philistern aus. Dreihundert Füchsen band er brennende Fackeln an die Schwänze und verbrannte so ihre reifen Getreidefelder.

Die Philister rächten sich, indem sie seine Frau samt dem Haus ihres Vaters verbrannten. Erneut schlug Simson die Philister und versteckte sich anschließend in einer Höhle. Die Israeliten aber fürchteten sich vor den Philistern, fesselten Simson und lieferten ihn aus. „Da kam der Geist Jahwes über ihn. Die Stricke an seinen Armen wurden wie Fäden, die vom Feuer versengt werden, und die Fesseln fielen von seinen Händen. Er fand den noch blutigen Kinnbacken eines Esels ... und erschlug damit tausend Männer" (15, 14 f).

Simson setzte seinen Ein-Mann-Krieg gegen die Philister fort, bis er von Delila, seiner nächsten Liebe, verraten wurde. Ob sie eine Philisterin war, wird nicht gesagt; aber die Anführer der Philister überredeten sie auszuforschen, woher Simson seine Riesenkraft hatte: „Versuch, ihn zu betören und herauszufinden, wodurch er so große Kraft besitzt und wie wir ihn überwältigen und fesseln können, um ihn zu bezwingen. Jeder von uns gibt dir dann elfhundert Silberstücke" (Ri 16, 5). Als Delila es endlich

harausgefunden hatte, schnitt sie Simson seine sieben Locken ab. Ohne seine Haare aber hatte Simson seine Kraft verloren. Er wurde nach Gaza gebracht, geblendet, gefesselt und mußte im Gefängnis die Mühle drehen.

Sein Haar aber wuchs wieder nach. Als er bei einem Fest zur Belustigung im Dagontempel vorgeführt wurde, fand er seine Gelegenheit zur Rache. Der blinde Held bat den Knaben, der ihn führte, ihm den Platz zwischen den beiden tragenden Säulen des Gebäudes zu zeigen. Mit einem Gebet zu Jahwe packte er die beiden Säulen, drückte sie um, zerstörte den Bau und riß zahllose Philister mit sich in den Tod.

Die Simsonerzählungen von sagenhafter Stärke zusammen mit einer besonderen Schwäche für Frauen tragen stark mythologische Züge. Dennoch besitzen sie historischen Wert, zeigen sie doch Grenzkonflikte zwischen den Daniten und den Philistern an, aber auch gelegentliche Heiraten zwischen den beiden Gruppen. Zu Beginn dieses Jahrhunderts las man Simsons Geschichte gerne als Geschichte über die Launen der Sonne – deutet doch der hebräische Name für Simson auf das Wort „schemesch" (= Sonne) hin. Im Verbrennen der Felder wollte man die sengende Sommerhitze erkennen, im Schneiden der Locken durch Delila das Schwinden der Sonnenkraft bei Nacht. Solche Erklärungen sind aber Unsinn. Simson war ein geläufiger hebräischer Personenname, das Verbrennen gegnerischer Getreidefelder durch brennende Fuchsschwänze eine bekannte Kriegslist. Möglich, daß ein Untergrundkämpfer aus Dan Simson hieß. Die Erinnerung an seine Heldentaten mag dann im Lauf der Zeit phantastische Züge angenommen haben.

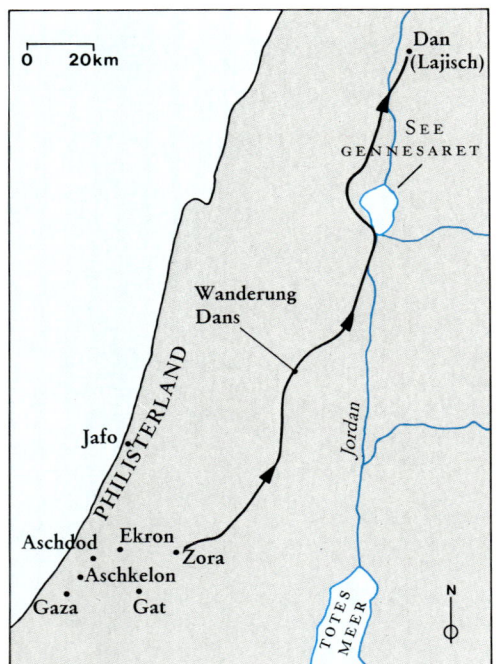

Die Daniten siedelten ursprünglich in der Nachbarschaft der Philister. Später wanderten sie ab nach Norden, eroberten Lajisch und nannten es Dan. Die Leute von Dan, an Seefahrt und Handel interessiert, werden in Ri 5, 17 getadelt, weil sie einem Krieg gegen die Kanaaniter ferngeblieben waren. Ihre echte Zugehörigkeit zu den Hebräerstämmen wird mehrfach bezweifelt. Vielleicht gehörten sie ursprünglich zu den „Seevölkern": In der Philistergruppe gab es tatsächlich auch „Danuna"-Leute. Biblisch gelten sie aber als Israeliten, als ein Stamm, der von seinen Wohnsitzen vertrieben wurde. Die Simsongeschichten wissen von zeitweise guten Beziehungen der Daniten mit den Philistern. Das mag erklären, weshalb diese in ägyptischen Texten als deren Verbündete erscheinen. Teile von ihnen wurden vielleicht von den Philistern eingegliedert. Der Rest zog sich ins nördliche Jordantal zurück und trieb Handel mit den Phöniziern an der Küste.

Diese Rekonstruktion zeigt den Philistertempel von Tell Qasile aus dem 11. Jh. v. Chr. (Vom Dagontempel in Gaza, den Simson zerstört haben soll, gibt es keine Spuren.) Dieser einzige bekannte Philistertempel liegt im nördlichen Philisterland, dem ursprünglichen Siedlungsgebiet von Dan.

Nach dem biblischen Bericht hatten große Menschenmengen im Tempel von Gaza Platz, 3000 allein auf dem Dach. Er müßte erheblich größer gewesen sein als derjenige von Tell Qasile, welcher Höfe (1, 9) zur Straße (10) hin und ein kleines Nebenheiligtum (5) aufwies.

Zugang zum Tempel fand man durch einen Eingangsraum (2) mit Holztüren und Steinschwellen (8). Eintretende vermieden es, auf die Schwelle zu treten (1 Sam 5, 5). Die Haupthalle (3) hatte Sitzbänke aus Ziegelsteinen.

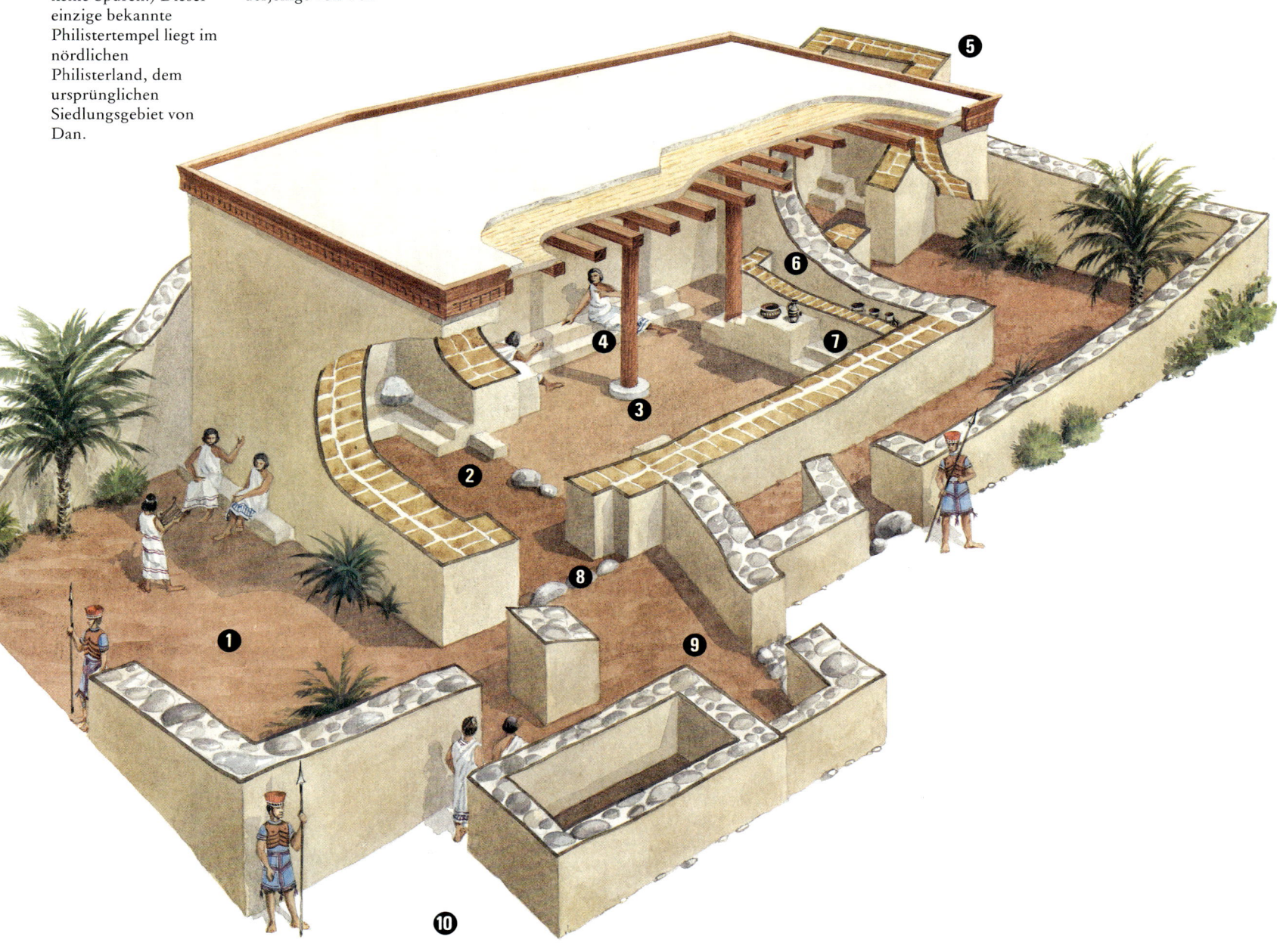

Das Allerheiligste mit der Götterstatue war eine Plattform mit Stufen (7). Hier fand man Opfergefäße. Hinter einer Trennwand wurden weiter Opfergaben aufbewahrt. Das Dach bestand aus Holzbalken, die von Zedernsäulen auf Kalksteinbasen getragen wurden (4).

Die Säulen von Tell Qasile standen 2,20 m auseinander, gerade so müßten Simsons Säulen ausgesehen haben.

noch erreichbar für einen Mann von Simsons Figur. Im Hof, wo er vom Dach aus zu beobachten war, konnte man Simson zur Belustigung vorführen. Ins Innere geführt, setzte er in einem letzten Kraftakt sein Leben ein.

Die Moabiterin Rut

Eine Hungersnot zur Richterzeit zwingt einen gewissen Elimelech aus Betlehem, mit seiner Frau Noomi und seinen beiden Söhnen ins benachbarte Moab auszuwandern. Nach seinem Tod nehmen sich die Söhne moabitische Frauen: Orpa und Rut. Im Lauf von zehn Jahren sterben auch die beiden Söhne, und Noomi beschließt zurückzukehren. Auf ihre Schwiegertöchter redet sie ein, in Moab zu bleiben und wieder zu heiraten. Während Orpa darauf eingeht, besteht Rut darauf, Noomi zu begleiten.

Die beiden erreichen Betlehem zu Beginn der Gerstenernte, und Rut macht sich gleich ans Ährenlesen. Sie gerät dabei auf ein Feld, das Boas gehört, einem reichen Verwandten Noomis aus Elimelechs Sippe.

Als Boas erfährt, wer sie ist, lädt er sie ein, sich seiner Erntemannschaft anzuschließen und sich auch aus ihren Wasserkrügen zu bedienen. Zur Essenszeit bittet er sie zum gemeinsamen Mahl. Insgeheim trägt er seinen Arbeitern auf, absichtlich Ähren für sie liegenzulassen. Noomi staunt über die Menge an Gerste, die Rut gesammelt hat. Wie sie erfährt, daß sie dies Boas zu verdanken hat, ist sie hoch erfreut, denn „er ist mit uns verwandt, er ist einer unserer Löser" (Rut 2, 20). Sie empfiehlt Rut, bei Boas' Leuten bis zum Ende der Ernte zu bleiben.

Zur Zeit des Worfelns faßt Noomi einen Plan für Ruts Zukunft. Sie hält sie an, sich schön zu machen und zum Dreschplatz zu gehen, wo Boas worfelt. „Zeig dich aber dem Mann nicht, bis er fertig gegessen und getrunken hat. Wenn er sich niederlegt, so merk dir den Ort ... Geh dann hin, deck den Platz zu seinen Füßen auf, und leg dich dorthin" (Rut 3, 3 f).

Rut befolgt ihre Anweisungen. Nachts wacht Boas auf und entdeckt die Frau zu seinen Füßen. Rut gibt sich zu erkennen. „Breite doch den Saum deines Gewandes über deine Magd, denn du bist mein ‚Löser'" (3, 9), sagt sie und bittet so, in sein Haus aufgenommen zu werden. Boas lobt Rut als tüchtige Frau, erklärt aber, da sei noch ein näherer Verwandter, der ein erstes Recht auf sie habe. Falls dieser verzichte, werde er sie aufnehmen. Noch vor Morgengrauen schickt er sie zu Noomi zurück mit einer großen Menge Gerste.

Später versammelt Boas eine Gruppe Ältester der Stadt, darunter besagten Verwandten. Er sagt ihm, Noomi wolle ein Landstück Elimelechs verkaufen, und bietet ihm an, es zu „lösen". Dieser willigt ein.

Wie er aber vernimmt, daß er damit gleichzeitig Rut zu übernehmen habe, ändert er seinen Entschluß, denn nach hergebrachtem Brauch würde Ruts erstgeborener Sohn Erbe ihres verstorbenen ersten Mannes. Boas erklärt sich daraufhin feierlich zum „Löser" Noomis, kauft das Land und heiratet Rut. Rut bekam einen Sohn, und „sie gaben ihm den Namen Obed. Er ist der Vater Isais, des Vaters Davids" (4, 17 f). So wurde Rut Stammutter des großen Königs David.

Die Geschichte von Rut beschreibt Lebensverhältnisse in einem israelitischen Dorf, Aspekte von Verwandtschaft, Heirat und Brauchtum, vor allem die Regeln des „Lösens": Sippenmitglieder hatten sich gegenseitig zu unterstützen, und der „Löser" war für die ganze Sippe verantwortlich. Mußte jemand aus der Sippe sich zur Bezahlung einer Schuld in Sklaverei verkaufen, hatte der nächste Verwandte die Pflicht, ihn zu „lösen". Ebenso war er verpflichtet, bei einem Landverkauf aus Not einzuspringen, um den Landverlust der Sippe zu vermeiden. Boas „löste" Noomis Land; er heiratete auch Rut, um den Namen ihres verstorbenen Mannes zu erhalten.

Der „Gezer-Kalender" auf einem Kalksteinfragment setzt die landwirtschaftlichen Haupttätigkeiten mit den zwölf Mondmonaten gleich. In frühem Hebräisch, um 925 v. Chr., geschrieben, lautet sein Text: „Zwei Monate: Einbringen; zwei Monate: Saat; zwei Monate: Spätsaat; ein Monat: Flachsschnitt; ein Monat: Getreideschnitt; ein Monat: Schnitt und Abmessen; zwei Monate: Weinlese; ein Monat: Sommerfrucht." Rut las Ähren bis zum Ende des (Weizen-)Schnitts.

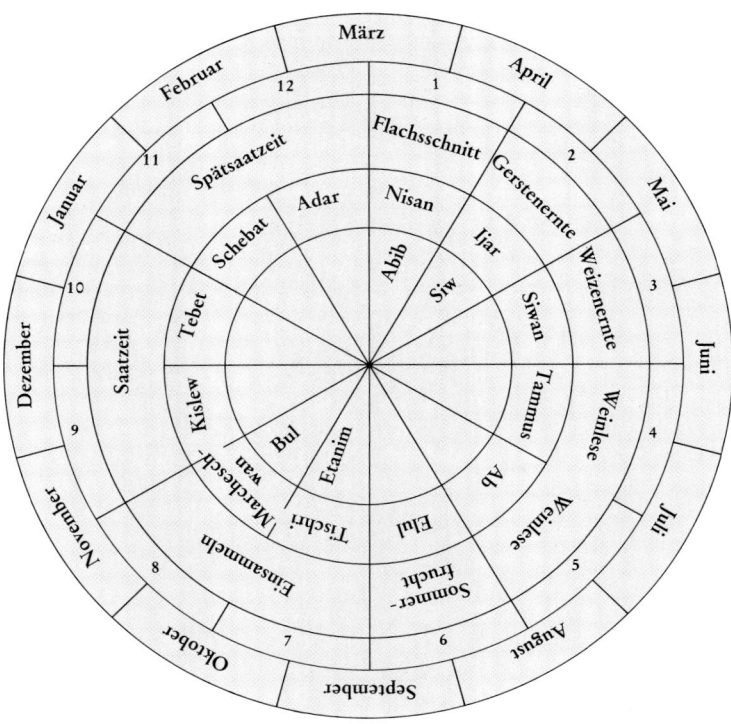

Heirat im alten Israel

Heirat war in Israel ein ziviler, kein religiöser Akt, aber natürlich Anlaß zum Feiern. Der Bräutigam, begleitet von Freunden und Musik, zog zunächst zum Haus der Braut. Diese wurde festlich geschmückt und verschleiert in ihr neues Heim gebracht; dort wurden Liebeslieder gesungen. In der ersten Nacht wurde die Ehe vollzogen, anschließend feierte man im Haus des Bräutigams sieben Tage lang.

Falls ein Mann kinderlos starb, sollte nach Dtn 25,5–10 sein Bruder die Witwe heiraten, und ihr Erstgeborener sollte das Erbe des Verstorbenen antreten.

Diese Einrichtung nennt man Levirat (vom lateinischen levir = Schwager). Die Schwagerehe abzulehnen galt als ehrlos. Die Frau sollte in diesem Fall dem Schwager die Sandalen ausziehen und ihm ins Gesicht spucken.

Das Levirat begegnet in Gesellschaften, in denen Heirat eine Angelegenheit der Familien, weniger der einzelnen ist. Die Verwandtschaft setzt hier ihre Ansprüche an die Frau (vor allem auf Kinder) durch, indem sie für einen Ersatz des verstorbenen Ehemannes sorgt.

Die Geschichte Ruts scheint eine Form von Levirat vorauszusetzen. Rut hat zwar keinen Schwager, aber offenbar hatten andere nahe Verwandte die Pflicht, sie zu heiraten, „um den Namen des Verstorbenen auf seinem Erbe wiedererstehen zu lassen" (Rut 4,10). Der nicht namentlich bezeichnete Verwandte, der von Boas zuerst gefragt werden mußte, übergab Boas eine Sandale, als er auf Rut verzichtete. Dies gilt als Brauch, „um ein Löse- oder Tauschgeschäft rechtskräftig zu machen" (4,7). Im Fall Noomis und Ruts ist dies aber nicht nur eine Angelegenheit der Familie, sondern der ganzen Sippe.

Das Diagramm (oben) zeigt, wie Israel zu verschiedenen Zeiten die Monate bezeichnete. Von den kanaanitischen Namen sind nur vier überliefert. Später zählte man die Monate von 1 bis 12 durch. Nach dem Exil setzten sich die babylonischen Namen durch. Das Jahr begann hier im Frühling mit dem Nisan (März-April). Bauern werden einen Kalender vom Typ desjenigen von Geser benutzt haben.

Diese Zeichnungen lehnen sich an ägyptische Darstellungen aus dem 15. Jh. v. Chr. in einem Grab eines Aufsehers in Theben an. Sie zeigen Erntearbeiten, wie sie im Buch Rut erzählt werden.

Schnitter (links) schnitten die Spitzen der Halme mit Sicheln.

Das Mädchen neben ihnen liest heruntergefallene Ähren auf wie Rut.

In einem Weidenkorb (Mitte) werden die Ähren gesammelt. Mittels einer Stange wird der Inhalt festgepreßt und dann verschnürt.

Auf einem Platz mit festgestampfter Erde wird gedroschen und anschließend (rechts) geworfelt. Der Wind bläst die mit Schaufelpaaren aufgeworfene Spreu weg und läßt die Körner zu Boden fallen.

Die Salbung Sauls

Die Einführung des Königtums bedeutet eine entscheidende Wende in der Geschichte Israels. Anlaß dazu war der Druck der Philister. Sie bedrohten Israels Stämme und machten gemeinsame Gegenaktionen nötig. Das 1. Samuelbuch stellt die Einführung des Königtums auf zweifache Weise dar, einmal wird das Königtum in gutem, einmal in schlechtem Licht gesehen.

Saul gilt als Erwählter Jahwes, der Israel von den Philistern befreien soll. Sein Vater, der Benjaminite Kisch, schickte ihn aus, seine entlaufenen Eselinnen zu suchen. Nach dreitägiger vergeblicher Suche will er nach Hause zurückkehren, läßt sich aber von seinem Diener überreden, Samuel, einen Gottesmann, um Rat zu fragen.

Sie kommen in die Stadt Samuels und begegnen ihm auf dem Weg zur Opferstätte. Jahwe hatte dieses Zusammentreffen durch eine Offenbarung an Samuel vorbereitet: „Morgen um diese Zeit schicke ich einen Mann aus dem Gebiet Benjamins zu dir. Ihn sollst du zum Fürsten meines Volkes Israel salben. Er wird mein Volk aus der Gewalt der Philister befreien; denn ich habe die Not meines Volkes Israel gesehen, und sein Hilfeschrei ist zu mir gedrungen" (1 Sam 9,16).

Samuel lädt nun Saul zu einer Opfermahlzeit ein; am nächsten Morgen salbt er ihn und übermittelt ihm den göttlichen Auftrag, Israel von seinen Feinden zu befreien. Er gibt Saul drei Zeichen, an deren Eintreffen er erkennen soll, daß Jahwe ihn wirklich „zum Fürsten über sein Erbe" gesalbt hat. Dann solle er handeln, wie es die Situation erfordere.

Die Zeichen erfüllen sich, und Saul kehrt nach Hause zurück. Bald darauf belagern Ammoniter die israelitische Stadt Jabesch in Gilead. Saul ergreift die Initiative und besiegt den Feind. Das Volk ist begeistert und macht ihn in Gilgal zum König (1 Sam 11,15). Mit der Einsetzung eines Königs wird Israel zu einem Staat.

An anderer Stelle im 1. Samuelbuch wird die Entstehung des Königtums negativ beurteilt. Das Volk habe von Samuel verlangt, einen König einzusetzen, „wie es bei allen Völkern der Fall ist" (1 Sam 8,5). Dies habe Samuel mißfallen. Mit der Wahl eines irdischen Königs, so meinte er, würde Israel nicht mehr Jahwe als seinen König sehen. In bitterbösen Worten rechnete er dem Volk vor, daß ein König alle Freiheiten beschneiden werde: „Er wird eure Söhne holen ... und sie werden vor seinem Wagen herlaufen ... Sie müssen sein Ackerland pflügen und seine Ernte einbringen ... Eure Töchter wird er holen, damit sie ihm Salben zubereiten und kochen und backen. Eure besten Felder, Weinberge und Ölbäume wird er euch wegnehmen und seinen Beamten geben. Von euren Äckern und euren Weinbergen wird er den Zehnten erheben und ihn seinen Höflingen und Beamten geben. Eure Knechte und Mägde, eure besten jungen Leute und eure Esel wird er holen und für sich arbeiten lassen. Von euren Schafherden wird er den Zehnten erheben. Ihr selber werdet seine Sklaven sein" (1 Sam 8,11–17).

Aus diesen Worten hört man die Ansicht freier israelitischer Bauern, die sich gegen Einschränkungen und Entmündigung durch einen König wehren, sowie die theologische Kritik an einem Königtum, das sich zwischen die Menschen und Gott zwängt.

Was wir heute in der Bibel lesen, hat seine endgültige literarische Gestalt erst Jahrhunderte später – nach dem Untergang des Königtums – erhalten und ist zweifellos auch von den schlechten Erfahrungen mit Königen mitgeprägt.

Vñ Samuel nam eyn vaß des öls. vñ goß auff sein haubt.

Samuel: Richter, Priester und Prophet

Samuel, ein Efraimit aus Rama, lebte von ca. 1070 bis 1000 v. Chr. Bei der Einführung des Königtums, dem Übergang Israels von einem Stämmeverband zu einem Staat, spielte er nach biblischer Überlieferung eine entscheidende Rolle.

Samuel wurde als Knabe Gott geweiht und diente zunächst unter dem Priester Eli am Heiligtum von Schilo. Hier wurde er von Jahwe mit einer prophetischen Botschaft beauftragt: Er mußte dem Haus Elis wegen der Bosheit seiner Söhne das göttliche Gericht ankündigen.

Als Schilo zerstört wurde, kehrte Samuel nach Hause zurück; als Gottesmann und Orakelgeber wurde er im weiten Umkreis bekannt. Keine der „klassischen" religiösen Rollen vermag offenbar die Gestalt Samuels angemessen zu erfassen: Er begegnet als Gottesmann, Seher, Prophet und Priester. In 1 Sam 19,18–24 steht er an der Spitze einer Gruppe ekstatischer Propheten. In der ersten Begegnung mit Saul gilt er als ein Seher, der gegen Bezahlung Orakel erteilt (1 Sam 9,6–20). Obwohl kein Levit, brachte er Opfer dar (1 Sam 13,8–14; 16,1–5). Daneben gilt er als Richter Israels (1 Sam 7,15 f) und als Feldherr gegen die Philister.

Dem Königtum steht Samuel zwiespältig gegenüber. Wenn er Saul schließlich doch verwirft, dann offenbar aus der Überzeugung, daß ein König sich keinesfalls über Jahwes Gesetz hinwegsetzen dürfe.

"Da nahm Samuel den Ölkrug und goß Saul das Öl auf das Haupt, küßte ihn und sagte: Hiermit hat Jahwe dich zum Fürsten über sein Erbe gesalbt" (1 Sam 10, 1).

Samuel salbt Saul. Aus der Nürnberger Bibel, 1493.

\	Die Datierung der Könige von Juda und Israel	
	Saul (1020–1000)	
	David (1000–960)	
	Salomo (960–930)	
JUDA	ISRAEL	MESOPOTA-MIEN/ÄGYPTEN
Rehabeam (930–913)	Jerobeam I. (930–910)	
	Omri (881–874)	
Joschafat (871–849)	Ahab (874–853)	Salmanassar III. (858–824)
	Jehu (841–813)	
Ahas (743–727)	Menahem (747–736)	
	Hoschea (732–723)	
Hiskija (727–698)	Untergang Samarias (722)	Sargon II. (722–705)
Manasse (698–642)		Sanherib (705–681)
Joschija (639–609)		Nabopolassar (625–605)
Jojakim (609–597)		Necho II. (610–595)
Zidkija (597–587)		Nebukadnezzar (605–562)

Wie anderswo im alten Mittleren Osten wurden in Israel und Juda Ereignisse nach den Regierungsjahren der Herrscher angegeben. In den beiden Königsbüchern wird auf „Chroniken der Könige von Juda bzw. Israel" verwiesen. Diese müssen offenbar zeitliche Angaben über Herrschaftsdauer, Herkunft und gelegentlich Alter bei Regierungsantritt enthalten haben. Ab der Reichstrennung wird jeweils das Regierungsjahr des Nachbarkönigs bei einer Thronbesteigung mitgenannt, z. B. „Ahab, der Sohn Omris, wurde König von Israel im 38. Jahr des Königs Asa von Juda. Er regierte in Samaria 22 Jahre über Israel" (1 Kön 16, 29).

Die Zeitangaben der Bibel sind verwirrend, und seit dem Altertum haben Forscher versucht, widersprüchliche Angaben in den Königsbüchern auszugleichen. Verschiedene Gründe sind für die unterschiedlichen Angaben verantwortlich. Die Autoren der Königsbücher werden Chroniken der babylonischen Exilszeit wie auch ältere Quellen verwertet und gelegentlich eigene Berechnungen angestellt haben, um Lücken zu schließen und Widersprüche auszugleichen.

Unsicher ist auch die Berechnung der Regierungsjahre: Wurden nur volle Kalenderjahre gezählt oder auch angebrochene „Antrittsjahre"? Wahrscheinlich waren beide Zählarten in Gebrauch. Selbst die Art des verwendeten Kalenders ist unsicher. Man weiß heute, wie in Ägypten und Mesopotamien das Mondjahr von 354 Tagen mit dem Sonnenjahr von 365 Tagen in Einklang gebracht wurde. Für den biblischen Bereich aber ist das noch ungeklärt.

Um genaue Zeitangaben zu erhalten, vergleicht die heutige Wissenschaft mit Zeiträumen der Umwelt, in erster Linie Mesopotamiens. Hier stehen die Zeitangaben des 1. Jahrtausends dank ununterbrochener Herrscherlisten bis zur hellenistischen Zeit ziemlich fest und sind durch astronomische Daten überprüfbar. So läßt sich z. B. durch den Vergleich biblischer und babylonischer Angaben Nebukadnezars erste Eroberung von Jerusalem auf sein 8. Regierungsjahr festlegen. Das ist 597 v. Chr. Sauls Daten sind hingegen nicht mehr eindeutig festzustellen.

Als erwählter Anführer Israels am Übergang zum Königtum gleicht Samuel dem mesopotamischen Helden Gilgamesch. **Dieses akkadische Rollsiegel** (ca. 2300 v. Chr.) zeigt einen Kampf zwischen Stieren und männlichen Gestalten, die gelegentlich als Gilgamesch und sein Freund („der wilde Mann Enkidu") gedeutet wurden – ohne ausreichende Begründung allerdings.

Gilgamesch, Held sumerischer Epen, war König von Erech. Die Ursprünge des Königtums in Mesopotamien liegen im Dunkeln. Vielleicht wurde zunächst in Zeiten der Gefahr die höchste Gewalt von den Ältesten für eine begrenzte Zeit einem einzelnen übertragen. Später entstand daraus eine beständige Institution. Gilgamesch ist das Beispiel eines erwählten, kriegerischen und heroischen Königs.

Die Schlacht von Michmas

Sauls Einsetzung zum König über ganz Israel hätte eine leere Geste bleiben können, wäre es ihm nicht gelungen, das Volk tatsächlich hinter sich zu scharen. Im vollen Umfang gelang ihm dies durch einen Sieg über die feindlichen Philister bei Michmas.

Israel gewann Selbstbewußtsein, die Truppen der Stämme anerkannten sein Oberkommando, eine ernsthafte Einigung des Landes begann.

Vor dieser Schlacht von Michmas blieb Sauls Autorität auf seine Verwandtschaft, den kleinen, aber kriegerischen Stamm Benjamin, begrenzt. Eine politische und militärische Einheit war Israel noch nicht.

Zwar hatte Samuel erfolgreich gegen die Philister gekämpft, doch konnten diese sich mit ihren Garnisonen mitten in Israels Kernland festsetzen.

Als Saul zum König gesalbt wurde, kontrollierten die Philister das Land; sogar in Gibea-Elohim, mitten im Stammesgebiet Benjamins, lag eine Garnison. Möglicherweise war dieses Gibea Sauls Heimatort. Jedenfalls wurde er von Samuel unmittelbar nach der Salbung dorthin geschickt.

Bezeichnenderweise suchte sich Saul aber für eine erste militärische Aktion als König einen anderen, schwächeren Gegner als die Philister aus: Er vertrieb die Ammoniter, welche Jabesch in Gilead belagerten, und verschaffte sich auf diese Weise Rückhalt in der Bevölkerung.

Die eigentliche Bewährungsprobe stand aber zweifelsohne gegen die Philister bevor. Während Saul 2000 Freiwillige nach Michmas in Benjamin aufbot, sammelte sein Sohn Jonatan weitere 1000 in Geba und griff die Garnison von Gibea an und erschlug den Vogt der Philister. Das war die Kriegserklärung. „Saul aber ließ im ganzen Land das Widderhorn blasen ... Und ganz Israel hörte die Kunde: Saul hat den Vogt der Philister erschlagen! Das Volk wurde aufgeboten, Saul nach Gilgal zu folgen" (1 Sam 13, 3 f).

Die Philister reagierten schnell. Eine Strafexpedition drang ins Land ein und zwang Saul zum Rückzug aus seiner günstigen Lage bei Michmas. „Die Philister versammelten sich zum Kampf gegen Israel; sie hatten dreitausend Wagen und sechstausend Wagenkämpfer und ein Heer so zahlreich wie der Sand am Ufer des Meeres. Sie zogen herauf und schlugen bei Michmas, östlich von Bet-Awen, ihr Lager auf" (1 Sam 13, 5).

Saul zog sich Richtung Osten nach Gilgal zurück. Er hoffte, dort würden sich ihm Männer anschließen, die seine Truppen verstärkten.

Doch leider sah er sich in seinen Hoffnungen getäuscht. Denn „als die Israeliten sahen, daß sie in Gefahr gerieten und daß das Volk bedrängt wurde, versteckten sie sich in Höhlen, Schlupflöchern, Felsspalten, Gruben und Zisternen. Viele gingen über den Jordan in das Land Gad" (1 Sam 13, 6 f).

Saul wartete auf Samuel, der in Gilgal die Opfer darbringen wollte. In der Zwischenzeit aber liefen ihm die Leute weg. Mit schäbigen 600 Mann zog er dennoch gegen die Philister und bezog Stellung in Geba, gegenüber von Michmas.

Saul und sein Häuflein hatten Glück, daß die Philister weiterhin Raubzüge ins Land unternahmen statt die rebellierende Hauptruppe in Geba anzugreifen. Dies erlaubte Jonatan einen gewissen Überraschungscoup, der dem Krieg eine Wende gab: Nur von seinem Waffenträger begleitet, gelang es ihm, einen Militärposten in einem Felsennest bei Michmas vollständig zu vernichten.

Eisen – ein Monopol der Philister?

Ein prachtvolles philistäisches Bronzeschwert wurde bei Bet-Dagon in der Nähe von Jafo gefunden. Es stammt aus dem 11. Jh. v. Chr. und ähnelt vielleicht den Waffen, welche Sauls Gegner benutzten.

Nach biblischer Darstellung waren die Israeliten schlechter dran: „Damals war im ganzen Land kein Schmied zu finden. Denn die Philister hatten sich gesagt: Die Hebräer sollen sich keine Schwerter und Lanzen machen können. Alle Israeliten mußten zu den Philistern hinabgehen, wenn jemand sich eine Pflugschar, eine Hacke, eine Axt oder eine Sichel schmieden lassen wollte" (1 Sam 13, 19 f).

Die Israeliten waren deshalb nur mit Äxten und Hacken ausgerüstet. „Im ganzen Heer, das bei Saul und Jonatan war, fand sich weder ein Schwert noch ein Speer. Nur Saul und sein Sohn Jonatan hatten solche Waffen" (13, 22).

Aus dieser Notiz wurde oft geschlossen, die Philister hätten ein Eisenmonopol besessen. Das schien zur Vorstellung zu passen, in Israel habe die sogenannte Eisenzeit mit der Einwanderung eisenbearbeitender Völker begonnen. Archäologen fanden aber keinen Unterschied in der Verbreitung von Bronze und Eisen in israelitischen und philistäischen Siedlungen. Tatsächlich war Eisen in Palästina noch wenig bekannt.

Man kann aber festhalten, daß die Philister versucht haben, den Waffenbesitz zu kontrollieren. Dies ist ihnen auf jeden Fall aber nur kurze Zeit gelungen.

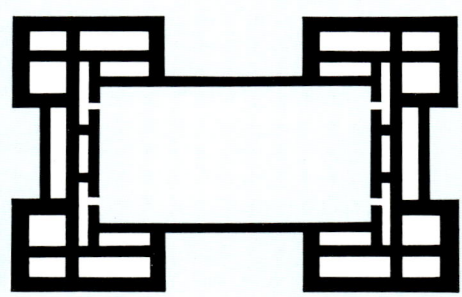

Sauls Gibea

Der Plan zeigt ein Gebäude in Tell el-Ful, das vielleicht Sauls Residenz war. Der Ort wurde als einer der ersten in Palästina 1868 von C. Warren ausgegraben. Die Identifikation mit Sauls Gibea (1 Sam 15, 34) scheint gut begründet. Die älteste Schicht aus dem 11. Jh. v. Chr. könnte Sauls Hauptquartier gewesen sein. Der rechtwinklige Bau mißt 52 × 35 m, besaß mindestens zwei Stockwerke, doppeltes Steinmauerwerk und vier Ecktürme. Im Innern fanden sich Kochgeschirre, Haushaltsgegenstände, bronzene Pfeilspitzen und Steine für Schleudern. Alles deutet auf ziemlich spartanische Lebensweise hin. Mehr eine Festung als ein Palast, paßt das Gebäude von Tell el-Ful zu allem, was von Saul bekannt ist; er war ja in erster Linie ein Soldat, und die Verhältnisse ließen noch keine Prunkentfaltung zu.

Die Entscheidungsschlacht von Michmas

Die strategische Bedeutung des benjaminitischen Dorfes Michmas liegt darin, daß es eine Hauptverbindungsstraße kontrolliert, die aus dem Philisterland über das Bergland ins Jordantal führt.

Durch die Besetzung von Michmas hätten die Philister einen Keil zwischen die israelitischen Siedlungen treiben können. Saul hielt zunächst die Paßhöhe, mußte sich nach Kriegsbeginn aber ostwärts zurückziehen, um weitere Truppen zu sammeln.

Die Philister nahmen Michmas ein und besetzten es. Saul, Jonatan und ihr bescheidenes Heer bezogen südöstlich Stellung in Geba, gesichert durch eine steile felsige Schlucht, die für die philistäischen Streitwagentruppen nicht zugänglich war. Da die Philister wußten, daß Sauls Armee durch Fahnenflucht zunehmend schwächer wurde, suchten sie deren Auflösung durch Raubzüge zu beschleunigen.

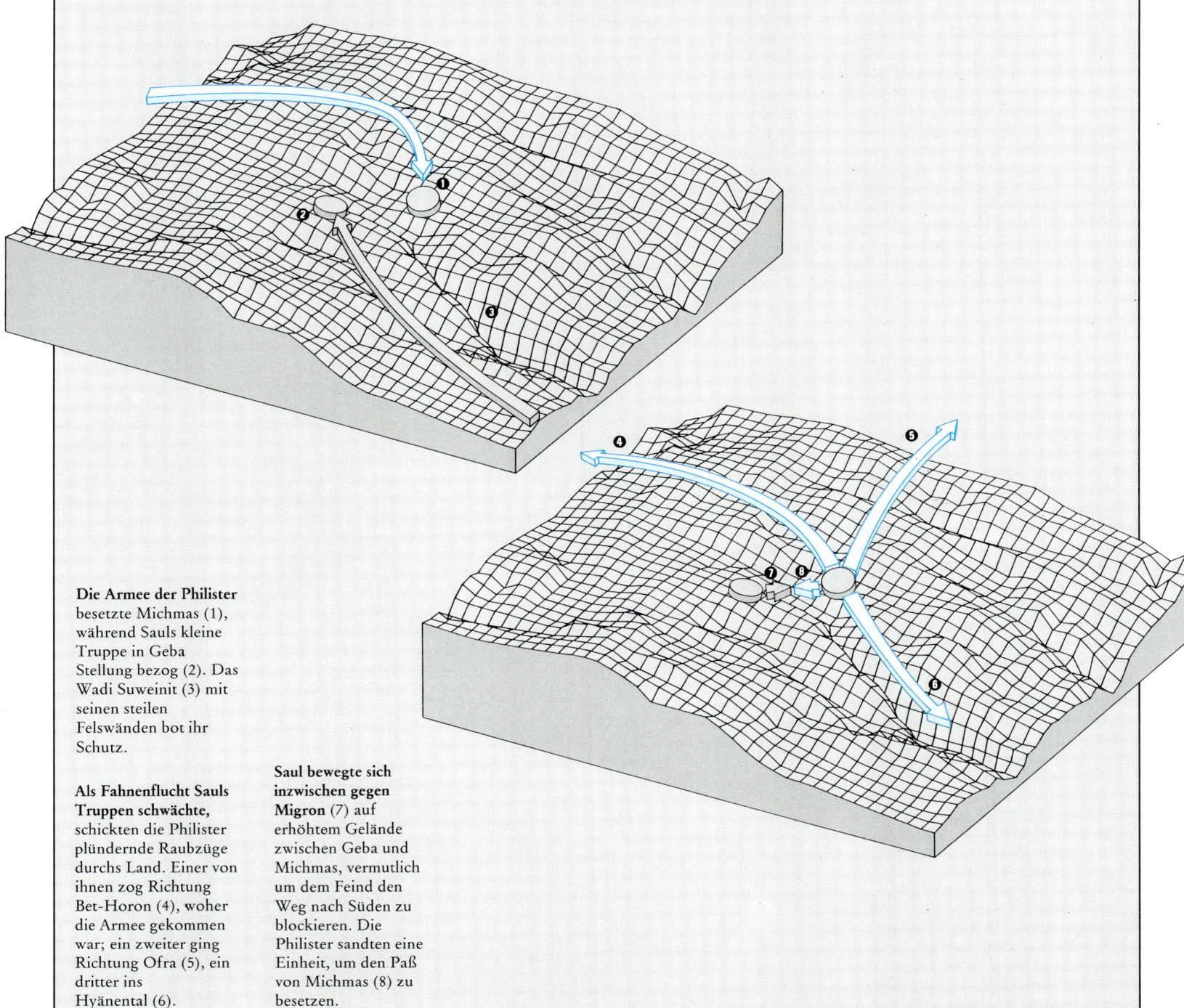

Die Armee der Philister besetzte Michmas (1), während Sauls kleine Truppe in Geba Stellung bezog (2). Das Wadi Suweinit (3) mit seinen steilen Felswänden bot ihr Schutz.

Als Fahnenflucht Sauls Truppen schwächte, schickten die Philister plündernde Raubzüge durchs Land. Einer von ihnen zog Richtung Bet-Horon (4), woher die Armee gekommen war; ein zweiter ging Richtung Ofra (5), ein dritter ins Hyänental (6).

Saul bewegte sich inzwischen gegen Migron (7) auf erhöhtem Gelände zwischen Geba und Michmas, vermutlich um dem Feind den Weg nach Süden zu blockieren. Die Philister sandten eine Einheit, um den Paß von Michmas (8) zu besetzen.

Die Schlacht von Michmas /2

Nach Jonatans gewagtem Zwei-Mann-Überfall auf den Philisterposten „entstand großer Schrecken im Lager (der Philister) und auf dem Feld und im ganzen Volk; auch der Vorposten und die plündernden Abteilungen erschraken" (1 Sam 14, 15).

Der unerwartete Coup Jonatans mit 20 getöteten Feinden wird im übrigen Philisterheer einen Schock ausgelöst haben. Ein Erdbeben kam hinzu, von den Israeliten als göttliche Unterstützung gedeutet.

Jedenfalls löste das Heer der Philister sich auf und floh. Nachdem Saul erst das Orakel befragt hatte, nahm er die Verfolgung auf und vernichtete den Feind.

Der Ausgang der Schlacht war in erster Linie das Ergebnis einer glücklichen Fügung. Jonatan selbst setzte darauf, als er seinen Waffenträger ermunterte: „Komm, wir wollen hinübergehen zum Posten dieser Unbeschnittenen. Vielleicht wird Jahwe für uns handeln; für Jahwe ist es ja keine Schwierigkeit zu helfen, sei es durch viele oder wenige" (14, 6).

Beide Kriegsparteien machen einen chaotischen Eindruck. Die Philistertruppen litten unter der Uneinigkeit ihrer Feldherren. Zu ihren Söldnern gehörten zudem Hebräer, die angesichts schwindenden Kriegsglücks prompt die Front wechselten. Die Israeliten andererseits machten ihre ersten schwierigen Erfahrungen mit einer königlichen Führung, die bei ihren weltlichen Angelegenheiten mit den religiösen Führern zusammenstieß.

Mit Samuel hatte sich Saul nämlich bereits überworfen. Als Samuels Ankunft am Sammelplatz der Truppen in Gilgal sich verzögerte, brachte Saul kurzerhand selbst die zu Kriegsbeginn fälligen Opfer dar.

„Gerade als er mit der Darbringung des Opfers fertig war, kam Samuel. Saul ging ihm entgegen, um ihn zu begrüßen. Samuel aber fragte: Was hast du getan? Saul antwortete: Weil ich sah, daß mir das Volk davonlief und du nicht zu dem vereinbarten Zeitpunkt gekommen bist und die Philister sich bei Michmas versammelt haben, dachte ich: Jetzt werden die Philister gegen mich nach Gilgal herabziehen, noch ehe ich Jahwe gnädig gestimmt habe. Darum habe ich es gewagt, das Brandopfer darzubringen" (1 Sam 13, 10–12). Samuel reagierte auf diese Anmaßung mit der Verfluchung Sauls. Er kündigte an, Saul werde seine Krone an einen anderen verlieren.

Die Basis von Sauls Königtum wurde in der Zwischenzeit zunehmend schmäler. Als theoretischer Herrscher über ganz Israel hatte er gerade 600 Mann für seinen Krieg aufbringen können. Womöglich kämpften gar mehr Hebräer auf seiten der Philister als mit dem „Gesalbten Jahwes"!

Doch diese anderen Hebräer dürften das kriegsentscheidende Element gewesen sein. Als Saul und seine Leute vor Michmas vorrückten, „sahen sie, daß (im Lager der Philister) jeder sein Schwert gegen den anderen gerichtet hatte und daß ein ganz gewaltiges Getümmel entstanden war" (14, 20). Vermutlich waren dafür eben jene Hebräer in den Reihen der Philister verantwortlich, die sich „von ihnen abwandten, um auf seiten Israels zu sein, das zu Saul und Jonatan hielt" (14, 21). So kam es, daß die siegreichen Israeliten die Fliehenden bis nach Ajalon, an die Grenze des Philisterlandes, verfolgten. Als es ans Beutemachen ging, fanden sich auch jene wieder ein, die sich während des Kampfes versteckt hatten.

Der Kriegserfolg, vor allem die siegreiche Schlacht von Michmas, half ganz entscheidend mit, daß das Königtum Sauls sich in Israel durchsetzen konnte.

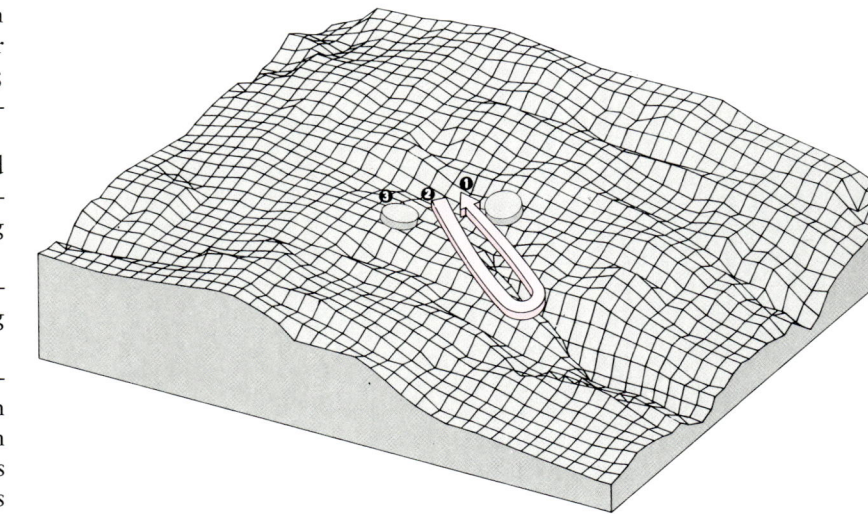

Ohne Wissen Sauls und seiner Leute unternahmen Jonatan (1) und sein Waffenträger (2) einen Überfall auf einen Philisterposten (3), der den Paß von Michmas bewachte. Sie schlichen sich auf schwierigem Kletterpfad an, zunächst eine Felswand (genannt Senne) hinunter in die Schlucht, dann auf der Seite (genannt Bozez) hinauf.

Unten im Tal angekommen, wurden sie von der Philisterwache entdeckt, aber für Israeliten gehalten, die sich in den Höhlen des Wadi Suweinit verstecken wollten. Spöttisch lud man Jonatan ein, hochzukommen, natürlich im Glauben, niemand könne die steile Felswand erklimmen.

Der Überraschungseffekt war vollständig. Jonatan vernichtete die gesamte Mannschaft des Wachtpostens, sein Waffenträger besorgte den Rest.

Die Philister-Armee geriet in Panik, als ihr Wachtposten am Paß von Michmas durch Jonatan liquidiert wurde (1). Wie sich die Schreckensmeldung verbreitete, fing die Erde an zu beben. Es begann ein blutiger Streit zwischen den Philistern und ihren desertierenden Hebräern. Saul und seine Leute waren mittlerweile vorgerückt und hatten das Tal von Migron (2) erreicht, zwischen Geba (3) und Michmas. Seine Späher auf der Höhe meldeten, das Lager der Feinde löse sich auf. „Sauls Späher ... sahen ein Getümmel, das hin und her lief" (1 Sam 14,16).

Das Ende der Schlacht

Verwundert über die Auflösung des Philisterlagers, ließ Saul durch einen Appell prüfen, „wer von unseren Leuten weggegangen ist" (14,17), und bemerkte erst jetzt, daß Jonatan und sein Waffenträger fehlten. Er ließ daraufhin das Orakel befragen, „doch während er mit dem Priester redete, wurde das Getümmel im Lager der Philister immer größer. Da sagte Saul zu dem Priester: Halt ein!" (14,19). Er formierte seine Truppe, rückte dorthin vor, wo das Kampfgeschehen tobte, und focht Seite an Seite mit den abtrünnigen Hebräersöldnern gegen die Philister.

Als das Kriegsglück sich gewendet hatte, kamen auch die Israeliten, die sich versteckt hatten, aus ihren Schlupfwinkeln hervor „und setzten den Philistern im Kampf nach" (14,22).

Die Philister flohen in Richtung Bet-Horon und wurden geplündert. Die Israeliten schlugen „an diesem Tag die Philister im ganzen Gebiet zwischen Michmas und Ajalon" (14,31). Schafe, Rinder, Kälber waren die Beute. Das Volk schlachtete sie gierig und aß, ohne daß man das Blut erst auslaufen ließ, wie es das Gesetz befahl. Damit lud Israel schwere Schuld auf sich.

David und Goliat

Der künftige König David wurde nach biblischer Darstellung erstmals bekannt durch den Heldenmut, mit dem er dem Philister Goliat gegenübertrat. Der Sieg des Hirtenknaben mit seiner Schleuder über den schwerbewaffneten Riesen ist heute noch sprichwörtlich. Der Zweikampf soll bei einer erneuten Auseinandersetzung zwischen Israel und den Philistern stattgefunden haben. Jetzt, da Saul immer mehr Taten des Ungehorsams begeht, betritt der wahre Held die Bühne der Erzählung: David.

Schon zuvor war David zu Jahwes Gesalbtem erwählt worden: Samuel war nach seinem Bruch mit Saul nach Betlehem in Juda gereist, um einen der Söhne Isais zum neuen König zu machen. Zur Überraschung aller überging er dabei die älteren sieben Brüder und suchte sich David aus, den Jüngsten. Er „war blond, hatte schöne Augen und eine schöne Gestalt ... Samuel nahm das Horn mit dem Öl und salbte David mitten unter seinen Brüdern. Und der Geist des Herrn war über David von diesem Tag an" (1 Sam 16, 12 f).

Israel und die Philister hatten sich in einem Stellungskrieg verbissen, die einen auf dieser, die andern auf jener Seite eines Tales. Goliat – ein Vorkämpfer der Philister von enormer Größe (die biblischen „6 Ellen und 1 Spanne" ergeben mehr als 3 m!), mit schwerem Panzer und waffenklirrend – trat vor und lud ein zu einem Zweikampf. Keiner wagte es, darauf einzugehen, bis David das Gerücht hörte, Saul wolle dem seine Tochter zur Frau geben, der Goliat besiege.

Erzürnt über die Schmach, welche dieser Heide „den Heerscharen des lebendigen Gottes" antat, bot sich David als Zweikämpfer an, und zwar ohne Panzer, weil er sich in ihm nicht wohl fühlte. Er begnügte sich mit ein paar Kieselsteinen aus dem Bach und zog mit Schleuder und Hirtenstab in den Kampf.

Beleidigt, daß ein Hirtenknabe gegen ihn antreten wollte, schrie Goliat: „Bin ich denn ein Hund, daß du mit einem Stecken auf mich loskommst?" (17, 43). Doch ehe er noch seinen Arm erheben konnte, hatte ihn David mit dem Kiesel aus seiner Schleuder zu Boden gestreckt und mit dem eigenen Schwert enthauptet. Da ergriffen die Philister insgesamt die Flucht.

Ein Hirtenknabe, der mit seiner Schleuder ein Monster erlegt und die Hand der Königstochter gewinnt – das entspricht ganz dem Stoff, aus dem Heldenerzählungen gemacht sind. Goliat trägt denn auch ganz unrealistische Züge. Er ist nicht nur unwahrscheinlich groß, er soll auch von den Refaim abstammen, einer Art Totengeister, die nach alten Sagen einst das Land bevölkert haben sollen. Zudem wird ganz nebenbei in einer wenig beachteten biblischen Notiz (2 Sam 21, 19) der Sieg über diesen Goliat einem anderen, nämlich Davids Gefährten Elhanan, zugeschrieben.

Die Goliat-Geschichte ist zudem recht ungeschickt in die Erzählung eingefügt. Nach dem vorangehenden Kapitel (16) soll David nämlich schon zuvor an Sauls Hof gekommen sein: als Zither-Spieler, der des Königs Schwermut mit seinem heiteren Spiel kurieren sollte. Die Geschichte will offenbar den strahlenden jungen Helden der sich verdüsternden Gestalt des Königs gegenüberstellen.

Ein Kampf Davids gegen Goliat hat vielleicht nie stattgefunden. Doch muß David sich schon jung als Krieger bewährt haben. Als solcher war er an Sauls Hof hochwillkommen. Doch seine erfolgreichen Kämpfe gegen die Philister erregten Sauls Eifersucht, und ein Streit bahnte sich an. Bei Sauls Tod finden wir den „Riesentöter" David im Dienst der Philister (vgl. S. 81)!

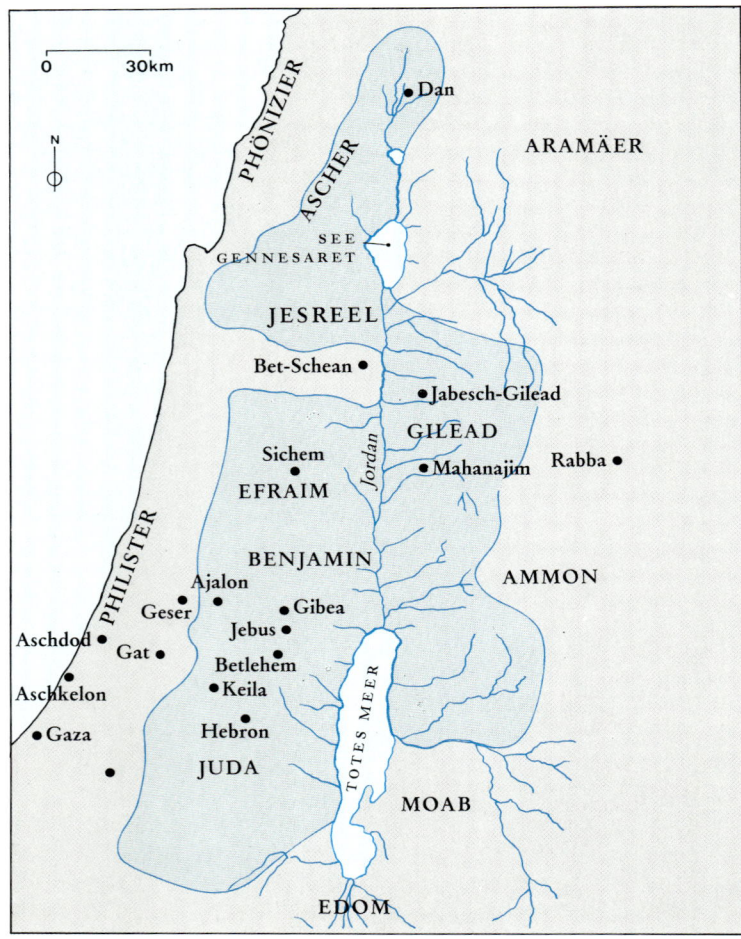

Die Grenzen des Herrschaftsgebietes Sauls lassen sich kaum feststellen. Er scheint Zentralpalästina zu kontrollieren, mit Benjamin, Efraim und Gilead als Kernland. Sein Einfluß auf Galiläa und das südliche Juda war wohl rein theoretischer Art.

Das Vasenbild aus Griechenland (5. Jh. v. Chr.) zeigt den Zweikampf zwischen Achilles (links) und Hektor, dem griechischen und dem trojanischen Vorkämpfer. Zweikämpfe solcher Helder galten in griechischer und biblischer Tradition als Mittel, einen Krieg zu entscheiden. Beispiele finden sich in Homers „Ilias". Goliat soll jedem beliebigen Israeliten angeboten haben:

„Wenn er mich im Kampf erschlagen kann, wollen wir eure Knechte sein. Wenn ich ihm aber überlegen bin und ihn erschlage, sollt ihr ... uns dienen" (1 Sam 17, 9).

Schleudersteine (links) wurden in zahlreichen israelitischen Siedlungen gefunden. Steinschleudern waren damals nicht bloß Hirtenwaffen, sondern auch tödliches Kriegswerkzeug. Einige der Krieger Davids sollen links- und rechtshändig geschossen haben.

Die Schleuder war in Israels Kriegen besonders beliebt. Aus einem Lederstück, an Schnüren befestigt, entstand in geübter Hand eine tödliche Waffe. Ägyptische Darstellungen erlauben diese Rekonstruktion eines Schleuderers mit einer Steintasche. Die geladene Schleuder wurde mit beiden Händen straff gehalten, über dem Kopf geschwungen und im richtigen Augenblick die eine Schnur losgelassen, so daß der Stein mit tödlicher Wucht wegflog.

Goliats Waffen und Panzer

Dieses Schuppenpanzer-Hemd entspricht ägyptischen Bildern des 15. Jh. v. Chr. Schuppenpanzer waren jahrhundertelang in Syrien, Ägypten und Mesopotamien beliebt. So muß man sich Goliat vorstellen: „Auf seinem Kopf hatte er einen Helm aus Bronze, und er trug einen Schuppenpanzer aus Bronze, der 5000 Schekel wog" (1 Sam 17, 5). Als Waffen besaß er einen Speer mit Eisenspitze und ein am Rücken befestigtes Schwert aus Bronze. Ein Träger schützte ihn mit einem Schild.

Die Bewaffnung Goliats ist keineswegs – wie oft behauptet wird – mykenisch oder homerisch-griechisch, sondern typisch nahöstlich. Nur die bronzenen Beinschienen sind in Palästina unbekannt. Da es Beispiele im Zypern des 12. Jh. v. Chr. gibt, kann man Goliats Ausrüstung keineswegs als direkt griechisch beeinflußt bezeichnen.

Sauls Tod am Berg Gilboa

Während seiner Herrschaftszeit hatte es Saul verstanden, die Oberherrschaft der Philister durch die neue Kraft eines vereinigten israelitischen Königtums aus Zentral- und Südpalästina zu verdrängen. Nun hatten die Philister nach mehreren erfolglosen Attacken gegen den Rebellenkönig ein gewaltiges, schlagkräftiges Heer zusammengebracht. „Als Saul das Lager der Philister sah, bekam er große Angst, und sein Herz begann zu zittern" (1 Sam 28,5). Saul hatte keine Siegchance.

Von Afek in der Scharon-Ebene aus marschierten die Philister „mit ihren Hundertschaften und Tausendschaften" (1 Sam 29,2). Auch David – zu dieser Zeit Vasall der Philister – wurde mit seiner Gefolgschaft von 600 Mann aufgeboten. Doch das Erscheinen der Hebräer unter den Truppen Achischs, des Königs von Gat, stieß auf Widerstand bei der Heeresleitung der Philister, weil sie ihnen einen Frontwechsel mitten in der Schlacht zutrauten wie damals in Michmas. Nach einigem Hin und Her wurden daher David und seine Leute zurückgeschickt. Wie sie zu ihrem Standquartier in Ziklag zurückkehrten, trafen sie die Stadt zu ihrer bösen Überraschung von einer Amalekiterbande geplündert an.

Die Philister hatten inzwischen die Jesreel-Ebene durchzogen. Bei ihrem Anblick zu Tode erschrocken, wollte Saul den Rat des verstorbenen Samuel einholen. In philistäischer Verkleidung suchte er eine berühmte Geisterbeschwörerin auf, die in En-Dor wohnte. Da Saul zuvor alle Beschwörer des Landes hatte umbringen lassen, wehrte sich die Frau zunächst gegen eine Totenbefragung. Schließlich rief sie aber Samuels Geist herbei. „Der Herr wird auch Israel zusammen mit dir in die Gewalt der Philister geben, und morgen wirst du samt deinen Söhnen bei mir sein", drohte Samuel ihm an (1 Sam 28,19).

Schweren Herzens ließ sich Saul am folgenden Tag auf die Schlacht ein. Überwältigt von der Übermacht der Philister zog er sich von der Ebene ins Gebirge Gilboa zurück, von Streitwagen verfolgt. Seine Söhne Jonatan, Abinadab und Malkischua waren gefallen, Saul selbst durch Pfeile verwundet. Aus Angst vor Gefangennahme und Demütigung stürzten sich Saul und sein Waffenträger in ihr Schwert. Gedemütigt werden sollte er trotzdem noch. Sauls Kopf und Rüstung wurden zum Zeugnis seiner Niederlage durchs Philisterland geschickt. Der Rest der Leichen Sauls und seiner Söhne wurden an die Mauern Bet-Scheans geheftet. Die Bewohner der Jesreel-Ebene flohen, und die Philister besetzten ihre Städte.

Die Eroberung der Jesreel-Ebene hätte für Israel die Kontrolle der Haupthandelswege nach Norden gebracht und zugleich den kanaanitischen Städteriegel beseitigt, der Zentralpalästina von den Nordstämmen Ascher und Sebulon trennte. Das konnten die Philister nicht zulassen. So vernichteten sie am Berg Gilboa Saul und seine Armee.

Nach der Musterung „ganz Israels" zog Saul nordwärts und betrat die Jesreel-Ebene durch den Paß von En-Gannim. Die Israeliten lagerten „an den Wassern von Jesreel" beim heutigen Jenin. In der Zwischenzeit hatten die Philister ihre Truppen bei Afek in der Scharon-Ebene zusammengezogen. Sie drangen in die Jesreel-Ebene ein und schlugen ihr Lager bei Schunem auf. Saul bestieg die Höhen des Berges von Gilboa. Dort hatte er einen Überblick über die gesamte Ebene. Der Anblick der Philisterscharen jagte ihm einen tiefen Schrecken ein.

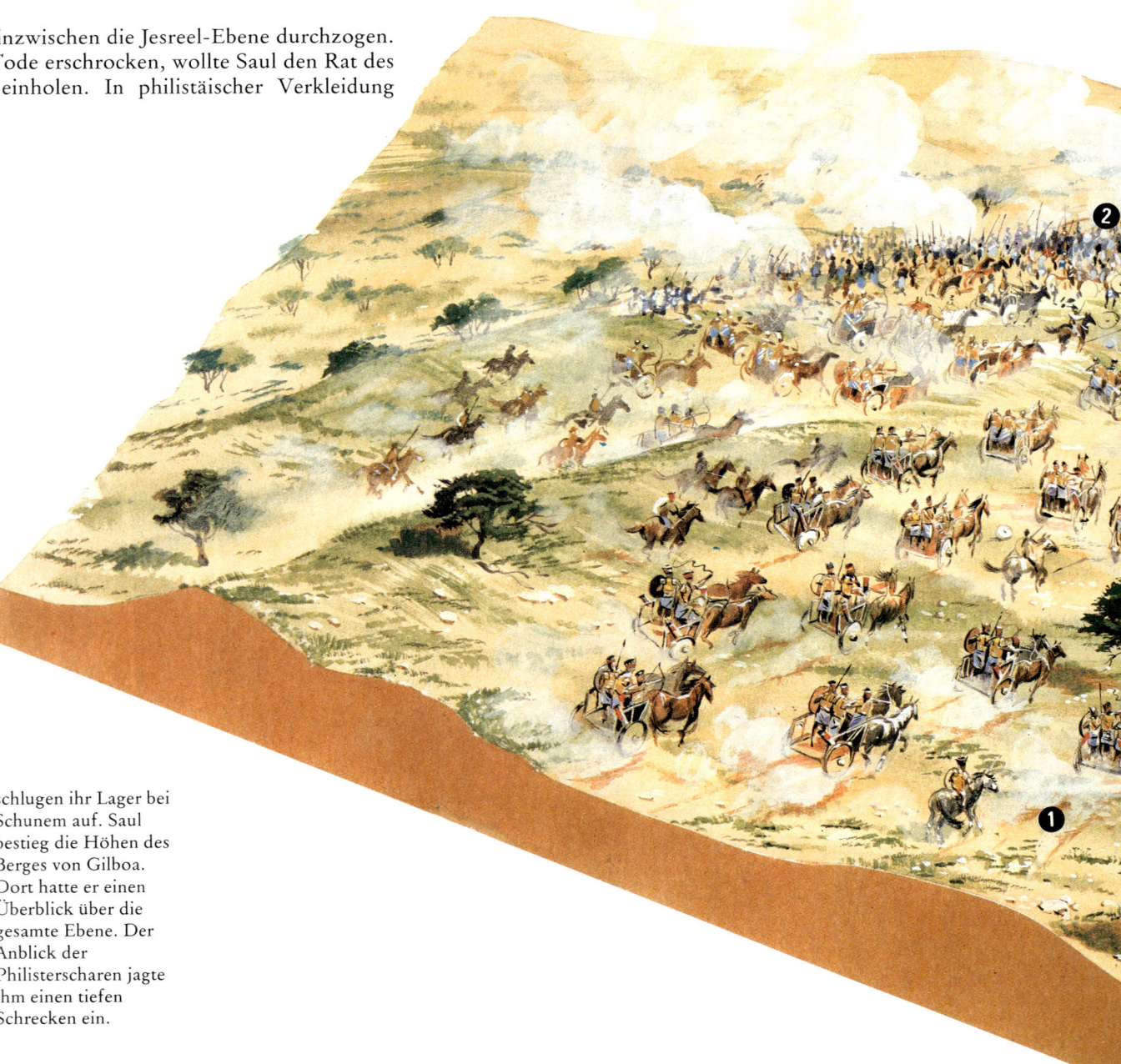

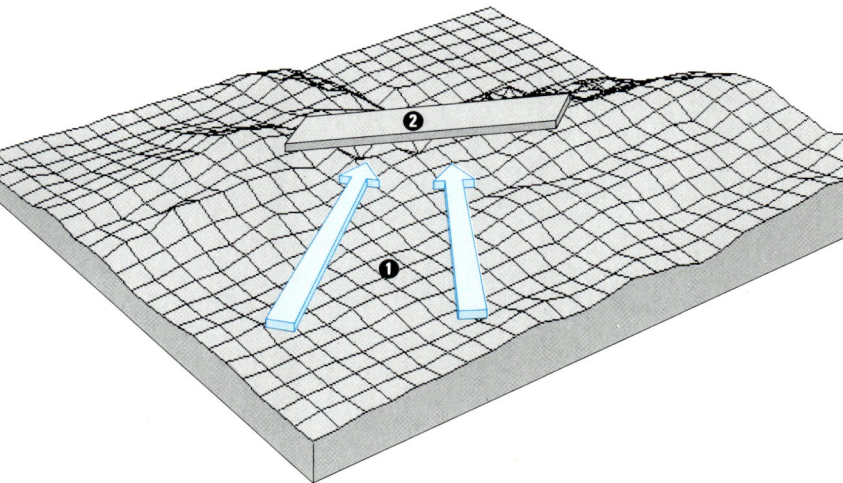

"Die Philister verfolgten Saul und seine Söhne" (1 Sam 31, 2). Das leichte Gefälle des Südabhangs von Gilboa begünstigte die Streitwagen der Philister (1), und so gelang ihnen ein vernichtender Angriff auf Saul und die Israeliten (2).

Davids Flucht vor Saul

Lange vor der Schlacht von Gilboa war die Rivalität zwischen Saul und David unversöhnbar geworden. Trotz enger familiärer Bande – Sauls Tochter Michal war Davids Frau, Jonatan sein Freund – mißtraute Saul David. Die Bibel nennt es Eifersucht. Nach einem Angriff auf sein Leben floh David vom Hof und hielt sich versteckt. Versöhnungsversuche scheiterten. David suchte schließlich Zuflucht bei Israels Erzfeind: Achisch, Philisterkönig in Gat. David erhielt den Ort Ziklag als Residenz und blieb dort 16 Monate. Er baute eine persönliche Armee aus israelitischen Gegnern Sauls auf. Mit Raub- und Beutezügen gegen nicht-israelitische Negeb-Bewohner, vor allem die Amalekiter, erwarben sie ihren Unterhalt. Die Amalekiter rächten sich, als David dem Philisteraufgebot gegen Saul Folge leistete: In seiner Abwesenheit zerstörten sie die ungeschützte Stadt und verschleppten die Einwohner samt Davids beiden Frauen. David setzte ihnen nach und überraschte sie beim Verteilen der Beute. Er tötete sie, befreite seine Frauen und die übrigen Gefangenen und hielt sich an den Herden der Amalekiter schadlos.

Die Schlacht begann offenbar mit der Vertreibung Sauls aus seiner Stellung auf dem Berg Gilboa. Zwischen Schunem und Gilboa liegt ein tiefes Flußbett, und der Nordabhang des Berges ist steil und durchfurcht. Daher rückten die Philister über die sanftere Südabdachung vor (1), wo ihre Streitwagen Zugang fanden. "Die Israeliten flohen. Viele waren gefallen und lagen erschlagen auf dem Gebirge von Gilboa" (1 Sam 31, 1). Drei Söhne Sauls fielen.

"Um Saul selbst entstand ein schwerer Kampf" (2). Die Bogenschützen hatten ihn getroffen, und er war sehr schwer verwundet" (31, 3). Durch Selbstmord entzogen sich Saul und sein Waffenträger der Gefangennahme.

"Als am nächsten Tag die Philister kamen, um die Erschlagenen auszuplündern, fanden sie Saul und seine drei Söhne, die auf dem Gebirge von Gilboa gefallen waren" (31, 8). Später verflucht David die Szene: "Ihr Berge in Gilboa, kein Tau und kein Regen falle auf euch, ihr trügerischen Gefilde" (2 Sam 1, 21).

David erobert Jerusalem

Der König zog mit seinen Männern nach Jerusalem gegen die Jebusiter, die in dieser Gegend wohnten. Die Jebusiter aber sagten zu David: Du kommst hier nicht herein; die Blinden und Lahmen werden dich vertreiben" (2 Sam 5,6). Mit einem Fluch auf die Spötter stürmte David die Stadt. Ihre Bewohner aber ließ er größtenteils am Leben.

Nach der Eroberung baute David Jerusalem zur Hauptstadt aus, zur heiligen Stadt des Gottes Israels. Psalm 132,13 f wird das Ereignis so besingen: „Jahwe hat den Zion erwählt, ihn zu seinem Wohnsitz erkoren: ‚Das ist für immer der Ort meiner Ruhe; hier will ich wohnen, ich hab' ihn erkoren.' Zions Nahrung will ich reichlich segnen, mit Brot seine Armen sättigen. Seine Priester will ich bekleiden mit Heil, seine Frommen sollen jauchzen und jubeln. Dort lasse ich Davids Macht erstarken und stelle für meinen Gesalbten ein Licht auf. Ich bedecke seine Feinde mit Schande; doch auf ihm erglänzt seine Krone."

David war ein kleiner König in philistäischen Diensten, als er um 1005 v.Chr. Jerusalem eroberte. Israel und sein König Saul waren am Berg von Gilboa vernichtet worden. Die Philister hatten die Kontrolle des Landes wieder übernommen. Allerdings scheinen sie nur den Nordteil besetzt zu haben, die Gegend der Jesreel-Ebene. Anstelle der gescheiterten Politik mit Garnisonen im Hebräerland, bevorzugten sie nun die Regel des „Teile und herrsche!"

Den Philistern kam entgegen, daß die einst geeinten Stämme nun in zwei Gruppen zerfallen waren: Sauls Sohn Ischbaal wurde vom General Abner im Ostjordanland zum „König über ganz Israel" eingesetzt; David kontrollierte den Süden, seine Residenz hatte er von Ziklag an der Grenze des Philisterlandes ins traditionelle judäische Zentrum Hebron verlegt. „Die Männer Judas kamen und salbten David dort zum König über das Haus Juda" (2 Sam 2,4).

Eigentlich war David immer noch Vasall des Philisterkönigs von Gat. Doch war er viel zu ehrgeizig und klug, um irgend jemandes Vasall zu sein. Krieg brach aus mit Sauls Sohn Ischbaal. „David wurde immer stärker, während das Haus Saul immer schwächer wurde" (2 Sam 3,1).

Schließlich wechselte Ischbaals rechte Hand, Abner, die Seite. Er kam zu Verhandlungen mit David nach Hebron. Davids Leute aber brachten ihn eigenmächtig um, als er Hebron verließ. Ischbaal selbst wurde bald darauf von alten Feinden getötet, sein Haupt David vorgelegt.

David zeigte Abscheu gegenüber den beiden Morden. Doch erntete er aus ihnen Vorteile. Er allein meldete nun Ansprüche auf Israels Thron an. „Alle Stämme Israels kamen zu David nach Hebron und sagten: Wir sind doch dein Fleisch und Bein. Schon früher, als Saul noch unser König war, bist du es gewesen, der Israel in den Kampf und wieder nach Hause geführt hat ... Und sie salbten David zum König von Israel" (2 Sam 5,1-3).

Siebeneinhalb Jahre regierte David von Hebron aus, dann machte er Jerusalem zur Hauptstadt. Jerusalem war eine alte Kanaaniter-Stadt mitten unter israelitischen Siedlungen. Sie besaß eine gut bewehrte Zitadelle. Aber rings von Israeliten umgeben, mußte sie ihnen eines Tages anheimfallen.

Jerusalem spielte zur Davidszeit für Israel eine einigende Rolle. Die neue Hauptstadt lag genau an der Grenze zwischen Davids Stamm Juda und Sauls Heimat Benjamin. Günstig gelegen, keinem Stamm zugehörig und von des Königs eigenen Leuten erobert, eignete sie sich hervorragend als Hauptstadt. David hatte klug gewählt.

Die frühe Geschichte Jerusalems

„Siehe, der König hat seinen Namen auf ewig auf Jerusalems Land gelegt; so darf er Jerusalems Land nicht preisgeben."

So schrieb Abdi-Hepa, der König von Jerusalem, in einem verzweifelten Hilferuf an seinen Oberherrn, den Pharao. Sein Brief, teilweise oben abgedruckt und übersetzt, stammt aus dem berühmten Archiv der Keilschrifttafeln von El-Amarna in Ägypten, aus der Zeit Amenophis' III. und Amenophis' IV. (besser bekannt als Echnaton), der Pharaonen des 14. Jh. v. Chr.

Abdi-Hepa bat dringend um Schutztruppen für Jerusalem, das von Feinden, besonders den rätselhaften „Habiru", bedroht wurde. Er schrieb: „Das Land des Königs ist bereits an die Habiru gefallen."

Früher glaubte man, daß mit den Habiru die Hebräer gemeint sein könnten und die Kämpfe einen Ausschnitt aus der Eroberung Kanaans darstellten. Dies wird heute jedoch bezweifelt. Der Zusammenhang zwischen den beiden Gruppen, wenn es denn einen gab, bedarf noch weiterer Klärung.

Jerusalems Geschichte vor der Amarnazeit ist dunkel, es war aber eine alte und wichtige Stadt. Schon in den sogenannten „Ächtungstexten" des 18. Jh. v. Chr. wird sie erwähnt. Es handelt sich dabei um beschriftete Gefäße und Figürchen mit Namen ägyptischer Feinde, die zerbrochen wurden, um Schadenzauber zu bewirken. Ein Gefäßbruchstück nennt einen König von Jerusalem und seine Gefolgsleute.

Nach der Überlieferung war das vom wandernden Abraham besuchte Salem („Friede") Jerusalem. Hier herrschte damals Melchisedek: „Melchisedek, der König von Salem, brachte Brot und Wein heraus. Er war Priester des Höchsten Gottes. Er segnete Abram und sagte: Gesegnet sei Abram vom Höchsten Gott, dem Schöpfer des Himmels und der Erde" (Gen 14,18 f).

In späterer Zeit gilt Jerusalem als feindliche Jebusiterstadt. Josua soll ihren König Adoni-Zedek besiegt haben, die Stadt aber wurde nicht erobert. Erst David konnte die Jebusiter überwinden.

Das Schicksal des letzten, namenlosen Königs von Jebus ist unbekannt. Vielleicht ließ David ihn töten. Die meisten Jebusiter aber wurden verschont. „Die Jebusiter wohnen mit den Judäern zusammen in Jerusalem bis zum heutigen Tag" (Jos 15,63). Ihre Rechte wurden offenbar nicht angetastet. Jedenfalls soll David das Land nördlich der Zitadelle auf Anordnung Jahwes von einem Jebusiter namens Arauna gekauft haben: Für den vollen Marktpreis von 50 Silberschekel erstand er den Dreschplatz samt den Ochsen, baute einen Altar und brachte Opfer dar (2 Sam 24,24). Hier sollte später Salomos Tempel gebaut werden.

Warum David Jerusalem zur Hauptstadt machte

Die Wahl Jerusalems zeugt von sorgfältiger Überlegung. Zum Land Benjamin gehörig, knapp nördlich der Grenze Judas, war die Jebusiterstadt nie von Hebräern erobert worden. Ihre Erhebung zur Hauptstadt war gegen Stammesrivalitäten gefeit. Es lag günstig an einer Straßen-Hauptachse von Norden nach Süden; in hügeligem Gelände war es gut zu verteidigen. Drei Ziele konnte David mit Jerusalem gleichzeitig erreichen: eine Residenz für die Davidsdynastie, ein Verwaltungszentrum für ganz Israel, ein religiöses Zentrum, Sitz des künftigen Tempels Jahwes. Um es zum Nationalheiligtum zu machen, überführte David die Bundeslade (vgl. S. 44f) nach Jerusalem. Die Lade galt nicht nur als Behältnis der Gesetzestafeln, sondern geheimnisvoll auch als „Thronsitz" Jahwes, voll gewaltiger Kraft.

Von Schilo, dem alten Aufenthaltsort, aus war die Lade auf verschlungenen Wegen nach Kirjat-Jearim gelangt. In einer triumphalen Prozession „unter Jubelgeschrei und unter dem Klang des Widderhorns brachten David und das ganze Haus Israel die Lade nach Jerusalem" (2 Sam 6, 15). Für die Menschen war mit der Lade Jahwe selbst eingezogen und hatte Jerusalem zur heiligen Stadt gemacht.

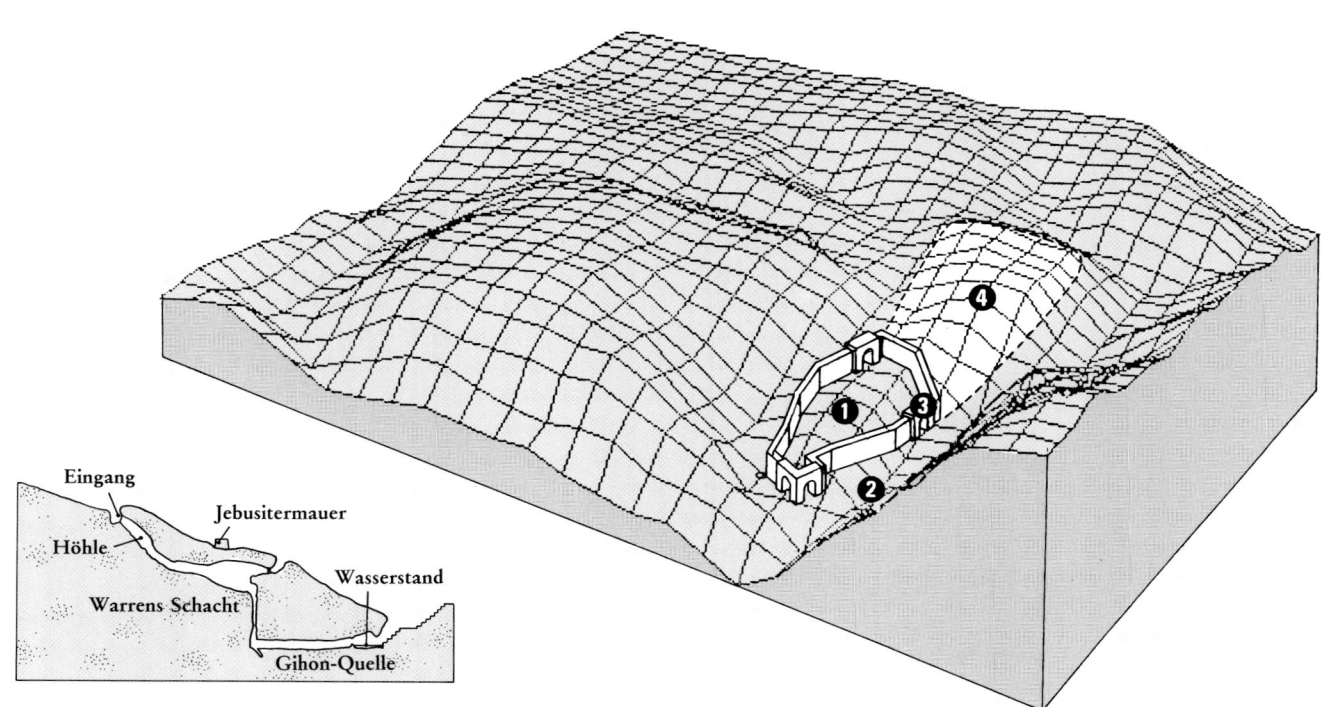

Die von David um 1005 v. Chr. eroberte Jebusiterstadt lag auf einem schmalen Hügelrücken. „David ließ sich in der Burg nieder und nannte sie die Stadt Davids" (2 Sam 5,9). Unter den spärlichen Überresten aus der Zeit vor David gibt es Gräber im Kidrontal (2) aus dem 14. Jh. v. Chr. Sie weisen auf einen üppigen Lebensstil der Jebusiter. David versprach reiche Belohnung demjenigen Krieger, der als erster die Stadt betrete: „Wer als erster die Jebusiter schlägt, soll Hauptmann und Anführer werden" (1 Chr 11,6). Dies gelang Joab; so wurde er Oberkommandierender. An anderer Stelle in 2 Sam 5,8 steht: „Jeder, der den Schacht erreicht …" Der besagte Tunnel ist vermutlich der unterirdische Wasserkanal, durch welchen die Israeliten überraschend eindringen konnten. Es könnte sich um den von Warren entdeckten Schacht handeln (3; vgl. Querschnitt oben links), der senkrecht in den Fels gehauen ist und durch den man direkt aus dem Stadtinnern Wasser aus der Gihonquelle schöpfen kann. Er war sicher schon im 10. Jh. v. Chr. in Gebrauch. Mögliche Spuren davidischer Bauten fanden sich an mehreren Stellen: David baute eine neue Stadtmauer und eine Art Stützkonstruktion (biblisch ‚Millo' genannt) sowie einen Palast aus Zedernholz (2 Sam 5,9ff). Von einem jebusitischen Bürger kaufte er den Hügel nördlich der Burg und errichtete dort einen Altar am Ort des späteren Jerusalemer Tempels (4) (vgl. 2 Sam 24f).

Der Ausbau des Reiches

Unter König David stieg Israel für kurze Zeit zur führenden Militärmacht Syro-Palästinas auf – ein erstaunlicher Aufstieg angesichts der trostlosen Lage, die Saul bei seinem Tod hinterlassen hatte.

David gelang es zunächst, die Philister zurückzuschlagen. Nach Ischbaals Ermordung hatte er sich zum König von Israel ausrufen lassen. Damit wurde den Philistern ihr ehemaliger Vasall zu mächtig. Sie griffen ihn an und besetzten die Refaiter-Ebene, die nach Jerusalem hinaufführt. David aber jagte sie so schnell in die Flucht, daß sie sogar ihre Götterbilder zurücklassen mußten. Nachdem ein zweiter Angriffsversuch ebenso scheiterte, ließen sie Israel von nun an in Ruhe. Jetzt übernahm Israel anstelle der Philister die Oberherrschaft in Palästina. Zu dieser Zeit wurden vermutlich auch die reichen Kanaaniterstädte der Jesreel-Ebene unter Kontrolle gebracht, waren sie doch ein Pfahl in Israels Fleisch seit Beginn der Landnahme.

Als nächste bekamen die Aramäer die aufstrebende Macht zu spüren. Im 10. Jh. v. Chr. hatten diese kriegerischen Völker ausgedehnte Gebiete des Nahen Ostens besetzt. Aramäerkönige herrschten in Nordpalästina, Syrien und großen Teilen Mesopotamiens bis über den Eufrat hinaus. Zu Davids Zeit war Zoba die führende Aramäermacht. Während sein König Hadadeser einen Feldzug gegen Mesopotamien vorbereitete, zog David nach Norden, schlug ihn mit einem Überraschungsangriff, vernichtete seine Streitwagentruppen und plünderte seine Städte. Die Aramäer aus Damaskus, die ihrem Verbündeten Hadadeser zu Hilfe eilen wollten, wurden ebenso besiegt. David eroberte Damaskus und setzte israelitische Statthalter ein. Er unternahm auch Feldzüge in den Süden und verfuhr besonders grausam mit den Edomitern. Sein Feldherr Joab tötete damals „alles, was männlich war, in Edom" (1 Kön 11, 15). Nur wenige entkamen nach Ägypten.

Israels Herrschaft erstreckte sich in dieser Zeit von der Grenze Ägyptens bis zum Eufrat. Wie brachte dies ein Volk zustande, das noch in der Generation davor als schlecht gerüstete Bauern vergeblich gegen die Philister zu rebellieren versucht hatte?

Entscheidend war da zweifellos die Gestalt und der Aufstieg Davids. Als Philister-Vasall in Ziklag und danach in Hebron hatte er eine schlagkräftige Söldnertruppe mit unzufriedenen Männern aus Israel und dem Philisterland aufgestellt. Das kleine, aber gut ausgebildete Heer, zusammen mit einer 600köpfigen philistäischen Leibgarde, bildete nun das Kernstück der israelitischen Streitmacht.

Zugleich erwies sich David als tüchtiger Diplomat. Er heiratete die Tochter des Aramäerkönigs von Geschur, schloß einen Freundschaftsvertrag mit Hiram, dem mächtigen Phönizierkönig von Tyrus, und verbündete sich mit dem König von Hamat in Syrien. Diese Partner waren gut gewählt und sicherten verschiedene Fronten: gegen Ischbaal, die Philister und die Aramäer von Zoba.

Der Preis für diese Politik war ein dauernder Kriegszustand. Die Ammoniter jenseits des Jordans verbündeten sich mit Hadadeser. Dies führte zu einem zweiten Aramäerkrieg. Joab kommandierte die Eroberung der Hauptstadt Rabba und die Unterwerfung der Ammoniter. Zwei Aufstände im eigenen Land mußten niedergeschlagen werden. Der eine wurde angezettelt vom ehrgeizigen Davidssohn Abschalom, der andere von Scheba, dem Benjaminiten, der die Nordstämme um sich scharte. Denn diesen mißfiel Davids Herkunft aus dem Süden. Doch David und seine Generäle gewannen die Oberherrschaft über ganz Syro-Palästina zurück. So konnte David bei seinem Tod seinem Sohn Salomo ein beeindruckendes Großreich vererben.

„Jahwe half David bei allem, was er unternahm" (2 Sam 8, 14).
Unter David (ca. 1010–970 v. Chr.) erreichte Israel seine größte Ausdehnung. Sein Reich umfaßte fast das ganze bewohnbare Gebiet zwischen Ägypten und dem Eufrat. Manche Gegenden waren militärisch unterworfen worden: Die Edomiter wurden fast ausgerottet; Moab mußte Tribut zahlen; die Ammoniter Frondienst leisten. Geschurs Königshaus im nördlichen Transjordanien war David durch Heirat verbunden. Hamat schloß von sich aus einen Vertrag, nachdem sein Rivale, Aram-Zoba, von David besiegt worden war. „Toi, der König von Hamat ... schickte

Reich Israel

verbündete Staaten

unterworfene Gebiete

Davids Schattenseiten

König David, den dieses Bild aus der Kennicott-Bibel der Bodleian Library in Oxford zeigt, war zweifellos ein hervorragender Feldherr und Diplomat. „Ein Sohn des Betlehemiters Isai, der Zither zu spielen versteht, tapfer, ein guter Krieger, wortgewandt, von schöner Gestalt", lautet der Steckbrief, mit dem er als junger Mann an den Hof Sauls empfohlen wurde (1 Sam 16,18).

Seine ergreifenden Trauerlieder auf Saul und Jonatan (2 Sam 1,17–27) zeugen von einem Talent, das ihn später zum Vater der Psalmendichtung werden ließ, auch wenn der biblische Psalter nicht auf ihn zurückgeht.

Biblische Erzählungen und Notizen über seine kriegerischen, politischen, religiösen, architektonischen und künstlerischen Leistungen entwerfen das Bild eines großen Königs. Davids Konflikt mit Saul wird ganz dem letzteren angelastet: Sauls Eifersucht und Verfolgungswahn habe die Rivalität ausgelöst, während David seine Treue immer wieder bewiesen habe. So habe er zweimal großmütig Sauls Leben geschont, obwohl dieser ihn umbringen wollte. Über Sauls Tod habe David bitter geklagt. Die Mörder des Thronfolgers Ischbaal habe er umbringen lassen.

Allerdings findet man auch – nicht nur zwischen den Zeilen – die Spuren eines weniger sympathischen David. Da ist die unrühmliche Geschichte von seinem Ehebruch mit Batseba und dem Mord an Urij. Ferner ist er als Organisator eines Großreiches unfähig, mit den Revolten seiner Söhne und Höflinge fertig zu werden. Seinen Aufstieg verdankte er zudem der Tatsache, daß er sich mit seinen Leuten in den Dienst der Feinde, der Philister, gestellt hatte.

Zwielichtig bleibt auch die Art und Weise, wie er sich der Konkurrenten aus dem Hause Sauls entledigte: Anläßlich einer Hungersnot lieferte er dessen Nachkommen den Gibeonitern aus, die angeblich noch einen Fall von Blutrache gegen sie zu erledigen hatten (2 Sam 21,9). Nur gerade Merib-Baal, Jonatans gelähmter Sohn, wurde verschont. Gut bewacht am Hof, bildete er keine Gefahr und sollte auch noch Davids Großmut beweisen. Um ihn als Gründer eines „ewigen" Königtums und als Eroberer der „heiligen Stadt" Jerusalem besonders herauszuheben, zeigt die Bibel David in strahlendem Licht und läßt demgegenüber Saul zum Inbegriff des Scheiterns und göttlicher Verwerfung werden.

seinen Sohn Hadoram ... zu König David und ließ ihm den Friedensgruß entbieten" (2 Sam 8,9f). Auch Damaskus wurde erobert und erhielt eine Garnison. An der Küste verbündete sich David mit Hiram von Tyrus, dem Oberherrn von Phönizien. Die Philister wurden schließlich entmachtet und auf einen schmalen Küstenstreifen zurückgedrängt.

Salomo baut den Tempel

König David hatte das kanaanitische Jerusalem erobert und zu seiner Hauptstadt gemacht (siehe S. 82). Sein Sohn Salomo baute es zu einer königlichen Stadt aus. Der Tempel, religiöses Zentrum, überragte die Stadt und sollte trotz wechselhaftem Geschick noch rund 1000 Jahre lang an seinen Gründer erinnern.

Salomo, ein Sohn von Davids ehrgeiziger Lieblingsfrau Batseba, kam mit viel List und Tücke auf den Thron. Bei dem Versuch eines Staatsstreiches durch den älteren Halbbruder Adonija handelte Batseba schnell. Sie verabredete sich mit dem Hofpropheten Natan, eilte zu dem alt gewordenen David und setzte all ihre Überredungskraft ein, damit David ihren gemeinsamen Sohn Salomo zum Nachfolger machte. Dies geschah auch.

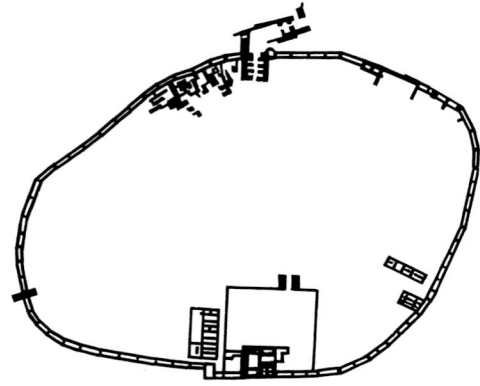

In **Megiddo,** von wo aus sich die wichtigste Ost-West-Verkehrsverbindung Israels kontrollieren läßt, baute Salomo eindrückliche Verteidigungsanlagen, ein prachtvolles Tor und verschiedene Verwaltungsgebäude. Ein stattlicher Palast im syrischen Stil mit Quadermauerwerk lehnte sich im Nordwesten an die Stadtmauern an.

Salomo gewann dann sehr schnell die Unterstützung einflußreicher Priester, Beamter und Militärs. Nachdem David gestorben war, ließ er seine Rivalen töten oder verjagte sie und wurde so alleiniger Erbe der Herrschaft über das mächtige Reich Israel und Juda.

Salomo war kein Kriegsführer wie sein Vater, aber ein tüchtiger Organisator und Diplomat. Mit dem Reichtum, der aus Steuern und aus internationalen Handelsunternehmungen in die Staatskasse floß, errichtete er viele Bauwerke im ganzen Land. Die Israeliten mußten dafür regelmäßig Fronarbeit leisten. In die Erinnerung eingeprägt hat er sich vor allem als Erbauer des Tempels von Jerusalem, den David schon geplant haben soll. Von seinem 4. bis 11. Regierungsjahr wurde daran gebaut. 1 Kön 6f beschreibt sein großartiges Aussehen.

Salomo regierte ein mächtiges Reich, und er baute ganz im Stil eines orientalischen Herrschers. Ein Vertrag mit Hiram von Tyrus verschaffte ihm „Zedern- und Zypressenholz, soviel er wollte" (1 Kön 5,24) im Tausch mit Weizen und Öl. In der Nähe Jerusalems wurden Steine gebrochen. Auf felsigem Grund wurde ein Tempel gebaut, umgeben von einem Hof. Sein Eingang schaute in Richtung der aufgehenden Sonne. Während außen das Mauerwerk sichtbar blieb, ließ er das Innere mit Zedernholz auskleiden und „ringsum Kerubim, Palmen und Blütenranken einschnitzen" (1 Kön 6,29).

Zur Ausstattung des Hofes gehörten Kultgegenstände, wie der Brandopferaltar und das „eherne Meer", ein großes Wasserbecken, von zwölf Ochsenstatuen getragen, das wohl kultischen Waschungen diente und die Urwasser symbolisierte. Zehn bronzene Kesselwagen enthielten Wasser, um Opfergaben zu reinigen. Vor dem Tempel sah man zwei freistehende Bronzesäulen mit Kapitellen bekrönt.

In architektonischer Verbindung mit dem Tempel stand der königliche Palast, an dem fast doppelt so lange gebaut worden war. In einer Repräsentationshalle, dem „Libanonwaldhaus", trugen 45 Zedernsäulen das Dach. Den zederngetäfelten Thronsaal betrat man durch einen Säulenvorraum. Hier saß Salomo bei wichtigen Anlässen auf einem goldbeschlagenen Elfenbeinthron, „flankiert von zwei Löwen; zwölf Löwen zu beiden Seiten der sechs Stufen. Dergleichen ist noch für kein Königreich geschaffen worden" (2 Chr 9,18 f).

Von Salomos Jerusalem haben kaum Spuren überlebt. Nicht einmal die genauen Standorte von Tempelgebäuden und Palast sind bekannt. Manche Einzelheiten der biblischen Darstellung bleiben unklar, doch hat die Archäologie reiches Vergleichsmaterial anzubieten. Der Tempelplan erinnert an kanaanitische Heiligtümer, für die Ausstattung ist phönizischer Einfluß unübersehbar.

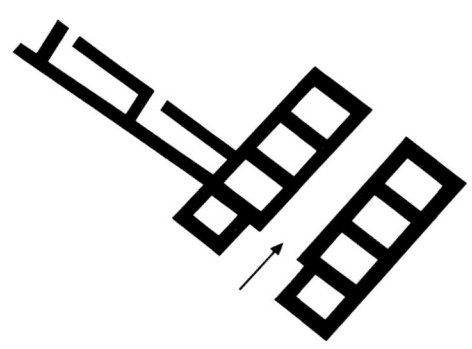

Hazor war Salomos bedeutendste nördliche Festung. Die Verteidigungsmauer und das Tor (links im Grundriß) ähneln jenen von Megiddo. Im westlichen Abschnitt des Ruinenhügels stieß man auf gewaltige Gebäudereste, vielleicht Teile einer abgegrenzten königlichen Residenz.

Phönizische Elfenbeinschnitzerei: Löwin überwältigt Nubier.

Der Tempel bestand aus rechtwinkligen, kunstvoll gehauenen Quadersteinen (1), die im Steinbruch vorbereitet wurden. „Hämmer, Meißel und sonstige eiserne Werkzeuge waren beim Bau des Hauses nicht zu hören" (1 Kön 6,7). Der Oberbau war aus Ziegelsteinen gefertigt, zusammengehalten durch ein Holzrahmenwerk.

Die seitlichen Bauten (2) lassen sich nicht sicher erschließen. Sie besaßen drei niedrige Stockwerke von zunehmender Breite und dienten wohl als Magazine.

Die beiden Bronzesäulen (3) vor der Front wurden von einem Schmied (namens Hiram) phönizisch-israelitischer Herkunft angefertigt. Ihre Namen „Jachin" und „Boas" bleiben Rätsel. Tonmodelle zyprischer und palästinensischer Tempel zeigen ähnliche Säulen.

Die Phönizier: Händler und Handwerker

Die Stadtstaaten der Phönizier, vor allem Tyrus, Sidon, Arwad und Byblos, verdankten ihre Blüte dem Handel. Die Küste mit ihren natürlichen Häfen lud zur Seefahrt ein, und so gründeten sie Kolonien und Handelsniederlassungen rings ums Mittelmeer. Sie wurden Meister im Bau von Kriegsschiffen, Lastkähnen und Fischerbooten. Ihr Küstenstreifen war schmal, aber fruchtbar, und dahinter erhob sich der Libanon mit seinen im ganzen Nahen Osten begehrten Zedern.

Als Händler transportierten sie Rohmaterialien und Waren fremder Länder. Zugleich galten sie selber als erfahrene Handwerker, Silberschmiede, Weber, Zimmerleute, Elfenbeinschnitzer und Steinhauer. Berühmt waren ihre gefärbten Stoffe sowie vor allem der tyrische Purpur. Gewonnen wurde die Farbe von einer Schneckenart namens Murex. Man findet heute noch Unmengen von Gehäusen. Phönizische Kunst ist stark ägyptisch geprägt, ein Hinweis auf die intensiven Beziehungen zwischen beiden Ländern.

Salomos Tempel und Palast waren weitgehend das Werk phönizischer Handwerker. Der Tempelplan entsprach einem kanaanitischen Typ. Die Ausschmückung des Innern ist vergleichbar mit phönizischen Elfenbeinschnitzereien, die in assyrischen Palästen gefunden wurden. Pflanzenmotive erinnern an die „Palmen und Blütenranken", geflügelte Gestalten an die Keruben, welche das Allerheiligste schützten. Elfenbeinschnitzereien waren meist in hölzerne Möbel eingelegt – wie beim „Elfenbeinthron" Salomos. Oft belegte man sie mit Gold wie im obigen Beispiel einer Löwin, die einen Nubier überwältigt. Phönizisch geprägt waren auch viele der goldenen, silbernen und bronzenen Ausstattungsgegenstände des Tempels.

Gottesdienst im Tempel

Nach vollendetem Bau weihte Salomo den Tempel mit Gebeten und Opfern ein. Diese Gebete und Opfer prägten den Gottesdienst bis zur Zerstörung des Tempels durch die Babylonier 587 v. Chr. Neu erbaut war der Tempel 516 v. Chr., doch wurde er 70 n. Chr. von den Römern niedergebrannt. Dreimal täglich beten fromme Juden heute noch um die Wiederherstellung des Tempels und seiner Feiern.

Jeden Morgen und jeden Abend wurden Opfer dargebracht. Ein Lamm, vollständig verbrannt, sollte als „beruhigender Duft" für ganz Israel zum Himmel steigen. Opfer waren Ausdruck von Dankbarkeit oder Erfüllung eines Gelübdes durch einen einzelnen. Insbesondere glaubten Israeliten, daß alles Gott gehöre und Menschen ihm deshalb den ersten Teil von allen Erzeugnissen (Getreide, Schafschur, tierischen Nachwuchs) zurückgeben sollten – als Gabe an den Priester oder als Opfer. Dann dürfe man den Rest genießen.

Opfer dienten auch als „Erinnerung", um Gott auf eine Not aufmerksam zu machen. Einige Opfer, die sogenannten „Heilsopfer", wurden teilweise auf dem Altar verbrannt, teilweise von den Teilnehmern gegessen und sollten so Gemeinschaft mit Gott stiften. Ein weiterer Zweck des Opfers war die Sühne für Sünden gegen Gott oder Menschen. Ohne Wiedergutmachung wurde aber kein Sühnopfer für ein Vergehen gegen Menschen von Gott angenommen. Ein großer Versöhnungstag für das ganze Volk wurde jedes Jahr im Herbst gefeiert: Israels Sünden wurden hier auf einen Ziegenbock geladen (den „Sündenbock"), der dann in die Wüste gejagt wurde.

An den drei Wallfahrtsfesten (Dtn 16) begleiteten Prozessionen und Gesänge die Opfer während der ganzen Nacht (Jes 30, 29); in Tagen der Not gehörten Fasten und feierliche Versammlung dazu (Jer 36, 9). Die Psalmen lassen ahnen, wie in den Tempelhöfen von einzelnen Israeliten, vom König und vom ganzen Volk in Klage und Lob gebetet wurde. Priester hatten wöchentlich zwölf Brote auf den goldenen Schaubrottisch aufzulegen, zweimal täglich Weihrauch darzubringen und den goldenen Leuchter am Brennen zu erhalten.

Es ist schwierig, etwas über die Tempelriten zu sagen, weil die einschlägigen Texte zeitlich kaum einzuordnen sind und damit gerechnet werden muß, daß spätere Generationen ihr Brauchtum frühen Vorgängern zuschrieben. Ein Beispiel: 837 v. Chr. wurde der siebenjährige Prinz Joasch – umgeben von einer Leibgarde – in den Tempel gebracht und anstelle der tyrannischen Atalja zum König ausgerufen (2 Kön 11). In späteren Zeiten durften nur noch Leviten den Tempel betreten. Also machen die Verfasser der Chronikbücher im 4. Jh. v. Chr. aus den Soldaten der Leibgarde Leviten (2 Chr 23).

Manche Forscher versuchen, sich anhand der Psalmen ein Bild vom Tempelgottesdienst zu machen. So lassen einige Gebete von Angeklagten und Kranken vermuten, daß am Tempel Propheten tätig waren, die im Namen Gottes Orakel erteilten (Ps 50, 7).

Biblische Texte vermitteln zuweilen den Eindruck, Salomos Tempel sei das einzige echte Heiligtum im Land gewesen. Doch gibt es Stellen, die auf mehrere Heiligtümer hinweisen. So liest man beispielsweise davon, Elija habe auf dem Karmel einen zerstörten Altar Jahwes wieder aufgebaut. Altäre in Bet-El und Dan wurden nach Salomos Tod Reichsheiligtümer des Nordreiches. In Arad im Negeb fand man einen Altar aus Lehm und unbehauenen Steinen. Wahrscheinlich hat erst König Joschija 300 Jahre nach Salomo die Abschaffung aller Heiligtümer außerhalb Jerusalems durchgesetzt.

Die Gewänder des Hohenpriesters bestanden aus „Lostasche, Efod, Obergewand, Leibrock aus gewirktem Stoff, Turban und Gürtel" (Ex 28, 2). Die Lostasche war mit zwölf Edelsteinen besetzt: Rubin, Topas und Smaragd; Karfunkel, Saphir und Jaspis, Achat, Hyazinth und Amethyst; Chrysolith, Karneol und Onyx; in jedem Stein war der Name eines der zwölf Stammväter eingraviert.

Der Brandopferaltar (1) stand im Freien, östlich des Tempeleingangs. Nach Ez 43, 17 bestieg man ihn über Stufen. Südwestlich davon stand das „eherne Meer" (2), es diente kultischen Waschungen und symbolisierte vermutlich die „Urwasser" (Gen 1, 2). Kesselwagen (3) auf beiden Seiten wurden zum Waschen von Opfertieren gebraucht.

Jeder Versuch, sich den salomonischen Tempel vorzustellen, bleibt unbefriedigend. Technische Spezialausdrücke in 1 Kön 6 f und 2 Chr 3 f sind nicht übersetzbar. Wichtige Angaben, etwa bezüglich Mauerstärke und Dachkonstruktion, fehlen.

Nur fehlerlose, männliche Tiere – Stiere, Widder, Ziegenböcke – durften für ganz Israel als Brandopfer auf dem Altar vor dem Tempel dargebracht werden. Auf dem Steinrelief aus der Sainte-Chapelle in Paris trägt ein Priester ein Lamm in die Flammen. Der Künstler übersah, daß Lämmer nur zerlegt dargebracht wurden (Lev 1, 12).

Priester schlachteten das Tier nördlich des Altars, indem sie mit scharfem Messer die Kehle durchtrennten und das Blut (den „Sitz des Lebens", Lev 17, 11) an den Altar sprengten. Sie zogen das Fell ab und zerlegten den Rumpf in Stücke, die zum Altar gebracht und vollständig verbrannt wurden.
Wein und feines Mehl mit Öl vermischt waren

die Beigaben. Brachte ein einzelner ein Brandopfer dar, legte er dem Tier zunächst die Hand auf. Bedürftige durften als Ersatz eine Turteltaube oder eine Taube darbringen. Der Priester schlitzte die Kehle auf und entfernte den Kropf mit den Federn, dann verbrannte er das Tier.

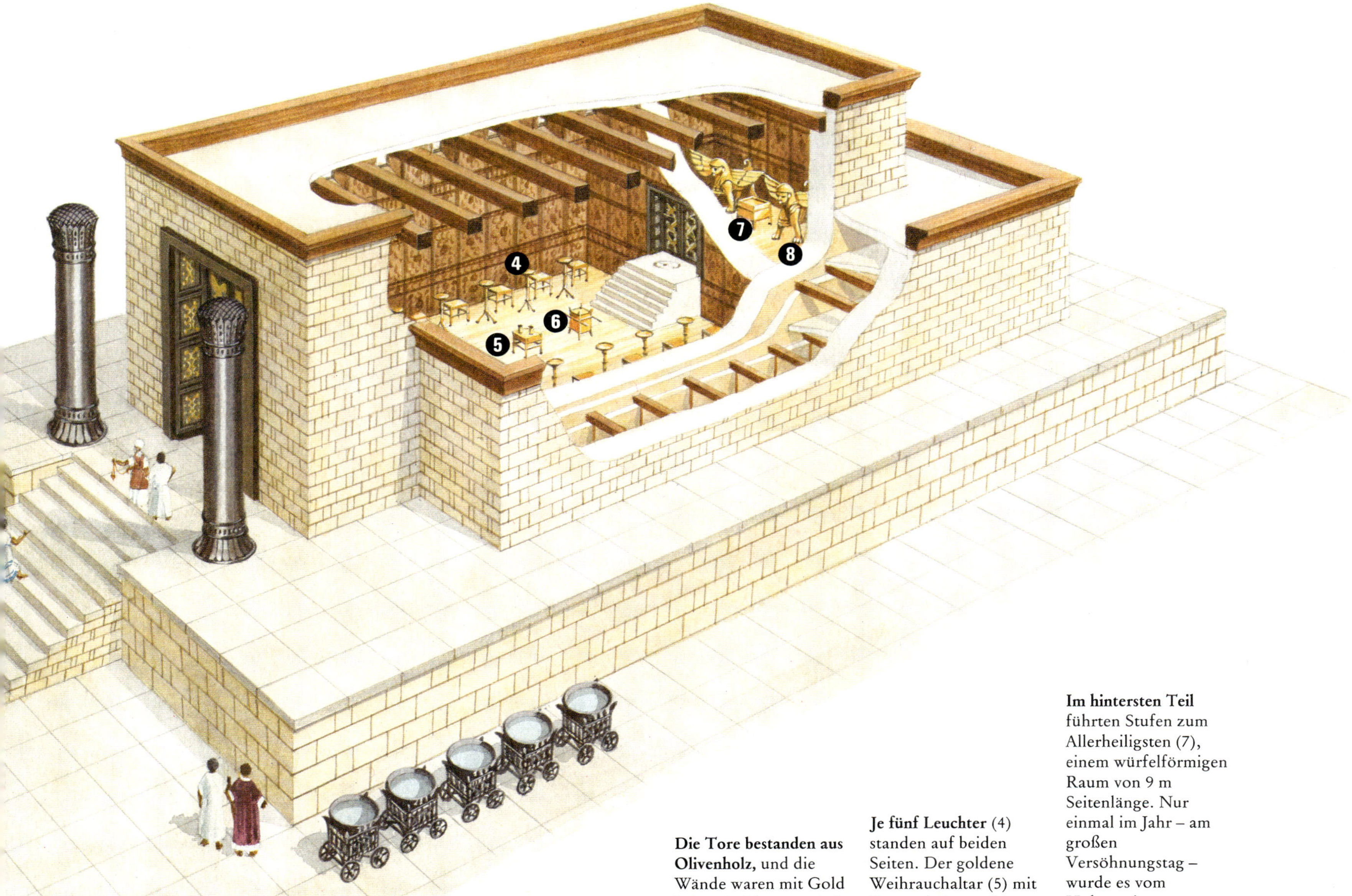

Die Tore bestanden aus Olivenholz, und die Wände waren mit Gold belegt, beide waren mit Figuren von Keruben (geflügelten Wesen), Palmbäumen und Blumenranken geschmückt.

Je fünf Leuchter (4) standen auf beiden Seiten. Der goldene Weihrauchaltar (5) mit Feuerschalen und Zubehör stand in der Mitte. Der goldene Schaubrottisch wurde jeden Sabbat mit zwölf neuen Broten belegt.

Im hintersten Teil führten Stufen zum Allerheiligsten (7), einem würfelförmigen Raum von 9 m Seitenlänge. Nur einmal im Jahr – am großen Versöhnungstag – wurde es vom Hohenpriester betreten. Hier wurde die Bundeslade (7) mit den Gesetzestafeln verwahrt, flankiert von zwei Keruben (8).

89

Musik und Instrumente

Musik und Gesang spielten wichtige Rollen in Israels Leben. Allerdings hat die Bibel vom alltäglichen Musizieren nur spärliche Notizen überliefert. Diese erwecken den Anschein, als ob ausschließlich bei religiösen Anlässen musiziert worden sei.

Doch es gibt Hinweise auf Lieder zur Weinlese, auf Musik bei Festen und Umzügen. Labans Klage gegenüber Jakob enthält einen Hinweis auf Abschiedslieder: „Ich hätte dir gern das Geleit gegeben mit Gesang, Pauken und Harfen" (Gen 31, 27). Mit seiner Harfe besänftigte David Sauls Schwermut. Das Lied „Israel, dein Stolz liegt erschlagen auf deinen Höhen. Ach, die Helden sind gefallen" sollte als „Bogenlied" wohl zu Schießübungen gesungen werden (2 Sam 1, 18 f).

Wie anderswo im Nahen Osten waren verschiedene Liedformen in Israel beliebt. Die Psalmen sind oft von hohem dichterischen Gehalt, voll eindrucksvoller Bilder. Der Ausdruck „Psalm" stammt vom griechischen Wort für Saiteninstrumente („Psalterion").

Diese Instrumente begleiteten Gesänge oder Hymnen, die hebräisch „Tehillim" heißen (die Wortwurzel bedeutet „preisen", „jauchzen"). Doch nicht alle Psalmen sind Loblieder. Zahlreicher als die Loblieder sind die Klagelieder im Psalmenbuch vertreten; daneben gibt es Dankpsalmen, Weisheitslieder, Königspsalmen und andere.

In den erzählenden Büchern der Bibel werden Lieder mit bestimmten Ereignissen in Verbindung gebracht. Einige Lieder, wie z. B. die Siegeslieder Deboras (Ri 5) und Mirjams (Ex 15), beziehen sich auf die erzählte Geschichte, andere, wie z. B. das Danklied der Hanna (1 Sam 2), wurden nachträglich in den jetzigen Zusammenhang gesetzt.

Es ist unmöglich herauszufinden, wann ein einzelner Psalm oder eine Gruppe von Psalmen entstanden ist und wer der Verfasser sein könnte. Vermutlich dürfte das Psalmenbuch erst gegen Ende des 4. Jh. v. Chr. seine heutige Gestalt gefunden haben, es enthält aber auch zahlreiche ältere Lieder aus der Königszeit.

Nach der Überlieferung gilt David als Verfasser der Psalmen, ähnlich wie Gesetze auf Mose und Weisheitsüberlieferungen auf Salomo zurückgeführt wurden. 73 Psalmenüberschriften enthalten Davids Namen und gelegentlich Angaben, die ein Lied in sein Leben einzuordnen versuchen. Der unhistorische Charakter ist leicht zu erkennen.

Der Bericht über Davids Einteilung der levitischen Sänger und Instrumentalisten in 1 Chr 15, 16–24 bietet die ausführlichste Darstellung der Tempelinstrumente. Drei Sänger schlugen die bronzenen Zimbeln, acht spielten nach elamitischer Weise auf Harfen, sechs auf Zithern, während sieben Priester die Trompeten bliesen:

„So brachte ganz Israel die Bundeslade Jahwes hinauf unter großem Jubelgeschrei und unter dem Klang des Widderhorns, unter dem Lärm der Trompeten und Zimbeln, beim Spielen der Harfen und Zithern" (1 Chr 15, 28).

Die genaue Gestalt einzelner israelitischer Instrumente ist aber ungewiß. Drei Grundtypen sind erkennbar: Saiten-, Blas- und Schlaginstrumente. Zither und Harfe waren die ältesten, „Chalil" – vielleicht eine (Doppel-)Flöte oder Oboe – sowie Pauken und Zimbeln kamen dazu.

Es ist kaum auszumachen, ob alte kirchliche und synagogale Musik noch ein schwaches Echo davon wiedergeben, wie Tempelmusik einst geklungen hat.

Tänze werden in der Bibel nicht ausführlich beschrieben, sie begleiten aber im ganzen alten Nahen Osten religiöse und weltliche Zeremonien. Die ägyptischen Tänzerinnen (links) verehren Hathor, die Göttin der Liebe, der Musik und des Tanzes. Es gab akrobatische, rituelle und erotische Tänze. Sie wurden von Berufstänzern und -musikern meist niedriger Herkunft ausgeführt. Ihre Kostüme bestanden aus Schleiern oder aus einem bloßen Lendenschurz, wie auf dieser Grabmalerei der 18. Dynastie (1550–1307 v. Chr.).

Diese Musikanten sind nach altorientalischen Wandreliefs und Malereien gezeichnet.

Schofar (1) – ein Widderhorn – wurde zu religiösen Anlässen und beim Aufruf zum Krieg geblasen. „Unter Jubelgeschrei und unter dem Klang des Widderhorns ..." trug Israel die Bundeslade (1 Chr 15, 28). Es wird heute noch in der Synagoge verwendet.

Tof (2) – eine Pauke, die mit der Hand geschlagen wurde. „Stimmt an den Gesang, schlagt die Pauke!" ruft Ps 81, 3 auf.

Zelzelim (3) – Zimbeln aus Metall wurden bei religiösen Feiern verwendet. „Lobt

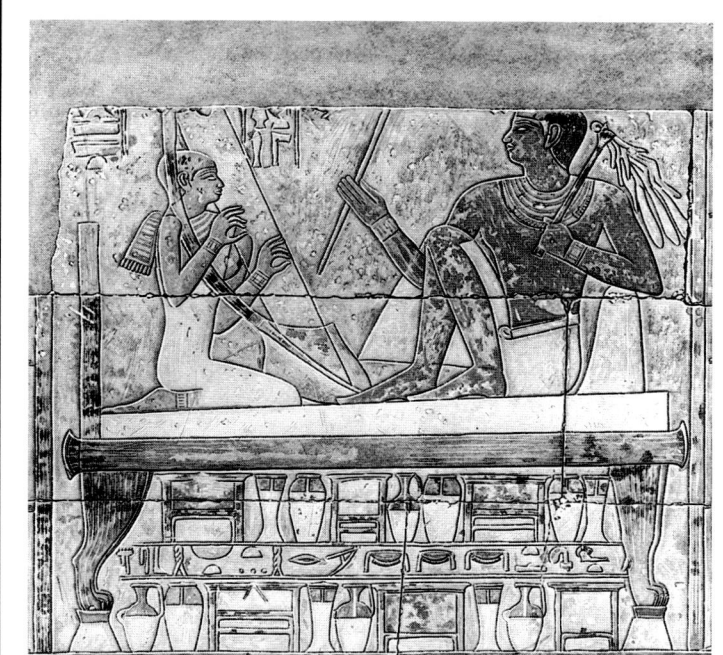

Das Hohelied

Die ägyptische Grabmalerei aus Saqqara zeigt einen Zeitgenossen des Pharao Teti (2300 v. Chr.) namens Mereruka auf dem Bett zusammen mit seiner Frau, welche Harfe spielt.

Zwischen altägyptischen Liebesliedern und dem biblischen Hohenlied gibt es viele Ähnlichkeiten. Das Hohelied wurde als Sinnbild für die Liebe Gottes zu seiner Braut Israel oder die Liebe zwischen Christus und seiner Braut, der Kirche, gedeutet. Tatsächlich aber handelt es sich um eine Sammlung hochpoetischer, erotischer Lieder. Trotz uralter Motive stammt sie aus nachexilischer Zeit. Wahrscheinlich wurden die Lieder bei Hochzeiten gesungen. In den Jahrhunderten um Christi Geburt wurden einzelne Verse von jüdischen Hochzeitsgästen vorgetragen.

Die Ähnlichkeiten mit ägyptischen Liebesliedern beruhen auf Verwandtschaft der Themen und Bilder. Gemeinsam sind beiden die Bilder aus dem Landleben. „Eine Hennablüte ist mein Geliebter mir, aus den Weinbergen von En-Gedi" (1, 14); ein ägyptisches Liebeslied singt: „Ich gehöre dir wie dieser Garten, den ich mit Blumen und köstlich duftenden Kräutern bepflanzt habe." In ägyptischen Liedern wie auch im Hohenlied reden sich die Liebenden als Schwester und Bruder an, und beide besingen das Geturtel Verliebter und die Lustbarkeiten des Lebens.

Jahwe mit hellen Zimbeln, lobt ihn mit klingenden Zimbeln!" (Ps 150, 5).

Kinnor (4) – vermutlich eine Art Zither. „Jubal wurde der Stammvater aller Zitherspieler" (Gen 4, 21).

Nebel (5) – Harfe, wurde beim Spiel senkrecht oder horizontal gehalten. Eine Abart war die „zehnsaitige Laute". „Wie schön ist es, Jahwe zu danken ... zur zehnsaitigen Laute, zur Harfe, dem

Klang der Zither" (Ps 92, 2–4).

Menaaneim (6) – eine Rassel, glich vielleicht dem ägyptischen Sistrum, das für Hathor, die Göttin der Liebe, der Musik und des Tanzes, gespielt

wurde. Ihr Lärm erklang zu Trauer- und Freudenfeiern. „David und das ganze Haus Israel tanzten und sangen vor Jahwe ... und spielten auf Zithern, Harfen und Pauken, mit Rasseln und Zimbeln" (2 Sam 6, 5).

Salomo und die Königin von Saba

Mit einigem Recht hat man Salomo einen „königlichen Handelsherrn" genannt, eine Anspielung auf seinen märchenhaften Reichtum und zugleich eine Erklärung dafür. Darüber hinaus war Salomo berühmt für seine Weisheit. Beides veranlaßte die Herrscherin eines fernen arabischen Landes, ihn zu besuchen. „Die Königin von Saba hörte vom Ruf Salomos und kam, um ihn mit Rätselfragen auf die Probe zu stellen. Sie kam nach Jerusalem mit sehr großem Gefolge, mit Kamelen, die Balsam, eine gewaltige Menge Gold und Edelsteine trugen, trat bei Salomo ein und redete mit ihm über alles, was sie sich vorgenommen hatte. Salomo gab ihr Antwort auf alle Fragen. Es gab nichts, was dem König verborgen war und was er ihr nicht hätte sagen können. Als nun die Königin von Saba die ganze Weisheit Salomos erkannte, als sie den Palast sah, den er gebaut hatte ..., da stockte ihr der Atem. Sie sagte zum König: Was ich in meinem Land über dich und deine Weisheit gehört habe, ist wirklich wahr. Ich wollte es nicht glauben, bis ich nun selbst gekommen bin und es mit eigenen Augen gesehen habe" (1 Kön 10, 1 f).

Die Bibel beschreibt die Beziehung zwischen Salomo und der Königin von Saba überschwenglich und führt sie auf Handelsbeziehungen und geistig-kulturelle Partnerschaft zurück. Man tauschte großzügig Geschenke aus. Die Königin brachte 120 Talente Gold und große Mengen an Gewürzen und Edelsteinen mit, und Salomo ließ sie teilhaben an seinem berühmten Wissen und bot ihr „alles, was sie wünschte und begehrte" (2 Chr 9, 12).

Jüdische, christliche und muslimische Autoren haben später die Begegnung der beiden mit üppiger Phantasie ausgemalt. Nachbiblische Legenden wollen wissen, Salomo habe die Königin geschwängert. Das Schicksal des Kindes wird seit dem Mittelalter bis heute diskutiert.

Einerseits halten die Christen Abessiniens ihr Land für das Reich der Königin. Meroe, die ehemalige Hauptstadt, hieß einst Saba. Nach äthiopischen Legenden war ihr erster Herrscher Menelik, ein Sohn Salomos und der Königin von Saba. Darum trug noch Haile Selassie, der letzte äthiopische Kaiser, Titel wie „Nachkomme Davids" und „Löwe von Juda".

Andererseits vermuten viele Arabien als Heimatland der Königin. Und in der Tat sind das arabische Königreich Saba und seine Handelskarawanen mit Gold, Juwelen und Gewürzen biblisch gut bekannt. Es muß ungefähr im heutigen Jemen gelegen haben. Die Archäologie hat bisher in der Gegend erst Spuren bis ins 8. Jh. v. Chr. zurückverfolgen können, aber ein früheres Königreich Saba ist durchaus wahrscheinlich. Assyrerkönige des späten 8. Jh. v. Chr. erhielten Gold, Edelsteine und allerlei Gewürze als Tribut von Samsi, einer arabischen Königin. Dies zeigt, welche Luxusartikel Arabien produzierte. Es zeigt aber auch überraschenderweise, daß es Frauen auf seinem Thron hatte – wahrlich im Nahen Osten eine Seltenheit!

Freundschaftliche Beziehungen zu Salomo lohnten sich. Sein Reichtum erwuchs aus dem gesicherten Großreich, das er von David geerbt hatte. Darüber hinaus bewährte sich Salomo als Diplomat. Er pflegte die Freundschaft mit Hiram, dem führenden Phönizierkönig von Tyrus, mit dem er gemeinsame Handelsunternehmungen durchführen ließ. Mit Ägypten verbündete er sich durch Heirat mit einer Pharaonentochter.

Was Salomo und die Königin von Saba eigentlich verband, wird man wohl nie erfahren. Jedenfalls paßt die Beziehung sowohl zu seinen wirtschaftspolitischen Zielen wie zu seinem Regierungsstil.

Das salomonische Urteil
Die Miniatur aus einer hebräischen Bibel- und Gebetbuch-Ausgabe des 13. Jh. n. Chr. zeigt Salomo bei seinem berühmten Urteilsspruch: Zwei Dirnen, die um ein Kind stritten, schlägt er vor, den Säugling eben zu halbieren und jeder einen Teil zu geben. Die eine verzichtete nun lieber auf das Kind – und wird so als die echte Mutter erkannt. Salomos Weisheit galt als Gabe Jahwes. Neben seinem Geschick als Richter soll er 3000 Sprüche und 1005 Lieder gedichtet haben. Von seinem Naturwissen zeugt 1 Kön 5, 13: „Er redete über die Bäume, von der Zeder auf dem Libanon bis zum Ysop, der an der Mauer wächst. Er redete über das Vieh, die Vögel, das Gewürm und die Fische."

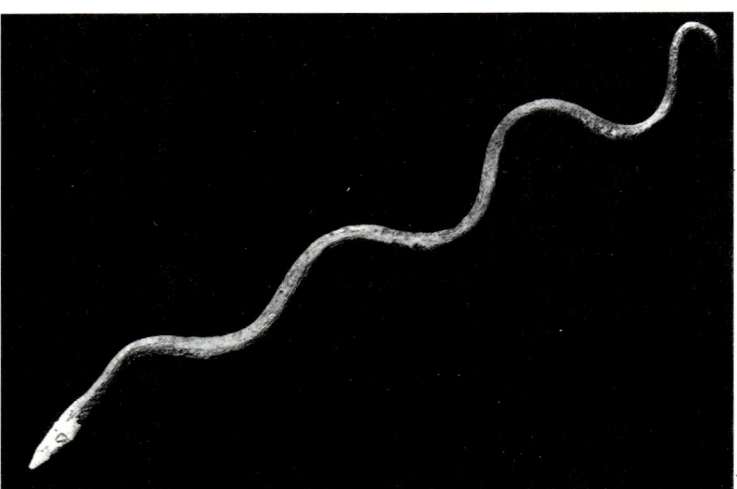

Diese dünne Kupferschlange mit vergoldetem Kopf wurde in Timna in der Araba-Senke gefunden. Hier sollen sich Salomos Minen befunden haben. Tatsächlich wurde hier in biblischer Zeit Kupfer abgebaut. Die Verbindung mit Salomo ist allerdings umstritten. Die ersten Ausgräber waren sich sicher, Nutzungsspuren aus dem 10. Jh. v. Chr. gefunden zu haben. Später gefundene ägyptische Spuren nötigten zu einer Neudatierung ins 13./12. Jahrhundert. Eine jüngste Studie der Keramik – untermauert durch Karbontests – findet wieder Spuren aus dem 10. Jh. In der Tat scheint es unwahrscheinlich, daß Salomo, der wenige Meilen südlich den Hafen von Ezjon-Geber bauen ließ, die ergiebigen Bergwerke von Timna ungenutzt gelassen hat.

Salomos Reich (unterbrochene Linie) und die Reiseroute der Karawane aus Saba sind auf der Karte (links) zu sehen. Die Bibel beschreibt ausführlich Salomos Netz von Handelspartnern. Gewürze, Gold und Edelsteine wurden aus Arabien importiert. Aus dem fernen Ofir brachte eine gemeinsame Expedition mit Hiram, dem König der phönizischen Seefahrerstadt Tyrus, Gold, kostbare Steine und Luxushölzer. Die genaue Lage von Ofir – möglicherweise in Indien oder Arabien – ist ebensowenig festzustellen wie jene von Tarschisch, einem weiteren Ziel einer Gemeinschaftsunternehmung von Hiram und Salomo. Vielleicht handelt es sich um Tartessos in Spanien. Alle drei Jahre kehrten Schiffe, beladen mit „Gold, Silber, Elfenbein, Affen und Perlhühnern" (2 Chr 9, 21) aus Tarschisch zurück. Kriegswagen wurden aus Ägypten eingeführt, Pferde aus Zilizien.

Wie konnte sich Salomo solche Reichtümer leisten? Die reichen Erträge der Kupferminen von Timna könnten ein Tauschmittel gebildet haben. Neben weiteren Mineralien verfügte Israel über landwirtschaftliche Erzeugnisse wie Getreide, Wein und Öl. Es erhielt auch Tribute, unter anderem große Mengen an Kupfer, von den reichen syrischen Städten, die David unterworfen hatte. Salomo nützte auch seine strategische Lage zwischen Afrika und Asien aus. 1 Kön 10, 28 f zeigt, wie Israel von seiner Stellung zwischen Hetitern und Aramäern im Norden und Ägypten im Süden profitierte. Salomo baute auch Tadmor (Palmyra), eine Oase tief in der Syrischen Wüste, als Zwischenstation für den Handel in den Irak aus.

Der Besuch der Königin von Saba bei Salomo wird hier auf diesen mittelalterlichen, äthiopischen Tafeln dargestellt, entsprechend der Tradition, nach der die Herrscherin aus Äthiopien kam. Nach der Legende legte sie einen Reiseabschnitt auf dem Nil zurück, deshalb drei Bilder mit Booten und der Königin selbst, wie sie an den Pyramiden vorbeifährt.

Nach der Landung schlägt die Königin ihr Lager auf (dritte Reihe, rechts von der Mitte); danach zieht sie nach Jerusalem und feiert mit Salomo ein Fest (unterste Reihe links). Die weiteren Bilder zeigen ihre Romanze mit Salomo und ihre Heimkehr – nach der Legende mit Salomos Kind im Schoß.

Salomos Reich bricht auseinander

Dunkle Wolken zogen sich längst vor Salomos Tod über dem Reich zusammen und kündigten seine baldige Zerstörung an. Das vereinigte Königreich Israel verschwand. Zwei Kleinstaaten – Israel im Norden, Juda im Süden – entstanden, eine Spaltung, die schließlich zum Untergang beider und zur Unterwerfung durch fremde Mächte führen sollte. Salomos frühe Königszeit – so will es die Bibel – soll eine Zeit „des Friedens ringsum" (1 Kön 5, 4) gewesen sein. Erst in der Spätzeit werden dem Erbauer des Tempels auch Fehler zugeschrieben: wegen der Verehrung fremder Götter habe Jahwe zur Strafe Widersacher (hebräisch: Satan) aufstehen lassen.

Südlich des Toten Meeres rebellierte Edom unter Führung Hadads, eines Überlebenden des Massakers aus der Zeit Davids, der nach Ägypten hatte fliehen können. Nach Davids Tod war er zurückgekehrt und hatte für sein Land ein Stück Selbständigkeit zurückgewonnen.

Im Norden befreite ein militärischer Abenteurer namens Rezon Damaskus, gründete ein aramäisches Herrscherhaus, das zu einer dauernden Gefahr für Israels Grenzgebiete werden sollte. Der Verlust von Damaskus muß für Salomo Anlaß gewesen sein, Tadmor in der Syrischen Wüste als Ausweichstation für die Handelskarawanen nach Mesopotamien auszubauen.

Bei schwindender äußerer Sicherheit an militärisch wichtigen Punkten rührte sich auch im Lande selbst Widerstand. Bei der Errichtung von Verwaltungsbezirken für Steuern und Frondienste hatte Salomo seinen eigenen Stamm Juda bevorzugt. Seine verschwenderische Hofhaltung scheint hauptsächlich zu Lasten der Nordstämme gegangen zu sein. Die ungleiche Behandlung förderte den Spaltpilz in einer Einheit, die Saul und David mühsam zustande gebracht hatten. Die Abneigung gegen Davids Herkunft aus dem Süden hatte ja schon zu seinen Lebzeiten zu einem Aufstand der Nordstämme geführt.

Salomos Politik veranlaßte schließlich Jerobeam, einen seiner Vögte im Norden, zur Rebellion. Als tüchtiger junger Mann war er beauftragt worden, Abgaben für Ausbesserungen an Jerusalems Stadtmauern von Efraim und Manasse einzutreiben. Nach einem Versuch, Salomo die Kontrolle der Nordstämme streitig zu machen, floh Jerobeam nach Ägypten. Hier wartete er, bis nach Salomos Tod Rehabeam den Thron des Vaters besteigen wollte.

Rehabeam kam nach Sichem, dem Versammlungsort der nördlichen Stammesvertreter. Dort trug man ihm die Forderung vor: „Dein Vater hat uns ein hartes Joch auferlegt. Erleichtere du jetzt den harten Dienst . . ., dann wollen wir dir dienen" (1 Kön 12, 4). In völliger Fehleinschätzung der Situation ließ er sich von jugendlichen Heißspornen unter seinen Beratern zur taktlosen Antwort bewegen: „Hat mein Vater euch ein schweres Joch aufgebürdet, so werde ich es noch schwerer machen. Mein Vater hat euch mit Peitschen gezüchtigt, ich werde euch mit Skorpionen züchtigen" (1 Kön 12, 11). Daraufhin steinigten die Israeliten den obersten Fronvogt, und Rehabeam mußte nach Jerusalem fliehen.

Jerobeam wurde nun König über den Norden (Israel) und baute Sichems Befestigung aus. Rehabeam blieb König von Juda. Wenige Jahre danach wurde er durch einen Eroberungszug des Pharao Schischak zusätzlich gedemütigt: Nachdem er Rehabeams befestigte Städte erobert hatte, bedrohte er Jerusalem selbst. Mit Schätzen aus Salomos Tempel und Palast mußte sein Abzug erkauft werden. In der Zwischenzeit hatte Jerobeam seinerseits in Bet-El und Dan goldene Stierbilder aufstellen lassen, um Jerusalem als Heiligtum Konkurrenz zu machen. Damit wurde der politische Bruch auch ein religiöser.

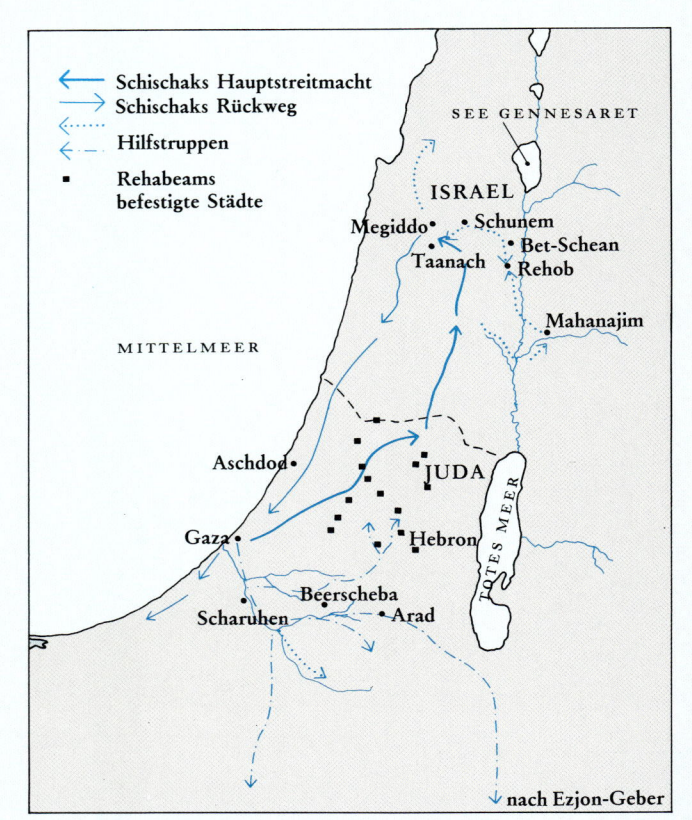

Ägypten fällt in Juda ein

Beim Pharao „Schischak", der nach der Spaltung des Reiches Salomos in Juda einfiel, handelt es sich wohl um den Pharao Schoschenq I., den Gründer der 22. Dynastie. Seine Wandbilder in Karnak (gegenüberliegende Seite) beschreiben einen Sieg über die „Asiaten" in Palästina mit einer Liste angeblich eroberter Städte. Man kann daraus die mögliche Route des Kriegszuges nachvollziehen (obiger Plan hält sich an die Untersuchung des britischen Ägyptologen Kenneth Kitchen). Vermutlich hat Schoschenq jedoch nicht alle diese Orte erobert, sondern sich häufig mit Tributen begnügt.

Der Pharao erscheint als Drahtzieher hinter manchen politischen Wirren der Salomozeit. Zwar war König Salomo mit einer ägyptischen Prinzessin verheiratet und hatte als Brautgabe die alte Kanaaniterstadt Geser bekommen. Gleichzeitig unterstützte aber Ägypten die Feinde des Hauses David. So war auch der Anführer der edomitischen Rebellion, Hadad, am Pharaonenhof erzogen worden und hatte eine Pharaonentochter zur Frau. Auch Jerobeam, Salomos Erzfeind im eigenen Land, fand in Ägypten Zuflucht und wartete auf seine Chance.

Ägypten verfolgte ohne Zweifel Israels Aufstieg unter David mit Mißtrauen. Trotz Verschwägerung mit Salomo bot man seinen Gegnern Unterschlupf, und nach der Reichsspaltung nutzte Schoschenq die Gelegenheit, Juda durch einen Kriegszug zu schwächen.

Nach der Lage der von ihm befestigten Grenzstädte im Süden und Westen Judas zu schließen, hielt Rehabeam, Salomos Nachfolger, denn auch Ägypten für den schlimmsten Feind, gefährlicher als Israel.

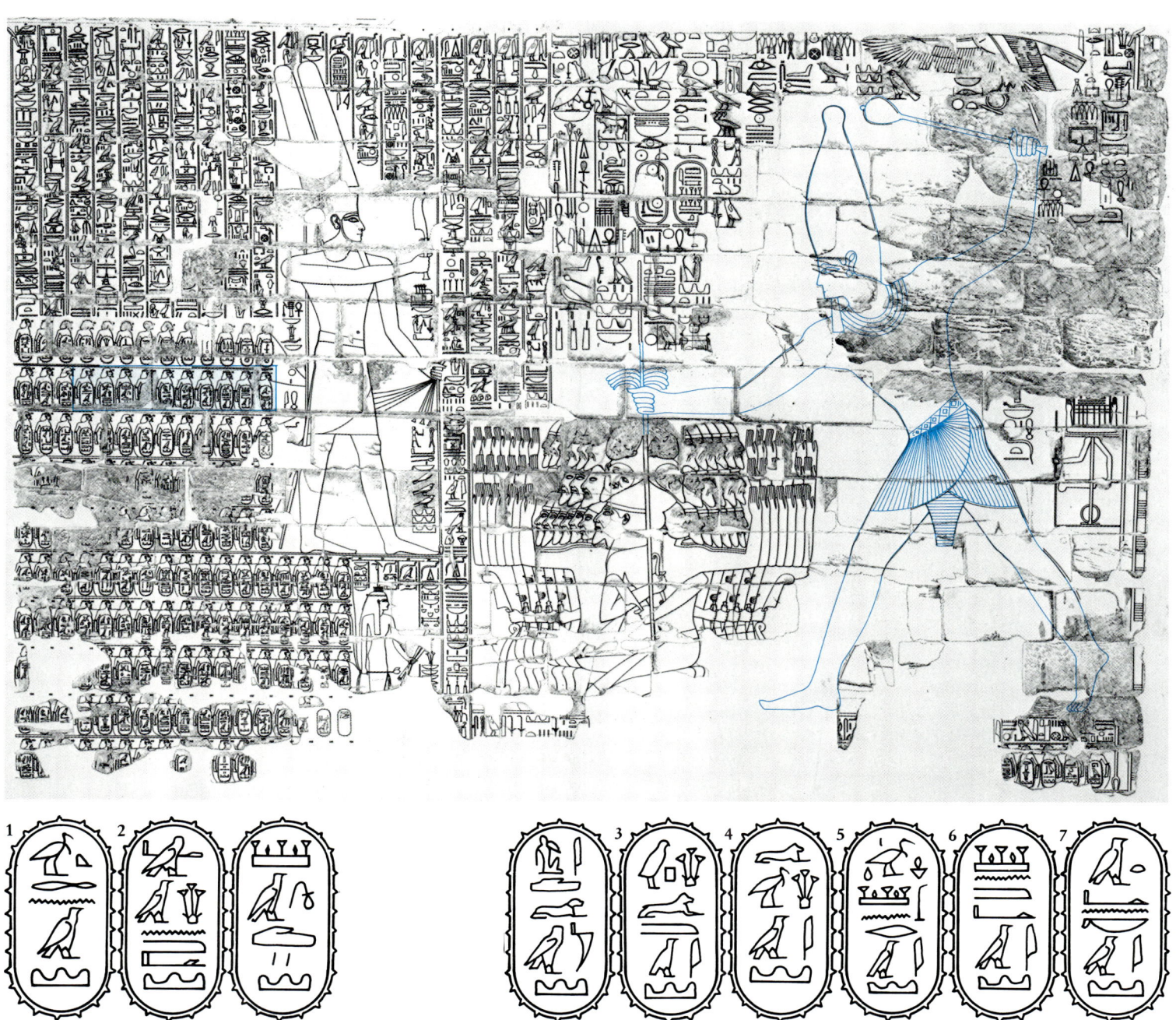

Dieses Relief aus Karnak zeigt den Pharao Schoschenq I., wie er ein Bündel von Feinden vor dem obersten Gott Amun mit der Keule erschlägt. Die Gestalt des Königs (blau gedruckt) mußte größtenteils nachgezeichnet werden. Hinter und unter Amun erkennt man Reihen von ovalen Kartuschen, umgeben von Linien und Zacken, eingezeichnet in Gestalten von Gefangenen. Sie stellen die Städte dar, die der Pharao auf seinem Palästinafeldzug erobert haben will. Die blau umrandete Reihe ist unten vergrößert gezeichnet und enthält von links nach rechts die Namen: Gibeon (1); Mahanajim (2) – Israels ostjordanische Hauptstadt –; drei unbekannte Städte (eine davon beschädigt und darum nicht wiedergegeben); Hafaraim (3), Rehob (4); Bet-Schean (5); Schunem (6); Taanach (7) – alles Städte in der Jesreel-Ebene und Zentren an der Via-Maris-Handels- straße. Schoschenq I. gilt allgemein als der biblische Schischak, der Juda angegriffen habe. Die meisten aufgelisteten Städte liegen allerdings im Nordreich Israel. Und Jerusalem, nach der Bibel das Hauptziel des Feldzugs, erscheint nirgends. Man kann den Namen auch nicht unter den unlesbar gewordenen Stellen vermuten, weil die Liste geographischen Zusammenhängen folgt und an einschlägiger Stelle kein Platz mehr frei ist.

Elija vernichtet die Baalspropheten

Elija gilt als eine der großen biblischen Prophetengestalten. Das 1. Königsbuch (1 Kön 17–22) verlegt die legendenhaften Erzählungen um seine Gestalt ins frühe 9. Jh. v. Chr. Rund 50 Jahre nach der Trennung von Juda hatte Omri dem Nordreich eine neue Hauptstadt gegeben: Samaria, westlich der Hauptwasserscheide gelegen, erleichterte eine nach Phönizien hin offene Politik und war als Neugründung nicht in alte Stammesrivalitäten verwickelt.

Ahab, Omris Sohn und Thronfolger, heiratete Isebel aus Tyrus, sie brachte phönizischen Reichtum ins Land, aber – so die Bibel – auch den Kult des phönizischen Gottes Baal. Dafür und für Isebels Ermordung der Jahwepropheten hatte Gott Israel mit schwerer Dürre bestraft.

Nachdem drei Jahre lang kein Regen gefallen war und schwere Hungersnot auf Samaria lastete, wurde Elija von Jahwe gesandt, Ahab zu sagen: „Ich will Regen auf die Erde senden" (1 Kön 18, 1). Elija klagte Ahab dabei an, er zerstöre Israel durch Abfall von Jahwe. Außerdem lud Elija zu einem Zweikampf ein zwischen sich und „den 450 Propheten des Baal …, die vom Tisch Isebels essen" (18, 19).

Schauplatz sollte der Berg Karmel sein. Vor dem versammelten Israel sollte sich zeigen, ob Jahwe oder Baal der stärkere Gott sei. Und zwar sollten die Verehrer der beiden jeweils ihren Gott bitten, Feuer auf die aufgeschichteten Opferstätten aus Holz und die zerlegten Opferstiere zu senden; die Baalspropheten zuerst, danach Elija.

Die Baalspropheten tanzten nun, fügten sich blutige Schnitte zu und bestürmten ihren Gott. Doch es war vergebens. Elija verspottete ihre Anstrengungen. Dann baute er selbst seinen Altar mit dem Holz und dem Opfer auf und übergoß das Ganze noch mit so viel Wasser, daß sich der Graben, den er ringsum ausgehoben hatte, füllte.

Als nun Elija betete, „kam das Feuer Jahwes herab und verzehrte das Brandopfer, das Holz, die Steine und die Erde und leckte auch das Wasser im Graben auf" (1 Kön 18, 38). Von Elija aufgefordert, ergriff daraufhin das Volk die Baalspropheten und schlug sie tot.

Die Erzählungen von Elija und seinem Nachfolger Elischa sind ein Beispiel für die Spannung zwischen König und Prophet im ganzen Alten Testament. In altprophetischer Überlieferung gelten Elija und Elischa als Gottes Boten, die Wunder wirken und ihr Amt Nachfolgern übertragen. Als deshalb ein feuriger Wagen Elija zum Himmel entrückte, ergriff Elischa dessen Mantel, und Elijas Geist ruhte nun auf ihm.

Die Bibel verurteilt zwar das Herrscherhaus der Omriden. Deren politische Bedeutung zeigt sich aber an der Tatsache, daß für die Assyrer auch zu Zeiten, da die Omriden ausgestorben waren, Israel „Haus Omri" hieß. Ihre Herrschaftszeit war gekennzeichnet durch friedlichen Wohlstand im Nordreich. Dies ist hoch einzuschätzen, da Israel vorher 50 Jahre lang durch Kriege mit Nachbarn geschwächt worden war. Doch war die Herrschaft nie ganz gesichert, wohl auch, weil die Propheten den Glauben verbreiteten, das Königtum sei an den Gehorsam gegen Gott gebunden; bei Ungehorsam würde Gott den König fallen lassen.

Auf diesem Hintergrund ließ Elija sich auf seinen Kampf gegen den phönizischen Baal ein. Der Baalskult, den Isebel eingeführt haben soll, war den Kanaanitern in Israel längst vertraut. Eine Schar entschlossener Jahweanhänger, vertreten durch Elija, hatte aber offenbar der gleichgültigen Religionspolitik des Hofes den Kampf angesagt.

Die Frau im Fenster
Ein beliebtes Motiv phönizischer Elfenbeinschnitzerkunst schmückte Möbel im Palast von Samaria: Die Frau im Fenster. Obiges Beispiel stammt zwar aus Nimrud, in Samaria wurden aber ähnliche gefunden.

Ahabs Heirat mit Isebel verstärkte Israels kulturelle Bindungen an Phönizien, wie sich aus Ausgrabungen ergibt. Überreste einer Fensterbalustrade des Palastes von Ramat Rahel ähneln der Abbildung. Aus einem solchen Fenster mag Isebel heruntergeschaut haben, als sie Jehu verspottete, der eben ihren Sohn Joram getötet hatte, um den Thron in Besitz zu nehmen. Mit ihren geschminkten Augen und dem Haarschmuck bereitete sich Isebel wohl eher auf einen Tod in Würde vor, als daß sie versucht hätte, Jehu mit ihrem Zauber zu betören.

Jehu ließ Isebel aus dem Fenster werfen, „und Isebels Blut bespritzte die Wand und die Pferde, die sie zertraten" (2 Kön 9, 33). Als man später ihre Leiche bestatten wollte, fand man nur noch „den Schädel, die Füße und die Hände". Hunde hatten sie gefressen. So erfüllte sich Elijas Prophezeiung: „Hunde werden Isebel an der Mauer von Jesreel auffressen" (1 Kön 21, 23).

Isebels Sohn Joram war von Jehu auf dem Acker Nabots getötet worden. Jahre davor hatte Isebel diesen Nabot ermorden lassen, damit Ahab seinen Weinberg übernehmen konnte. Der König wollte diesen Weinberg unbedingt, weil er an seinen Palast angrenzte. Nabot weigerte sich jedoch, das Familienerbe zu verkaufen. Er wurde gesteinigt, und der König nahm den Weinberg in Besitz. Elija sprach deshalb einen Fluch über Ahab und sein Haus aus. Weil der König aber bereute, wurde die Vollstreckung aufgeschoben auf die nächste Generation. Mit dieser starb das Herrscherhaus dann auch aus.

„Ihr liegt auf Betten aus Elfenbein und faulenzt auf euren Polstern" (Am 6, 4).
Dieser Elfenbein-Kopfteil eines Bettes oder Sessels (links) aus dem assyrischen Nimrud zeigt gut den Luxus, den der Prophet Amos den Samariabewohnern vorwirft. Elfenbein gehörte bevorzugt zur Beute der Assyrer aus eroberten westlichen Städten. Phönizische und syrische Beispiele wurden gefunden. Als Israel sich phönizischer Kultur öffnete, entstand in Samaria eine weltläufige Oberschicht. Ahab baute ein „Elfenbeinhaus" (1 Kön 22, 39). Ausgrabungen in Samaria förderten rund 500, meist in phönizischem Stil geschnitzte Stücke zutage.

Ein Wandgemälde (oben) aus Dura-Europos am Eufrat (3. Jh. n. Chr.) zeigt Elija links vom Altar (mit dem Stab in der Hand) im Augenblick, da wunderbares Feuer Stier und Altar erfassen. Rechts bringen junge Männer Wassergefäße.

Israels Untergang

Der Untergang Samarias, der Hauptstadt des Nordreiches Israel, galt den Propheten als göttliche Vergeltung für die Verletzung des Bundes mit Jahwe. Der siegreiche Eroberer Sargon II. aus Assyrien berichtet von der Verschleppung von 27 290 Einwohnern. In den Worten der Bibel: „Schließlich verstieß Jahwe Israel von sich ... Israel wanderte aus seinem Land weg in die Verbannung nach Assur und blieb dort bis zum heutigen Tag" (2 Kön 17,23).

Seit dem 9. Jh. v. Chr. war die aufstrebende Militärmacht Assyrien am oberen Tigris in Syropalästina spürbar geworden. Angesichts der Westausdehnung Salmanassars III. schlossen sich die verfeindeten Kleinstaaten zu einem Bündnis gegen Assur zusammen.

853 v. Chr. kam es in Karkar am Orontes zu einer Schlacht gegen Assyrien, an der auch Ahab in einem Bündnis von zwölf Königen teilnahm. Assyrien behauptet zwar, es habe das Bündnis der zwölf vernichtet. Tatsächlich aber war sein Vordringen zunächst gestoppt worden. Jehu allerdings, der 842 v. Chr. den Thron Israels an sich gerissen hatte, entschied sich zur Unterwerfung unter Assyrien.

Bis zur Mitte des 8. Jh. waren assyrische Militäraktionen in erster Linie Beutezüge. Mit Tiglat-Pileser III. (745–727) – biblisch auch Pul genannt – begann eine systematische Eroberung anderer Länder. Wer Tribut verweigerte, wurde gnadenlos erobert und einverleibt.

Nach der Eroberung des zentralen syrischen Staates von Hamat 738 v. Chr. boten zahlreiche Herrscher freiwillige Unterwerfung an, unter ihnen auch Menahem von Israel. „In seinen Tagen kam Pul, der König von Assur, in das Land. Menahem gab ihm tausend Talente Silber, damit er ihm helfe, seine Herrschaft zu festigen. Um das Geld dem König von Assur abliefern zu können, mußte er den wohlhabenden Männern in Israel eine Steuer auferlegen; fünfzig Silberschekel kamen auf jeden. Daraufhin zog der König von Assur ab und blieb nicht länger im Land" (2 Kön 15,19f).

In tollkühner Selbstüberschätzung entschied sich sein Nachfolger Pekach für eine Politik gegen Assyrien. Zusammen mit Damaskus drängte er Jerusalem zu einem Bündnis. Doch Ahas von Juda rief gegen den Rat Jesajas Tiglat-Pileser zu Hilfe und bot ihm dafür Geschenke aus Schätzen des Tempels und des Palastes an.

Assur reagierte schnell und verheerend: 732 v. Chr. wurde Damaskus erobert und sein Gebiet zu einer assyrischen Provinz gemacht. Israel verlor Galiläa und Gilead, ihm blieb nur noch das unmittelbare Umland Samarias. Pekach wurde kurz darauf umgebracht, sein Nachfolger Hoschea wurde assyrischer Vasall. Anläßlich der Thronbesteigung Salmanassars V. 727 riskierte er die Kündigung der Gefolgschaft und suchte Rückendeckung bei Ägypten, was sich als schwerer Fehler erwies. Ägyptens Hilfe blieb aus, und Assur rächte sich: Hoschea wurde gefangengenommen. Samaria widerstand der Belagerung noch zwei Jahre, mußte sich aber 722 ergeben.

Salmanassar V. starb wenige Monate danach, worauf das assyrische Heer abzog. Diese Atempause nutzte Samaria zusammen mit anderen westlichen Provinzen zu einem Aufstand. Sargon II., der den assyrischen Thron an sich gerissen hatte, konnte sich erst 720 v. Chr. dem westlichen Widerstand widmen und vernichtete ihn erst einmal. Er bot sein Heer auf, zog gegen Samaria, eroberte es erneut und machte es zum Hauptort einer neuen assyrischen Provinz: Samerina.

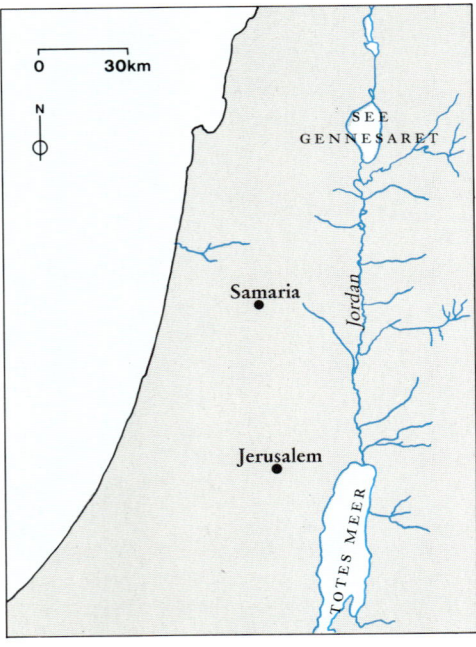

Samaria wurde durch Ahabs Vater Omri (878–871) Hauptstadt Israels. Auf einem bisher nicht besiedelten Hügel gelegen, in strategisch günstiger Lage, wurde es mit mächtigen Mauern befestigt.

Der „schwarze Obelisk" (ca. 825 v. Chr.) aus Nimrud, 1846 ausgegraben, 2 m hoch, hält Salmanassars III. Eroberungen und Abgaben von Tributen durch Vasallen-Könige fest. Über dem 2. Register (1) steht: „Tribut Jehus, des Sohns von Omri." Gold- und Silbergegenstände werden aufgelistet. Ironischerweise wird Jehu von den Assyrern dem „Haus Omri" zugezählt, das er selbst beseitigt hatte. Jehu (2) kniet gebeugt vor Salmanassar; es ist die einzige erhaltene zeitgenössische Darstellung eines Königs von Israel. Er trägt westsemitische Kleidung, einen Turban und ein langes Gewand.

Ein Relief aus Tiglat-Pilesers Palast in seiner Hauptstadt Nimrud. Dargestellt ist die Einnahme der Stadt Aschterot-Karnajim in Gilead, die zusammen mit Galiläa 733–732 v. Chr. besetzt wurde. Auf einem Hügel gelegen, besitzt die Stadt eine Zitadelle und ist umgeben von einer doppelten Mauer. Assyrische Offiziere treiben erbeutete Schafe und Kriegsgefangene mit ihren Bündeln und in westsemitischer Kleidung vor sich her. Verschleppungen größerer Bevölkerungsgruppen gehörten in späterer Zeit zur geläufigen assyrischen Politik gegenüber rebellischen Untertanen. Manchmal wurden nur die Herrschenden verschleppt, oft aber Massen von einigen Zehntausend. Während 300 Jahren wurden schätzungsweise 4,5 Millionen umgesiedelt. Manche wurden als Bauarbeiter für königliche Bauvorhaben nach Assyrien gebracht. Handwerker und Künstler wurden besonders geschätzt. Sargons Reliefs zeigen Kriegsgefangene – darunter möglicherweise Israeliten aus Samaria – beim Bau des gewaltigen neuen Palastes von Chorsabad. Sanherib berichtet von verschleppten Syrern – wahrscheinlich Phöniziern –, die ihm in Ninive eine Flotte aufbauen mußten. Die assyrische Armee brauchte Soldaten, während andere Verschleppte im ganzen Reich, vor allem in gefährdeten Grenzregionen, angesiedelt wurden. In Samaria siedelten sich Leute aus Babylon, Syrien und Arabien an. Verschleppungen verhinderten nationale Aufstände, sorgten für Arbeitskräfte und führten zu kultureller und völkischer Vermischung. Im Mittelregister des Reliefs erkennt man einen Ausschnitt aus Tiglat-Pilesers Aufzeichnungen, worin Kriegszüge in den Norden beschrieben werden. Darunter erkennt man den König in seinem Wagen. Jemand hält einen Sonnenschirm über ihn.

99

Sanherib belagert Lachisch

Rund zwanzig Jahre nach Samarias Untergang „im 14. Jahr des Königs Hiskija zog Sanherib, der König von Assur, gegen alle befestigten Städte Judas und nahm sie ein" (1 Kön 18, 13). Anlaß waren offenbar Aufstände im ganzen Assyrerreich beim Herrschaftsantritt von Sargons Nachfolger (705 v. Chr.).

Luli, König von Tyrus und Sidon, stärkster Herrscher Phöniziens, und Hiskija von Juda führten im Westen die Verschwörung an. Die Philisterstädte Aschkelon und Ekron schlossen sich an. Ägyptische Hilfe wurde erhofft, und Merodach-Baladan aus Babylon sandte Unterhändler nach Jerusalem.

Hiskija traf umfangreiche Vorbereitungen für den zu erwartenden assyrischen Angriff. Zahlreiche judäische Städte ließ er befestigen, die Mauern Jerusalems wurden verstärkt, sogar ein Tunnel von der Gihonquelle zum Schiloachteich wurde gegraben, um die Wasserversorgung für den Belagerungsfall zu sichern; zudem „ließ er viele Wurfspieße und Schilde anfertigen" (2 Chr 32, 5).

701 v. Chr. kam es zum Krieg. Trotz gewissen Widersprüchen zwischen assyrischer und biblischer Darstellung ist sein Verlauf im wesentlichen klar. Nach einem erfolgreichen Zug durch Phönizien, wo der dortige König Luli durch einen assurtreuen Herrscher ersetzt wurde, marschierte Sanherib nach Süden und eroberte Städte, die Aschkelon gehörten. Nach eigenen Angaben schlug er dann die vereinigten Streitkräfte Ekrons und Ägyptens bei Elteke.

Sanherib wandte sich nun gegen Juda. Höhepunkt des Feldzuges wurde die Eroberung der Festungsstadt Lachisch. Zwar wird sie in Sanheribs Aufzeichnungen nicht berichtet und von der Bibel nur beiläufig erwähnt, doch wurde sie auf großartigen Reliefs im Palast zu Ninive verewigt, und assyrische Pfeilspitzen und Schleudersteine am Ort selbst bilden eindrückliche Zeugnisse.

Die Reliefs halten den Ablauf in Einzelheiten fest: Assyrische Einheiten stellen sich vor der Stadt, die von Ölbäumen und Weinbergen umgeben ist, auf. Rammböcke führen den Hauptangriff, unter dem Schutz eines Hagels von Pfeilen zerstören sie die Mauer.

Danach verlassen die Besiegten die Stadt, vorbei an nackten, gepfählten Soldaten. Vom Eingang seines Zeltes aus beobachtet Sanherib auf seinem Thron die Vorgänge, sein Wagen und die Leibgarde neben, das befestigte Lager hinter ihm.

Einigen Gefangenen wird der Kopf abgeschlagen oder die Haut abgezogen. Vielleicht sind es Hiskijas Leute. Andere, zu Fuß oder auf Ochsenkarren, werden wohl nach Assyrien verschleppt. Ein anderes assyrisches Relief zeigt möglicherweise Männer aus Lachisch beim Bau des neuen Palastes Sanheribs in Ninive. Ähnliche Männer sind in der königlichen Wache zu sehen.

Hiskija sandte Unterhändler und Tribut, doch Sanherib schickte „eine große Streitmacht von Lachisch aus" gegen Jerusalem. Hiskija ergab sich aber nicht, und unter unklaren Umständen zogen die Belagerer wieder ab.

Nach biblischen Legenden wurde Sanheribs Armee durch ein Wunder vor den Toren Jerusalems geschwächt: „Der Engel Jahwes zog aus und erschlug im Lager der Assyrer 185 000 Mann" (2 Kön 19, 35). Andernorts verheißt der Prophet Jesaja, Sanherib werde „ein Gerücht hören und in sein Land zurückkehren" (2 Kön 19, 7). Jerusalem wurde jedenfalls nicht erobert. Unter assyrischer Oberherrschaft blieb Hiskija König eines geschrumpften und verwüsteten Juda.

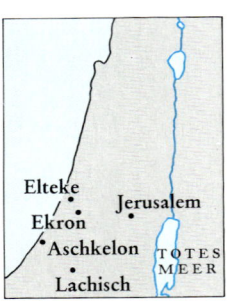

Elteke
Jerusalem
Ekron
Aschkelon
TOTES MEER
Lachisch

Lachisch war von mächtigen Mauern mit Türmen (1) umgeben. Eine äußere Mauer (8) lief dem unteren Teil des Stadthügels entlang. Zum Schutz der gefährdeten Stelle war das Stadttor mit einer rechtwinkligen Schikane versehen.

Die Infanterie bestand hauptsächlich aus **Bogenschützen** (6). Träger von oben gekrümmten Schilden gaben Deckung (4). Dahinter wurden mit Schleudern Steine in die Stadt hochgeschossen (5).

Lanzenträger (7) waren wichtige Stoßtruppen beim Angriff auf die Stadt. Sie trugen Helme und eine kurze Tunika und hatten den Speer in der einen, einen kleinen Rundschild in der anderen Hand.

Rammböcke (3) mit langen Rammbalken hämmerten auf das Mauerwerk, bis Breschen sich öffneten. Sie besaßen vier Räder, ihr hölzerner Rumpf war mit Leder überzogen. Mit einem Schöpflöffel werden Wagen mit Wasser gegen Feuer geschützt.

Von den Mauern der Stadt herunter warfen die Bewohner von Lachisch Steine, Fackeln und gar Wagenräder auf die Assyrer.

Auf den Zinnen der Mauern und Türme hatten die Verteidiger ihre Schilde (9) an Holzrahmen festgemacht. Im Schutz dieser Wand schossen die Bogenschützen ihren Pfeilhagel ab. Andere warfen Steine auf die Angreifer hinunter.

Assyriens Größe

Vom nördlichen Mesopotamien aus herrschten Assyriens Könige über ihr Reich und genossen die Früchte ihrer Eroberungen. Der große Kriegerkönig Assurnasirpal (883–859 v. Chr.) verlegte seine Hauptstadt von Assur weiter nördlich nach Kalach (heute: Nimrud).

Hier baute er auf dem Hügel der Akropolis einen großartigen Palast. Anläßlich des zehntägigen Festes zu seiner Vollendung wurden 1400 Schafe und 10 000 Schläuche Wein verzehrt. Unter den 69 574 geladenen Gästen waren auch Gesandte aus Nordsyrien und Phönizien.

Assurnasirpals Nachfolger residierten in Kalach, bis Sargon II. (721–705) eine neue Hauptstadt baute, die er „Fort Sargon" nannte (heute: Chorsabad). Unter den Bauarbeitertrupps aus Kriegsgefangenen werden auch verschleppte Bewohner Samarias gewesen sein.

707 v. Chr. – zehn Jahre nach Baubeginn – zog Sargon in seinen neuen Palast ein. Zwei Jahre später nur starb er in der Schlacht, und sein Sohn Sanherib verlegte seinen Sitz nach Ninive, „der Buhlerin, die von Anmut strahlte, die in Zauberkünsten Meisterin war" (Nah 3, 4). Ninive blieb Hauptstadt Assyriens bis zum Untergang des Reiches.

Jede assyrische Hauptstadt besaß eine Zitadelle mit königlichen Palästen, Tempeln und einigen Privathäusern von Wohlhabenden. Beute aus Kriegszügen und Tribute der Vasallen flossen in königliche Kassen und erlaubten großzügige Ausstattung von Tempeln und Palästen: Edle Hölzer, Silber, Gold, „Kostbarkeiten ohne Ende! Welche Pracht aller Art an bezaubernden Schätzen!" (Nah 2, 10).

Das Hofleben im späten Assyrien war vielfarbig: Musiker und Sänger aus dem ganzen Reich sorgten für Unterhaltung; Prinzessinnen und Hofdamen fremder Herrscher – unter ihnen Hiskija von Juda – wurden nach Ninive gebracht; man lud ausländische Künstler und Handwerker ein, um die königlichen Residenzen zu verschönern. Auf diese Weise wurde Ninive weithin berühmt.

Den König umgaben Beamte und Ratgeber; unter ihnen Zukunftsdeuter. Vor allen wichtigen politischen und militärischen Entscheidungen wurden Orakel befragt, ein Deutepriester pflegte sogar die Armee zu begleiten.

Der Musterungsort und das Zeughaus befanden sich auf einem zweiten Hügel in einigem Abstand von der Zitadelle. Assyriens gut gerüstete und hervorragend trainierte Armee war der Schrecken des Nahen Ostens. „Kein Müder ist unter ihnen, keiner, der stolpert, keiner der einnickt und schläft. Bei keinem löst sich der Gürtel von den Hüften, noch reißt ein Schuhriemen ab. Ihre Pfeile sind scharf, alle ihre Bogen gespannt. Die Hufe ihrer Pferde sind hart wie Kiesel, die Räder sausen dahin wie der Sturm" (Jes 5, 28).

Die Verpflichtung von Soldaten für das stehende Heer war Aufgabe der Provinzstatthalter, die auch die Truppen und ihre Pferde auf Kriegszügen zu verpflegen hatten. Daneben mußten sie die Fronarbeiter beschaffen für den Unterhalt der Straßen, Kanäle und übrigen Bauten sowie Steuern eintreiben. Durch sein ausgedehntes Provinzsystem war Assyrien das erste Reich in der Antike mit einer wirksamen zentralen Verwaltung der eroberten Gebiete.

Seinen Höhepunkt erreichte es unter Asarhaddon und Assurbanipal, Assyriens Gelehrtem auf dem Thron, der sich nicht nur seiner Bildung rühmte, sondern auch die große Bibliothek von Ninive schuf.

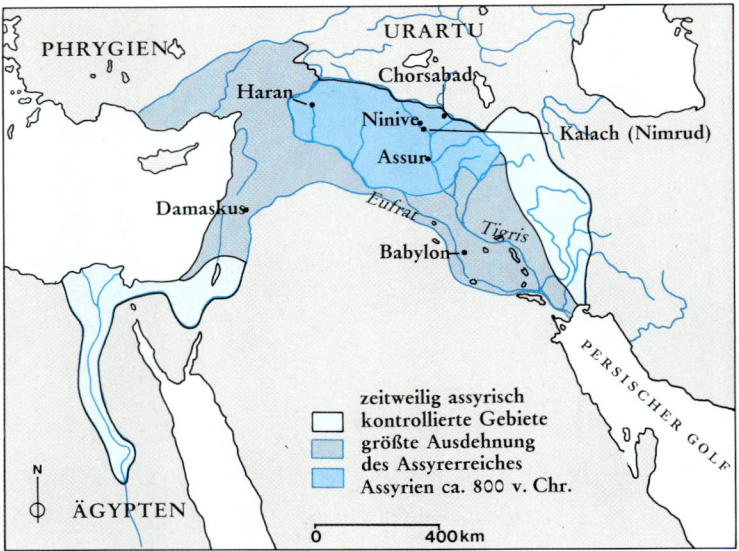

Das Assyrerreich wuchs über einen Zeitraum von rund 250 Jahren. Urartu vermochte zu widerstehen. Auch Phrygien leistete Widerstand. Auf seinem Höhepunkt erstreckte sich Assyrien vom Persischen Golf bis Ägypten. Letzteres wurde nur kurze Zeit beherrscht. Juda und Medien behielten den Vasallenstatus. Elam wurde erobert, aber nicht zu einer Provinz gemacht.

Assurnasirpal II. im
Kampf mit
majestätischen Löwen
(oben) – eines der
großartigen Reliefs aus
seinem Palast in
Nimrud. Ähnlich
meisterhaft gearbeitet
ist der Löwe links aus
Ninive. Die Löwenjagd
des Königs deutet auf
den persönlichen Mut
des Monarchen und
zugleich auf seine
Herrschaft über die
Tierwelt.
Der assyrische König
wurde als unbesiegbar,
nicht aber als göttlich
dargestellt. Er war
Hoherpriester des
Gottes Assur, dessen
Ruhm er durch seine
jährlichen Kriegszüge
in alle Welt trug. Die
Krönungsfeier wurde
im Tempel Assurs
vollzogen. Die
Rechtmäßigkeit des
Königs beruhte auf
göttlicher Wahl,
bestätigt durch
Orakelbefragung.
Durch reiche Gaben
und Ausstattung der
Tempel erwiesen sich
die Könige als Diener
der Götter. Göttliche
Gunst wurde im
Wohlstand des Landes
sichtbar. Neben
kultischen und
militärischen Vorhaben
gehörte der Kanalbau
zu den königlichen
Aufgaben.

**Menschenköpfige,
geflügelte Stiere**
bewachten den
Eingang des
Thronraumes in
Chorsabad, Sargons
neuer Hauptstadt. Sie
sollten dem Palast und
seinen Bewohnern
übernatürlichen Schutz
verleihen. Chorsabads
Einwohner stammten
aus zahlreichen
Ländern und wurden
durch spezielle Beamte
zu guten Assyrern
erzogen.

Fremde Götter in Juda und Israel

„In den beiden Höfen des Tempels baute er Altäre für das ganze Heer des
Himmels ..., auch ein Bild der Aschera brachte er in den Tempel ...“
(2 Kön 21, 5.7). Unter Hiskijas Sohn Manasse verfiel das religiöse Leben
in Juda. Alte kanaanitische Götter wurden an vielen Orten wieder verehrt, aber auch aramäische und assyrische.

Assyrien scheint in die Religion unterworfener Völker nicht direkt ein-
gegriffen zu haben, die umfangreichen Bevölkerungsbewegungen im
ganzen Reich förderten aber eine Vermischung der verschiedenen Reli-
gionsformen. Die in Samarien angesiedelten Verschleppten brachten ihre
eigenen Götter aus Mesopotamien mit, darunter Nergal, den Gott der
Unterwelt, den man mit dem Planeten Mars verband.

Babylon erobert Ninive

„Wehe, deine Hirten schlummern, König von Assur, deine Mächtigen ruhen ... Jeder, der hört, was man von dir erzählt, klatscht über dich in die Hände. Denn wen traf nicht deine Schlechtigkeit zu jeder Zeit?" (Nah 3, 18 f). Der Untergang der assyrischen Hauptstadt Ninive um 612 v. Chr. – noch nicht einmal 20 Jahre nach dem Tod des letzten großen Königs Assurbanipal – erschütterte die alte Welt.

Mehr als hundert Jahre lang hatten die Assyrer unter großem Aufwand an Menschen und Mitteln vergeblich versucht, die Stämme im südlichen Babylon zu regieren. Bei Assurbanipals Tod gab es Streit um die Nachfolge zwischen verschiedenen Gruppen in Assyrien und Babylonien, und Babylon blieb ein Jahr ohne König.

Doch Ende 626 v. Chr. eroberte Nabopolassar, ein Chaldäer-Scheich, den babylonischen Thron, und die nächsten 10 Jahre brachten lang andauernde Kämpfe auf Babylons Boden: Mehrfach wechselte die Herrschaft über wichtige Städte. Es kam zu langen Belagerungen. In der Garnisonsstadt Nippur bezahlten die Bewohner ihre Treue zum Assyrerkönig Sin-Schar-ischkun mit so bitterer Hungersnot, daß Eltern sogar ihre Kinder für Brot verkaufen mußten.

Spätestens 616 v. Chr. war überall im Nahen Osten klargeworden, welche Gefahr das erstarkende Babylon darstellte. Ägypten, bis vor 40 Jahren noch Untertan Assyriens gewesen, verbündete sich jetzt mit dem ehemaligen Oberherrn gegen Nabopolassar. 615 verlagerte sich der Kriegsschauplatz von Babylon in die assyrischen Stammlande: Nabopolassar griff die alte Stadt Assur an, wurde aber zurückgeschlagen.

Eine neue Kraft betrat nun die Bühne: die Meder, eine Gruppe indoeuropäischer Stämme aus dem iranischen Hochland, von Kyaxares zu einer bedrohlichen Streitmacht geeint. Kyaxares zog 614 gegen Assyrien. Kalach (heute: Nimrud) wurde angegriffen, Assur erobert und geplündert. Nabopolassar in Babylon nutzte die Situation, zog nach Norden, traf sich mit dem Mederkönig in der Nähe des zerstörten Assur und schloß mit ihm ein Bündnis. Doch trotz der Verwüstung, die über ihr Land gekommen war, blieben die Assyrer zuversichtlich, rissen die beschädigten Mauern Kalachs ab, um neue zu bauen, und marschierten 613 südwärts gegen Babylon. Ihre Zuversicht war schlecht begründet: 612 begannen die verbündeten Meder und Babylonier mit der Belagerung von Ninive. Nach drei Monaten erlag die Stadt den Angreifern. „Weh der Stadt voll Blutschuld ... Knallen von Peitschen und Gedröhn rasselnder Räder, rennende Pferde und holpernde Wagen. Hetzende Reiter, flammende Schwerter, blitzende Lanzen, eine Menge Erschlagener, eine Masse von Toten" (Nah 3, 1–3). Sin-Schar-ischkun soll in den Flammen seines Palastes umgekommen sein. Der Verlust Ninives war ein tödlicher Schlag für das Großreich Assur.

Überlebende Assyrer sammelten sich neu in Haran, im fernen Westen. Assuruballit erhob als letzter den Anspruch auf Assyriens Königtum. Er wartete auf ägyptische Hilfe. Pharao Nechos große Armee wurde aber in Megiddo aufgehalten. Joschija, der König von Juda, hatte sich ihm dort in den Weg gestellt und mußte dafür mit dem Leben bezahlen. Die Ägypter aber verloren so viel Zeit, daß sie erst in Haran eintrafen, als Nabopolassar die Stadt bereits erobert hatte.

609 versuchten Assuruballit und die Ägypter vergeblich, die Stadt zurückzugewinnen. Assuruballits Ende bleibt geheimnisvoll. Er wird nirgends mehr erwähnt, und mit ihm verschwindet auch das Großreich Assyrien für immer.

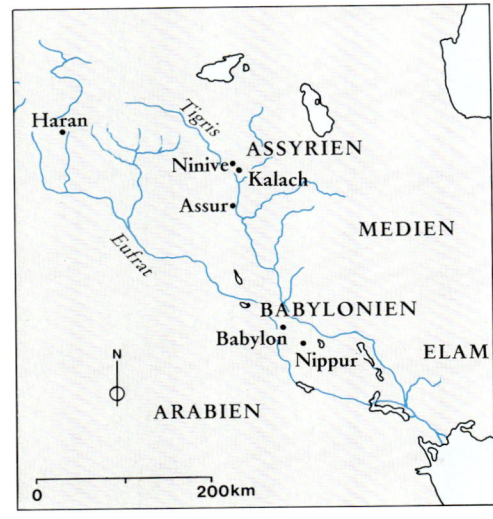

Ninive wurde vom König Sanherib zur Hauptstadt des Assyrerreiches gemacht. Er umgab ein riesiges Gebiet nördlich und südlich des alten Stadthügels mit einer massiven Ziegelmauer, die mit Quadersteinen verkleidet wurde. Die Zugänge waren als gewaltige Toranlagen (3) ausgebaut.

Eine babylonische Keilschrift-Tafel (links), bekannt als „Chronik vom Fall Ninives", ist Hauptquelle für die Vorgänge, die zu Assyriens Untergang führten. Der Chronist beschreibt die Plünderung so: „Sie trugen gewaltige Beute aus der Stadt und dem Tempel und verwandelten die Stadt in einen Trümmerhaufen."

Die Einzelheiten der Belagerung Ninives sind nicht bekannt, doch vermittelt diese Zeichnung aufgrund von Informationen über die Lage der Stadt und den Angriff eine Vorstellung, wie die Stadt „in einen Trümmerhaufen verwandelt wurde".

Die Babylonier mußten einerseits den Tigris (1) überwinden, der die Stadt im Westen schützte, andererseits einen künstlichen Seitenarm entlang der Nordmauer (2).

Die Ostseite besaß eine zweite Verteidigungslinie jenseits eines alten Bachbettes. Auf dem Haupthügel hatte Sanherib seinen gewaltigen Palast auf einer künstlichen Terrasse gebaut (4) und ihm den Namen „Palast ohne seinesgleichen" gegeben.

Jona und der große Fisch
Die Geschichte von Jona – oben in einer Darstellung aus der Kennicott-Bibel – entstand wohl erst nach dem Exil. Sie spielt aber noch vor dem Fall Ninives, der sündigen Stadt. Den Namen der Hauptperson borgte sich der Erzähler aus 2 Kön 14,25. Zur erzählten Zeit (8. Jh. v. Chr.) war Assyrien für Israel die verhaßte bedrohliche Großmacht. Jona weigerte sich, im Auftrag Jahwes der Stadt Ninive den Untergang anzukündigen, und floh auf einem Schiff. Ein Sturm veranlaßte die Matrosen, Jona ins Meer zu werfen, um Jahwe zu besänftigen. Ein großer Fisch (volkstümlich: ein Wal) verschluckte Jona und spuckte ihn an Land. Nun gehorchte Jona, reiste nach Ninive und überbrachte seine Botschaft den Bewohnern. Diese bekehrten sich, und die Stadt wurde gerettet.

Die humorvolle Geschichte verspottet die kleingläubige Angst des Jona und preist die Langmut Gottes, die auch noch den verhaßten Assyrern gilt.

Die Reformen Joschijas
Judas König Joschija gilt als unerbittlicher Reformer. Er beseitigte im ganzen Land heidnische Bräuche, die von seinen Vorgängern geduldet oder gar gefördert worden waren, und ließ nur noch Jerusalem als Heiligtum gelten. Seine Reform steht im Zusammenhang mit der Auffindung eines „Gesetzbuches" (wahrscheinlich einer Vorform des heutigen Buches Deuteronomium) im Tempel.

Das salomonische Heiligtum von Arad in der Wüste Negeb wurde offenbar in dieser Zeit aufgegeben.

Joschija setzte seine Reformen über die Nordgrenze Judas hinaus durch, wobei er von Assyriens Zerfall profitierte, und „beseitigte alle Höhentempel in den Städten Samariens" (2 Kön 23,19). Joschijas Tod bei Megiddo lieferte aber Juda der Gnade Ägyptens aus.

Die Belagerung Jerusalems 587 v. Chr.

Im 9. Regierungsjahr des Königs Zidkija von Juda … rückte Nebukadnezzar, der König von Babel, mit einer ganzen Streitmacht vor Jerusalem und belagerte es. Man errichtete ringsherum einen Belagerungswall" (2 Kön 25, 1). 18 Monate lang dauerte die Belagerung, bis zum Sommer 587. Die Not der Eingeschlossenen war so groß, daß einige sogar Menschenfleisch gegessen haben.

Als die Babylonier in die Stadt eindrangen, versuchte Zidkija nach Transjordanien zu entkommen, wurde aber bei Jericho gefaßt und zu Nebukadnezzar nach Ribla gebracht. Dort wurden als Strafe für seinen Vertragsbruch seine Söhne vor seinen Augen getötet, er selbst geblendet und in Ketten nach Babylon verschleppt, wo er starb.

In den darauffolgenden Monaten zerstörten die Babylonier die Stadt und brannten vor allem den herrlichen Tempel bis auf den Grund nieder. Die Mauern wurden geschleift, die Bevölkerung nach Babylon verschleppt. „Nur von den armen Leuten im Land ließ der Kommandant der Leibwache einen Teil als Wein- und Ackerbauern zurück" (2 Kön 25, 12). Damit fand das Reich Juda sein Ende.

Für zahlreiche Judäer hatte das Exil aber schon zehn Jahre früher begonnen, als sich König Jojachin bei Nebukadnezzars erstem Angriff auf Jerusalem ergeben hatte. Die Unterwerfung des jungen Königs hatte Juda vor völliger Zerstörung bewahrt. Doch mußte ein gewaltiger Tribut bezahlt werden, wie biblische und babylonische Quellen berichten: Jojachin, seine Mutter, ein Großteil der Oberschicht und der Handwerker wurden damals nach Babylon verschleppt.

Zwar gehen die biblischen Zahlenangaben auseinander, doch dürfte in der Tat der größte Teil der herrschenden Klasse bei dieser ersten Verschleppung nach Babylon ins Exil gebracht worden sein. Darunter befand sich auch der Prophet Ezechiel. Jojachins Onkel Zidkija wurde von Nebukadnezzar als neuer König in Jerusalem eingesetzt.

Die Gründe für die Zerstörung Jerusalems durch die Babylonier haben mit dem Untergang Assyriens zu tun. Die dabei entstandene Lücke in Syro-Palästina versuchten sowohl Ägypten wie Babylon zu füllen. Ägypten begrub seine traditionelle Feindschaft zu Assyrien und kam den geschwächten Assyrern gegen das erstarkende Babylon zu Hilfe. Ehemals assyrische Provinzen kamen auf diese Weise unter ägyptische Kontrolle. Auch Juda kam nach Joschijas Kampf und Tod bei Megiddo unter die Oberherrschaft des Pharao.

Ägypten beherrschte in der Folgezeit die Gebiete westlich des Eufrat. Doch die Schlacht von Karkemisch von 605 v. Chr. mit der Niederlage des von Ägypten unterstützten assyrischen Restheeres veränderte das Kräftegleichgewicht entscheidend. Ab 603 v. Chr. war Juda unter babylonischer Kontrolle. Im Lande selbst standen sich pro-ägyptische und pro-babylonische Parteien gegenüber, doch blieb das Land desungeachtet zwei Jahre lang treuer Vasall Babylons.

601 marschierte Necho von Ägypten in Juda ein, und König Jojakim verbündete sich augenblicklich mit ihm, ungeachtet der Warnungen des Propheten Jeremia. Nebukadnezzar griff daraufhin Jerusalem 597 an; Jojachin, der eben erst seinem Vater Jojakim auf den Thron gefolgt war, ergab sich. Verleitet durch ägyptische Hilfsversprechen, riskierte auch sein Nachfolger Zidkija erneut die Feindschaft Babylons. Dies jedoch rächte Nebukadnezzar 587 mit der Zerstörung Jerusalems. Juda wurde ein Volk im Exil.

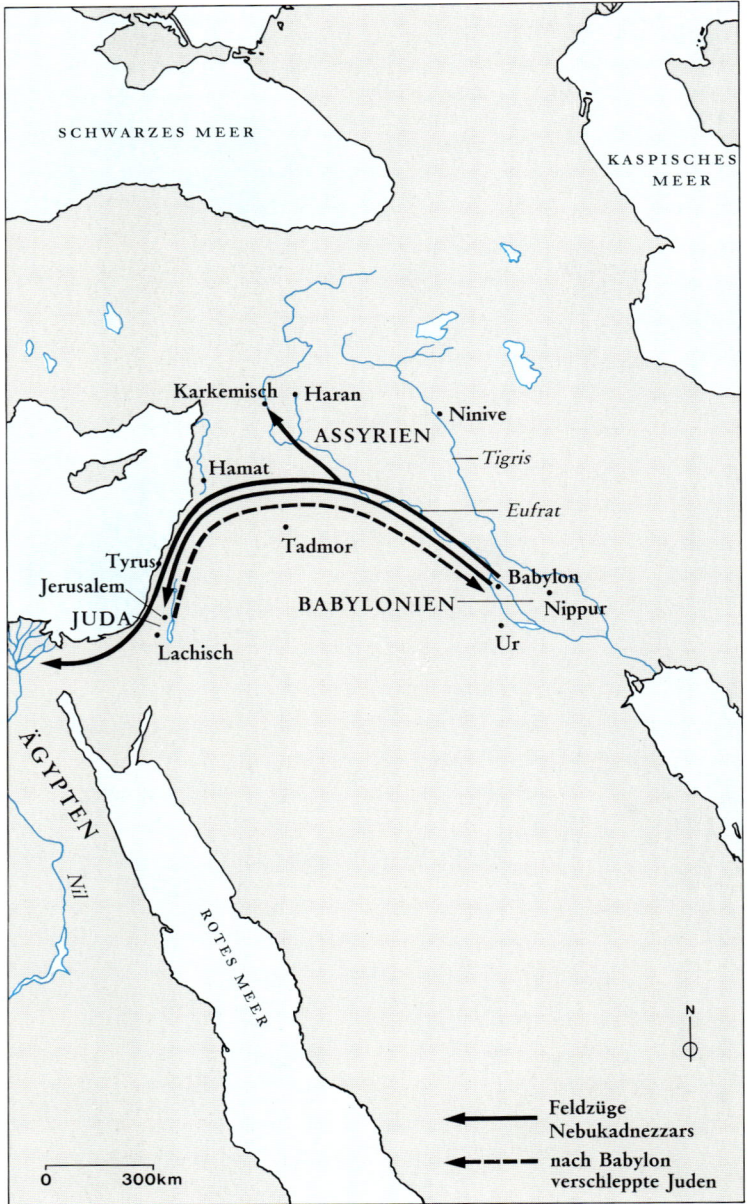

Mit einer Reihe von Kriegszügen schob Nebukadnezzar die Grenzen seines Reiches bis nach Ägypten vor. 605 kämpfte er bei Karkemisch siegreich gegen die vereinigten Heere Assyriens und des Pharao Necho aus Ägypten. Archäologen gruben bei Karkemisch nicht nur Pfeilspitzen, sondern auch ein Tonsiegel mit Nechos Kartusche als Zeugnisse dieser Schlacht aus. 604 marschierte Nebukadnezzar gegen Hamat und machte den Weg nach Syro-Palästina frei. 601 kämpfte er gegen die Ägypter, wahrscheinlich an ihrer Grenze. 597 wurde Jerusalem angegriffen und Jojachin samt Judas Oberschicht nach Babylon deportiert. Beim zweiten Angriff auf Jerusalem 587 wurde nach 18monatiger Belagerung eine zweite Gruppe Judäer ins Exil verschleppt. Einige von ihnen wurden in Südbabylon in der Gegend von Nippur angesiedelt.

Ein Gerichtsprophet
Jeremias Tätigkeit als Prophet umfaßt den Zeitraum von 40 folgenschweren Jahren in Judas Geschichte von 627 v. Chr. bis zum Untergang des Tempels 587. Sein Name ist zum Inbegriff von Wehklage geworden.

Doch war Jeremia kein jammernder, untätiger Zeuge des Untergangs. Vielmehr tat er alles, was in seinen Kräften stand, um den Lauf der Dinge zu beeinflussen; wenngleich er den Untergang Jerusalems nicht verhindern konnte, wurden seine drohenden und

tröstenden Worte jedoch entscheidend für das Überleben des Judentums im Exil.

Als gebildeter Mensch aus priesterlicher Familie durchschaute Jeremia die politischen Vorgänge und auch die Zuschauerrolle, die Juda im Streit der Großen übrigblieb. Seine Prophezeiungen zeugen von einer nüchternen Einschätzung der Lage, wenn sie auch in erster Linie von Jahwes Vergeltung für Judas Bundesbruch reden.

Assyriens Niedergang erlaubte Juda, neues Selbstbewußtsein zu gewinnen. Joschijas entschlossene Ausrichtung am „Gesetzbuch des Mose" dürfte Jeremias Zustimmung gefunden haben. Doch blieb Joschijas Reform ein dauernder Erfolg gegen den religiösen Niedergang im Land versagt. Dazu trugen sicher auch die Wirren bei, welche Juda wieder unter ägyptische Oberherrschaft geraten ließen.

Jeremia riet zur Unterwerfung unter das Joch Babylons und machte sich damit natürlich sehr unbeliebt. Seine Zeitgenossen hielten Jerusalem aufgrund des göttlichen Schutzes über den Tempel für uneinnehmbar. Jeremia aber war weitsichtiger: Er sah die Katastrophe kommen, für ihn war sie Jahwes Strafe für ein treuloses Volk.

Nicht nur die Bestätigung seiner Untergangsbotschaft durch den Gang der Ereignisse machte Jeremia zu einem der wichtigsten Propheten. Sein Glaube an einen Neuanfang, an Gottes neuen Bund mit seinem Volk, wurde für die Juden im Babylonischen Exil zur Keimzelle der Hoffnung auf eine Rückkehr in das Land der Väter.

Zwei von acht Briefen auf Tonscherben
(Ostraka) an Jaosch, den Kommandanten von Lachisch, während des letzten babylonischen Angriffs (oben). Die althebräische Schrift ist teilweise schlecht erhalten.
Die acht Briefe stammen von einem gewissen Hoschajahu, dem Kommandanten der Garnison eines Ortes zwischen Lachisch und Aseka. „Nur diese befestigten Städte waren in Juda noch übriggeblieben" (Jer 34,7). Einer der Briefe endet so: „Wir warten auf die Signale von Lachisch, gemäß den Anweisungen, die mein Herr gibt; denn die Rauchsignale von Aseka können wir nicht mehr sehen." Offenbar wurden Rauchzeichen zur Übermittlung von Botschaften zwischen den Städten und Militärlagern eingesetzt.

Diese Tontafel beschreibt die Belagerung Jerusalems: „Im 7. Jahr, im Monat Kislew, bot der König von Akkad seine Truppen auf und zog nach Chattu. Die Stadt von Juda griff er an. Am 2. Adar eroberte er die Stadt. Den König nahm er gefangen. Einen König nach seinem Herzen setzte er über sie. Schweren Tribut nahm er mit und brachte ihn nach Babylon."

Bericht von Jerusalems Eroberung
Die babylonische Chronik (oben), erstmals 1956 übersetzt, hält Nebukadnezzars Eroberung von Jerusalem fest (2 Kön 24,10–17). Das Datum entspricht dem 15./16. März 597 v. Chr. Solche Chroniken oder Geschichtsbücher wurden nach astronomischen Tagebüchern zusammengestellt, in welche Schreiber für jedes Herrschaftsjahr eines Königs die wichtigsten innen- und außenpolitischen Ereignisse eintrugen. Der Bericht von Jerusalems Eroberung bestätigt und ergänzt die Darstellung der Bibel.

Das Leben in Babylon

„An den Strömen von Babel, da saßen wir und weinten, wenn wir an Zion dachten" (Ps 137, 1). Die leidvollen Worte geben die Erfahrungen der Judäer im Exil wieder. Die Verschleppten in Babylon gehörten zur politischen und geistigen Elite. Die Zahlen der Verschleppten von 597, 587 (siehe S. 106 f) und 582 v.Chr. sind nicht festzustellen. Jeremia (52,30) spricht von 4600, zählt aber wohl nur männliche Erwachsene. Wir können daher annehmen, daß insgesamt 15 000 bis 20 000 Judäer verschleppt wurden.

Einige von ihnen, darunter König Jojachin und seine Familie, wurden in der Hauptstadt angesiedelt. Nebukadnezzar hatte Babylon zur glanzvollsten Stadt der Alten Welt gemacht; in jüdischen Augen aber wurde sie zum Inbegriff von Entartung und Laster.

Der Eufrat floß mitten durch Babylon und teilte die Stadt. Nebukadnezzar besaß drei Paläste: Die Sommerresidenz lag etwas nördlich der Innenstadt am Ufer des Stromes. Im Nordpalast ließ Nebukadnezzar, der Antiquitäten liebte, Räume für seine Sammlung wie auch für die königliche Bibliothek einrichten. Die Hauptresidenz, der Südpalast, war ein prunkvoller Bau mit fünf Innenhöfen, umgeben von zahlreichen Zimmerfluchten. Der Thronsaal, wo der König seine Gäste und Minister empfing, besaß eine prachtvolle Fassade mit einem mehrfarbigen Ziegelsteinfries, auf dem Löwen, Säulen und Blumenmotiven dargestellt waren.

Jojachin war vermutlich im Südpalast untergebracht. Tontafeln, die dort gefunden wurden, verzeichnen Speisezuteilungen für Leute aus verschiedensten Ländern, unter ihnen Jojachin, seine Söhne und andere Judäer. Jojachin behielt königlichen Rang und wurde als Haupt der jüdischen Gemeinde betrachtet. Nebukadnezzars Sohn Ewil-Merodach begnadigte ihn und bot ihm die Gastfreundschaft des Hofes an. Während Jojachin die Annehmlichkeiten des Hoflebens genießen durfte, waren andere Judäer in Südbabylonien angesiedelt worden. Ein großes jüdisches Zentrum befand sich in Tel-Abib am Fluß Kebar, einem Eufratkanal, der durch die große Handelsstadt Nippur floß. Die Judäer befolgten dort einen Rat Jeremias: „Baut Häuser, und wohnt darin, pflanzt Gärten, und eßt ihre Früchte! Nehmt euch Frauen, und zeugt Söhne und Töchter, nehmt für eure Söhne Frauen, und gebt eure Töchter Männern, damit sie Söhne und Töchter gebären. Ihr sollt euch dort vermehren und nicht vermindern" (Jer 29, 5 f).

Die Babylonier behandelten die Verbannten gut. Diese konnten sich frei versammeln, Besitz erwerben und ihr Brauchtum und ihre Religion pflegen. Spätere Bank-Archive aus Nippur belegen, wie im Lauf eines guten Jahrhunderts einige der Verbannten es zu beträchtlichem Reichtum brachten. Die meisten Juden in Nippur waren Bauern, Hirten und Fischer, einige arbeiteten als niedere städtische Beamte. Natürlich gerieten die Verbannten unter babylonischen kulturellen Einfluß. Sie nahmen aramäische Sprache und Schrift an, erlernten den mesopotamischen Kalender und gaben ihren Kindern teilweise babylonische Namen. Zugleich aber versuchten sie die Lehren ihrer Vorfahren zu bewahren, indem sie ererbtes Brauchtum, wie Beschneidung, Speisegesetze und Sabbat, hochhielten.

Mag das Leben in Babylon durchaus erträglich gewesen sein, so war das Exil für die Juden doch der schwerwiegendste Einschnitt ihrer Geschichte. Propheten wie Ezechiel, der wahrscheinlich zusammen mit Jojachin verschleppt worden war, nährten die Hoffnung, daß sie einst in ihre geliebte Heimat zurückkehren würden.

Babylon war von einem tiefen Wassergraben und einer doppelten Verteidigungsmauer umgeben; nach einem Bericht des griechischen Geschichtsschreibers Herodot, der die Stadt wahrscheinlich besucht hatte, konnten auf der breiten Mauer vierspännige Wagen fahren! Die Prozessionsstraße führte vom Nordpalast durch das Ischtar-Tor, entlang dem Südpalast und dem Ischtartempel zum Heiligtum Esagila.

Die Stadt war gut geplant. Die Hauptstraßen, meist nach Göttern benannt, liefen parallel oder rechtwinklig zum Fluß. Außer dem Ischtar-Tor gab es acht bronzene Tore in der Stadtmauer.

Der kleine Tempel (1), der Mutter-Göttin Ninma geweiht, zeigt einen typischen babylonischen Plan mit einem zentralen Hof und einem breiten inneren Kultraum. Eingangstürme und Mauervorsprünge verteilten Licht und Schatten auf gelungene Weise.

Eine eigentümliche Reihe überwölbter Räume im Südpalast (2) sah man als die berühmten „hängenden Gärten Babylons" an. Da aber hier die Speisezuteilungslisten gefunden wurden, auf denen auch Jojachin erwähnt wird, dürfte es sich eher um ein Verwaltungsgebäude handeln.

Eine breite, gepflasterte Straße (3), „Prozessionsstraße" genannt, führt vom Norden her zur Stadt. Zu beiden Seiten erheben sich hohe, mit glasierten Ziegeln geschmückte Wände mit Darstellungen von Löwen, dem Tier der Göttin Ischtar.

Der Hauptzugang Babylons führt durch das gewaltige Ischtar-Tor (4), eine doppelte Toranlage, welche die beiden Stadtmauern verbindet. Es war prächtig geschmückt mit Stieren und Drachen. Bei festlichen Anlässen zogen hier große Prozessionen mit Götterbildern durch die farbenprächtigen Pforten ein.

Die Perser erobern Babylon

Als der Perser Kyrus nach seiner Eroberung Mediens 539 v. Chr. auch Babylon eingenommen hatte, ging das lange Exil der Juden zu Ende. Sie durften nach Jerusalem zurückkehren. Allerdings waren zunächst nur wenige dazu bereit. Doch ist die Rückkehr aus Babylon ein Wendepunkt in der Entwicklung des Judentums: Jahwe hatte seinen Bund erneuert, sein Volk erlöst.

Die aus Babylon Heimgekehrten machten sich an den Wiederaufbau des Tempels und des religiösen Lebens. Dabei legten sie besonderen Wert auf die Reinheit der Lehre und den Gehorsam gegenüber dem mosaischen Gesetz.

Noch Jahrhunderte später vernimmt man im Danielbuch einen Nachhall der Ereignisse, die zu Babels Untergang geführt hatten. In der Abfolge von babylonischem, medischem und persischem Reich, dargestellt in Gestalten besonderer Tiere, erscheint Babylon als Löwe mit Adlerflügeln: „Während ich es betrachtete, wurden ihm die Flügel ausgerissen" (Dan 7, 4).

Von den letzten Jahren Babylons und der Niederlage durch die Perser wissen wir aus babylonischen Schriften, die teilweise erst nach dem Sieg des Kyrus verfaßt wurden und zu seinen Gunsten Partei nehmen.

Der Zerfall Babylons begann mit Nebukadnezzars Tod 562. Dieser hatte offenbar gute nachbarschaftliche Beziehungen zu den Medern unterhalten, deren Nordwestgrenze nach Assyriens Untergang bis an den Fluß Halys in Anatolien stieß.

Der Bau einer Verteidigungslinie nördlich von Babylon deutet allerdings an, daß Nebukadnezzar gegen Ende seiner Regierungszeit den Medern mißtraute. Doch ist über seine letzten Jahre wenig bekannt. In den sieben Jahren nach seinem Tod herrschten nicht weniger als drei Könige, bevor Nabonid 555 den Thron bestieg.

Meist wird angenommen, Nabonids Herrschaft sei sehr umstritten gewesen und Babylon sei kampflos an Kyrus gefallen, weil ihn alle als Befreier begrüßt hätten. Das läßt sich aber nicht beweisen. Als die Perser die Babylonier im Oktober 539 bei Opis angriffen, kam es jedenfalls zur kriegerischen Auseinandersetzung.

Die Perser eroberten danach Sippar und zogen zwei Tage später in Babylon ein – „ohne Schlacht", laut babylonischen Schriften. Immerhin vergingen zwei Wochen, ehe Kyrus selbst die Stadt betrat; zwischenzeitlich wurden die Truppen in Babylon verstärkt. „Schildträger umstellten die Tore von Esagila" – vielleicht ein Hinweis, daß Widerstandsnester beseitigt werden mußten, ehe Kyrus sicher einziehen konnte.

Es gibt auch Hinweise auf Mißstimmung unter den Babyloniern, die damit zusammenhängen könnten, daß Nabonid kurz nach seinem Herrschaftsantritt Verwaltungsreformen vornahm. Unter anderem ernannte er königliche Verwalter, welche die Finanzen der Tempel-Heiligtümer kontrollierten. Die Betroffenen – etwa die Tempelschreiber – werden sich daher dem Eroberer Kyrus zugewandt haben. Die Kyrus-freundliche Darstellung der Eroberung Babylons stammt jedenfalls aus Kreisen solcher Schreiber.

Aus noch ungeklärten Gründen verbrachte Nabonid die letzten zehn Jahre seiner Herrschaft in der arabischen Oase Tema. Kurz vor der unerklärlichen Abreise hatte Kyrus die Meder angegriffen und begonnen, seine Herrschaft über fast den gesamten Nahen Osten auszudehnen.

Mit Babylons Untergang wurde Kyrus auch Herrscher über die Provinz Juda.

Nabonid, der letzte babylonische König, steht auf dieser Steinsäule (Stele) vor den Symbolen des Mondgottes Sin, des Sonnengottes Schamasch und der Liebes- und Kriegsgöttin Ischtar. Der Fundort Haran war ein Zentrum des Mondgottes. Nabonid hatte Sins Tempel erneuert. Warum Nabonid seine letzten zehn Regierungsjahre in Arabien verbrachte, ist ungeklärt. Die Geschichten von Nebukadnezzars Wahnsinn (Dan 4, 28–31) handelten wohl ursprünglich von Nabonid.

Diese persischen Bogenschützen, nach einem Fries glasierter Ziegel aus Susa (5. Jh. v. Chr.), gehören zu den „10 000 Unsterblichen", der königlichen Leibgarde und Elitetruppe der persischen Armee. Gefallene Soldaten wurden sofort ersetzt, um die Zahl zu erhalten. Die Bogenschützen tragen hier Paradeuniformen und Kopfbänder. Die Armbänder stellen eine Auszeichnung dar. Ihre Speere bestehen aus Kornelkirschenholz und haben silberne Spitzen.

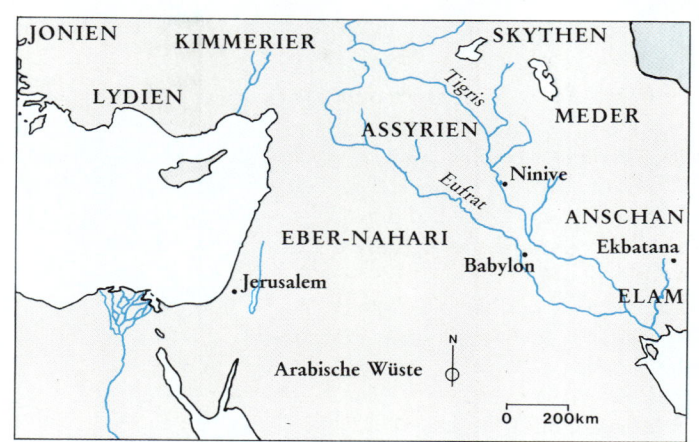

Belschazzars Festgelage

Dan 5 erzählt von einem Festgelage Belschazzars, bei dem seine Höflinge goldene und silberne Gefäße aus dem Jerusalemer Tempel benutzten.

Da erschien eine Hand an der Wand und schrieb: „mene, mene, tekel, peres". Da niemand die Schrift zu deuten verstand, wurde Daniel, ein verschleppter Judäer und bekannter Zeichendeuter, geholt.

Er spielte mit den Worten – eine beliebte babylonische Technik der Zukunftsvorhersage – und deutete sie als Ansage des Untergangs von Babylon: „mene" = gezählt sind die Tage; „tekel" = gewogen und zu leicht befunden wurde der König; „peres" = geteilt wird das Land und Medern und Persern gegeben. Wörtlich genommen bezeichnen die Worte auch Tauschgewichte: Mine, Schekel und Peres (oder Halbmine), wobei eine Mine 60 Schekel wog.

Belschazzar war allerdings weder König noch Nebukadnezzars Sohn. Nach Keilschriftinschriften war er Nabonids Kronprinz und vertrat diesen während der Abwesenheit in Tema. Vielleicht starb er beim Kampf gegen die einmarschierenden Perser. Der große zeitliche Abstand zwischen diesen Ereignissen und der Abfassung des Danielbuchs im 2. Jh. v. Chr. mag die Verwechslung erklären.

Der erste Nil-Katarakt galt als traditionelle Südgrenze Ägyptens. Im 5. Jh. v. Chr. wurde sie in Syene (Assuan) von aramäischen und auf der benachbarten Insel Elefantine von jüdischen Grenzposten bewacht. Diese jüdische Siedlung zur Zeit Esras und Nehemias ist die älteste nachgewiesene jüdische Diaspora-Gemeinde. Briefe, Gesetzes- und Gemeindetexte, aramäisch auf Papyrus und Tonscherben geschrieben, fanden sich in ihren Archiven Es ist anzunehmen, daß die letzten einheimischen Könige Ägyptens die Kolonie um 650 v. Chr. errichteten. Besonders interessant sind Informationen über die Religion der jüdischen Siedler. Neben Jahwe wurden andere Götter verehrt: Opfer an aramäische Götter werden mehrfach erwähnt.

Kyrus der Große und der Aufstieg Persiens

Die Perser waren ein indo-europäisches Volk und haben ihren Namen von Parsua, einem ihrer früheren Siedlungsgebiete. Wie die Meder werden sie in assyrischen Geschichtsbüchern erwähnt. Nach der Niederlage des Assyrers Assurbanipal in Elam um 640 v. Chr. wanderten die Perser in das Bergland dieses alten Reiches ein, scheinen aber Susa erst nach dem Fall Babylons erobert zu haben.

Rund 200 Jahre vor dem Aufstieg Kyrus' II. (des „Großen") waren die Meder die herrschende Macht und die Perser ihre Untertanen. Unter König Kyaxares besiegten die Meder zusammen mit Babylon die Assyrer. Darauf dehnten sie ihr Reich westwärts bis zum Fluß Halys aus.

Kyaxares' Sohn Astyages gab seine Tochter dem Perserkönig von Anschan, Kambyses I., zur Frau. Kyrus war ihr Sohn. Griechische Schriftsteller berichten unterschiedlich über seine Geburt und seinen Aufstieg, doch handelt es sich um die üblichen königlichen Geburtslegenden.

Offenbar vereinigte Kyrus als König von Anschan die Perserstämme unter seiner Herrschaft. Nach babylonischen Schriften machten die Meder einen Aufstand gegen Astyages und lieferten ihn Kyrus aus. Die medische Hauptstadt Ekbatana wurde 550 oder 553 v. Chr. eingenommen und geplündert. Medien wurde erste Provinz (= Satrapie) des künftigen Perserreiches, und Meder finden sich im Heer der Perser. Kyrus übernahm ferner große Teile der medischen Verwaltung.

547 zog Kyros gegen den sagenhaft reichen König der Lyder, Krösus, und schlug ihn bei Sardes, seiner Hauptstadt. Nach der Errichtung dieser Satrapie wandte sich Kyrus gegen die Griechen Kleinasiens und die Lykier und brachte sie unter seine Kontrolle. Im Osten sicherte er die Herrschaft über das gesamte persische Hochland und Gandara. Ausgestattet mit den Reichtümern aller dieser Länder konnte er Babylon angreifen.

Es gab in Babylon wie anderswo eine geschickte Propaganda, welche Kyrus' Milde und religiöse Freizügigkeit pries. Nach dem namenlosen Propheten, den die Forschung „Deuterojesaja" nennt und der damals in Babylon wirkte, war Kyrus der Befreier der Juden im Exil:

„So spricht der Herr zu Kyrus, seinem Gesalbten, den er an der rechten Hand gefaßt hat, um ihm die Völker zu unterwerfen, um die Könige zu entwaffnen" (Jes 45, 1).

Ester rettet ihr Volk

Das Esterbuch spielt im 5. Jh. v. Chr.: „Es war zur Zeit des Artaxerxes, der von Indien bis Kusch (Äthiopien) über hundertsiebenundzwanzig Provinzen herrschte" (Est 1,1). Dieser Perserkönig ist niemand anders als der Xerxes I., wie griechische Schriftsteller ihn nennen. Die biblische Erzählung zeigt jüdisches Leben in Persien; Schauplatz ist die Hauptstadt des Xerxes, Susa. Es beginnt mit der Weigerung der Königin Waschti, ihre Schönheit vor den betrunkenen Gästen eines Staatsbanketts des Königs zur Schau zu stellen, und ihrer anschließenden Verstoßung.

Bei einem Schönheitswettbewerb sucht sich Artaxerxes die Jüdin Ester aus; ihr Cousin und Vormund Mordechai, ein Exiljude, ist königlicher Beamter. Ester wird Königin und verheimlicht ihre Herkunft. Kurz darauf vereitelt Mordechai ein Mordkomplott gegen den König.

Artaxerxes' rechte Hand ist ein gewisser Haman. Als ihm Mordechai die geforderte Huldigung verweigert, rächt sich der wütende Haman, indem er sich vom König bevollmächtigen läßt, alle Juden auszurotten. Durch das Los („pur") wird das Datum auf den 13. des Monats Adar festgelegt.

Mordechai bittet daraufhin Ester, beim König für ihr Volk einzutreten. Ester zögert, denn auf ungebetenem Erscheinen vor dem Herrscher liegt die Todesstrafe, es sei denn, er erhebe sein goldenes Zepter und gewähre Straffreiheit. Schließlich stimmt sie zu und übernimmt das Risiko.

Esters Plan gelingt, und Artaxerxes nimmt ihre Einladung zu einem Festmahl zusammen mit Haman an. Haman hat inzwischen einen riesigen Galgen aufrichten lassen und will die königliche Erlaubnis erlangen, Mordechai zu hängen. Nachts kann der König nicht schlafen, er läßt sich aus dem königlichen Jahrbuch vorlesen und wird daran erinnert, daß Mordechai sein Leben gerettet hat. Als Haman am Morgen eintritt, wird er beauftragt, Mordechai königlich zu bekleiden und ihn ehrenvoll zu Pferd über den Stadtplatz zu führen.

Später dann speist der König mit Haman bei Ester. Diese enthüllt Hamans Mordplan gegen die Juden. Wütend läuft der König in den Garten, der erschrockene Haman fällt Ester um den Hals und bittet um Hilfe. „Als der König aus dem Garten wieder in den Raum zurückkam, in dem das Trinkgelage stattfand, hatte sich Haman über das Polster geworfen, auf dem Ester lag. Der König sagte: Tut man jetzt sogar hier in meiner Gegenwart der Königin Gewalt an" (Est 7,8)? Für das ungebührliche Betragen wird Haman weggeführt und am Galgen aufgehängt, den er selbst hatte aufrichten lassen.

Auf Esters Bitte hin darf Mordechai einen neuen Erlaß herausgeben, der den Juden das Recht gibt, sich gegen ihre Angreifer zu wehren. So vernichten die Juden im ganzen Reich ihre Freinde an eben diesem Tag, dem 13. Adar. Ihre Feier nach dem Massaker wird ein regelmäßiges Fest, „Purim" (Losfest) genannt.

Das Esterbuch begründet also die Enstehung des jüdischen Purimfestes, das vielleicht ein ursprünglich persischer Feiertag war, den Exiljuden übernommen hatten. Die Geschichte ist voller Erinnerungen aus persischer Zeit.

Waschti und Ester sind allerdings außerhalb der biblischen Schriften nirgends belegt, und ein Beamter namens Marduka (Mordechai) erscheint zwar auf Tafeln von Susa, diente aber kaum zur Zeit des Xerxes.

Die Estergeschichte ist vergleichbar den Legenden von Frauen am persischen Hof, wie sie in großer Zahl von klassischen Schriftstellern überliefert werden.

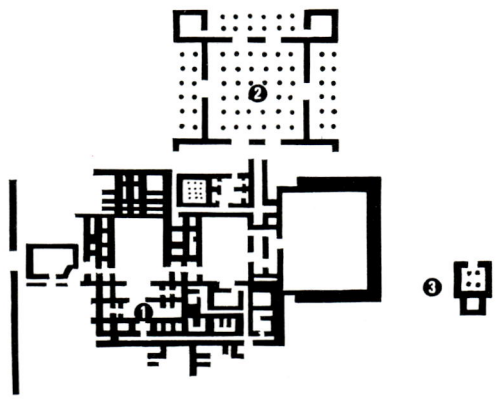

Die Palastruinen zeigen einen Komplex von Höfen, Gängen und Räumen. Ester wurde zunächst zu Xerxes in die königlichen Gemächer geführt (1). Die große Säulen-Audienzhalle, „Adapana" (2), diente für Festmähler. Am Palasttor (3) sitzend muß man sich Mordechai vorstellen, wie dies für persische Beamte üblich war.

Vielfarbige Friese mit geflügelten Stieren und Löwengreifen auf glasierten Ziegeln schmückten die Palastmauern in Susa. Nach Darius wurden die Ziegel für den Palast von Babyloniern hergestellt. Sie zeigen babylonischen Stil und erinnern an Nebukadnezzars Bauten in Babylon. Die Ziegel wurden in Schablonen gepreßt. Hauptfarben waren Blau, Weiß, Gelb, Grün und Schwarz. Auch der Palastplan ist babylonisch beeinflußt.

Xerxes, König von Persien

Als Xerxes, der im Esterbuch Ahaschwerosch heißt, seinem Vater Darius 486 v. Chr. folgte, erbte er ein riesiges, gut organisiertes Reich. Jahre zuvor war er zum Kronprinzen ernannt worden.

Zu Beginn seiner Herrschaft warf er Revolten in Ägypten und Babylonien nieder, doch ging er in die Geschichte ein vor allem wegen seines erfolglosen Versuchs im Jahre 481 v. Chr., Griechenland zu erobern. Berühmt wurden damals der Widerstand der Spataner bei den Thermopylen und die griechischen Siege von Salamis, Platäa und Mykale.

Das Esterbuch und griechische Quellen zeichnen von Xerxes kein schmeichelhaftes Bild. Nach den Niederlagen gegen die Griechen soll er sich in seinen Harem zurückgezogen haben und in Luxus, Wohlleben und Palastintrigen verkommen sein. Ein Niedergang Persiens zu seiner Zeit ist aber nicht erkennbar.

Erst 150 Jahre nach Salamis zerfiel das Reich. Zunächst brachte persisches Geld, als Bestechung klug eingesetzt, Griechenland ziemlich vollständig unter persische Abhängigkeit. Xerxes starb im August 464 v. Chr., angeblich von Mörderhand, in seinem Bett.

Persische Könige bauten in großem Stil. Darius der Große machte Susa zu seiner wichtigsten Hauptstadt und baute dort einen großen Palast, den sein Sohn Xerxes vollendete. Der Plan (oben) zeigt das Torgebäude (1), die Apadana (2) und den Fluß Schaur (3) im Hintergrund. Künstler und Material kamen aus dem ganzen Reich. Das Esterbuch spiegelt den Glanz der Anlage: „Weißes Leinen, violetter Purpurstoff waren ... in silbernen Ringen an Alabaster-Säulen aufgehängt. Auf dem Mosaikboden aus ... Marmor und Perlmutt-Steinen standen goldene und silberne Ruhelager ..." (Est 1,6).

Das persische Reich

Gut 200 Jahre lang brachte das Perserreich fast ganz Westasien Frieden. Die Geschichte der damaligen Zeit läßt sich in erster Linie aus griechischen Schriften nachvollziehen. Das Reich war weithin das Werk seines Gründers Kyrus, doch wurde es von seinen Nachfolgern, besonders von Darius I. (522–486 v. Chr.), einem fähigen Herrscher, ausgebaut und organisiert.

Alles drehte sich um den König, dem theoretisch das ganze Land des Reiches gehörte. Er wurde nicht als Gott verehrt, galt aber als Erwählter des höchsten persischen Gottes Ahura Mazda und als Quelle der Gerechtigkeit. In persischen Augen konnte er "kein Unrecht tun". Als König Kambyses seine eigene Schwester heiraten wollte, fanden nach Herodot die königlichen Richter „kein Recht, das einem Bruder die Heirat seiner Schwester gestattete, aber es gab da zweifellos ein Gesetz, das dem König von Persien erlaubte zu tun, was ihm beliebte".

Überlebensgroß erscheint der Perserkönig auf manchen Wandbildern. Er soll weitgehend in der Abgeschlossenheit seines Palastes gelebt haben, auf purpurnen Teppichen wandelnd, die sonst kein Sterblicher betreten durfte. Außerhalb des Palastes berührte sein Fuß angeblich niemals den Boden. Den Hof bevölkerten neben der königlichen Familie ihr Hausgesinde, der Harem des Monarchen mit den Bediensteten, die Leibwache und die Beamten.

Am Hof wurde der weltläufige Charakter des Reiches spürbar: Griechische und ägyptische Gelehrte, babylonische Astronomen und phönizische Forscher. Nach griechischen Schriften zog der Hof je nach Jahreszeit von einem Palast zum anderen. Seit Darius war allerdings Susa die wichtigste Hauptstadt.

Das Reich war eingeteilt in Provinzen (= „Satrapien") mit persischen Fürsten oder Prinzen an der Spitze, die gleichzeitig große Ländereien besaßen. Sie hatten für Sicherheit und Abgabe der Steuern zu sorgen. Juda gehörte zur Provinz Abarnahara. Ackerland wurde unterschiedlichen Leuten zugeteilt, wenn sie Militärdienst oder manchmal Geldzahlungen geleistet hatten.

Darius war laut Herodots Wiedergabe eines persischen Ausspruchs „ein Kaufmann, der auf Profit aus war, woher immer er ihn kriegen konnte". Er war ziemlich sicher der erste Perserkönig, der eigene Münzen prägte, die berühmten „Golddareiken". Münzen dienten allgemein nur für militärische Zwecke oder Bestechungsgeschenke; im übrigen wurde mit Waren bezahlt.

Edelmetalle als Tribute wurden von den Königen in ihren Schatzhäusern gehortet. Herodot verspottet Darius' Geiz, indem er berichtet, Darius habe beim Öffnen des Grabes der Königin Nitokris in Babylon statt der erhofften Schätze die Inschrift gefunden: „Wärst du nicht so unersättlich gierig gewesen und scharf darauf, selbst mit verachtungswürdigsten Mitteln zu Geld zu kommen, hättest du nie das Grab einer Toten geöffnet".

Persische Macht gründete auf der Armee. Garnisonen waren in allen Königsstätten und wichtigen Zentren der Satrapien stationiert. In Kriegszeiten bestand das Herr aus einem Völkergemisch. Herodot zählt mindestens 45 Völker auf, aus denen Truppen für die Feldzüge nach Griechenland ausgehoben worden seien. Es gab Speertruppen, Bogenschützen und Kavallerie. Was letztere anbelangt, fand sie erst in der Zeit Alexanders des Großen ihresgleichen.

Das Perserreich wurde durch eine gute Organisation und straffe Disziplin zusammengehalten. In den letzten Jahrzehnten erst wurde seine Festigkeit erschüttert; Alexander der Große (siehe S. 118 f) setzte der Perserherrschaft ein Ende.

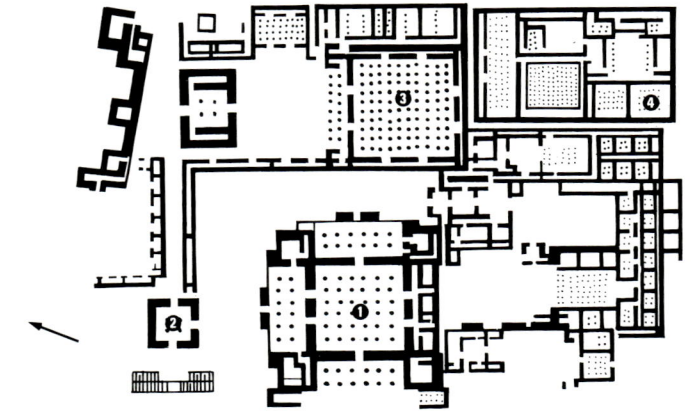

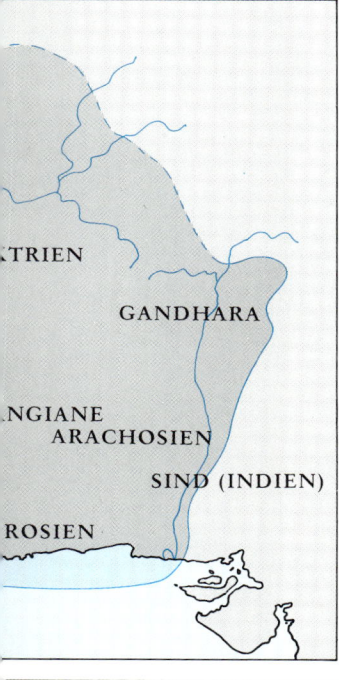

Das Perserreich wurde von Darius neu in 20 Satrapien eingeteilt und umfaßte viele Völker. Die Königsstraße von Sardes nach Susa war 2575 km lang und war mit 111 Kontrollposten gut bewacht. Eine Verlängerung führte nach Persepolis. Reisende wurden von Soldaten beschützt. Eine andere wichtige Route führte von Babylon nach Ekbatana, der alten Mederhauptstadt und Sitz eines Königspalastes, von dort in den Ostiran. Brücken auf den Hauptstraßen wurden regelmäßig instand gehalten.

Die östliche Treppe zum „Apadana" in Persepolis stellt Tribut-Gesandtschaften aus 23 Ländern in ihren heimatlichen Gewändern dar. Die Anführer werden von einem Perser oder Meder begleitet. Auf dem Ausschnitt (unten) bringen Chorasmanier (obere Reihe, links) ein Kurzschwert, Armbänder, Äxte und ein Pferd. Die Gandarier (oben, rechts) bringen Lanzen und ein Buckelrind. Die Inder (unten links) tragen Körbe mit Gefäßen und führen einen Esel, die Baktrier (unten rechts) bringen Töpfe und ein Kamel.

Wie die Keilschrift entziffert wurde

Darius I., als Persiens größter König bezeichnet, ließ auf einem unzugänglichen Felsen bei Behistun im Zagrosgebirge einen Bericht von seinen Kämpfen zur Sicherung seines Thrones einmeißeln. Auf einem Bild setzt der König seinen Fuß auf seinen Vorgänger Gautama. Die Begleitinschrift ist altpersisch, elamitisch und babylonisch, alles in Keilschrift.

Seit Ende des 18. Jh. fesselte die Enzifferung der Keilschrift die Gelehrten. 1802 hatte der Deutsche Grotefeld erste Erfolge mit Inschriften aus Persepolis, doch den Durchbruch erzielte H. C. Rawlinson, ein Offizier der britischen Armee, der von Kermanscha aus das nahegelegene Behistun besuchte.

Er kletterte den gefährlich steilen Felsen hoch und erstellte 1835 und 1837 Kopien der persischen und elamitischen Texte. Erst nahm er sich der persischen Schrift an, die weniger Zeichen hatte, da sie in alphabetischer Keilschrift geschrieben ist. Dabei suchte er zunächst Königsnamen, die aus hebräischen und griechischen Texten bekannt waren, und brachte schließlich eine sinnvolle Übersetzung zustande.

Die babylonische Schrift blieb unzugänglich. 1847 kehrte Rawlinson nach Behistun zurück. Ein junger, gewandter Kurde half ihm, indem er den glatten, überhängenden Fels überwand. Dann baute er – nach Rawlinsons Worten – „mit einer kurzen Leiter einen hängenden Sitz ... und ... nahm nach meinen Anweisungen einen Papierabdruck der babylonischen Übersetzung des Berichts des Darius". Innerhalb eines Jahrzehnts haben dann Rawlinson und andere Gelehrten die babylonische Keilschrift mit Hilfe des altpersischen Textes entziffert und so die schriftliche Hinterlassenschaft der mesopotamischen Völker zugänglich gemacht.

Persische Götter

Die Perser verehrten drei Götter: Ahura Mazda, oben gezeichnet nach einem Türrelief aus Persepolis, ferner Mithras, und die Göttin Anahita. Diese drei sind die Hauptgötter der „Avesta", der persischen religiösen Schriften, die heute noch von den Parsen in Indien bewahrt werden.

Die Hymnen des Propheten Zarathustra, der Ahura Mazda für den einzigen allmächtigen Gott hielt, bilden die Grundlage der Avesta. Priester – Magier genannt – stehen den religiösen Zeremonien vor. Feuer galt als heilig und wurde auf besonderen Altären gehütet. Leichen wurden aber nicht verbrannt, sondern den Vögeln und Hunden ausgesetzt. Nach Herodot gab es auch keine Brandopfer.

Am Mithras-Fest mußte der König ein berauschendes Getränk trinken und dann tanzen. Die Perser waren offen für andere Religionen und fanden in fremden Religionen Spuren ihrer eigenen Götter. Der griechische Gott Zeus, der babylonische Marduk und vielleicht auch der biblische Jahwe wurden mit Ahura Mazda verbunden.

Der Palastkomplex in Persepolis (links), von Darius und seinen Nachfolgern erbaut, ist Ausdruck des Reichtums und der Größe Persiens. Westlich der Terrasse liegt Darius' Empfangshalle, Apadana (1), mit angrenzenden Palästen. Das Eingangstor wird von geflügelten Stieren bewacht. Im Osten schließt sich Xerxes' Thronhalle an (3) sowie das Schatzhaus, wo Verwaltungsdokumente gefunden wurden.

Die Rückkehr nach Jerusalem

Nach seinem Sieg über Babylon 539 v. Chr. erlaubte Kyrus den Juden die Rückkehr nach Juda und den Wiederaufbau des Tempels von Jerusalem. Kyrus handelte so nach allgemeiner persischer Sitte, die zum eigenen politischen Vorteil fremde Religionen duldete.

Beleg für diese Sitte ist der Kyrus-Zylinder, eine Inschrift aus Babylon, auf welcher, wenn auch nicht speziell auf Juda bezogen, von der Rückkehr fremder Götter in ihre angestammten Heiligtümer berichtet wird.

Scheschbazzar, der „Prinz Judas", vielleicht ein Sohn Jojachins, führte eine erste Gruppe von Rückwanderern an. Ihm wurde der von Nebukadnezzar entführte Tempelschatz anvertraut. Juda aber war verwüstet und verarmt. Im südlichen Hügelland hatten sich Edomiter (siehe S. 27) festgesetzt, die Nordgebiete gehörten größtenteils zur Provinz Samaria.

Die Samaritaner waren eine Mischung von bei der Verschleppung durch den Assyrerkönig Sargon II. von 721 (vgl. S. 98 f) zurückgebliebenen Israeliten und verschiedenen Völkern, die später dort angesiedelt worden waren. Religiös hingen sie den alten Bräuchen an und blieben Feinde der Rückkehrer bis in neutestamentliche Zeit.

Die Rückkehrer begannen mit dem Tempelbau, doch nach 18 Jahren war man noch nicht über Grundmauern hinausgekommen. Die Stimmung in der Bevölkerung war schlecht, wie die Prophetenbücher Haggai, Sacharja und Jesaja 56–66 bezeugen. Es gab wirtschaftliche Spannungen, wahrscheinlich wegen Landbesitzansprüchen und infolge von Mißernten.

Die Gemeinde war gespalten: auf der einen Seite die im Land Gebliebenen, die manches von der heidnischen Welt ringsum übernommen hatten, auf der anderen Seite die eifrigen Jahweanhänger, meist Heimkehrer aus dem Exil, Verehrer des einen Gottes mit strenger Beobachtung von Reinheits-, Beschneidungs- und Sabbatvorschriften.

Immer dringlicher brauchte man den Tempel als Mittelpunkt der Gemeinden. Propheten trieben das Vorhaben voran; 515 v. Chr. wurde der Bau vollendet. Über die anschließenden Jahre ist wenig bekannt. Weitere Gruppen kehrten von Babylon zurück, die Bevölkerung wuchs. Die politischen Verhältnisse sind unklar, doch erlauben jüngste archäologische Funde, eine Liste der Statthalter von Juda und Samaria aufzustellen bis zum Ende des 5. Jh. v. Chr. Juda scheint eine persische Provinz mit eigener Leitung gewesen zu sein.

Mit dem Tempel besaßen nun die Juden wieder einen religiösen Mittelpunkt. Trotzdem ließ der Zustand der Gemeinde zu wünschen übrig. Der Prophet Maleachi etwa klagt, Priester opferten unreine Tiere und die Zehnten würden nicht bezahlt. Mischehen mit Nichtjuden bedrohten auf Dauer den Bestand der Gemeinde.

Ganz im Gegensatz zu solchen Zerfallserscheinungen im heimatlichen Juda pflegte die tempellose Judenschaft in Babylon sorgfältig die Tora (d. h. das Gesetz) und andere heilige Schriften. Schriftstudium, Gebet, Lesung und Auslegung machten den Synagogengottesdienst zur Mitte des Gemeindelebens. Die heiligen Schriften wurden durch Psalmen, Gebete und Weisheitstexte erweitert.

In der Judenschaft Babylons setzte sich die Überzeugung durch, daß ihr Glauben ohne Gehorsam gegenüber Jahwe und seinem Gesetz nicht überleben werde. Deshalb sorgten sie dafür, daß „soferim" (= Schreiber) die heiligen Schriften abschrieben und auslegten.

Aus ihren Kreisen kam Esra, „der Schreiber", nach Jerusalem mit dem Auftrag, die Gemeinde religiös zu erneuern. Vermutlich kam er mit einer Gruppe von Priestern und Leviten 458 v. Chr. aus Babylon. Er kämpfte gegen religiöse Mißbräuche und schärfte die Forderungen des Gesetzes ein.

Zu Esra gesellte sich zwölf Jahre später Nehemia, ein jüdischer Mundschenk des Perserkönigs Artaxerxes, der zum Statthalter Judas ernannt worden war. Obwohl mit politischen und wirtschaftlichen Aufgaben betraut, verfolgte er Esras religiöse Ziele. Am Versöhnungstag 444 las Esra in Gegenwart Nehemias vor einer großen Versammlung im Tempelhof aus dem Gesetz des Mose vor. Gleichzeitig erklärten geschulte Ausleger den Text. Nehemia und das Volk verpflichteten sich feierlich, das Gesetz zu befolgen.

Um der Sicherheit der Gemeinde willen mußten die Stadtmauern ausgebessert werden. 445 v. Chr. bot Nehemia die Führer des Volkes auf, mitzuarbeiten. In 52 Tagen wurde das Werk vollendet (siehe gegenüberliegende Seite).

Nehemia organisierte auch einen Schuldenerlaß und beseitigte verschiedene Mißstände, wie priesterliche Dienstvernachlässigungen. Mischehen, wie sie selbst in der Familie des Hohenpriesters vorgekommen waren, wurden bekämpft.

Esra und Nehemia schufen die Grundlage für den judäischen Gottesstaat (Theokratie), d. h. einen Staat, der religiös mit Hilfe der Tora regiert wurde. Die Entwicklung dieser entschlossenen religiösen Gemeinschaft sicherte dem jüdischen Glauben das Überleben.

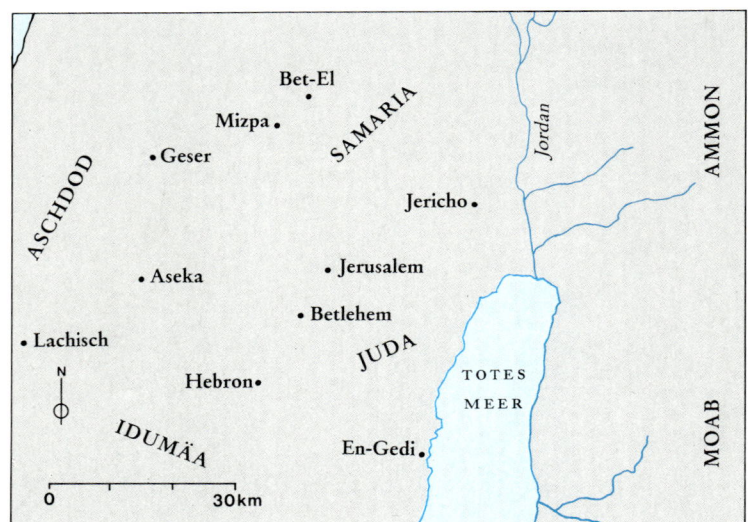

Verglichen mit seiner ehemaligen **Ausdehnung** nimmt sich Juda nach dem Exil sehr bescheiden aus. Die wichtigsten Siedlungen und Namen von Bezirksstatthaltern sind bekannt aus Esra (2, 1–35) und Nehemia (7, 6–38). Die Fundorte von Siegel-Abdrücken mit dem Namen „Jehud" begrenzen ein Gebiet zwischen Mizpa, En-Gedi, Geser und Jericho. Ausgrabungen in Lachisch, Debir und anderswo bezeugen, daß die Babylonier die meisten befestigten Städte zerstört hatten. Ehemalige Nordreichzentren wie Bet-El kamen unter babylonische Kontrolle und blieben verschont. Das südliche Hügelland war inzwischen von Edomitern besiedelt, daher sein späterer griechischer Name Idumäa.

Der Kyrus-Zylinder, 1879 in Babylon gefunden, ist ein tonnenförmiges, keilschriftliches Dokument, das die Maßnahmen des Kyrus für den Wiederaufbau des eroberten Babylon festhält. Es beschreibt, wie Babylons Gott Marduk sich von Nabonid wegen seiner Gottlosigkeit abgewandt und Kyrus an seine Stelle gesetzt habe. Es berichtet von der durch Kyrus angeordneten Rückkehr verschiedener Götter in ihre angestammten Heiligtümer. Dies paßt zu dem Kyruserlaß über den Tempelneubau in Jerusalem (Esra 1, 1–3), auch wenn hier mesopotamische Heiligtümer aufgeführt werden.

Silber- und Goldmünzen tauchen in Juda erstmals zur Perserzeit auf, als Darius I. das Beispiel der Lydier übernahm, die im 7. Jh. v. Chr. mit Münzprägung begonnen hatten. Die attische Drachme (unten) wurde im

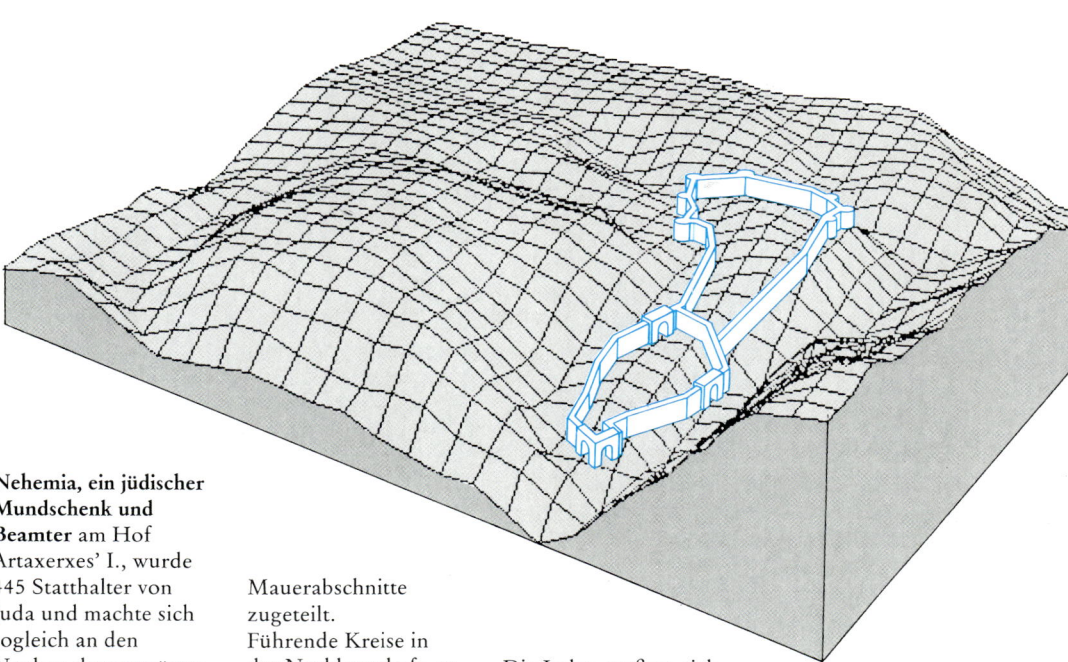

Nehemia, ein jüdischer Mundschenk und Beamter am Hof Artaxerxes' I., wurde 445 Statthalter von Juda und machte sich sogleich an den Neubau der zerstörten Stadtmauern. Nach einer geheimen nächtlichen Inspektion organisierte er Werkleute aus der Stadt und umliegenden Siedlungen. Gruppenweise wurden Mauerabschnitte zugeteilt. Führende Kreise in der Nachbarschaft, so der Statthalter der Provinz Samaria, Sanballat, widersetzten sich der Rückkehr der Verbannten und versuchten den Bau mit Worten und mit Gewalt zu verhindern. Die Juden mußten sich daher bewaffnen, jeder Arbeiter trug ein Schwert. Trotz aller Widerstände kam der Mauerbau zustande und wurde im Tempel mit einem Fest gefeiert. Die Zeichnung zeigt den vermutlichen Verlauf der Mauer, doch wurde das Gebiet so oft überbaut, daß Archäologen heute keine eindeutigen Spuren mehr finden.

5. und 4. Jh. das übliche Zahlungsmittel im östlichen Mittelmeerraum. Sie zeigt die Eule der Göttin Athene. Gefunden wurden auch Münzen mit den Buchstaben IHD (= aramäisch für Juda). Nach dem Nehemiabuch wurde das Geld für Verwaltungsausgaben durch Steuern in Geld oder Waren beschafft.

Die Eroberungen Alexanders des Großen

Ein gutes Jahrhundert nach Nehemia (siehe S. 116 f) ging 332 die Herrschaft über Juda von den Persern an Alexander aus Mazedonien über. Zwanzig Jahre alt war Alexander, als er beim gewaltsamen Tod seines Vaters 336 mit dessen Thron auch einen Krieg gegen die Perser erbte, den der griechische Staatenbund unter Philipp im Jahr zuvor erklärt hatte. War das ursprüngliche Kriegsziel die Eroberung Kleinasiens, so beabsichtigte Alexander nicht weniger als die Zerstörung des Perserreiches insgesamt.

Nach der Sicherung seiner Herrschaft in Mazedonien und Griechenland überschritt Alexander 334 den Hellespont. Der Sieg über die Perser am Granikos brachte ihm die Kontrolle über Kleinasien. Im Jahr darauf stand er am Issos einem riesigen Perserheer unter Darius III. Kodomanus gegenüber. Die Perser wurden erneut besiegt; Darius floh; seine Armee und sogar seine eigene Mutter, Frau und Tochter fielen in Alexanders Hände.

Im Anschluß an den Sieg von Issos kam die östliche Mittelmeerküste schnell unter Alexanders Kontrolle. Der Reihe nach unterwarfen sich die Phönizierstädte – ausgenommen Tyrus. Im Vertrauen auf seine Insellage hielt es sieben Monate der Belagerung stand. Manche Forscher sehen in Sach 9, 3 f eine Anspielung auf die Ereignisse: „Tyrus baute sich eine Festung ... Seht, Jahwe läßt es verarmen, er schlägt seine Streitmacht auf dem Meer; die Stadt wird vom Feuer verzehrt."

Nach dem Fall von Tyrus durchzog Alexander Palästina. Der jüdische Historiker Josephus berichtet, die Bevölkerung Samarias habe ihn willkommen geheißen, Jerusalem aber habe Widerstand geleistet. Schließlich habe es sich ihm ergeben; doch scheint er selbst nie nach Jerusalem gekommen zu sein. Wie schon in den eroberten Gebieten Kleinasiens versuchte er in Syro-Palästina das vorhandene Herrschaftssystem der Städte zu übernehmen.

Alexander rückte dann nach Ägypten vor, wo sich der persische Satrap von Memfis ergab. Von der Bevölkerung als Befreier gefeiert, wurde er von den Priestern der Oase Siwa zum „Sohn Amons" ausgerufen. Im westlichen Delta wurde Alexandrien gegründet und wurde bald das einflußreichste kulturelle und wirtschaftliche Zentrum der Gegend.

Auf dem Rückweg durch Palästina schlug Alexander vermutlich einen Aufstand in Samaria nieder. Er marschierte nach Mesopotamien und besiegte Darius endgültig bei Gaugamela in der Nähe des Tigris. Wieder floh Darius, wurde aber bald darauf von eigenen Leuten umgebracht. Mit der Unterwerfung von Babylon, Susa und Persepolis stand das gesamte westliche Perserreich mit seinem ungeheuren Reichtum Alexander zu Diensten.

Doch damit nicht genug: Alexander zog nun in die Nordprovinzen Persiens bis zum Jaxartes, dann östlich bis zum Indus an der Grenze Indiens. Damit gehörte ihm das Gebiet des Perserreiches in seiner größten je erreichten Ausdehnung. Archäologen entdeckten denn auch öfters, daß griechische Gründungen an Orten liegen, wo persische Siedlungen zur Zeit des Kyrus entstanden waren. Als Alexanders Truppen in Indien zu meutern begannen, kehrte er nach Babylon zurück, wo er 323 krank wurde und starb.

Alexanders Reich, bestehend aus Mazedonien und dem alten Perserreich, war bei seinem Tod nicht wirklich geeint und brach schnell auseinander. Doch hatten sich durch die Eroberungen hellenistische Zivilisation und Kultur im orientalischen Teil des Nahen Ostens ausbreiten können. Auch Palästina war Teil einer griechischsprechenden Welt geworden. Für die Juden brachte das tiefgreifende Veränderungen mit sich.

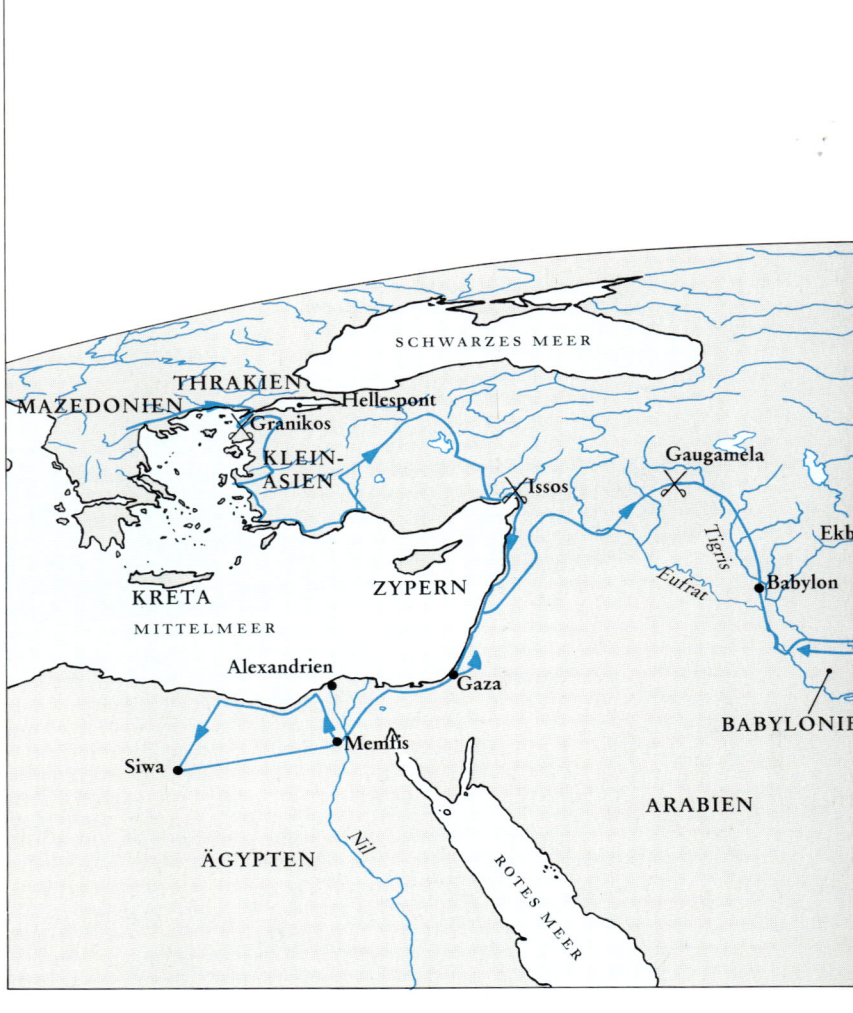

334 v. Chr. überschritt Alexander der Große den Hellespont zusammen mit seiner Armee, begleitet von Geschichtsschreibern, Wissenschaftlern und Baumeistern. Ziel war die Zerstörung des Perserreiches. Die Perser hielten sich zunächst zurück. Innerhalb eines Jahres fügte Alexander ihnen schwere Verluste zu. Er siegte in der Schlacht am Granikos und befreite die griechischen Küstenstädte.

Im Oktober 333 standen sich die griechische und die persische Armee am Issos gegenüber. Darius verließ sich auf seine zahlenmäßige Übermacht, Alexander auf seine disziplinierten Schlachtreihen und die Moral seiner Truppen. Die Perser wurden vernichtend geschlagen und verloren rund 110 000 Mann. Alexander hatte damit das Perserreich westlich des Eufrat unterworfen.

Die Südflanke mußte allerdings noch gesichert werden; darum zog Alexander an der Küste entlang gegen Ägypten. Widerstand erhob sich in Tyrus und Gaza. Tyrus liegt zum Teil auf dem Festland, zum Teil auf einer Insel, 762 m weit im Meer draußen. Alexander ließ das Festland-Tyrus schleifen und aus dem Schutt einen Damm zur Insel hin aufschütten. Sieben Monate hielt Tyrus stand, einen Monat Gaza. Palästina war danach unter Kontrolle.

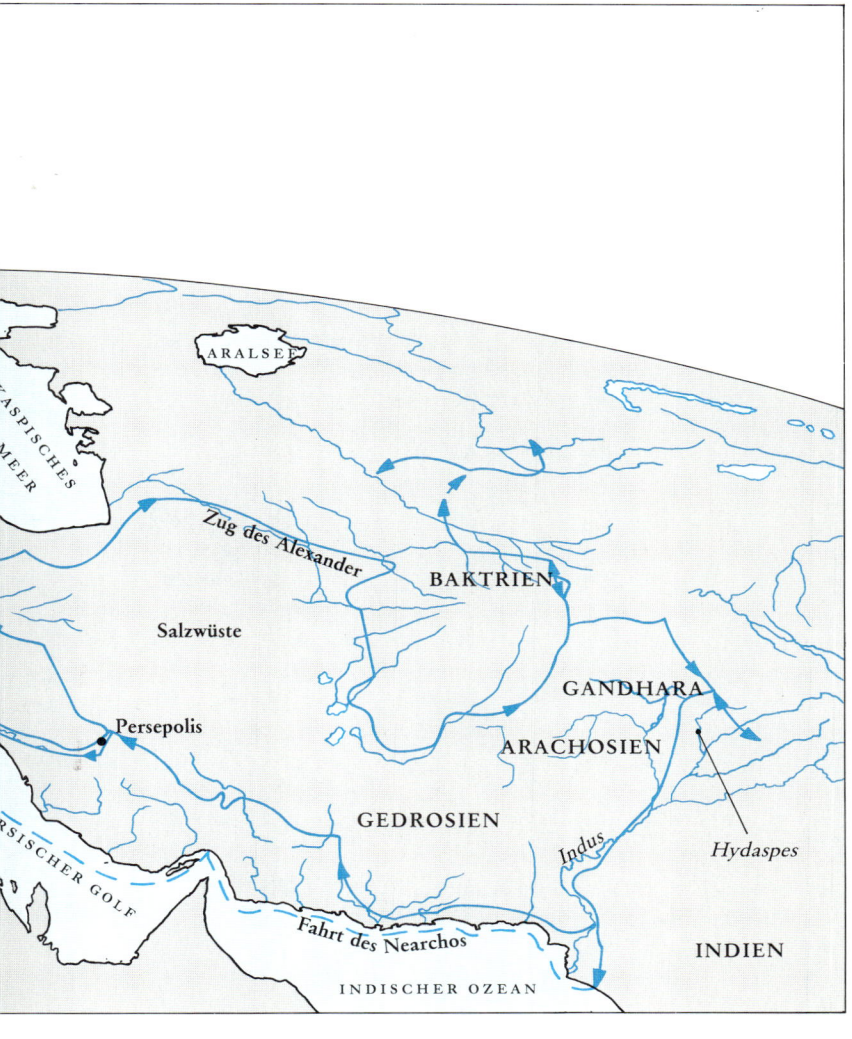

Der geschlagene Darius

Ein Mosaik in Pompeji (spätes 2. Jh. v. Chr.) stellt Alexander und Darius in der Schlacht von Issos dar. Der Ausschnitt zeigt den Perserkönig, attackiert von Alexander und seiner Kavallerie.

Die beiden Könige trafen im Oktober 333 bei Issos aufeinander. Die Perser waren langsam Richtung Meer vorgerückt. Sie stießen erst auf das gegnerische Lazarett. Darius ließ den Griechen die Hände abhacken. Als Alexander davon hörte, beeilte er sich und überraschte die Perser frühmorgens auf ihrer Seite der schmalen Küstenebene. 110 000 Perser sollen gefallen sein. Darius floh und mußte sein Zelt, seinen Schatz und seinen Harem zurücklassen.

Der persische Satrap im ägyptischen Memfis ergab sich 332. 331 wurde Alexandrien gegründet. Damit konnte sich Alexander der Eroberung des Ostens zuwenden. Er kehrte mit seiner Armee an der Küste entlang zurück und zog dann durch Syrien nordostwärts.

In Gaugamela kam es 331 zur letzten Schlacht gegen die Perser. Wie bei Issos wurde Darius geschlagen, seine Armee vernichtet. Der Perserkönig wurde anschließend umgebracht. Alexander nahm dann Babylon und Susa ein, zerstörte Persepolis und eroberte 330 Ekbatana, die alte Mederhauptstadt. Dann zog er weiter ostwärts. Er schlug den Inderkönig Porus an den Ufern des Hydaspes, doch seine Armee wurde kriegsmüde und rebellierte.

Alexanders Rückweg führte durch die Wüste Gedrosiens, während sein Admiral Nearchos an der Küste entlangsegelte. Alexander starb in Babylon, vermutlich an Fleckfieber. 33 Jahre alt war er geworden, und sein Reich überlebte ihn kaum; doch die Folgen seiner Eroberungen waren gewaltig. Griechische Zivilisation breitete sich über Kleinasien und den Nahen Osten weit nach Asien aus.

Ein Bild des Gott-Königs

Auf seine Münzen ließ Alexander nicht sein eigenes Abbild, sondern Darstellungen von Athene und Herakles aufprägen. Sein Porträt erscheint erstmals auf Münzen des Ptolemäus und des Lysimachus von Thrazien (oben). Er wird als Zeus-Amon dargestellt mit Amons Widderhörnern und dem königlichen Diadem. Die Symbole deuten es an: Alexander soll als Gott dargestellt werden.

Die Ausbreitung des Hellenismus

Im Gefolge der Eroberungen Alexanders des Großen (siehe S. 118 f.) breitete sich griechische Kultur – der Hellenismus – über den gesamten Nahen Osten aus. Doch hatten sich in dieser Region ohnehin bereits verschiedenste Kulturen überlagert und vermischt.

Nach Alexanders Tod 323 v. Chr. stritten sich seine Generäle in blutigen Kriegen um die Herrschaft der eroberten Länder. Ptolemäus und Seleukus setzten sich durch. Die so entstandenen hellenistischen Staaten blieben beherrschend, bis Rom den östlichen Mittelmeerraum eroberte.

Annahme und Ablehnung der hellenistischen Kultur schwankten von Ort zu Ort und führten zu Auseinandersetzungen wie beispielsweise in Ägypten und Juda. Prägend wurde der Hellenismus vor allem in den Städten und der dortigen Oberschicht, die durch Anpassung Zugang zur herrschenden griechisch-mazedonischen Klasse erhielt.

Längst waren Griechen und Völker des Nahen Ostens miteinander in Berührung gekommen, vor allem in den Küstenregionen des Mittelmeers. Griechische Künstler hatten Grabmäler karischer Vornehmer und phönizischer Satrapen gestaltet. Griechische Keramik zeugt vielerorts von Handelskontakten, griechische Soldaten kämpften als Söldner in ägyptischen und persischen Armeen, griechische Beamte und Händler zogen durch die Lande.

Im Seleuziden- und Ptolemäerreich wurde die kleine Gruppe der Griechen bald zur herrschenden Klasse. Soldaten erhielten für ihre Dienste Land zugewiesen und konnten sich niederlassen und ihren Besitz weitervererben; sie bildeten eine Schicht von Militärs, auf die sich die Herrschenden besonders verlassen konnten.

Das auf persönlicher Willkür beruhende hellenistische Königtum allerdings gründete im nahöstlichen Königsverständnis und versagte den Bürgern ihre angestammten Freiheiten. Städte wie Alexandrien, Antiochia oder Seleuzia am Tigris wurden nach griechischem Vorbild gegründet.

Ein hervorragendes Beispiel des neuen hellenistischen Stadttyps war Pergamon. Nur Alexandrien besaß eine größere Bibliothek. Hier entstand auch eine hellenistische Bildhauerschule. Beispiel einer kleineren Stadtgründung ist das kürzlich ausgegrabene Ai Chanum am Oxus, wo Merksätze aus Delphi das städtische Gymnasium zierten.

Die griechische Sprache half Grenzen zu überwinden und Völker zu verbinden, von Ägypten bis Baktrien. Der griechische Schriftsteller Plutarch schreibt in seinen „Moralia": Dank Alexander „wird Homer fleißig gelesen (in Asien) ..., singen die Gedrosier die Tragödien des Euripides ..." Griechische Inschriften in Kandahar und jüngste Funde in Tadschikistan in Zentralasien zeugen von griechischer Kultur auch in diesen entlegenen Regionen.

Stärker noch war natürlich der griechische Einfluß im Mittelmeerraum. Auch wandernde und handelnde Juden lernten oft die griechische Sprache. Die griechischsprechende Judenschaft Alexandriens wurde so zahlreich, daß man für sie eine Übersetzung der biblischen Bücher ins Griechische vornahm: die sogenannte Septuaginta.

Auf den Handelsstraßen, die strahlenförmig die hintersten Winkel der bekannten Welt erreichten, wurden nicht nur Seide aus China, Gewürze aus dem Nahen Osten und Weihrauch aus Arabien transportiert. Auf ihnen breitete sich auch der Hellenismus aus.

Ein Satrap auf einem Sarkophag aus Sidon liegt hier auf griechische Art und hält ein persisches Trinkgefäß. Haltung und Kleidung der Figuren belegen starke griechische Einflüsse im westlichen Perserreich. Satrapen waren Provinzstatthalter. Sie besaßen absolute Herrschermacht, waren aber dem König gegenüber verantwortlich.

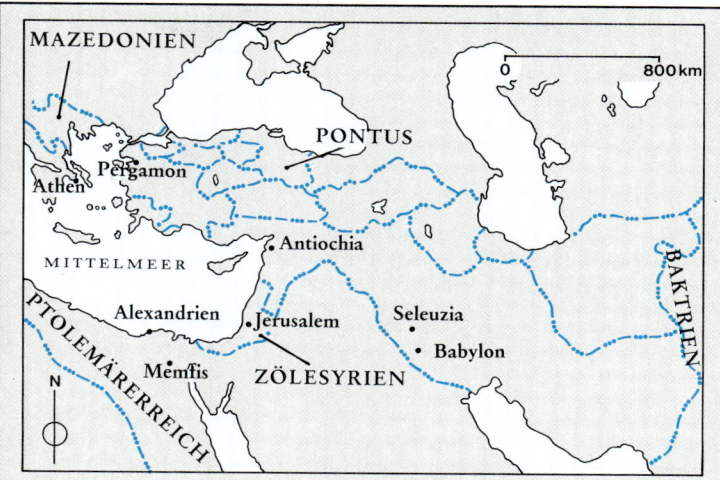

Der Ausschnitt aus dem Alexandersarkophag soll den König im Kampf auf seinem Pferd Bukephalos darstellen, wie er persische Soldaten angreift und erschlägt. Der Zusammenhang dieser hellenistischen Figuren mit Alexander wird allerdings auch bestritten. Alexander war von den griechischen Staaten zum Kriegsherrn gegen Persien ernannt worden; dank seinem überwältigenden Erfolg konnte er seine Eroberungen bis Ägypten (wo er Alexandrien gründete) und Indien ausdehnen. Bei seinem Tod zerfiel das Reich.

Ptolemäus I.
(323–283 v. Chr.)

Demetrius Poliorketes
(306–283 v. Chr.)

Seleukus I.
(321–280 v. Chr.)

Eumenes II.
(197–160 v. Chr.)

Euthydemus I.
(ca. 235–200 v. Chr.)

Die Aufspaltung des Alexanderreiches

Als Alexander 323 v. Chr. starb, erstreckte sich sein Reich von Mazedonien bis zum Indus und umfaßte fast den ganzen Nahen Osten.

Da er keinen Erben hinterließ, stritten seine Generäle 20 Jahre lang um die Nachfolge und rissen das Reich auseinander.

Nach einer Auseinandersetzung der Parteien bei Triparadeisos in Nordsyrien zeichnete sich eine Dreiteilung ab mit je eigenen Herrschern in den Ländern Mazedonien, Ägypten und Asien. Die silbernen Tetradrachmen (links) zeigen hellenistische Herrscher nach Alexander.

Antigonus beherrschte das Geschehen der Jahre 320–301. 306 nahm er den Königstitel an und vererbte ihn seinem Sohn Demetrius. (Im Jahr darauf taten Ptolemäus in Ägypten und Seleukus in Babylonien dasselbe.) Die Niederlage und der Tod des Antigonus in der Schlacht von Ipsos bedeutete 301 das Ende des Reiches.

Um 280 hatte Seleukus in Asien die Macht ergriffen. Nur Mazedoniens Schicksal war noch nicht entschieden. 276 übernahm hier Antigonus Gonatas, der Sohn des Demetrius, die Krone und vervollständigte so die Dreiteilung.

Der spätere Aufstieg der Attaliden in Pergamon ließ den Seleuziden von Kleinasien nur noch Zilizien übrig. 239 wurde Baktrien unter Diodotus selbständig.

Wichtig wurde im 3. Jh. v. Chr. der Machtkampf zwischen Ptolemäern und Seleuziden. Fünf syrische Kriege wurden seinetwegen ausgetragen, allerdings nicht alle in Syrien.

Ägypten behielt die Kontrolle über Zölesyrien bis zur Niederlage gegen Antiochus III. 198. Danach geriet Palästina unter die Herrschaft der Seleuziden bis zum Aufstieg der Hasmonäerdynastie.

Antiochus IV. verfolgt die Juden

Hundert Jahre dauerte der Streit um den Süden Syriens. Als Antiochus III. („der Große") um 200 v. Chr. den fünften syrischen Krieg für sich entschieden hatte, lösten die Seleuziden die Ptolemäer ab. Für die Juden Palästinas änderte sich zunächst wenig.

Der Hellenismus breitete sich zwar unaufhaltsam aus, gleichzeitig wuchs aber der Widerstand dagegen, erkennbar an einer neuen jüdischen Bewegung: Die Chasidim (= die „Frommen"), eine streng rechtgläubige, abgesonderte Gruppe, betrachteten alle Griechen und hellenisierten Juden als Feinde Israels und seiner Religion. Gelehrte und Schreiber gehörten zu dieser Partei der Chasidim. Im apokalyptischen Danielbuch vor allem spiegelt sich ihr Standpunkt.

Jahrelang gab es nun schon Streit zwischen den Parteien der jüdischen Oberschicht Jerusalems, die dem Hellenismus gewogen waren. Hauptgegner waren die Tobiaden und die Oniaden. 175 v. Chr. bestieg Antiochus IV. den Seleuzidenthron. „Zu dieser Zeit traten Verräter am Gesetz in Israel auf, die viele zum Abfall überredeten. Sie sagten: Wir wollen einen Bund mit den fremden Völkern schließen, die rings um uns herum leben" (1 Makk 1, 11). Jason, ein griechenfreundlicher Tobiade, riß das Amt des Hohenpriesters an sich, weil er dem neuen Herrscher höhere Steuern versprach.

Für weitere Zahlungen erhielt er das Recht, ein Gymnasium und ein „Ephebion" (eine Akademie für junge Männer) zu errichten sowie „die Antiochisten Jerusalems zu registrieren" (2 Makk 4, 9). Der Sinn des letzten Satzes ist umstritten. Einige verstehen ihn so: Jerusalem sollte eine griechische Stadt namens Antiochia werden. Andere nehmen an, eine zweite Regierung neben der Tempelherrschaft sei geplant worden. So oder so: in Jerusalem wurde das Leben immer mehr hellenisiert, und die Seleuziden bedienten sich für die Verfolgung ihrer politischen und finanziellen Ziele des Hohenpriesters.

Drei Jahre später erlangte Menelaus, ein anderer Tobiade, die Gunst des Königs und wurde Hoherpriester an Jasons Stelle. Als er zugunsten des Königs den Tempel plünderte, als Onias ermordet wurde und der Klassenkampf zwischen reichen Hellenisten und der Masse wuchs, kam es zu Aufständen.

169 v. Chr., nach Antiochus' Kriegszug nach Ägypten, kehrte Jason zurück und tötete Anhänger des Menelaus. Der König zog gegen Jerusalem, um die Unruhen zu ersticken und massakrierte 80 000 Menschen. Er setzte Menelaus wieder ein. Dann plünderte er den Tempel und beschlagnahmte heilige Geräte und 1800 Talente.

Kurz darauf trug er seinen Beamten auf, die Juden zu zwingen, „die Gesetze ihrer Väter aufzugeben und ihr Leben nicht mehr durch Gottes Gesetze lenken zu lassen" (2 Makk 6, 1). Die religiösen Gebote, vor allem die Einhaltung von Festzeiten, Sabbat und Beschneidung, wurden bei Todesstrafe verboten. Der Besitz des Gesetzbuches des Mose galt als Schwerstverbrechen, Kopien wurden vernichtet. Der jüdische Opferkult wurde verboten und Schweinefleisch auf den Altären des Tempels dargebracht. Der Tempel wurde zu einem Zeusheiligtum gemacht: Er war „erfüllt mit wüstem Treiben und mit Gelagen durch die Heiden" (2 Makk 6, 4).

Viele Juden lehnten das ab und starben als Märtyrer, andere flohen aus der Stadt. Aus dem Widerstand einzelner wurde bald ein offener Aufstand (genannt „Aufstand der Makkabäer"), angeführt von Mattatias, einem Priester aus der Hasmonäerfamilie.

Antiochus IV., ein eigenwilliger, aber begabter Herrscher
Als jüngerer Sohn Antiochus' III. hatte Antiochus IV. nach der Niederlage seines Vaters gegen die Römer bei Magnesia etliche Jahre als Geisel in Rom verbracht und war von römischen Sitten und Gebräuchen mächtig beeindruckt worden. Eine umstrittene Figur, scheint er gleich seinem Vater talentiert, aber unberechenbar und überspannt gewesen zu sein. Berühmt wurde er durch großzügige Geschenke an griechische Städte.

Antiochus war anfällig für plötzliche Ausbrüche der Zuneigung wie des Zorns. Er mischte sich gerne unter das gemeine Volk der Stadt, spielte und tanzte auf der Bühne, was sich für einen Herrscher damals nicht ziemte. Polybius erzählt, Antiochus habe einmal ein öffentliches Bad besucht, Myrrhe auf den Boden gegossen und sich dann lustig gemacht, als die Leute ausrutschten.

Zugleich war er aber ehrgeizig und entschlossen, das Seleuzidenreich wiederherzustellen. Doch Rom entwickelte sich zur Großmacht in der Gegend. Nach ziemlich demütigender Behandlung in Ägypten, wo der römische Legat ihm Roms enorme Macht vorführte, wurde Antiochus nur gerade der Status eines abhängigen Königs zugestanden.

Trotzdem zeigen ihn seine Kriegszüge in Ägypten und im Osten als guten Feldherrn. Ähnlich wie seinem Bruder und seinem Vater vor ihm waren ihm aber finanziell enge Grenzen gesetzt durch das Friedensdiktat von Apamea: Er hatte gewaltige Entschädigungen an Rom zu zahlen. Diese könnten sein Verhalten gegenüber den Juden erklären, war doch der Tempel eine wichtige Finanzquelle. Trotzdem gibt seine Religionsverfolgung den Forschern Rätsel auf. Als aufgeklärter Hellenist wäre von ihm die Achtung der jüdischen Religion zu erwarten gewesen.

Die Beschneidung

Beschneidung ist ein weitverbreiteter Brauch im Nahen Osten und in Afrika. Die Herkunft dieses Brauchs ist ungewiß. In einigen Kulturen werden die Jungen an dem Tag beschnitten, an dem sie unter die Männer des Stammes aufgenommen werden. Während der Verfolgung durch Antiochus wurde den Juden die Beschneidung bei Todesstrafe verboten.

In der Bibel gilt Beschneidung als göttliches Gebot und Zeichen des Bundes mit Abraham. „Das ist mein Bund zwischen mir und euch samt deinen Nachkommen ... Alles, was männlich ist unter euch, muß beschnitten werden" (Gen 17,10). Sie wurde zum Kennzeichen der besonderen Zugehörigkeit zu einem Volk und seinem Gott.

In Ägypten wurde Beschneidung ebenso von Hebräern vorgenommen wie von den Ägyptern selbst. Während der Wüstenwanderung hat man sie aber unterlassen. Das galt sogar für den Sohn des Mose.

Abraham soll im Alter von 99 Jahren beschnitten worden sein, Ismael mit 13 Jahren. Die Bundesvorschriften sehen die Beschneidung am 8. Tag nach der Geburt vor. Dabei erhält das Kind seinen Namen.

Die Beschneidung wurde (ähnlich wie die Speisegesetze) ein wichtiges religiöses und soziales Kennzeichen der Juden, begründete ihr Selbstverständnis und grenzte gegen die „unbeschnittenen Heiden" ab. Hellenisierte Juden versuchten oft die Spuren der Beschneidung zu beseitigen. Das seleuzidische Verbot der Beschneidung war für die frommen Gläubigen eine Provokation.

Sport spielte im Leben der Griechen eine wichtige Rolle. Er galt als Training vor allem für den Krieg und sollte den Charakter schulen. Erfolg bei Spielen brachte der Familie Ehre ein. Laufen, Diskus- und Speerwerfen, Springen, Ringen (wie auf obiger Amphora aus dem 6. Jh. v. Chr.), Boxen sowie Pferde- und Wagenrennen waren beliebt. Athletenwettkämpfe besaßen religiösen Charakter und wurden zu festen Zeiten an Heiligtümern abgehalten. Die bildlichen Darstellungen nackter Athleten entsprechen wahrscheinlich künstlerischem Brauch. Zu Ring- und Boxkämpfen allerdings zogen sich die Männer aus. Das Gymnasium stand als öffentliche Einrichtung allen Bürgern offen und wurde hauptsächlich von Epheben (15- bis 20jährigen Jungen) besucht.

Zeus: oberster Gott des Pantheons.

Apollo: Gott der Musik, der Bogenschützen und der Prophetie.

Athene: Göttin des Krieges, der Künste und des Handwerks.

Die Götter Griechenlands

Mit dem Hellenismus breitete sich auch die Verehrung griechischer Götter aus. Neben den Göttern auf dem Olymp besaßen Städte ihre eigenen Schutzgottheiten (wie die Kriegsgöttin Athene in Athen) und bildeten sie auf Münzen ab. Für manche Götter gab es berühmte Kultorte: für Apollo in Delphi, für Zeus in Olympia. Seit dem 5. Jh. bekamen die griechischen Götter Konkurrenz: Philosophen, die in zunehmendem Maße von einer Welt ohne Götter sprachen, einerseits und fremde Götter andererseits gewannen Anhänger.

Hellenistische Könige suchten sich Schutzgottheiten aus, um ihrem Herrscherhaus religiöse Unterstützung zu sichern; Herkules wurde der Gott der Antigoniden in Mazedonien; die Ptolemäer verehrten Dionys, die Seleuziden Apollo (Seleukus galt als Sohn Apollos). Götter oder ihre Zeichen erschienen mehr und mehr auf Münzen: Antiochus IV. z. B. ließ Zeus auf seine Münzen prägen.

Der Aufstand der Makkabäer: die biblischen Quellen

Trotz zahlreicher Quellen bleiben manche Fragen bezüglich des makkabäischen Aufstandes offen. Als Information dienen in erster Linie die beiden Makkabäerbücher und das Buch Daniel. Letzteres ist kein Geschichtsbuch, aber ein Zeugnis aus der Zeit selbst, eine Art Antwort auf die Verfolgungen des Antiochus. Seine Sprache ist absichtlich rätselhaft. Es gehört zur sogenannten apokalyptischen Literatur.

Diese schildert, nur für Eingeweihte verständlich, Gottes Pläne mit der Welt und vor allem mit Israel. In Traumgeschichten mit seltsamen Bildern und in verschlüsselter Sprache wird die Geschichte der Welt und der gegenwärtigen Vorgänge dargestellt. Ein Gerichtstag soll die Erlösung der Gerechten und die Verdammung der Bösen bringen. Geschichtlich gesehen, ist das Danielbuch ein wichtiges Dokument der jüdisch-nationalistischen Reaktion auf die Hellenisierung.

Das 1. Makkabäerbuch ist um 100 v. Chr. geschrieben worden vom Standpunkt strenger Rechtgläubigkeit. Der Autor (vielleicht ein offizieller Geschichtsschreiber am Hasmonäerhof) ist dem Herrscherhaus gewogen, und sein Werk ist durchtränkt von einem aufgeklärten religiösen Geist. Das 2. Makkabäerbuch bezeichnet sich selbst (2 Makk 2,23) als Auszug aus einem ausführlichen Geschichtswerk eines gewissen Jason von Zyrene, der ansonsten nicht bekannt ist.

Während 1 Makk rund 40 Jahre (ca. 175–135 v. Chr.) behandelt, spielen sich die Ereignisse von 2 Makk zwischen den Anfängen des Aufstandes und dem Sieg über Nikanor ab, also in einem Zeitraum von bloß 15 Jahren.

Der Makkabäer Judas: Die Schlacht von Bet-Horon

König Antiochus' IV. übertriebene Politik der Hellenisierung (siehe S. 122 f) stieß auf den Widerstand zahlreicher Juden. Um Verfolgungen zu entgehen, flüchteten viele aus Jerusalem. Unter ihnen war ein gewisser Mattatias, ein Priester aus der Hasmonäerfamilie, mit seinen fünf Söhnen Johanan, Simeon, Judas (mit dem Beinamen Makkabäer, was vermutlich „Hammer" heißt), Eleasar und Jonatan. Sie flohen in ihre Geburtsstadt Modeïn am Rand der Schefela.

Um 167 v. Chr. erschienen eines Tages die Beamten, welche die Hellenisierungspolitik durchsetzen sollten, in Modeïn und wollten die verordneten Opfer an die neuen Götter erzwingen. Mattatias wurde aufgefordert: „Du besitzt in dieser Stadt Macht, Ansehen und Einfluß ... Tritt also als erster vor, und tu, was der König angeordnet hat" (1 Makk 2, 17 f). Doch dieser weigerte sich standhaft. Als ein anderer sich dazu hergab, „sprang Mattatias vor und erstach den Abtrünnigen über dem Altar" (2, 24). Er tötete auch den Beamten und zerstörte den Altar.

Dies war ein offener Aufstand gegen den König. Mattatias und seine Söhne zogen sich sofort ins Hügelland zurück und organisierten den Widerstand. Zu denen, die sich ihnen anschlossen, gehörten die Chasidim (= die „Frommen"). Die Aufständischen bauten ihre Macht aus, indem sie durchs Land zogen und die Kontrolle über die judäischen Dörfer gewannen.

Als Mattatias um 166 v. Chr. starb, übernahm sein Sohn Simeon die politische Führung. Judas, der Makkabäer, „stark und tapfer von Jugend auf", wurde Kommandant eines Heeres von 6000 Mann. Er vermied offene Schlachten, bevorzugte die Überraschungstaktik und errang so eine Reihe von Siegen. Zwar waren die Truppen der Seleuziden besser bewaffnet, trainiert und in der Überzahl, doch kannten die Aufständischen das Gelände besser; sie hatten Rückhalt in der Bevölkerung und waren beweglicher.

Zu einem ersten Zusammentreffen der beiden Heere kam es an einem ungenannten Ort, vermutlich im Hügelland knapp nördlich von Judäa. Die feindlichen Kräfte unterstanden Apollonius, der „aus den fremden Völkern und aus Samarien ein großes Heer sammelte, um gegen Israel Krieg zu führen" (1 Makk 3, 10). Judas griff ihn an, als er gerade südwärts marschierte, und errang einen großen Sieg. Apollonius kam um.

Die Seleuziden unternahmen neue Anstrengungen, indem sie Seron, den Kommandanten der seleuzidischen Streitkräfte in Zölesyrien beauftragten, den Aufstand niederzuschlagen. Ende 166 oder Anfang 165 v. Chr. brach er von seinem Hauptquartier nach Süden auf, an der Spitze „einer großen Armee von ruchlosen Männern" (1 Makk 3, 15). Sein Ziel war Jerusalem, wo eine seleuzidische Garnison stationiert war. Die Küstenstraße schien ihm sicherer als der direkte Weg durch das Bergland. In der Nähe des heutigen Lod schwenkte er nach Osten Richtung judäisches Gebirge, zog an Modeïn vorbei und begann den Aufstieg zum Paß von Bet-Horon. Dieser ist einer der Hauptzugänge nach Jerusalem.

Judas schlug mit „einer Handvoll Männern" sein Lager in Ober-Bet-Horon auf. Als sie Serons gewaltige Armee von Unter-Bet-Horon aufbrechen sahen, verloren sie den Mut. Judas spornte sie mit ermutigenden Worten an. „Kaum hatte er zu Ende gesprochen, da stürzte er sich überraschend auf die Feinde, und Seron und sein Heer wurden ... aufgerieben" (3, 23). Judas verfolgte die Feinde durchs Bergland. Rund 800 Mann wurden getötet. Die Überlebenden flohen in die seleuzidisch kontrollierte philistäische Küstenebene.

Serons Armee rückte von der Küstenebene her durch die judäischen Hügel vor. Die Schar der Judäer wartete nahe der Höhe des Bet-Horon-Passes. Bevor die Seleuzidentruppen den Übergang erreichten, machte Judas seinen Überraschungsangriff. Der Feind wurde in wilde Flucht getrieben.

Beim Anmarsch der Seleuzidentruppe auf den Bet-Horon-Paß (1) warteten Judas' Leute in ihren Verstecken auf den geeigneten Augenblick zum Angriff. Von Unter-Bet-Horon her begann die gegnerische Kolonne den langen, gewundenen Aufstieg zum oberen Dorf, beladen mit Waffen und Ausrüstung.

Beim Auftauchen der Vorhut (2) in Ober-Bet-Horon, am enger werdenden Pfad zum Hügel über dem Dorf, gab Judas das Zeichen zum Angriff (3). Die Aufständischen stürzten sich auf die vordersten Einheiten und fügten ihnen große Verluste zu.

Als die Feinde zurückwichen, stürzten sie teilweise übereinander. Seron selbst könnte unter den ersten Opfern gewesen sein.

Der Tod des Kommandanten hatte zweifellos die Soldaten entmutigt und gegenüber Judas Leuten geschwächt. Die hinteren Reihen drehten um und flohen hügelabwärts, die Nachhut mit sich reißend. Bei der Verfolgung bis in die Ebene töteten die jüdischen Kräfte über 800 Mann.

Nach diesem großen Sieg Judas' „hörte selbst der König von seinem Namen, und die ganze Welt erzählte von den Kämpfen des Judas" (1 Makk 3, 26).

Der Makkabäer Judas: Nach Bet-Horon

Die Niederlage bei Bet-Horon schwächte die Macht der Seleuziden in Jerusalem und zwang die Führung, Ptolemäus, den Statthalter von Zölesyrien, zu Hilfe zu rufen. Antiochus IV. selbst bereitete zu dieser Zeit einen Kriegszug gegen die Parther im Osten vor. Bei seinem Aufbruch 165 v. Chr. ließ er seinen Verwandten Lysias als Vizekönig zurück. Mit der einen Hälfte der Seleuzidenarmee sollte er den jüdischen Aufstand beenden. Ptolemäus übernahm die Organisation und betraute Nikanor mit der Leitung „eines Heeres von mindestens 20 000 Mann aus aller Herren Ländern" (2 Makk 8, 9). Der erfahrene General Gorgias wurde Vizekommandant.

Um die Fehler ihrer Vorgänger zu vermeiden und nicht im Bergland in eine Falle zu geraten, wählte die Heeresleitung Emmaus am Fuß des judäischen Gebirges als Ort des Lagers. Judas bot alle seine Leute nach Mizpa nördlich von Jerusalem auf und wartete den nächsten Schritt der Seleuziden ab. Gorgias entschloß sich zu einem Überraschungsangriff. Im Schutz der Dunkelheit brach er mit fünftausend Fußsoldaten und tausend Reitern auf, während Nikanor mit dem Rest des Heeres in Emmaus blieb.

Jüdische Spione beobachteten aber Gorgias' Bewegungen, und Judas spielte nun seinerseits das Spiel der Seleuziden. Auf einer anderen Route zog er mit seinen Leuten nach Emmaus. Als Gorgias das Lager in Mizpa leer fand, glaubte er, die Juden seien geflohen, und ließ sie im Bergland suchen. Im Morgengrauen hatte Judas' Armee Emmaus erreicht. „Die Männer des Judas bliesen die Widderhörner. Die beiden Heere stießen aufeinander, und die fremden Völker wurden vernichtend geschlagen und flohen in die Ebene" (1 Makk 4, 13 f).

Nachdem die Feinde eine gewisse Strecke verfolgt worden waren, befahl Judas die Rückkehr nach Emmaus, um Gorgias zu stellen. Als dieser aber das seleuzidische Lager in Flammen sah, vermied er klugerweise den Kampf und zog sich in die philistäische Ebene zurück.

Die anschließenden Ereignisse sind aufgrund der widersprüchlichen Darstellungen in den beiden Makkabäerbüchern schwierig nachzuvollziehen. Die meisten Forscher nehmen an, der Vizekönig Lysias habe nach dem Sieg des Judas bei Emmaus beschlossen, persönlich in den Kampf mit den Juden einzugreifen. Von Süden her rückte er jedenfalls durch Idumäa gegen Judäa vor, wobei er die Grenzfestung von Bet-Zur zur Operationsbasis machte. Judas sammelte seine Leute und brachte Lysias eine schmähliche Niederlage bei.

Nach Judas' erfolgreichen Schlachten änderten die Seleuziden ihre Politik. Lysias verhandelte mit den Juden, und schließlich stimmte Antiochus einem Kompromiß zu. Ein Brief des Königs an das jüdische Volk (2 Makk 11, 27–33) gestattete, „daß die Juden ihre gewohnten Speisevorschriften und Gesetze befolgen dürfen", und verkündete Straffreiheit für alle, die innerhalb von 14 Tagen nach Hause zurückkehrten. Judas eroberte daraufhin Jerusalem (außer der Burg, wo die seleuzidische Garnison lag), reinigte den Tempel, so daß am 14. Dezember 164 die Gottesdienste wieder begannen.

So erkämpfte Judas für die Juden die Freiheit ihres Gottesdienstes. Die Auseinandersetzungen waren damit allerdings längst nicht beendet. Er selbst und seine Nachfolger schlugen noch mehrere Schlachten, und erst nach dem Tod Antiochus' VII. 129 v. Chr. wurde Judäa ein mehr oder weniger unabhängiger Staat mit einem hasmonäischen Herrscher, dem Sohn von Judas' Bruder Simeon: Johannes Hyrkanus.

Elefanten wurden im Krieg seit Alexanders Indien-Feldzug eingesetzt. In den Kriegen seiner Nachfolger spielten sie eine wichtige Rolle. Besonders verheerend war ihr Einsatz gegen eine Kavallerie, deren Pferde durch die Ungetüme mächtig erschreckt wurden. Die Seleuziden setzten Elefanten in einem der späteren Gefechte ein, das mit einer Niederlage der Juden endete. „Man verteilte die Elefanten auf die einzelnen Abteilungen. Jedes Tier trug einen befestigten Turm aus Holz ... dazu vier Kämpfer sowie seinen indischen Lenker" (1 Makk 6, 35–37).

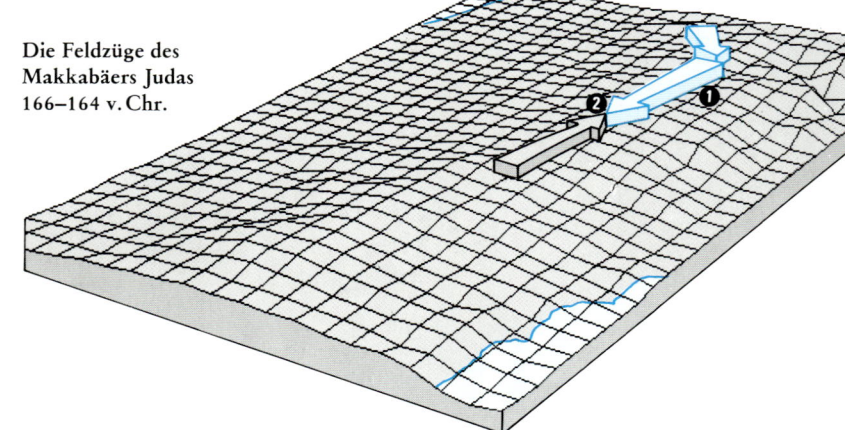

Die Feldzüge des Makkabäers Judas 166–164 v. Chr.

Vor der Schlacht von Bet-Horon führte Apollonius, der Kommandant von Samaria, einen ersten Angriff gegen die Juden 166 v. Chr. Wahrscheinlich nahm er den Weg von Samaria nach Sichem und von dort aus südwärts durchs Gebirge (1). Nördlich der Grenze Judas (2) errang Judas einen glänzenden Sieg, bei dem Apollonius umkam.

Aufstieg und Fall der Hasmonäer-Herrscher

Die Geschichte der Hasmonäer ist bekannt aus den Werken des jüdischen Geschichtsschreibers Josephus und klassischer Autoren. Johannes Hyrkanus (134–104 v. Chr.) legte die Grundlage für die Herrschaft der Hasmonäer. Bei seinem Tod regierte er Judäa, Samarien, Idumäa, zahlreiche Städte der Küstenebene und Teile Transjordaniens. Während seiner Herrschaft kam es zum Streit mit den Pharisäern, die seine Doppelrolle als Hoherpriester und weltlicher Herrscher nicht akzeptierten. Er wandte sich deshalb dem alten Priester-Adel, den Sadduzäern, zu. Seine beiden Söhne Aristobulus I. (104–103) und Alexander Jannäus (103–76) wurden seine Nachfolger. Aus dem Streit mit den Pharisäern wurde ein Bürgerkrieg. Als Alexander Jannäus die Oberhand gewann, ließ er 800 Aufständische kreuzigen. Das Staatsgebiet erweiterte er ostwärts auf Kosten der Nabatäer. Seine Witwe und Nachfolgerin Salome Alexandra (76–67) versöhnte sich mit den Pharisäern. Nach ihrem friedlichen Regiment brach jedoch Bürgerkrieg zwischen ihren beiden Söhnen aus. Der ältere, Hyrkanus, wurde gezwungen, zugunsten seines Bruders Aristobulus II. (67–63) zu verzichten. Von Antipater, dem rebellischen Statthalter Idumäas, aufgestachelt, floh er nach Petra und gewann die Hilfe der Nabatäer. Mit ihnen belagerte er Aristobulus in Jerusalem. Schließlich riefen beide Seiten Rom um Hilfe, welches 64/63 v. Chr. Syrien erobert hatte. Im Sommer 63 rückte Pompeius nach Jerusalem vor und brachte es unter römische Kontrolle. Hyrkanus wurde Hoherpriester – aber nicht König – in einem verkleinerten jüdischen Staat und mußte Rom Tribut zahlen. Antipaters Sohn Herodes beendete die Hasmonäer-Herrschaft. Er ließ Aristobulus' Sohn Antigonus im Jahr 37 enthaupten und tötete die meisten übrigen Hasmonäer.

Während der Makkabäerzeit kontrollierten die Nabatäer, ein Händlervolk arabischen Ursprungs, das südliche Transjordanien. Sie litten ebenfalls unter der Herrschaft der Hasmonäer und wurden in die Kämpfe um Judäa verwickelt. In ihrer Hauptstadt Petra östlich der Araba liefen wichtige Handelsstraßen zusammen. Petras eindrucksvollste Monumente sind Fassaden von Gräbern, die aus dem buntfarbigen nubischen Sandstein gehauen wurden. Bemerkenswert sind die Systeme von Wasserkanälen, eine lebenswichtige Errungenschaft in dieser Wüstengegend.

Judas' dritte Schlacht gegen die Seleuziden brachte ihm einen glänzenden Sieg. Nikanors Truppen waren durch die Küstenebene und dann landeinwärts nach Emmaus (3) gezogen, wo sie ihr Lager aufschlugen. Als Gorgias einen Überraschungsangriff gegen das jüdische Lager in Mizpa unternehmen wollte (4), überfiel Judas unerwartet die Hauptstreitmacht in Emmaus (5) und jagte sie in die Flucht.

☐ Seleuziden
☐ Makkabäer

Lysias, von Antiochus mit der Kontrolle Zölesyriens betraut, kommandierte persönlich den vierten Versuch, die Aufständischen zu vernichten. Er rückte durch die Küstenebene vor und näherte sich Judäa von Süden her (6) durch Idumäa. Judas zog ihm entgegen, und die Armeen trafen bei der Grenzfestung Bet-Zur aufeinander (7). Die Seleuziden wurden geschlagen, Lysias mußte sich zurückziehen.

Die Bücher des Christentums

Das Neue Testament ist eine Sammlung frühchristlicher Schriften, welche die Geschichte vom Neuen Bund zwischen Gott und seinem Volk erzählen. Ihr Zentrum ist das Leben, die Lehre und der Tod des Jesus von Nazaret. Für die Christen ist Jesus der erwartete Messias (das heißt: der „Gesalbte"), der nach den jüdischen Schriften Israel erlösen sollte. „Christos" ist das griechische Wort für Messias und wurde Jesu Titel.

Die entscheidenden Ereignisse des Neuen Testaments sind Jesu Kreuzigung und Auferstehung: Auf ihnen gründet der christliche Glaube. Nicht minder wichtig sind aber auch Jesu Geburt, seine Taufe, seine Predigttätigkeit, seine Heilungen, seine Auseinandersetzung mit den Herrschenden und sein letzter Einzug in Jerusalem.

Auch Ereignisse der heranwachsenden Kirche werden berichtet: Pfingsten, die Bekehrung des Paulus, seine langen und oftmals gefährlichen Reisen, seine Verhaftung. In der letzten Schrift der Offenbarung, stehen die außergewöhnlichen Traumgesichte des Johannes. Den Hintergrund aller dieser Ereignisse bilden Berichte über den Brand Roms, den Jüdischen Krieg gegen Rom und die Zerstörung Jerusalems.

Das Neue Testament beginnt mit dem Evangelium (= der „guten Nachricht") von Jesu öffentlichem Auftreten, seinem Tod und seiner Auferstehung. Dieses Evangelium begegnet in vier verschiedenen Schriften, die später den vier Evangelisten Matthäus, Markus, Lukas und Johannes zugeordnet wurden. Die ersten drei („synoptischen") Evangelien zeigen enge Verwandtschaft, das vierte, Johannes, hebt sich ab. Es ist theologisch reflektierter und viel mehr Glaubenszeugnis als Biographie.

Über die ersten 30 Jahre des Lebens Jesu erfahren wir im Neuen Testament praktisch nichts. Auch wie Jesus aussah, wird nicht beschrieben. Meist enthalten die Schriften Aussprüche Jesu, Heilungsgeschichten oder Streitgespräche mit seinen Gegnern, die aus unterschiedlichen Gründen in verschiedenen Kreisen zunächst mündlich überliefert worden sind.

Alle vier Evangelien berichten ausführlich über die Leidensgeschichte Jesu. Doch hat jedes Evangelium seine eigene theologische und literarische Bedeutung. Vom Verfasser des dritten Evangeliums stammt auch die sogenannte Apostelgeschichte, die dem Weg der Frohbotschaft von Jerusalem aus über die Grenzen des Judentums hinaus bis nach Rom und dabei meist den Spuren des bekehrten Paulus folgt.

Im Anschluß daran finden sich 21 Briefe. 13 davon tragen den Namen des Paulus, 7 denjenigen anderer frühchristlicher Führer, einer ist anonym. Es war in der Alten Welt üblich, einer Schrift den Namen eines berühmten Mannes voranzustellen, um ihr mehr Gewicht zu verleihen. Daher glauben manche, daß nicht alle 13 Briefe von Paulus stammen. Einige dürften aber zu Recht den Namen des Paulus tragen.

Den Abschluß macht das eigenartige Buch der Offenbarung oder Apokalypse. Es beginnt mit sieben, teils vernichtend tadelnden Briefen an sieben kleinasiatische Gemeinden. Dann folgen sich steigernde Bilder über Gottes Zorn und Sieg über die Bösen.

Mit ein oder zwei Ausnahmen dürften alle neutestamentlichen Schriften in der zweiten Hälfte des 1. Jh. n. Chr. entstanden sein. Neben den vertrauten Schriften gab es noch andere frühchristliche Evangelien, Briefe und Apokalypsen, die teils verlorengingen, teils nicht anerkannt wurden. Gegen Ende des 2. Jh. n. Chr. stand die Abgrenzung der offiziellen („kanonischen") Bücher im wesentlichen fest.

Jesus sprach aramäisch. Als Galiläer mag er auch etwas Griechisch gekonnt haben. Das Neue Testament wurde griechisch geschrieben. Im 2. Jh. n. Chr. hat man es dann ins Lateinische übersetzt. Geschrieben wurde zunächst auf Papyrus. Dies ist kein sehr widerstandsfähiges Schreibmaterial. Doch einige kleine Papyrusfragmente des Neuen Testaments haben erstaunlicherweise überlebt.

Als das Christentum im 4. Jh. durch den römischen Kaiser Konstantin (285–337 n. Chr.) im ganzen Reich anerkannt wurde, begann man, die biblischen Schriften auf Pergament (ein dauerhaftes Produkt aus Schaffellen) zu übertragen. Von dieser Zeit an gibt es buchstäblich Tausende von Handschriften, vor allem aus dem Mittelalter. Einige von ihnen sind mit prachtvollen Bildern ausgemalt, andere das Werk sorgloser Abschreiber. 1516 wurde der erste griechische Text gedruckt.

Die heutige Bibelwissenschaft bietet uns einen zuverlässigen Text an. Man kennt die Fehler, die den Abschreibern unterliefen, je nachdem, ob sie nach Diktat schrieben oder nach schriftlichen Vorlagen, ob mit Groß- oder Kursivbuchstaben. Mit möglichst alten und guten Handschriften werden die Bibelzitate der frühchristlichen Schriftsteller verglichen so wie die alten Übersetzungen ins Lateinische, Syrische oder Koptische. Auf diese Weise kommt man dem ursprünglichen Wortlaut immer näher. Noch immer bestehen gewisse Unsicherheiten in manchen Punkten. Sie fallen allerdings nicht stark ins Gewicht, sondern lassen unser Gesamtbild von Jesus, seinem Leben und seiner Botschaft unberührt.

Ein Fragment (weißer Grund) eines griechischen Papyrus (ganz oben) aus der 1. Hälfte des 2. Jh. n. Chr. mit Teilen von Joh 18, 31 f. Papyrus, heute in Ägypten fast ausgestorben, ist eine Schilfpflanze, deren Mark zu Schreibmaterial gepreßt wurde. Oben Ausschnitt aus Joh 21, 23 des Codex Sinaiticus, der 1844 im Katharinenkloster am Sinai entdeckt wurde. Er stammt aus dem 4. Jh. und ist eine der ältesten griechischen Pergamenthandschriften. Der Codex, das Buch mit Seiten, ist für wichtige christliche Dokumente seit Konstantin typisch. Er verdrängte die vom Judentum her vertrauten Schrift-Rollen.

Monogramm aus dem
Book of Kells, einem
bebilderten
Manuskript der
Evangelien auf
Lateinisch,
wahrscheinlich aus
dem 8. Jh.

Rom übernimmt in Judäa die Macht

Nachdem sich die Makkabäer im 2. Jh. v. Chr. (siehe S. 124–127) gegen ihre griechischen Herrscher erhoben hatten, erfreute man sich in Israel danach fast ein Jahrhundert lang einer gewissen Unabhängigkeit. Doch es entstand ein religiös-politischer Streit zwischen den damals mächtigsten Parteien, den Pharisäern und den Sadduzäern: In Jerusalem brachte Königin Alexandra mit pharisäischer Unterstützung ihren ältesten Sohn Hyrkanus ins Amt des Hohenpriesters. Die Sadduzäer hielten dagegen zum jüngeren Bruder Aristobulus, der sich nach dem Tod der Mutter mit Waffengewalt durchsetzte. Hyrkanus fand bei Antipater, dem Vater des Herodes, einen Bundesgenossen und schloß mit dessen Armee Aristobulus im Tempel ein.

In Rom wurde Pompeius Magnus (106–48 v. Chr.), der im Jahre 70 illegalerweise Konsul geworden war, mit Unterstützung des Volkes gegen den Widerstand des Senats mit einer Reihe außerordentlicher Militäroperationen betraut. In beeindruckender Weise säuberte er das östliche Mittelmeer von Piraten; darauf schlug er den gefährlichen König von Pontus, Mithridates; er eroberte Syrien, errichtete Pufferstaaten wie Armenien und gründete oder befestigte rund 40 Städte.

Mit der Unabhängigkeit Judäas war es vorbei – der Bruderstreit bot den Vorwand für das Eingreifen Roms. Beide Brüder hatten Pompeius angerufen, welcher sich schließlich für Hyrkanus entschied. Die Anhänger Aristobulus ergaben sich nicht, darum stürmte Pompeius im Jahre 63 v. Chr. die Mauern der Tempelhöfe. Den Tempel selbst ließ er unangetastet: Hyrkanus erhielt eine Schein-Herrschaft über einen Bereich, der wenig später in fünf Bezirke aufgeteilt wurde. Nach etlichen Wirren konnte sich im Jahre 40 v. Chr. Herodes („der Große") als Vasallen-König durchsetzen.

Inzwischen baute Julius Caesar das Römische Reich im Nordwesten aus. Er stritt mit Pompeius um die Herrschaft, blieb siegreich und übernahm 49 v. Chr. allein die Macht. Seine Ermordung 44 v. Chr. führte zum Bürgerkrieg. 31 v. Chr. hatte sich dann sein Großneffe Oktavian, der künftige Kaiser Augustus, die Herrschaft gesichert.

Augustus wahrte den Schein republikanischer Herrschaft, war in Wirklichkeit aber Alleinherrscher, da er alle höchsten Ämter in seiner Person auf Dauer vereinigte. Am Ende seines langen Lebens, 14 n. Chr., hatte er das Reich gefestigt. Er selbst befehligte die Armeen und regierte die Hälfte der Provinzen, die andere

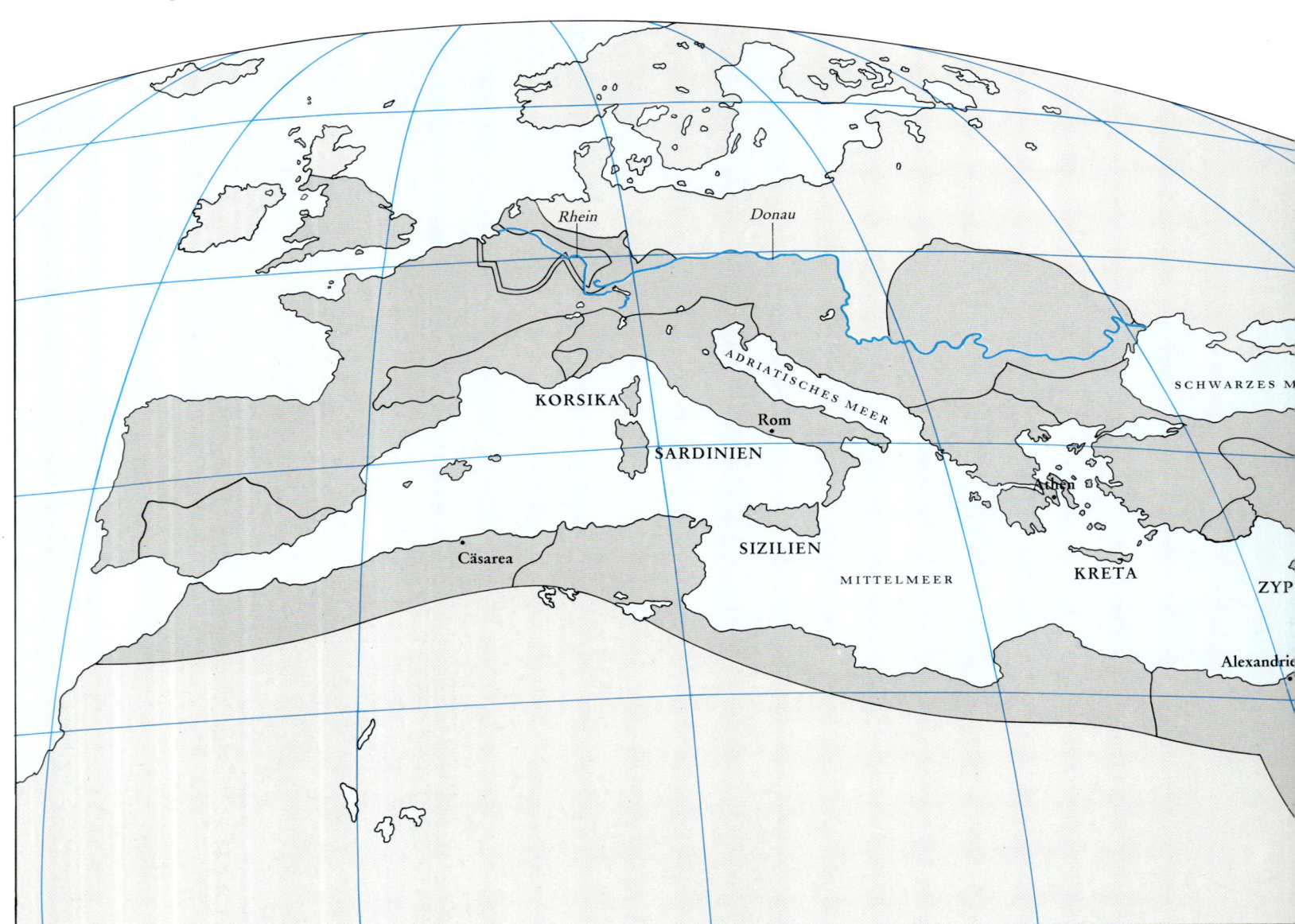

Hälfte überließ er den Adeligen, um ihre Gunst zu gewinnen. Das Volk hielt er mit großzügigen Spenden ruhig.

Rom, rücksichtslos in seiner militärischen Ausbreitung, regierte im allgemeinen nicht mit Zwangsherrschaft. So genügte Augustus am Anfang des 1. Jh. n. Chr. als Ordnungstruppe für ganz Nordafrika von Ägypten bis zum Atlantik eine einzige Legion Soldaten (6000 Mann). Rom verstand es ausgezeichnet, Führer der Völker in Norditalien, Spanien, Afrika, Asien oder im Balkan für sich zu gewinnen. Mit dem Versprechen des römischen Bürgerrechts (212 oder 214 n. Chr. auf alle freien Untertanen ausgedehnt) sicherte man die Gefolgschaft. Rom brachte einem beträchtlichen Teil der Erde Frieden, und zwar für einen längeren Zeitraum, als er davor oder danach je zustande kam.

Judäa allerdings wurde Roms größter Mißerfolg. Nach Herodes' Tod im Jahre 4 v. Chr. wurde das Königreich erneut aufgeteilt. Das Land kam nicht zur Ruhe. 6 n. Chr. wurde es durch einen Statthalter (Praefectus) direkt der römischen Regierung unterstellt. 41 n. Chr. wurde daraus wieder ein Königtum, doch schon 44 ließ Rom es wieder durch einen Prokurator direkt verwalten. Trotzdem kam es zum schrecklichen Aufstand von 66 und der Zerstörung Jerusalems im Jahre 70 n. Chr. (siehe S. 182 f).

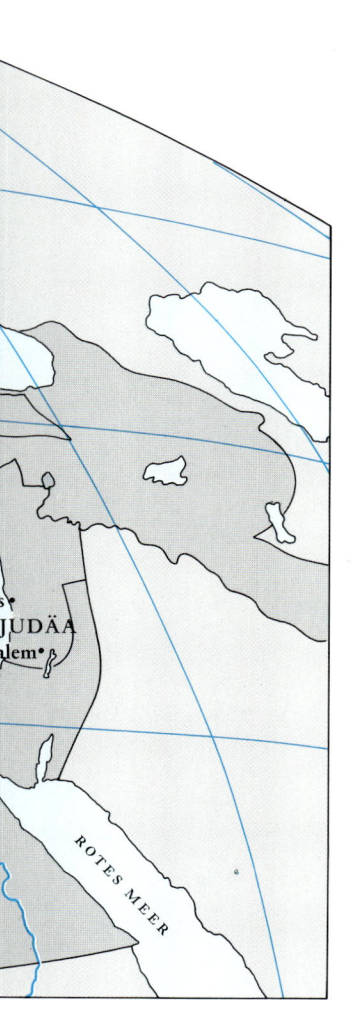

Die Welt, in die hinein Jesus geboren wurde, war Teil des Römischen Reiches. Die Karte zeigt seine größte Ausdehnung 117 n. Chr. Rom, ursprünglich eine Gruppe von Dörfern, wuchs im 6. Jh. v. Chr. zu einer Stadt zusammen und gewann die Herrschaft über ganz Italien. Seine Erfolge verdankt es seiner disziplinierten Armee, diplomatischem Geschick und der Großzügigkeit, mit der den Unterworfenen das römische Bürgerrecht verliehen wurde.

264 v. Chr. wurde Rom in den ersten der drei Punischen Kriege gegen Karthago, die damalige Vormacht im westlichen Mittelmeer, verwickelt. Trotz fürchterlicher Niederlage gegen Hannibal bei Cannae 216 v. Chr. blieb Rom am Ende siegreich. Karthago wurde 146 v. Chr. zerstört, Sizilien, Korsika, Sardinien, Spanien

und das heutige Tunesien kamen unter römische Kontrolle.

Inzwischen war das Römische Reich in Auseinandersetzung mit den hellenistischen Königtümern des östlichen Mittelmeerraumes geraten. Im 2. Jh. v. Chr. erhoben sich die Juden unter den Makkabäern (siehe S. 124 ff) gegen ihre griechischen Herrscher aus Syrien. Dabei verbündeten sie sich mit dem aufsteigenden Rom. Für fast ein Jahrhundert gewannen sie Unabhängigkeit.

Politische und religiöse Streitigkeiten zwischen den Parteien der Pharisäer und Sadduzäer führten zum römischen Eingreifen. Von den Wirren profitierte ein geschickter Emporkömmling namens Herodes („der Große"), den die Römer 40 v. Chr. zum Vasallen-König machten.

Verwalter des Reiches

Rom und sein Reich wurden von Beamten unterschiedlichen Ranges mit speziellen Verantwortlichkeiten verwaltet.

„Konsul" hießen beispielsweise die beiden Beamten, die nach Abschaffung des Königtums auf ein Jahr an die Spitze des Heeres gewählt wurden. Unter den Kaisern wurde das Amt beibehalten, oft allerdings nur für einen Teil eines Jahres. Der spätere Kaiser Vespasian war 51 n. Chr. Konsul, der Historiker Tacitus 97.

Ein „Prokonsul" war ein ehemaliger Konsul, der jetzt an Konsuls Stelle die überseeischen Armeen kommandierte. Der Kaiser hatte immer prokonsulische Macht und damit das Oberkommando des Heeres.

Der „Praetor" war für das Rechtswesen zuständig. Ein „Propraetor" war ehemaliger Praetor mit nicht-militärischem Amt. Ein „Imperator" war eigentlich ein Armeekommandant, doch hieß später der Kaiser so, weil er zugleich oberster Feldherr war.

Der Befehlshaber einer Legion hieß „Legatus". In Provinzen mit einer einzigen Legion war er zugleich Provinzstatthalter, sonst unterstand er dem Statthalter. Ein „Praefectus" konnte verschiedenen militärischen oder zivilen Dienstbereichen vorstehen (z. B. Wachtdienst oder Getreideversorgung). „Praefectus urbi" war ein für öffentliche Ordnung in Rom verantwortlicher Senator; Pontius Pilatus z. B. war Praefectus von Judäa.

Ein „Prokurator" war ein Vertreter oder Geschäftsträger. Zur Zeit der Kaiser konnte ein Eques, d. h. ein reicher Nicht-Adeliger, eine kleinere Provinz wie Judäa regieren. In größeren Provinzen waren Prokuratoren Finanzbeamte und in Senatsprovinzen Repräsentanten des Kaisers.

Herodes der Große, Diener Roms

40 Jahre lang beherrschte Herodes der Große die jüdische Geschichte. Geboren um 73 v. Chr. als Sohn des Idumäers Antipater, wurde er 47 v. Chr. römischer Bürger. Sein Vater beauftragte ihn, als Militärgouverneur von Galiläa die Gegend von Terroristen zu säubern.

41 v. Chr. machte Antonius den Herodes und seinen Bruder zu Tetrarchen; da seine Lage gefährdet war, floh Herodes 40 v. Chr. nach Rom. Hier übertrug ihm Antonius die Alleinherrschaft über Galiläa, die er sich 37 v. Chr. mit einer römischen Armee sicherte. 31 v. Chr. besiegte Oktavian (der künftige Kaiser Augustus) Antonius und Kleopatra bei Aktium, bestätigte aber Herodes in seinem Herrschaftsbereich.

Herodes setzte sich eifrig für Roms Interessen ein und behielt so die Gunst des Augustus. An seinem Hof wurde hellenistische Kultur gepflegt. Er gründete die griechischen Städte Sebaste (Samaria) und Cäsarea (mit künstlichem Hafen), baute Festungen und Paläste (z. B. Masada) und einen großartigen neuen Tempel. Ferner hatte er einmal den Vorsitz bei Olympischen Spielen.

Im familiären Bereich war er glücklos. Seine Herrschaft konnte er nur mit Polizeigewalt aufrechterhalten. Und obwohl er ihren Tempel mit großem Aufwand neu erstellte, blieb er für die Juden ein verhaßter Ausländer. Im Jahre 4 v. Chr. starb er im Alter von 69 Jahren.

Die Geburt Jesu

Jesu Geburt, ein Ereignis, das die Welt verändern sollte, ist umhüllt vom Geheimnis. Zwar sind die Weihnachtsgeschichten den Christen wohlvertraut, doch läßt sich ihr geschichtlicher Kern kaum mehr erkennen.

Nach Matthäus wollte Josef seine Verlobte Maria entlassen, weil sie schwanger war. Doch wurde ihm in einem Traum geoffenbart, das Kind sei vom Heiligen Geist gezeugt und sollte Jesus genannt werden (das heißt: „Jahwe rettet"). So nahm er sie zu sich, enthielt sich aber des Geschlechtsverkehrs, bis sie ihren Sohn gebar.

Matthäus erzählt dann die Geschichte von den „Magiern": Jesus wurde zur Zeit Herodes' des Großen in Betlehem geboren. Die „Magier", wahrscheinlich Sterndeuter aus dem Osten, kamen und fragten nach dem Königskind der Juden, dessen Stern sie am Himmel gesehen hatten. Herodes erschrak: er war schließlich König der Juden. Seine Ratgeber sagten ihm, es sei vorausgesagt, daß der Messias, der erwartete Befreierkönig, in Betlehem geboren werde.

Die Sterndeuter machten sich inzwischen auf den Weg nach Betlehem und sahen den Stern über dem Haus, wo das Kind war. Gold, Weihrauch und Myrrhe brachten sie ihm als Geschenk. Dann wurde Josef im Traum aufgefordert, schnell nach Ägypten zu fliehen. Denn Herodes, wütend, weil die Magier nicht zu ihm zurückkehrten, wollte den möglichen Konkurrenten beseitigen und ließ deshalb alle männlichen Neugeborenen der Gegend umbringen.

Lukas läßt seine Erzählung zur Zeit des Herodes beginnen. Der Engel Gabriel kündigt Maria die Geburt Jesu an. Maria besucht ihre schwangere Cousine Elisabet und singt dort das Magnificat, ein Lied über den Umsturz menschlicher Ordnungen durch Gottes Macht (Lk 1, 46–55). Dann wird Johannes der Täufer geboren.

Im zweiten Kapitel berichtet Lukas von Jesu Geburt: Kaiser Augustus veranlaßte eine Steuerschätzung. Quirinius, Statthalter von Syrien, hatte sie durchzuführen. Jedermann mußte den Heimatort seiner Familie aufsuchen. Josef zog mit seiner Frau nach Betlehem. Hier gebar Maria ihr Kind und legte es – da in der Herberge kein Platz war – in eine Krippe. Hirten auf dem Feld hatten eine Erscheinung von Engeln, welche die Geburt des Messias ankündigten und Gott priesen. So gingen die Hirten eilends auf die Suche nach dem Kind.

Wie es sich wirklich zugetragen hat, bleibt dunkel. Das älteste Evangelium, Markus, wie auch das jüngste, Johannes, aber auch Paulus berichten nichts von Jesu Geburt. Matthäus setzt die Ereignisse zur Zeit des Herodes an, der aber im Jahre 4 v. Chr. starb. Nach Lukas war Quirinius damals Statthalter von Syrien; dieser aber trat sein Amt erst im Jahre 6 n. Chr. an. Lukas berichtet ferner von einer Steuerschätzung. Eine solche fand tatsächlich im Jahre 6 n. Chr. statt, als Rom die Verhältnisse in Palästina neu regelte. Eine frühere Schätzung ist nicht bekannt und zur Zeit des Vasallen-Königs Herodes auch kaum möglich gewesen. Daß man ferner für Eintragungen in römische Steuerlisten den Ursprungsort der Familie habe aufsuchen müssen, ist nirgends belegt und nicht wahrscheinlich. Bei Matthäus wird das Kind offenbar in Josefs Haus geboren. Die weitere Geschichte setzt dann allerdings Betlehem als Geburtsort voraus. Nach Lukas ist Betlehem Geburtsort und Nazaret Wohnort.

Für Matthäus ist die Erfüllung der Prophetie bedeutsam. Die jungfräuliche Geburt entspricht Jes 7, 14, der Geburtsort Betlehem Mi 5, 1; die Flucht nach Ägypten erfüllt Num 23, 22, das sich ursprünglich auf den Auszug der Israeliten bezieht, der Mord an den unschuldigen Kindern Jer 31, 15.

Es gibt keine Übereinstimmungen bezüglich des Datums von Jesu Geburt, und ein allgemein gefeiertes Fest ist erst im 4. Jh. belegbar. Im frühen 3. Jahrhundert bringt Clemens von Alexandrien eine Überlieferung, Jesu sei am 20. Mai geboren worden. Im Jahr 336 n. Chr. wurde erstmals in Rom Weihnachten am 25. Dezember gefeiert. Den heidnischen Römern galt dieser Tag als Geburtstag des „Unbesiegten Sonnengottes". Konstantins Familie hatte die Sonne verehrt. Nun übertrug man das Fest auf Jesus, die „Sonne der Gerechtigkeit". Unter der Peterskirche in Rom findet man Jesus dargestellt, wie er den Sonnenwagen über den Himmel lenkt. Im Orient wird Weihnachten seit alter Zeit am 6. Januar gefeiert; so noch heute in der armenischen Kirche. Allgemein gilt dieser Tag als Epiphanie (= Erscheinung) Christi vor den Sterndeutern, den symbolischen Vertretern der Heidenwelt.

Matthäus erzählt von einem Stern, der die „Magier" geführt habe. Dies regte zahlreiche astronomische Überlegungen an. Man dachte z. B. an den Halleyschen Kometen, der allerdings schon im Jahre 12 v. Chr. auftrat. Der Astronom Johannes Kepler berechnete eine Konjunktion der Planeten Jupiter und Saturn im Jahre 7 v. Chr.

Wie immer man die Geschichten von Jesu Geburt wertet, sicher ist, daß Jesus von einer menschlichen Mutter namens Maria geboren wurde. Und es bleibt bedeutsam, daß verachtete Hirten und seltsame Sterndeuter, daß Juden und Heiden in diesem Kind einen König verehrten, der von ganz anderer Art als Herodes war, der Macht besaß, die nicht von Rom stammte, sondern von Gott, und dessen Reich sich nicht auf Polizeigewalt stützte, sondern auf Liebe.

Die Hirten von Betlehem
Die heutigen Felder von Betlehem sehen kaum anders aus als der damalige Schauplatz der Weihnachtsgeschichte: „In jener Gegend lagerten Hirten auf freiem Feld und hielten Nachtwache bei ihrer Herde. Da trat der Engel des Herrn zu ihnen, und der Glanz des Herrn umstrahlte sie. Sie fürchteten sich sehr, der Engel aber sagte zu ihnen: Fürchtet euch nicht, denn ich verkünde euch eine große Freude, die dem ganzen Volk zuteil werden soll: Heute ist euch in der Stadt Davids der Retter geboren; er ist der Messias, der Herr. Und das soll euch als Zeichen dienen: Ihr werdet ein Kind finden, das, in Windeln gewickelt, in einer Krippe liegt. Und plötzlich war bei dem Engel ein großes himmlisches Heer, das Gott lobte und sprach: Verherrlicht ist Gott in der Höhe, und auf Erden ist Friede bei den Menschen seiner Gnade" (Lk 2, 8–14).

IM IA   +SCS BALTHASSAR +SCS MELCHIOR +SCS GASPAR .

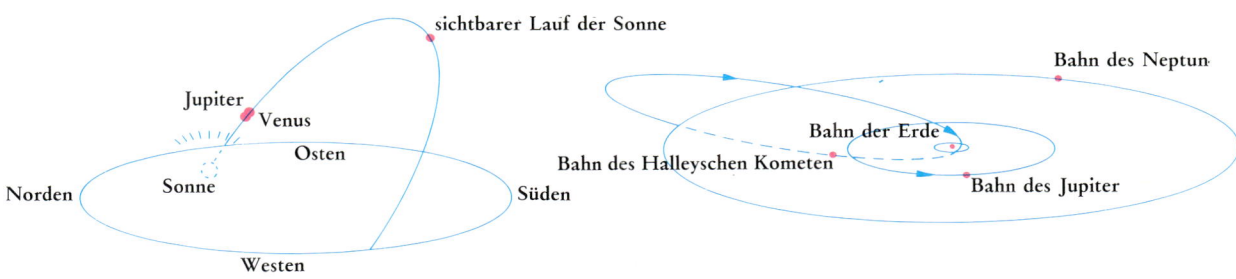

Eine Stunde und
20 Minuten vor
Sonnenaufgang
ging am 12. August im
Jahre 3 v. Chr. Jupiter
in Konjunktion mit
Venus, dem
Morgenstern, auf
(oben). Dieses
Zusammentreffen der
Planeten erzeugte am
Himmel einen hellen
Lichtschein. Für
Astrologen, die Jupiter
als Göttervater und
Venus als
Fruchtbarkeitsgöttin

betrachteten, mag das
die Ankündigung einer
Königsgeburt bedeutet
haben.
Für astronomische
Erklärungen
interessant ist auch
die Berechnung
des Amerikaners
E. L. Martin: Am
25. Dez. im Jahre 2
v. Chr. erreichte Jupiter
den äußersten Punkt
seiner Bahn, schien
also stehenzubleiben,
und zwar von
Jerusalem aus gesehen

im Süden, Richtung
Betlehem.
Die wunderhaften
Züge der
Geburtsgeschichten
werden aber durch
solche Überlegungen
nicht erklärt.

Das Auftauchen des
Halleyschen Kometen
ist immer wieder als
himmlisches
Vorzeichen gedeutet
worden. So hat man
ihn beispielsweise in
England 1066 in den
Wochen vor der
Schlacht von Hastings
gesehen.
Auch mit Jesu Geburt
und dem Wunderstern
der „Magier" wollte
man den Kometen in
Verbindung bringen.
Doch fällt sein

Auftauchen nach
astronomischen
Berechnungen ins Jahr
12 v. Chr. Das ist für
Jesu Geburt zu früh.
Die seltsame
Himmelserscheinung
kann aber durchaus in
die Volkserinnerung
von Herodes' letzten
Regierungsjahren
eingegangen und
später als Vorzeichen
für die Geburt des
Messias gedeutet
worden sein.

Ein interessantes
Mosaik aus dem 6. Jh.
mit den „Magiern"
schmückt eine
Kirchenwand von San
Apollinare Nuovo in
Ravenna. Westliche
Tradition erschloß aus
den Gaben Gold,
Weihrauch, Myrrhe die
Dreizahl der Verehrer.
Der englische
Historiker Beda (735)
kennt auch ihre
Namen: Balthasar,
Melchior und Kaspar.

133

Die Jahre in Nazaret

Von Jesu Kindheit und Jugend überliefert nur Lukas jene Geschichte vom zwölfjährigen Jesus, der im Tempel den Gesetzeslehrern Fragen stellt: „Er saß mitten unter den Lehrern, hörte ihnen zu und stellte Fragen. Alle, die ihn hörten, waren erstaunt über sein Verständnis und über seine Antworten" (Lk 2, 46 f).

Jesu Eltern, Maria und Josef, gelten als fromme Juden. Jesus wird den jüdischen Glauben also zunächst zu Hause, dann in der Synagoge und gelegentlich bei Pilgerfahrten zu den Hauptfesten in Jerusalem kennengelernt haben.

Nazaret, wo Jesus aufwuchs, war ein unbedeutendes Bauerndorf. Hier wird er alles das gesehen haben, wovon er später erzählt: Lilien, Spatzen, Füchse, das verlorene Schaf, den außer Landes gezogenen Weinbergbesitzer, den Sämann, das Senfkorn, den Feigenbaum ...

Ein typisches Haus jener Zeit bestand aus einer geringen Anzahl von Räumen, die alle um einen Hof gruppiert waren. Das Dach wurde gelegentlich als zweites Stockwerk benützt. In einer Familie lebten normalerweise Vater und Mutter, der erstgeborene Sohn mit Frau und Kindern sowie weitere unverheiratete Söhne und Töchter. Den Hof teilten sich möglicherweise mehrere Familien. Das wird man z. B. bei Simon Petrus annehmen müssen, in dessen Haus seine Schwiegermutter, seine eigene Familie und die seines Bruders Andreas wohnten (Mk 1, 29; Mt 8, 14; Lk 4, 38).

Solche Familienverhältnisse machen verständlich, weshalb gewisse Streitpunkte nicht mehr zu klären sind: Als Jesus als Erwachsener nach Nazaret zurückkehrte, um in der Synagoge zu predigen, wurde er abgelehnt, weil er doch bloß der Zimmermann (oder Zimmermannssohn), der Sohn Marias und der Bruder Jakobs, Josefs, Judas' und Simons sei. Auch seine Schwestern werden erwähnt (Mk 6, 3). Ob es sich um volle oder halbe Geschwister oder Cousins und Cousinen handelt, ist nicht mehr zu entscheiden. Im übrigen ist die Ablehnung Jesu in Nazaret ein Sonderfall, andernorts hörte man ihm gerne zu.

Nirgends ist von einer rabbinischen Ausbildung Jesu (vergleichbar mit jener eines Paulus unter Gamaliel) die Rede, doch sahen seine Jünger in ihm einen Rabbi. Gelegentlich anerkennen sogar die Schriftgelehrten (die damaligen Theologen) die Tiefe seines Gesetzesverständnisses. Die Evangelien betonen einerseits, daß Jesus seine Jünger unterwies, andererseits aber auch, daß Jesus und seine Jünger die Menge lehrten.

Wie ein Zimmermann zu solchem Wissen kam, ist schwierig zu beurteilen. Man weiß, daß seit ca. 60 v. Chr. unter dem Einfluß von Rabbi Joschua ben Gamala versucht wurde, durch Anstellung von Lehrern in den Distrikten alle jüdischen Kinder zu erreichen. Sie sollten in der Weisheit ihres Volkes unterrichtet und von fremden Einflüssen ferngehalten werden.

Sicher war die Synagoge ein Ort für das Lesen und Auslegen der Schriften. Lukas etwa sagt, Jesus sei „wie gewohnt" am Sabbat in die Synagoge gegangen. Es ist auch möglich, daß sich Jesus als Erwachsener eine Zeitlang der Erneuerungsbewegung Johannes des Täufers anschloß. Denn er ließ sich von ihm im Jordan taufen.

Eine gute Antwort auf die Frage, woher Jesus sein Wissen hatte, gibt vielleicht Lukas: Johannes wie Jesus hatten Teil an jenem Weisheitsschatz, der durch die Frömmigkeit von einfachen und treuen Gläubigen, durch die offizielle Lehrtätigkeit und in Gottesdiensten all die Jahrhunderte hindurch überliefert worden war.

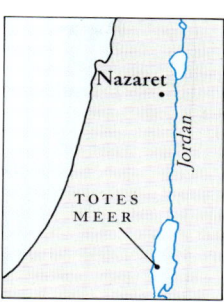

Nazaret (links) war zur Zeit Jesu ein Dorf mit ca. 2000 Einwohnern unweit der Via Maris, einer Haupthandelsstraße nach Ägypten. Seine Bedeutungslosigkeit ergibt sich aus Natanaels Frage: „Kann denn aus Nazaret etwas Gutes kommen?" (Joh 1,46). Jesus war ein Knabe, als Judas von Gamala gegen Rom rebellierte und Sepphoris eroberte, einen Ort nahe Nazaret. Römer brannten die Stadt nieder und kreuzigten die Aufständischen entlang den Straßen. Der junge Jesus wird den Rauch und die Kreuze gesehen haben.

Als gesetzestreue Juden zog Jesu Familie jährlich zum Osterfest nach Jerusalem.
Der 12jährige Jesus war auch dabei. Bei der Rückkehr der zahlreichen Reisegruppen fiel sein Fehlen zunächst nicht auf. Als man ihn schließlich suchte und nach Jerusalem zurückkehrte, fand man ihn unter den Lehrern im Tempel. Die Darstellung aus der Martinskirche von Zillis in der Schweiz (links, 12. Jh.) zeigt Jesus, wie er den Lehrern zuhört und Fragen stellt. Von seiner Mutter wegen der Sorgen getadelt, die er verursacht hatte, soll er geantwortet haben: „Wußtet ihr nicht, daß ich in dem sein muß, was meinem Vater gehört?" (Lk 2,49). Der Sinn dieser Geschichte wie der lukanischen Kindheitserzählungen insgesamt liegt darin, zu zeigen, wie Jesus als frommer Israelit in der Weise der „niedrigen, frommen Armen" Israels auf Gottes Eingreifen zur Befreiung seines Volkes hofft.

Die Rolle der Synagoge
Synagogen werden in den Evangelien immer wieder erwähnt, wenn von Jesu Lehrtätigkeit und seinen Auseinandersetzungen mit führenden jüdischen Kreisen die Rede ist (Mt 4,23; 9,35; Mk 1,21; 3,1–6; Lk 4,16; 13,10).

Einige Forscher betrachten diese Betonung der Synagoge als Widerspiegelung von Verhältnissen aus der Zeit nach der Tempelzerstörung im Jahr 70 n.Chr. (siehe S. 180–183), doch gab es schon davor Synagogen in Palästina wie in der Diaspora. Der jüdische Geschichtsschreiber Josephus aus der 2. Hälfte des 1. Jh. n.Chr. erwähnt eine Reihe von Synagogen im Norden des Landes. Philo, ein jüdischer Philosoph des 1. Jh. in Ägypten, bezeugt eine große Zahl von Synagogen in Alexandrien.

In Kafarnaum wurde schon 1838 ein Kalksteingebäude als Synagoge erkannt (oben). Ausgrabungen ergaben 1981, daß unter dem Bau des 3. Jh. Ruinen eines Basaltgebäudes des 1. Jh. liegen. Hier könnte Jesus tatsächlich gepredigt haben.

Vor der Tempelzerstörung dürfte die Synagoge als feste Einrichtung zu den jüdischen Dörfern und Städten gehört haben. Anfangs trafen sich die Leute wohl einfach zu Schriftlesung und Gebet in größeren Häusern oder Höfen. Daher ist die Synagoge oft nicht leicht als Gottesdienstraum erkennbar. Nach den Erkenntnissen der Archäologen hat man vor dem 3. Jh. eher vorhandene Bauten zu Synagogen umgebaut als neue errichtet.

Synagogen dienten zur Schulung der Jungen, zur Unterbringung von Besuchern und gemeinschaftlichen Mahlzeiten. Von Philo, Josephus und dem Neuen Testament wissen wir, daß die Bibel in den Synagogen dem Volk ausgelegt wurde. Auch „Schema" („Höre, Israel!") und das „Achtzehngebet" – wichtige jüdische Gebete – wurden damals schon hier gebetet.

Die Taufe im Jordan

Ein Gewand aus Kamelhaaren trug der Täufer Johannes nach Mk 1,6; er lebte von „Heuschrecken und wildem Honig". Von ihm ließ Jesus sich im Jordan taufen. Der griechische Text beschreibt den Vorgang nicht genau. Wir dürfen annehmen, daß Jesus dabei mit seinem ganzen Körper im Wasser untertauchte. Markus sagt dann weiter: „als Jesus aus dem Wasser stieg, sah er, daß der Himmel sich öffnete und der Geist wie eine Taube auf ihn herab kam" (1,10).

Die großen Propheten des Alten Testaments hatten bei ihrer Berufung himmlische Erscheinungen (z.B. Jes 6). Auch Jesus wurde bei seiner Taufe in seine Berufung eingewiesen: „Und eine Stimme aus dem Himmel sprach: Du bist mein geliebter Sohn, an dir habe ich Gefallen gefunden" (Mk 1,11). Worte aus Ps 2 werden hier aufgenommen und Jes 42, wo ebenfalls von Gottes Geist die Rede ist, der auf den Erwählten herabkommt: „Seht, das ist mein Knecht, den ich stütze; das ist mein Erwählter, an ihm finde ich Gefallen. Ich habe meinen Geist auf ihn gelegt..."

Nach Markus war es Jesu Berufung, seine Bestimmung als Messias zu erfüllen, wie es die Propheten vorhergesagt hatten. Der herabkommende Geist bezeichnete ihn als gesalbten König in der Linie Davids.

Bei Matthäus zögert Johannes, Jesus zu taufen, doch dieser fordert ihn auf: „Laß es nur zu! Denn nur so können wir die Gerechtigkeit (die Gott fordert) ganz erfüllen" (3,15). Das bedeutet wohl, daß Jesus sich wie das Volk für die „neue Welt" reinigen wollte.

Daß Jesus die Johannestaufe auf sich nahm, bereitete frühen Christen Probleme. Lukas läßt jedenfalls den Vorgang in den Hintergrund treten und legt den Ton ganz auf die himmlische Bestätigung.

Für Paulus bedeutet Taufe Sterben und Auferstehen mit Christus (Röm 6). In der Taufe legen die Christen den alten Menschen ab und ziehen den neuen an, denn „wenn jemand in Christus ist, dann ist er eine neue Schöpfung" (2 Kor 5,17). In zwei Aussprüchen scheint Jesus selbst die Taufe mit seinem Tod zu verbinden. Bei Lukas sagt er: „Ich muß mit einer Taufe getauft werden, und ich bin sehr bedrückt, solange sie noch nicht vollzogen ist" (12,50). Bei Markus fragt er seine Jünger: „Könnt ihr ... die Taufe auf euch nehmen, mit der ich getauft werde?" (10,38). In späterer Zeit werden Christen das Martyrium als „Bluttaufe" bezeichnen.

Es ist nicht genau zu klären, ob Jesus selbst andere getauft hat. Joh 3,26 deutet an, er sei wie der Täufer aufgetreten; wegen seines Erfolges seien einige Johannesjünger eifersüchtig geworden. Joh 4,2 bestreitet allerdings, daß Jesus getauft habe. Sollte Jesus zunächst neben dem Täufer aufgetreten sein, bevor er eigene Wege ging, könnte das vielleicht erklären, weshalb Johannes ihn zuerst in der Taufgeschichte sofort erkennt, während er später seine Jünger hinschicken muß, weil er über Jesus unsicher geworden ist (Mt 11,3).

Joh 1,29–34 berichtet nicht von einer Taufe Jesu. Der Täufer legt nur Zeugnis für Jesus ab. Und während man bei den Synoptikern den Täufer mit Elija, dem Vorläufer des Messias, gleichsetzt, lehnt er selbst im vierten Evangelium die Titel „Messias", „Elija" und „Prophet" ab (Joh 1,21). Statt dessen wird die Unterordnung des Täufers unter Jesus betont. Es spricht einiges dafür, daß es zur Zeit des jungen Christentums eine Sekte gab, die Johannes den Täufer für den Propheten-Messias Elija hielt, und daß das vierte Evangelium dieser Auffassung entgegentreten wollte.

Der Grundriß von Qumran zeigt ein Labyrinth von Räumen und Wasserbecken an einem Kanalsystem, das die Essener für ihre Waschungen gebaut hatten (rot eingefärbt: eines der Bäder).

El-Maghtas, der traditionelle Ort, wo Johannes getauft haben soll, liegt etwas nördlich des Toten Meeres, unweit von Qumran.

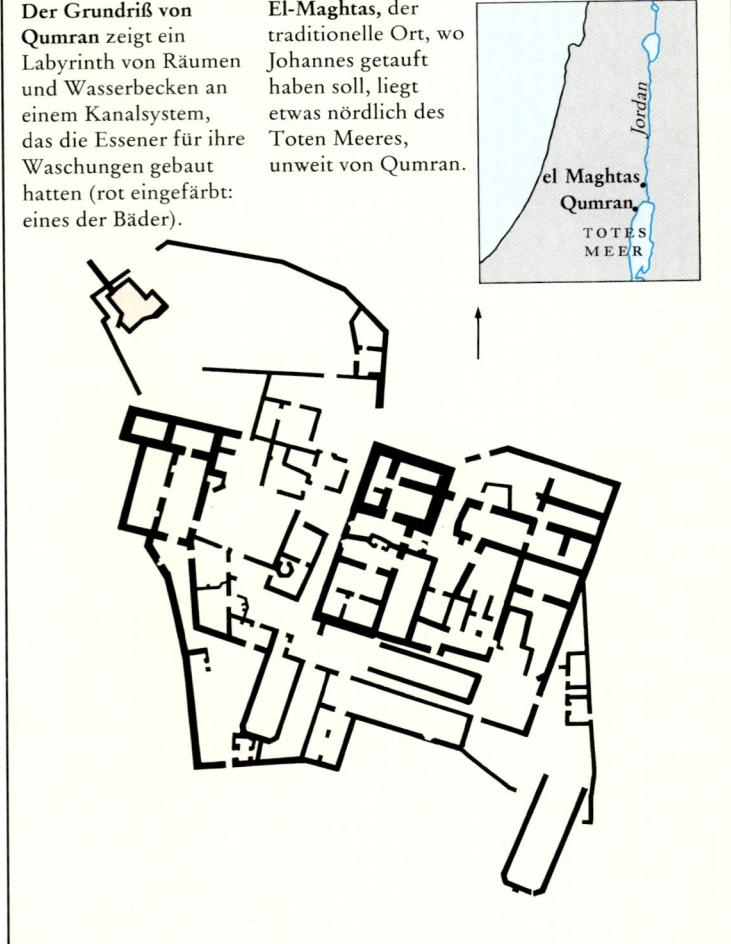

el Maghtas
Qumran
TOTES
MEER
Jordan

Johannes der Täufer und Qumran

Nach den Evangelien war Johannes ein Mann, hart zu sich selbst, der aus der Wüste Juda kam und am Jordan predigte und taufte. Eine Verbindung des Täufers mit dem Kloster von Qumran (siehe S. 186 f) ist denkbar. Becken für rituelle Waschungen wurden dort gefunden, und die Qumran-Schriftrollen zeigen, welche Bedeutung Reinigungsbäder in der Gemeinschaft besaßen. Nach ihren Schriften zu urteilen, widmete sich diese Gruppe der Erfüllung der Prophezeiungen und dem Glauben an den Anbruch des Gottesreiches. Darauf bereitete auch Johannes seine Zuhörer durch Predigt und Taufe vor. In der Rolle, die „Sektenregel" genannt wird, steht, daß man denjenigen mit reinigendem Wasser besprengte, der in die Gemeinschaft aufgenommen wurde. Das „Handbuch der Gemeindeordnung" redet von der Sühne von Sünden „durch Taten der Gerechtigkeit und Angst vor dem Feuer der Läuterung". Das alles scheint mit der Täuferbotschaft eng verwandt.

Dennoch fallen auch Unterschiede auf: Die Reinigung wurde in Qumran offenbar regelmäßig wiederholt; Johannes dagegen taufte nur einmal, was eher an die Proselyten-Taufe erinnert, mit der zum Judentum Übertretende vor ihrer Beschneidung geläutert wurden. Johannes allerdings taufte auch beschnittene Juden. Jedenfalls verwendete er das natürliche Zeichen des Abwaschens und bezeichnete damit Abkehr vom alten sündigen Leben und Bereitschaft für das Kommen des Gerichtes Gottes und den Anbruch seiner Herrschaft.

Johannes der Täufer bei Josephus

Neben den Evangelien berichtet auch der jüdische Geschichtsschreiber Josephus vom Wirken des Täufers und seiner Ermordung durch Herodes Antipas. Josephus stellt Johannes als einen der jungen Philosophen und Lehrer dar, die damals durchs Römerreich zogen. Die Evangelien dagegen zeichnen ihn als Herold des kommenden Messias, der sein Volk fürs Endgericht vorbereitet, und sind mit dieser Beschreibung des Johannes vermutlich näher bei der Wahrheit. Herodes hat ja kaum einen harmlosen Philosophen, wohl aber einen messianischen Boten mit politischer Bedeutung beseitigen wollen.

Josephus selbst läßt das sogar anklingen, wenn er meint, Herodes habe befürchtet, Johannes könnte eine Revolution auslösen.

Wenn die Johannesjünger eine eigene Sekte gebildet haben, dann hat möglicherweise Johannes selbst messianische Ansprüche erhoben. Jedenfalls aber kündigt er als Prophet das unmittelbar bevorstehende Endgericht an: „Schon ist die Axt an die Wurzel der Bäume gelegt; jeder Baum, der keine gute Frucht hervorbringt, wird umgehauen und ins Feuer geworfen" (Mt 3, 10). Nur durch Taufe und Umkehr entgehe man dem Gericht.

Von dieser Gerichtsbotschaft des Täufers berichtet neben Matthäus auch Lukas. Markus dagegen ist an der Lehre des Täufers weniger interessiert als an seinem Schicksal: Herodes, voll Bewunderung und Angst Johannes gegenüber, hatte diesen gefangengesetzt, weil seine Frau Herodias es so wollte. Denn Johannes hatte sie wegen ihrer Ehe angegriffen, da sie zuvor mit Philippus, dem Bruder des Antipas, verheiratet gewesen war. Als ihre Tochter Salome vor Herodes getanzt und er ihr zur Belohnung die Erfüllung eines beliebigen Wunsches versprochen hatte, forderte Herodias Salome auf, sie solle den „Kopf des Täufers auf einer Schale" (Mk 6) wünschen.

Josephus weiß nichts von Salomes Tanz und Herodes' folgenreichem Versprechen; er berichtet nur, Johannes sei gefangengenommen und getötet worden als Opfer des argwöhnischen Herodes (Antiquitates XVIII, 116–119).

Ein Mosaik aus dem 5. Jh. im Baptisterium der Arianer in Ravenna zeigt Jesu Taufe durch Johannes im Jordan. Gottes Geist steigt als Taube auf Jesus herab, beobachtet von einem weißhaarigen alten Mann.

Vom Satan versucht

Unmittelbar nachdem Jesus von Johannes getauft worden war und die himmlische Stimme vernommen hatte, wurde er, so berichten die ersten drei Evangelien, vom Geist in die Wüste geführt. 40 Tage blieb er dort und erlebte eine Zeit der Erprobung. Matthäus spricht zunächst von einem „Versucher", der zu ihm gekommen sei; Markus nennt ihn „Satan", Lukas „Teufel". Wenn hinter den Versuchungen eine wirkliche Erfahrung steht, kann nur Jesus selbst davon berichtet haben.

Markus sagt nicht, worin die Erprobungen bestanden. Matthäus und Lukas zählen drei Versuchungen auf, jedoch in unterschiedlicher Reihenfolge. Nach Matthäus lautete die erste Versuchung: „Wenn du Gottes Sohn bist, so befiehl, daß aus diesen Steinen Brot wird" (Mt 4,3).

Bei der zweiten wurde Jesus oben auf den Tempel gebracht, wo der Satan sagte: „Wenn du Gottes Sohn bist, so stürz dich hinab" (4,6), dazu ein Zitat aus Ps 91, das seine Unverletzlichkeit garantieren sollte. Bei der dritten sah Jesus von einem hohen Berg aus „alle Reiche der Welt mit ihrer Pracht", und ihm wurde angeboten: „Das alles will ich dir geben, wenn du dich vor mir niederwirfst und mich anbetest" (4,9).

Dreimal antwortet Jesus mit einem Vers aus dem Buch Deuteronomium; dreimal bekennt er, daß er sich Gott allein anvertraut; beim letzten Mal jagt er den Versucher fort mit den Worten: „Weg mit dir, Satan!" (4,10).

Man braucht sich weder einen sichtbaren „Teufel" noch geheimnisvolle Ortswechsel nach Jerusalem oder auf einen sagenhaften Berggipfel vorzustellen, um die Härte dieser Erprobung zu begreifen. Eine innere Stimme und lebendige Vorstellungskraft machen die Versuchungen nicht weniger wirklich. Trotzdem ist es nicht ganz leicht, genau zu bestimmen, wozu Jesus nun versucht wurde; es geht aber offenbar jedesmal darum, seine Macht auf eine Weise zu gebrauchen, die Gott nicht entspricht.

Die erste Versuchung wird meist verstanden als eigenmächtiger Einsatz übermenschlicher Kräfte, um Hunger zu stillen. Doch die Antwort Jesu: „Der Mensch lebt nicht nur von Brot, sondern von jedem Wort, das aus Gottes Mund kommt" (4,4) verbindet seine 40 Tage mit Israels 40 Wüstenjahren und Gottes Gabe des Manna (Ex 16; Dtn 8,3) und könnte sagen: Es gibt keine bequemen Wege; „im Schweiße deines Angesichts sollst du dein Brot essen" ist ja auch ein „Wort aus Gottes Mund" (Gen 3,19).

Die Herausforderung auf der Tempelzinne gilt oft als Versuchung, das Volk durch ein Schauwunder hinter sich zu bringen. Jesus weigert sich stets, Wunder als Beweis seiner Gottessohnschaft vorzuführen (Mk 8,11f). Seine Antwort: „Du sollst den Herrn, deinen Gott, nicht auf die Probe stellen" (Mt 4,7), bekennt seine Bereitschaft, auf Gott zu vertrauen, ohne erst Gottes Macht zu testen. Hätte Jesus seine Macht so eingesetzt, wie Satan es wollte, wäre er nicht „einer wie wir" (Hebr 4,15) gewesen.

Die letzte Erprobung ist besonders interessant. Denn die „Reiche der Erde" gewinnt man mit militärischen Mitteln. Jesu jüdische Zeitgenossen erwarteten deshalb einen militärischen Messias, der die Römer besiegt. Doch Jesus kam aus der Wüste und predigte Feindesliebe (Mt 5,44). Und als Petrus gegen sein Wort protestierte, der Menschensohn werde leiden müssen, da nannte er ihn „Satan" (Mk 8,33), weil er genau die Versuchung wiederholte, weltliche Macht zu erlangen auf eine Art, wie Gott sie gerade nicht will.

So trat nun Jesus nach diesen Versuchungen mit einer klaren Vorstellung von seiner Sendung auf. Er rief zur Umkehr, sammelte erste Jünger, heilte Leidende und lehrte Gottes Willen.

„Dann wurde Jesus vom Geist in die Wüste geführt; dort sollte er vom Teufel in Versuchung geführt werden" (Mt 4,1). In einer Wüstenlandschaft dieser Art (links) mit Steinen, die Broten ähneln, betete und fastete Jesus 40 Tage lang.

Der Teufel: der letzte Widersacher

Israels Glaube kennt zunächst keine widergöttliche Macht. Die Schlange in der Paradiesgeschichte (Gen 3, 1) ist nicht der Teufel. Erst viel später wurden beide gleichgesetzt. Für Israel kam Gut und Böse von Gott: Gott selbst ist es, der z. B. das Herz des Pharao hart macht (Ex 7, 13) und einen bösen Geist über Saul kommen läßt (1 Sam 19, 9). Doch verkündeten die Propheten, Gott liebe Gerechtigkeit und hasse das Böse. Wie konnte er da für das Böse verantwortlich sein?

Der Name „Satan" bedeutet ursprünglich „Widersacher", „Feind". In Num 22, 22 wird ein Engel Jahwes gesandt als „Satan" für Bileam. Die Idee eines „Satan" als einer Art ‚Staatsanwalt' oder Versucher erscheint in Sach 3, 1 und bekanntlich im Buch Ijob, wo er unter den Söhnen Gottes seinen Platz hat (1, 6). Man hat diesen Satan als das selbstanklägerische Gewissen Israels gedeutet. Das Bild (oben) ist ein Aquarell von William Blake.

Im babylonischen Exil von 597 bis 538 v. Chr. begegneten die Judäer der Vorstellung von einem kosmischen Kampf zwischen dem babylonischen Gott Marduk und Tiamat, dem Seedrachen. Bei den Persern, welche die Juden von den Babyloniern befreiten, stießen sie auf eine andere (dualistische) Lehre: Persische Religion sah das Leben als Schlachtfeld der Auseinandersetzung zwischen dem „Guten Geist" (Spenta Mainyu) und dem „Bösen Geist" (Andra Meinyu) bzw. Ahriman, oder gar zwischen dem „Bösen Geist" und dem „allguten Gott" (Ahura Mazda). Diese Lehre hatte großen Einfluß auf die Juden.

In der Zeit zwischen Altem und Neuem Testament entwickelte sich dann die Idee eines Satans als des Widersachers der Menschen. Daraus wurde das Bild eines Satans als des Gegners Gottes, den man dann mit der Schlange im Paradies gleichsetzte.

Im Neuen Testament wird dem Satan die Versucherrolle zugedacht; doch erscheint er noch mächtiger: als Gegner der Gottesherrschaft, die seinem Regiment entgegengesetzt ist. Triumphe über Dämonen der Krankheit sind eine Niederlage für Satan (Lk 10, 18). Im letzten biblischen Buch, der Offenbarung, findet sich die alte persische Lehre einer kosmischen Schlacht wieder, wenn es den Kampf ausmalt von Gottes Vorkämpfer Michael gegen „den großen Drachen, die alte Schlange, die Teufel oder Satan heißt und die ganze Welt verführt" (Offb 12, 9).

„Der Mensch lebt nicht nur vom Brot"
(Mt 4, 4).
Ein Deckengemälde aus der Martinskirche von Zillis, Schweiz (12. Jh.), zeigt Jesu erste Versuchung durch den Teufel. Vom Fasten hungrig, widersteht er dennoch dem Ansinnen, Wüstensteine in Brot zu verwandeln, denn „der Mensch lebt nicht nur von Brot, sondern von jedem Wort, das aus Gottes Mund kommt". Mittelalterliche Kunst zeigt den Teufel in abstoßender Gestalt, mit einem Körper, der aus Teilen bösartiger, wirklicher oder erfundener Tiere besteht.

Die Berufung der Jünger

Zu den bedeutsamen Ereignissen am Anfang des öffentlichen Wirkens Jesu zählen die Evangelien die Wahl von zwölf Jüngern, (später „Apostel" genannt), die Jesus bei sich haben und dann aussenden wollte. Mit Ausnahme von Judas Iskariot (dessen Beiname vermutlich bedeutet: „Mann aus Keriot" in Juda) kamen alle aus Galiläa.

Zwei Brüderpaare gehören zu den ersten: Simon Petrus und Andreas sowie Jakobus und Johannes, die beiden Zebedäussöhne. Diese vier arbeiteten wohl zusammen in einem kleinen Fischerei-Unternehmen (Lk 5, 10). Deshalb gehörten sie auch nicht zu den Ärmsten im Land, jedenfalls bemerkt Markus, Vater Zebedäus sei beim Abschied seiner Söhne „mit seinen Tagelöhnern im Boot zurückgeblieben" (Mk 1, 20).

Die Evangelien betonen, daß Jesus, als er sich seine Jünger aussuchte, sie aufgefordert habe, alles zu verlassen und ihm zu folgen. Ihm allein sollten sie treu sein, von ihm sollten sie lernen und an seinem Werk teilhaben. Nach diesem Ideal bemühten sich die Jünger zu leben: alles hinter sich lassen, Haus und Beruf, und sich ganz für Jesu Botschaft einsetzen. Sie durften Vorräte nur gerade für einen einzigen Tag mit sich nehmen und sollten auf Gott vertrauen, der das „tägliche Brot" gibt. Nicht einmal ein Stock als Verteidigungswaffe war gestattet, vielmehr sollten sie um des Friedens willen dem Angreifer „die andere Wange hinhalten".

Obwohl Jesus Jünger berief und die Zwölf auswählte, gründete er keine Organisation. Er hatte Gemeinschaft mit den treuen Anhängern wie Maria und Marta, die als Seßhafte ihr Haus den wandernden Predigern großzügig offenhielten. Deren Botschaft war das Kommen des Reiches Gottes. Sie heilten Kranke, riefen auf zur Umkehr und zum Glauben an die Frohe Botschaft, daß Gott nahe sei und in diesen Tagen sein Volk Israel befreien werde.

Jerusalem wurde später – nach Jesu Tod – der erste Mittelpunkt der Kirche: doch auch dann noch werden bezeichnenderweise die führenden Jünger nicht dauernd dort wohnen. Im wesentlichen bestand Jesu Bewegung also aus zwei Gruppen: die mit ihm wandernden Jünger einerseits, und die seßhaften Anhänger in Dörfern und Städten andererseits, welche die Wandernden beherbergten.

Auch wenn oft von Jesu Wirken in der Nähe größerer Städte die Rede ist, so war er doch vor allem auf dem Land mit seinen Dörfern tätig. Ein Grund dafür mag darin liegen, daß – anders als sonstwo in der hellenistischen Welt – die Juden in Palästina sich weniger von den griechisch-phönizischen Städten (wie etwa Tyrus oder Sidon) anziehen ließen.

Jesus schickte seine Jünger nicht zu den Heiden oder den Samaritanern, sondern ausdrücklich zu „den verlorenen Schafen des Hauses Israel". Das einfache Volk hatte im allgemeinen wenig Kenntnisse von Einzelheiten des Gesetzes und war der religiösen Führerschaft in Jerusalem entfremdet. Die dortigen Pharisäer forderten teilweise einen sehr harten Gesetzesgehorsam. Im Gegensatz dazu galt Jesus als „Freund der Zöllner und Sünder".

Die Hoffnung, welche die gesamte Predigt Jesu und seiner Jünger beseelte, war „die Wiederherstellung Israels". Die Wahl der Zwölf ist dabei aufschlußreich: ein Hinweis auf die Wiederherstellung aller zwölf Stämme Israels. Sie waren es auch, denen der Auferstandene erschienen ist, überliefert Paulus in 1 Kor 15. Nach dem Ausscheiden des Verräters Judas ist nach Apg 1, 15–26 die Zahl der Zwölf durch die Wahl des Matthias wieder ergänzt worden.

„Als Jesus am See von Galiläa entlangging, sah er zwei Brüder, Simon, genannt Petrus, und seinen Bruder Andreas ... da sagte er zu ihnen: Kommt her, folgt mir nach! Ich werde euch zu Menschenfischern machen" (Mt 4, 18 f). Der See von Galiläa oder Gennesaret ist 20 km lang und bis 13 km breit. Der Jordan speist ihn im Norden und entwässert ihn im Süden. Die Orte um den See sind der Hauptschauplatz des Wirkens Jesu.

Jesu Jünger

Petrus erscheint immer als erster in Verzeichnissen der Jesusjünger. An Pfingsten „trat Petrus auf, zusammen mit den Elf" (Apg 2,14). „Simon" kommt vom hebräischen „Simeon". „Petrus" ist griechisch und bedeutet „Fels".

Andreas, der Bruder des Petrus, und Philippus tragen als einzige eindeutig griechische Namen. Vier weitere Namen von Jüngern sind der Form nach griechisch, aber semitischen Ursprungs: Bartholomäus, Matthäus, Thomas, Thaddäus. Bezüglich des letztgenannten besteht eine Unsicherheit: an seiner Stelle hat Lukas einen „Judas, Sohn des Jakobus" (Lk 6,16; Apg 1,13). Johannes kennt einen „Judas – nicht der Judas Iskariot" (Joh 14,22). Jakobus und Johannes, die Söhne des Zebedäus, werden von Jesus „Boanerges" (= Donnersöhne) genannt, vielleicht eine Anspielung auf ihr Temperament oder ein Hinweis auf ihre Einstellung: Eines Tages wollten sie Feuer herunter rufen auf ein ungastliches Samaritanerdorf (Lk 9,54). Ihre Sonderrolle ergibt sich auch daraus, daß sie mit Petrus zusammen in entscheidenen Augenblicken bei Jesus sind.

Jakobus ist zu unterscheiden von Jakobus, dem „Sohn des Alphäus". Gelegentlich wird er „Jakobus, der Kleine" (Mk 15,40) genannt. Von ihm ist wenig bekannt. Jakobus, der Zebedäussohn, erlitt das Martyrium unter Herodes Agrippa, sein Bruder Johannes soll nach späteren Überlieferungen in Ephesus alt geworden sein und das vierte Evangelium verfaßt haben.

Neben Simon Petrus gehört ein anderer Simon zu den Zwölfen. Matthäus und Markus nennen ihn „Simon Kananäus", Lukas „Simon, der Zelot". „Kananäus" kommt vom hebräischen „qana", und bedeutet: „Eiferer." Allerdings bleibt umstritten, ob damit die Zugehörigkeit zu den Zeloten oder einfach ein Charakterzug gemeint ist. Judas Iskariot steht meist am Ende der Liste, wohl wegen seines Verrats. Als Verwalter der Kasse (Joh 12,5 f; 13,29) hatte er eine wichtige Aufgabe.

Die Symbole der Jünger: Schlüssel oder Fisch: Petrus (1); Kelch mit Schlange: Johannes (2); Krummstab oder kleines Kreuz: Philippus (3); Säge: Simon (4); schräges Kreuz: Andreas (5); Zollstock oder Speer: Thomas (6); Messer: Bartholomäus (7); Hellebarde oder Lanze: Judas (8); Pilgerhut: Jakobus d. Ä.; Keule: Jakobus d. J. (10); Geldbeutel: Matthäus (11); Lanze: Matthias (12).

Galiläa stand zahlreichen fremden Einflüssen offen, vor allen in seinem Norden, einem Gebiet, das nie ganz vom fernen Jerusalem kontrolliert wurde. Die führenden religiösen Kreise in Jerusalem verachteten die Galiläer als ungehobelte Bauernlümmel, zumal wenn sie bei Wallfahrtsfesten in Jerusalem auftauchten. Vermutlich hatten aber die Galiläer ein klareres Bewußtsein der politischen Lage, brachten doch die großen Handelsstraßen zahlreiche Kontakte mit reisenden Ausländern aus dem gesamten römischen Weltreich mit sich. Im Südosten Galiläas, auf der gegenüberliegenden Seite des Sees von Gennesaret, lag die Dekapolis, ein Verbund von zehn Städten (Karte links), gegründet nach dem Feldzug des Pompeius (65–62 v. Chr.) als Zollunion und Verteidigungsbündnis gegen Juden und arabische Stämme. Nach Plinius (1. Jh. n. Chr.) unterlagen die Städte römischer Militärpflicht und Steuerhoheit. Zur Dekapolis gehörten: Skythopolis, Dion, Pella, Gadara, Hippos, Gerasa, Philadelphia, Damaskus, Rafana und Kanata. Skythopolis lag am Westufer des Jordans, die anderen östlich. Das Wort „Dekapolis" wird in der Bibel für die gesamte Gegend verwendet.

Die Heilung des Gelähmten

Gemäß den Evangelien hat Jesus nach Beginn seines öffentlichen Auftretens schon bald im Ruf eines Heilers gestanden. Er zog solche Volksmengen an, daß es schwierig wurde, nahe an ihn heranzukommen. Um dies zu zeigen, erzählt Markus (2, 1–12) davon, wie man einen Gelähmten durchs Dach eines Hauses vor dem predigenden Jesus heruntergelassen habe, weil man anders nicht zu ihm gelangen konnte.

Jesus erkannte den Glauben der Menschen und vergab dem Gelähmten seine Sünden. Damit löste er einen Streit aus. Denn für die religiösen Führer war dies Gotteslästerung: Nur Gott vergibt ihres Erachtens Sünden. Daraufhin heilte Jesus den Gelähmten und zeigte ihnen so, daß er Vollmacht von Gott besaß, auch Sünden zu vergeben.

Eine Verbindungslinie zwischen Sünde und körperlichem Leid wird im zeitgenössischen Judentum oft gezogen. In Joh 9, 2 fragen die Jünger Jesus: „Rabbi, wer hat gesündigt? Er selbst? Oder haben seine Eltern gesündigt, so daß er blind geboren wurde?" – „Weder er noch seine Eltern haben gesündigt", antwortet Jesus entschieden und widerspricht damit dieser damals gängigen Überzeugung.

Interessante Ähnlichkeiten zeigen sich zwischen dieser Geschichte und jener von Joh 5. Dort geht es um einen Gelähmten am Teich Betesda, dessen heilende Wasser ihm nicht helfen können, weil ihn niemand hineinträgt. Der Mann war schon achtunddreißig Jahre krank. „Als Jesus ihn dort liegen sah und erkannte, daß er schon lange krank war, fragte er ihn: Willst du gesund werden? Der Kranke antwortete ihm: Herr, ich habe keinen Menschen, der mich ... in den Teich trägt ... Da sagte Jesus zu ihm: Steh auf, nimm deine Bahre und geh! Sofort wurde der Mann gesund, nahm seine Bahre und ging. Dieser Tag war aber ein Sabbat" (Joh 5, 5–9).

Der erste Bericht handelt zwar von Kafarnaum, der letzte von Jerusalem. Beide Male löst aber die Begegnung einen Streit mit den religiösen Führern aus. In Jerusalem geht es allerdings um Jesu Vollmacht, den Sabbat zu brechen. Denn er hatte zu dem Gelähmten gesagt: „Steh auf, nimm deine Bahre und geh!" (Joh 5, 8.) Das Tragen schwerer Sachen war aber, wie alle sonstige Arbeit auch, am Sabbat verboten: „Es ist Sabbat, du darfst deine Bahre nicht tragen" (Joh 5, 10). Deshalb stellten die religiösen Führer Jesus zur Rede. Doch Jesus verwies sie auf die Wundertaten Gottes: „Mein Vater ist noch immer am Werk, und auch ich bin am Werk" (Joh 5, 17).

Es war wichtig, daß die Menschen Gottes Vollmacht in Jesu Taten sahen. Denn die Gabe des Wunderwirkens allein wurde damals auch anderen zugeschrieben. Wundertäter gab es in der Antike viele, und ihre Wundergeschichten ähneln denen der Evangelien. Doch ist bei ihnen nicht in dem Sinne wie bei Jesus vom Glauben die Rede. Jesu Wunderwirken allein galt also noch nicht als Beweis seiner göttlichen Macht. Daher immer die Frage, in wessen Vollmacht er handelte.

Das Entscheidende der evangelischen Wundergeschichten ist die Notwendigkeit des Glaubens. Überliefert wurden solche Geschichten in der jungen Kirche, um das Vertrauen in Jesu heilende Macht zu stärken, und vor allem, um deutlich zu machen, wer Jesus ist und von wem und wozu er gesendet war. Wichtig war ferner die Betonung von Jesu Mitleid (Mt 15, 32: „Ich habe Mitleid mit diesen Menschen ...") und seine Ablehnung billiger Berühmtheit (Mk 1, 44: „Erzähl niemand etwas davon ..."). Ihm ging es weder um Geld noch um Beliebtheit – ein Vorwurf, der manchem Wundertäter zu Recht gemacht wurde.

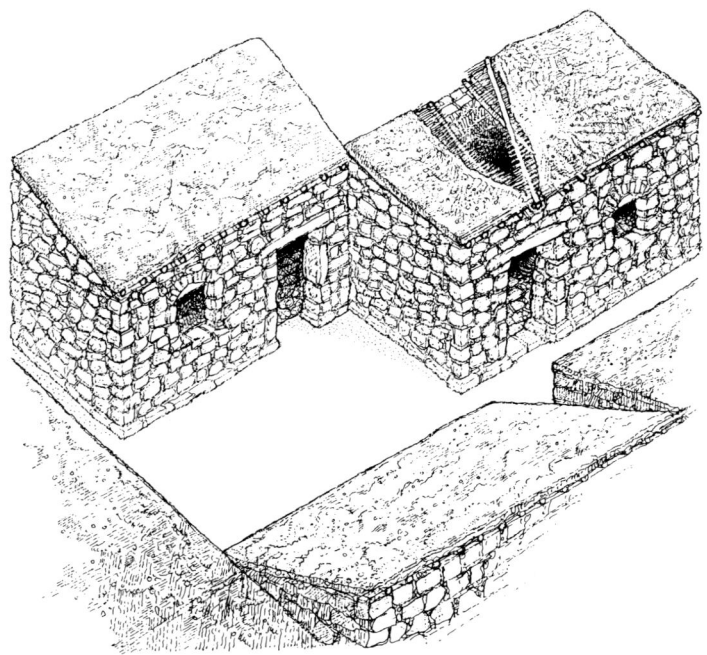

Häuser in Palästina waren bedeckt mit flachen Dächern aus Holz und Verputz. Nach Markus haben die Träger des Gelähmten in der Heilungsgeschichte „das Dach abgedeckt", also Verputz weggekratzt und Äste und Balken weggeschoben. Lukas dagegen hat in seinem Bericht griechische oder italienische Verhältnisse vor Augen, wenn bei ihm die Träger „Ziegel" abdecken. Beide aber betonen in gleicher Weise den Glauben dieser Helfer.

„Steh auf, nimm deine Tragbahre, und geh nach Hause!" (Mk 2, 11). Das Mosaik aus dem 6. Jh. zeigt Jesus, begleitet von einem Jünger, wie er den Gelähmten durch ein Wunder heilt. Zahlreiche antike Autoren, besonders der griechische Satiriker Lukian im 2. Jh. v. Chr., verspotten solche „Heilverfahren" und bezeichnen die Wundertäter als Scharlatane. Die Tragbahre in der Hand des Geheilten ist seit der Katakombenmalerei ein beliebtes Motiv christlicher Kunst. Sie macht den Erfolg der Heilung und die vorausgegangene Sündenvergebung sichtbar. Frühchristliche und mittelalterliche Mosaike zeigen Jesus entweder jugendlich und bartlos oder reif und mit Bart.

Medizin in der Alten Welt

Jesus ist keineswegs der einzige, aus alten Quellen bekannte Heiler. Daß man besonders Königen Heilungskraft zuschrieb, ergibt sich z. B. aus den zahlreichen Wunderheilungen, die angeblich der römische Kaiser Vespasian wirkte. Ähnliche Taten erzählte man sich vom Wanderphilosophen Apollonius von Tyana im 1. Jh. n. Chr.

Doch gab es Heilungswunder nicht bloß in der heidnischen Welt. Der Samaritaner Simon, „der Zauberer" (Apg 8, 9–25), soll wunderbare Heilungen vollbracht haben, ganz wie auch jüdische „heilige Männer", z. B. Rabbi Hanina ben Dosa. Alle diese Heiler wurden von religiösen Führern der Zauberei verdächtigt. Auch Jesus ging es nicht anders (siehe S. 145).

Das Los eines armen Kranken war entsetzlich. Öffentliche Gesundheitseinrichtungen gab es nicht, abgesehen von einzelnen Gemeinden, die sich einen Arzt hielten. Krankheit konnte Ruin bedeuten wie im Fall jener Frau bei Lukas, „die ihr ganzes Vermögen für die Ärzte aufgewendet hatte" (Lk 8, 43 nach einigen Textzeugen). Körperlich oder geistig Kranke wurden oft ausgestoßen und mußten als Bettler leben.

Aussätzige (wie in der Bibel Menschen mit den verschiedenartigsten entstellenden Hautkrankheiten heißen) und sog. Besessene hatten als von der Gesellschaft Ausgeschlossene ihr Leben zu fristen, wie es eben ging. Angesichts mangelhafter Hygiene hatten Krankheiten ein leichtes Spiel. Die Lebenserwartung war kurz. So kann man sich gut vorstellen, daß Kranke und Schwache sich um Jesus scharten.

Medizin und Religion waren in der Antike nie völlig getrennt. Im Judentum hatten Priester die Aufgabe, Krankheiten zu erkennen und Behandlungen vorzunehmen.

Bei den Griechen war „wissenschaftliche" Medizin eng mit Heiligtümern verbunden. Wichtigster Heilgott war Asklepius, und die Medizinerschule des Hippokrates (nach dem der „hippokratische Eid" benannt ist) befand sich auf der Insel Kos, wo der Gott ein Heiligtum besaß. Hier wurde auch mit Heilquellen behandelt. Im Asklepiosheiligtum von Epidaurus wurde der Heilschlaf im heiligen Bezirk verordnet, damit nächtliche Träume den Patienten den Weg zur Gesundheit wiesen.

„Wissenschaftliche" Medizin vermochte sich nicht zu lösen vom Glauben an übernatürliche Ursachen. Dabei mögen Priester durchaus gute Kenntnisse im Umgang mit Heilmitteln, Chirurgie und Psychologie besessen haben. Unter den Votivgaben der Tempel fand man oft tönerne Nachbildungen von Körperteilen.

Palästina liegt von Kos und Epidaurus meilenweit weg. Und doch zeigt die Geschichte vom Gelähmten in Joh 5 eine vergleichbare Vorstellungswelt: am Teich Betesda warteten die Kranken; der erste, der das Wasser betrat, wenn es aufwallte, durfte sich Heilung versprechen.

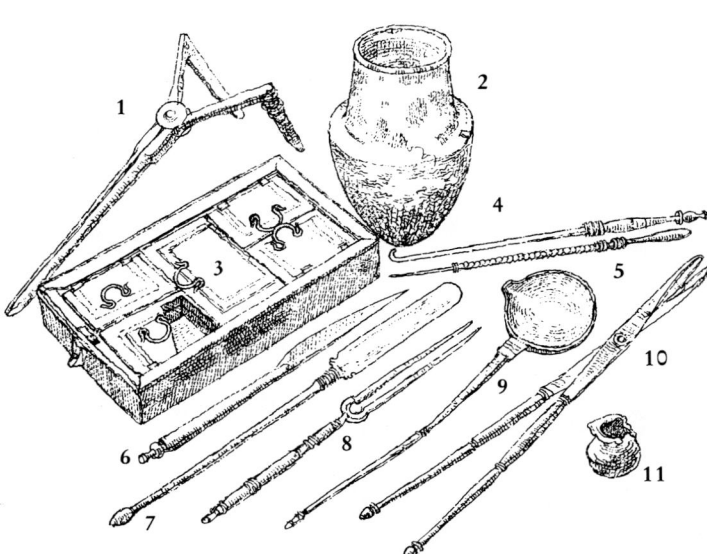

Römische chirurgische Instrumente des 1. Jh. n. Chr.: Rektal-Spiegel (1); Gefäß zum Auffangen des Blutes (2); Medikamentenkasten (3); Haken (4); Sonde (5); Skalpell (6); Spachtel (7); gegabelte Sonde (8); Löffel (9); Pinzette (10); Ölkrüglein (11). Einige dieser Werkzeuge haben sich bis heute kaum verändert.

Bronzene römische Votivgabe (rechts; 1. oder 2. Jh. n. Chr.) aus einem Heilungstempel, vermutlich gewidmet nach Wiederherstellung eines kranken oder verletzten Beines.

Ein italienisches Wandbild zeigt Hippokrates und Galenos im Gespräch, obwohl die Lebenszeiten der beiden großen griechischen Mediziner mehr als 600 Jahre auseinander liegen. Galenos (ca. 130–199 n. Chr.), der berühmteste Arzt der Antike, brachte die anatomische Forschung voran, indem er Sezierungen vornahm. Antike Ärzte beherrschten verschiedene einfache Operationen, allerdings ohne Betäubung. Oft liest man von Schmerzen, die im Interesse der Heilung zugefügt worden seien. Die Rabbinen hatten teilweise andere Theorien über den Körper als die Griechen. Doch wurden offenbar vergleichbare Heilverfahren auch in Palästina angewandt.

Jesus treibt Dämonen aus

Einige Heilungswunder Jesu sind Exorzismen (= Dämonenaustreibungen). In manchen Punkten gleicht Jesus den zeitgenössischen Exorzisten (= Dämonenaustreibern) und Zauberern; doch ist er für die Evangelien weit mehr: Seine Heilungen und Exorzismen sind Zeichen des anbrechenden Gottesreiches.

Die führenden religiösen Kreise verdächtigten Jesus und behaupteten, Satan sei die Macht, mit der er Austreibungen vornähme. In Mk 3, 22 ff werfen ihm seine Gegner z. B. vor, er treibe Dämonen in der Vollmacht Beelzebuls aus.

Jesus wendet sich an ihren Menschenverstand: Da seine Exorzismen den bösen Mächten schaden, können sie ja wohl nicht das Werk des obersten Teufels sein. „Wie kann der Satan den Satan austreiben? Wenn ein Reich in sich gespalten ist, kann es keinen Bestand haben."

Und in Mt 12, 28 und Lk 11, 20 fährt Jesus fort: „Wenn ich aber die Dämonen durch den Geist Gottes (Lk: ‚den Finger Gottes') austreibe, dann ist doch das Reich Gottes schon zu euch gekommen."

Jesus erklärt anschließend, Gotteslästerung gegen den Heiligen Geist werde nie vergeben. Damit will er sagen: Menschen, die so verdreht denken, daß sie Gottes-Werk als Teufels-Werk ausgeben, sind keiner Erlösung zugänglich.

Die Anklagen der Gegner zeigen, daß in der Antike Exorzismen und Heilungen nicht als unwiderlegliche Beweise göttlicher Vollmacht galten. Zeitgenossen konnten auch Magie dahinter vermuten. Magie und Astrologie spielten ja eine bedeutende Rolle in der Alten Welt, und Dämonenaustreibung war eng mit dieser Weltanschauung verbunden.

Für Jesus und seine Anhänger aber waren Exorzismen Zeichen dafür, daß Gottes Herrschaft einbrach in den Bereich, den die „bösen Mächte" besetzt hielten. Eine eigentümliche Austreibungsgeschichte macht das besonders deutlich: Der Besessene von Gerasa (Mk 5) „schrie unaufhörlich" und „schlug sich mit Steinen". Der Dämon, der den Mann in Beschlag genommen hatte, hieß „Legion" – also genau wie die römische Besatzungsmacht. Jesus zwingt den unreinen Geist, den Mann zu verlassen und in eine ‚heidnische Schweineherde' zu fahren, „und die Herde stürzte sich den Abhang hinab in den See und ertrank" (Lk 8, 33).

Man kann in der Geschichte auch die Erfüllung der Erwartungen des Volkes sehen, daß nämlich Gott kommt, seine Herrschaft in Israel wiederaufrichtet und die Feinde vertreibt. Die Vernichtung der Mächte des Bösen war bei Jesus nicht bloß Magie, sondern stets Ankündigung des anbrechenden messianischen Zeitalters. Und Jesus befreite nicht nur die Besessenen; selbst die „Dämonen" des Windes und der Wellen wurden vertrieben, als er den Sturm stillte. Kurz gesagt: die Exorzismen waren entscheidend wichtig in Jesu Sendung; sie gehörten zur Aufrichtung des Reiches Gottes.

Dies ist auch das Entscheidende an allen Heilungsgeschichten. Denn Jesus ist für die Evangelien nicht einfach ein weiterer ‚heiliger Mann' oder ‚Zauberer'. Er ist der eine, der Gottes Verheißung erfüllt.

Das wird deutlich in der Geschichte von Johannes dem Täufer, der aus dem Gefängnis heraus nachfragen läßt, ob Jesus der Messias sei. Jesus benützt für seine Antwort die Worte alttestamentlicher Propheten für die messianische Zeit: „Blinde sehen wieder, und Lahme gehen ..., Tote stehen auf, und den Armen wird das Evangelium verkündet" (Mt 11, 4 f).

Wundertäter: ihre Magie und ihre Heilverfahren

Antike Religion war geprägt von Vorkommnissen, die oft „Wunder" oder „Zauberei" genannt werden. Apg 8 berichtet von einem Samaritaner namens Simon, der als Zauberer bekannt war. „Ein Mann namens Simon wohnte schon länger in der Stadt; er trieb Zauberei und verwirrte das Volk von Samarien, da er sich als etwas Großes ausgab. Alle hörten auf ihn, jung und alt, und sie sagten: Das ist die Kraft Gottes, die man die Große nennt. Und sie schlossen sich ihm an, weil er sie lange Zeit mit seinen Zauberkünsten betörte" (8, 9–11).

Als er erkannte, daß die Macht der Apostel der seinen überlegen war, versuchte er sie zu kaufen. Die Erzählung ist vielleicht eine blasse Erinnerung an jenen Simon Magus (oben), der sich nach den Berichten früher Kirchenväter als „allerhöchste Macht, höher als Gott" ausgegeben hat.

Wundertäter kommen in der antiken Literatur häufig vor. Bekanntestes Beispiel ist wohl Apollonius von Tyana, ein Zeitgenosse des Paulus. Philostrat beschrieb im frühen 3. Jh. n. Chr. sein Leben, läßt ihn auf wundersame Weise geboren werden, predigen und Heilungen sowie Exorzismen ausführen. Sein Ende bleibt geheimnisvoll, doch wird er als „unsterblich" gefeiert. Er war vor Gericht gestellt worden und wies dort den Vorwurf der Hexerei ebenso zurück wie die Behauptung, viele würden in ihm einen Gott sehen. Offenbar hat Philostrat hier versucht, ein Gegenstück zu den Evangelien und zu Jesus zu schreiben.

Das herausragende Beispiel des Wundertäters in jüdischer Tradition ist Hanina ben Dosa, dessen Gebete so mächtig gewesen sein sollen, daß sie wie Zauber erschienen. Mit ihnen wirkte er Heilungswunder; er bestritt aber, ein Prophet zu sein.

Exorzismen: die Austreibung von Dämonen

In den letzten 150 Jahren wurde eine Fülle von nahöstlichen Papyri gefunden, die unser Wissen über antike Magie beträchtlich erweitert haben. Zwar stammen sie alle aus nachneutestamentlicher Zeit, doch geben sie alte Formeln und Zaubersprüche wieder. Die Ausübung der Magie im Altertum erreichte ihren Höhenpunkt im 4. Jh. n. Chr.

Magische Amulette sind längst bekannt und auch untersucht worden, doch erhellen erst die Zauber-Papyri ihre Bedeutung. Amulette galten als zauberträchtige Armbänder, um böse Geister abzuhalten und die Träger mit Macht auszustatten. Auf Edelsteinen, Mineralien und Metallen eingeritzt findet man dieselben Formeln wie auf den Papyri.

Mit der Magie versuchte man übernatürliche Kräfte zu gewinnen. Zahllose Gottheiten und Mächte werden auf den Papyri und Amuletten genannt. Hellenistische Magie bediente sich mächtiger Namen aus allen verfügbaren religiösen Quellen. Der Name Jesu steht da neben verstümmelten Formen des alttestamentlichen Gottesnamens, orientalischen, ägyptischen Gottheiten und solchen der griechischen Götterwelt. Magie muß aber auch in der jüdischen Welt der hellenistischen Zeit verbreitet gewesen sein.

Exorzismen sind in einer magischen Kultur von besonderer Wichtigkeit. Zugrunde liegt ein Glaube an unsichtbare Kräfte, die durch Geheimwissen dienstbar gemacht werden können, vor allem wenn man ihre Namen kennt. Höhere übernatürliche Wesen wurden z. B. angerufen, um niedrigere Dämonen zu vertreiben, wenn ein seelisch oder geistig Kranker als „besessen" bezeichnet worden war.

Daß Jesus von anderen Exorzisten wußte, zeigt deutlich Mt 12, 27 und Lk 11, 19: „Wenn ich die Dämonen durch Beelzebul austreibe, durch wen treiben dann eure Anhänger sie aus?"

Ausmalung des Anfangsbuchstaben B (links) aus der Winchester-Bibel aus dem 12. Jh.: Jesus treibt einen Teufel aus (oben) und befreit Gefangene aus der Unterwelt (unten), wohin er nach seinem Tod abgestiegen ist.

Die alten Ägypter glaubten, ihr Schicksal werde z. T. durch Götter, aber auch durch das Datum bös oder gut beeinflußt. Kalender (unten) sollten helfen zu entscheiden, ob etwas zu tun oder zu unterlassen sei.

Die Bergpredigt

ls Jesus die vielen Menschen sah, stieg er auf einen Berg. Er setzte sich, und seine Jünger traten zu ihm. Dann begann er zu reden und lehrte sie. Er sagte: Selig, die arm sind vor Gott; denn ihnen gehört das Himmelreich. Selig die Trauernden; denn sie werden getröstet werden. Selig, die keine Gewalt anwenden; denn sie werden das Land erben. Selig, die hungern und dürsten nach der Gerechtigkeit; denn sie werden satt werden. Selig die Barmherzigen; denn sie werden Erbarmen finden. Selig, die ein reines Herz haben; denn sie werden Gott schauen. Selig, die Frieden stiften; denn sie werden Söhne Gottes genannt werden" (Mt 5,1–9). So beginnt die Bergpredigt, in der man den Kern der Lehre Jesu sieht.

Auch Nichtchristen respektieren die Bergpredigt wegen ihres moralischen Gehalts. Klare und strenge Forderungen werden aufgestellt. Ein lüsterner Blick ist Ehebruch im Herzen, Zorn und böse Worte sind schlimm wie Mord. Heuchelei wird verdammt, und Liebe zu allen, selbst dem Feind gegenüber, wird gefordert.

Dennoch liefert sie keine Regeln für alle Ereignisse des Lebens. Manches ist anschauliches Gleichnis: Schlägt dich einer auf die rechte Wange, halte ihm auch die linke hin; will dich einer vor Gericht bringen, um dir das Hemd wegzunehmen, dann laß ihm auch den Mantel.

Manche Menschen sind schon daran verzweifelt, solchen Forderungen nachleben zu können. Andere lehnen die Bergpredigt als ein Wunschbild ab, das zu wirklichkeitsfremd sei. Zudem sei sie von jüdisch-religiösen Einstellungen durchdrungen, die sich nicht von der ethischen Lehre abtrennen ließen.

Doch die Bergpredigt liefert ein Bild von einem Leben in Gottes Reich, wo gängige Wertvorstellungen häufig auf den Kopf gestellt werden. Die letzte Forderung lautet: Seid vollkommen, wie euer himmlischer Vater vollkommen ist. Das mit „vollkommen" wiedergegebene Wort bedeutet auch „allumfassend" oder „reif" (nämlich bezüglich der Liebe). Jesus kündigt den Anbruch der Gottesherrschaft an und fordert seine Jünger auf, endlich mit dem Leben in diesem Reich zu beginnen.

Die Bergpredigt besteht aus Einzelaussprüchen und Gleichnissen, die manchmal durch Stichworte verbunden werden, damit man sie besser im Kopf behalten kann. Einzelne Aussprüche stehen bei Matthäus beieinander, in anderen Evangelien verstreut (z. B. das Wort vom Salz Mt 5,13; Mk 9,50; Lk 14,34).

Eine große Rede, die sich mit der Bergpredigt überschneidet, bringt auch Lukas 6,20–49. Beide, Lukas und Matthäus, beginnen mit Seligpreisungen und schließen daran Verbote gegen die Vergeltung und Verurteilung des Verhaltens anderer an. Beide enden mit dem Gleichnis vom klugen Mann, der sein Haus auf Fels baute. Allerdings bringt Matthäus acht Seligpreisungen, Lukas vier Seligpreisungen und vier gegenüberstehende Weherufe. Manche Teile der Bergpredigt erscheinen bei Lukas in einem anderen Zusammenhang, so z. B. das Gebet des Herrn.

Einige Forscher meinen, der Verfasser des Matthäusevangeliums habe die Bergpredigt aus verschiedenen Aussprüchen Jesu zusammengestellt. Dem stünde nicht entgegen, daß gewisse Abschnitte sich gut in aramäische Poesie rückübersetzen lassen, die charakteristische Sprache also, in der Jesus auch sonst seinen Jüngern Gleichnisse und Geschichten erzählte.

Andere wiederum sehen in der Bergpredigt eine tatsächlich gehaltene Rede Jesu. Sie geben zu bedenken, daß ein Prediger dieselben Sätze ja mehrmals verwenden kann, und zwar abgestimmt auf die jeweilige Situation.

Das Gebet des Herrn nach Matthäus und Lukas

Unser Vater im Himmel, dein Name werde geheiligt, dein Reich komme, dein Wille geschehe wie im Himmel, so auf der Erde. Gib uns heute das Brot, das wir brauchen. Und erlaß uns unsere Schulden, wie auch wir sie unseren Schuldnern erlassen haben. Und führe uns nicht in Versuchung, sondern rette uns vor dem Bösen. (Mt 6,9–13)	Vater, dein Name werde geheiligt. Dein Reich komme. Gib uns täglich das Brot, das wir brauchen. Und erlaß uns unsere Sünden; denn auch wir erlassen jedem, was er uns schuldig ist. Und führe uns nicht in Versuchung. (Lk 11,2–4)

Manche Sätze des Herrengebets haben zwar Ähnlichkeiten im jüdischen religiösen Schrifttum, doch bildet es ein neues Ganzes. Lukas beginnt mit der knappen Anrede „Vater" und greift damit das aramäische „abba" auf, die intime Anrede, die Jesus verwendete und hier seinen Jüngern empfiehlt. Die Fassung bei Matthäus ist stärker synagogalen Gebeten angepaßt: Die einleitende Anrede lautet „unser Vater" – die übliche jüdische Gebetsanrede – zusammen mit der häufigen jüdischen Umschreibung „der im Himmel ist". Matthäus ergänzt auch „dein Wille geschehe ...", was Zeichen dafür sein kann, wie er aus jüdischer Überlieferung heraus das Kommen des Reiches verstand.

Jesus als der neue Mose

Frühchristliche Kunst stellt Jesus als neuen Mose dar, eine Idee, die sich erstmals bei Matthäus findet. Deutlich wird dies vor allem in den Geburtsgeschichten: Nach jüdischen Legenden sagten Astrologen dem Pharao die Geburt des Mose voraus. Magier – persische Astrologen – sehen Jesu Geburt voraus und kommen, den neugeborenen Jesus anzubeten. Herodes wie der Pharao veranlassen dann die Tötung jüdischer Kinder.

Ex 1,22 lautet: „Der Pharao gab seinem ganzen Volk den Befehl: Alle Knaben, die den Hebräern geboren werden, werft in den Nil! Die Mädchen dürft ihr alle am Leben lassen." Mit diesem grausamen Befehl hoffte der Pharao zu verhindern, daß Israel zahlenmäßig wuchs und seine ägyptischen Herren bedrohte. Herodes fühlte sich ebenfalls bedroht, und zwar durch die Geburt eines „neugeborenen Königs der Juden".

Mose wie Jesus wurden gerettet: Mose wurde von der eigenen Tochter des Pharao aus seinem Schilfkörbchen im Nil geholt, Jesus durch Maria und Josef nach Ägypten in Sicherheit gebracht. Ex 4,19 heißt es: „alle, die dir nach dem Leben getrachtet haben, sind tot", worauf Mose zurückkehren konnte. Mt 2,20 lautet: „Die Leute, die dem Kind nach dem Leben getrachtet haben, sind tot."

Die Verbindungen und Anspielungen lassen vermuten, daß Matthäus Jesu Lehre als ein neues Gesetz auf einem neuen Berg darstellen wollte. Vielleicht kann man auch in den fünf Blöcken, in denen Matthäus die Reden Jesu zusammenstellt, ein Gegenstück zu den fünf Büchern (dem Pentateuch) des alttestamentlichen Gesetzes sehen.

„Selig seid ihr, wenn ihr um meinetwillen beschimpft und verfolgt und auf alle mögliche Weise verleumdet werdet" (Mt 5, 11). Dieses Wandbild im Museum von San Marco in Florenz zeigt Jesus vor seinen Jüngern bei der Bergpredigt. Es wurde oft diskutiert, an welchem Ort Jesus die Bergpredigt gehalten haben könnte. Am meisten wurde dabei ein Ort westlich von Kafarnaum, unweit des Sees Gennesaret vorgeschlagen.

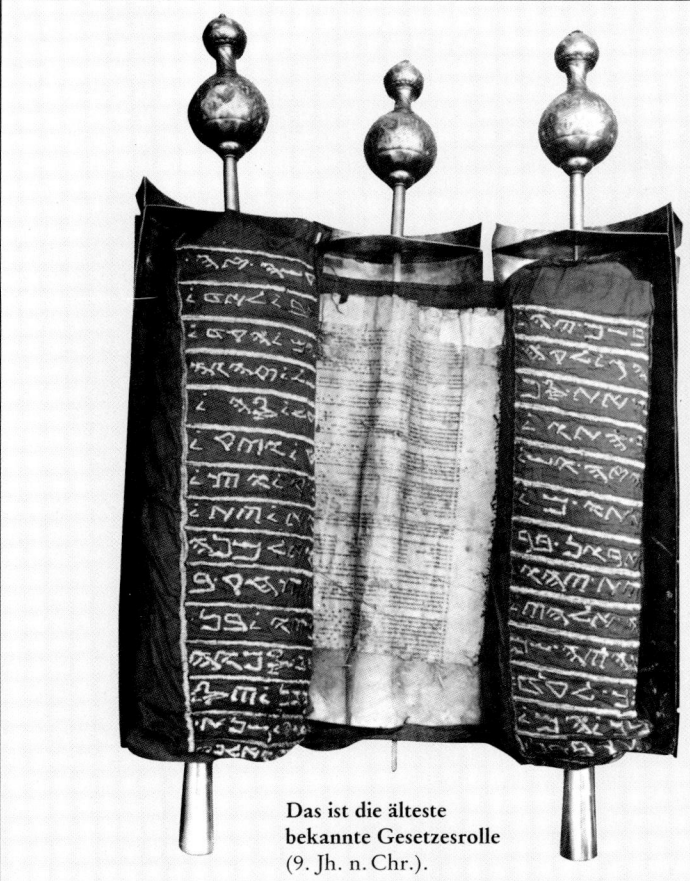

Das ist die älteste bekannte Gesetzesrolle (9. Jh. n. Chr.).

Jesus und das jüdische Gesetz

In der Bergpredigt sagt Jesus: „Denkt nicht, ich sei gekommen, um das Gesetz und die Propheten aufzuheben. Ich bin nicht gekommen, um aufzuheben, sondern um zu erfüllen. Amen, das sage ich euch: Bis Himmel und Erde vergehen, wird auch nicht der kleinste Buchstabe des Gesetzes vergehen, bevor nicht alles geschehen ist" (Mt 5, 17 f).

Denkt man über diese Worte nach, muß man zweierlei beachten: Da sind erstens die zahlreichen Geschichten in den Evangelien, die von Jesu Sabbatverletzungen und seinen Streitgesprächen mit jüdischen Führern über Gesetzesfragen erzählen. Und da ist zweitens die relativ schnelle Einigung in der jungen Kirche, Heiden zuzulassen, ohne ihnen die Einhaltung des Gesetzes aufzuerlegen.

Das Matthäusevangelium ist von allen Evangelien zweifellos das am meisten im Judentum verwurzelte. Jesus war zwar von Haus aus Jude, und Gesetzesbeobachtung gehörte zu seinem Alltagsleben und seiner Kultur. Er griff offenbar das Gesetz auch nie direkt an, ließ sich aber in Streitgespräche ein über dessen Auslegung.

Kritisch stand er auch den „Überlieferungen der Ältesten" gegenüber. Diese waren spezielle Anwendungen des Gesetzes, Herleitungen aus Schrifttexten durch Schriftgelehrte der Pharisäer. Deutlich wendet sich Jesus gegen eine rein äußerliche Gesetzesbeobachtung, der keine innere Haltung entspricht (siehe Mt 5, 20 ff und Mk 7, 1–23), und gegen blinde Treue zu Gesetzen, die Gottes lebensförderliche Absicht erstickt (siehe Mt 12, 1–14).

Sein Himmelreich ist für jene, deren Gerechtigkeit „weit größer ist als die der Schriftgelehrten und der Pharisäer" (Mt 5, 20).

Lehren in Gleichnissen

Kennzeichnend für Jesu Art des Lehrens waren die Gleichnisse (oder Parabeln). Zu den bekanntesten gehören zweifellos der „Barmherzige Samariter" und der „Verlorene Sohn". Diese Parabeln sind aber weniger leicht zu verstehen, als es zunächst scheint. Sie sehen aus wie Beispiele in einer Predigt; dies sind sie aber nach dem Markusevangelium keineswegs.

Jahrhundertelang hat man die Gleichnisse als Allegorien (= in Bildern verkleidete Darstellungen) gelesen. So galt etwa der Mann, der in der Geschichte vom Samariter unterwegs von Jerusalem nach Jericho überfallen wurde, als die Menschheit insgesamt. Die Räuber waren der Teufel und seine Engel, die dem Menschen die Unsterblichkeit raubten, ihn schlugen, d.h. zur Sünde verführten, und ihn halbtot liegen ließen. Der barmherzige Samariter, der im Gegensatz zu Priester und Levit dem Opfer half und es zur Herberge brachte, war Jesus; die Herberge die Kirche, ihr Wirt Paulus usw.

In jüngerer Zeit lehnen die Bibelwissenschaftler diese Auslegungsweise ab. Das obige Beispiel zeigt, wie künstlich und beliebig die aufgestellten Entsprechungen sind. Jesus hat wohl doch etwas anderes beabsichtigt, als er die Geschichte erzählte. Wenn heute aber behauptet wird, ein Gleichnis könne nur eine einzige Sinnspitze haben, ist dies eine Überreaktion. Immerhin war Allegorie in der Kultur, zu der Jesus gehörte, bekannt.

Viele Leser glauben, Gleichnisse seien einfache Beispielerzählungen für moralisch richtiges Verhalten. Doch sie haben oft das Gespür für die ursprüngliche Stoßkraft einer Parabel verloren wegen des kulturellen Abstands zu damals. Ein Beispiel: Der Priester und der Levit in der Geschichte vom Samariter, die sich hüteten, anzurühren, was wie eine Leiche aussah, taten nach damaliger Ansicht das Richtige: Um ihre religiöse Aufgabe erfüllen zu können, durften sie sich nicht verunreinigen. Kaum mehr bewußt ist heutzutage auch, daß Samaritaner und Juden damals in bitterster Feindschaft lebten (siehe S. 116). Nicht die Tatsache, daß sie keine Hilfe leisteten, war also empörend, sondern daß Jesus sie deswegen tadelte.

Wenn dieses Element der Empörung heutzutage wegfällt, werden Form und Rolle des Gleichnisses unklarer. Das hebräische Wort für Parabel „maschal" umfaßt alle Formen bildlicher Rede: Sprichwort, Gleichnis, Allegorie, Bildwort, Symbol. So sind fast alle Worte Jesu „Gleichnisse".

Am Alten Testament sehen wir, daß mit Gleichnissen oft beabsichtigt ist, Menschen aus Selbstzufriedenheit aufzurütteln. So wird etwa David nach seinem abscheulichen Spiel mit Batseba und Urija von Natan mit einer Parabel provoziert (2 Sam 11 f).

Jesu Gleichnisse waren wohl ebenfalls Herausforderungen, eingebettet in eine Art Rätsel, das die Zuhörer erfaßten oder nicht erfaßten. Oft bringen sie Selbstverständlichkeiten schockierend durcheinander und provozieren Entrüstung (z.B. Mt 20,1–16: die „Ungerechtigkeit" der Löhne für die Erntearbeiter).

Die treffenden Bilder der Gleichnisse finden sich auch im Alten Testament. Wenn Jesus vom König oder Hirten spricht, meint er Gott. Wenn er vom Weinberg oder von der Herde redet, bezieht er sich auf Israel, Gottes Volk. Doch die Grundbotschaft der Gleichnisse Jesu bleibt die Ankündigung der Gottesherrschaft, umschrieben in anschaulichen Bildern und Vergleichen. Gelegentlich ist eine Reihe von kurzen Aussprüchen an ein Gleichnis angefügt; sie stellen wohl verschiedenartige Deutungen dar, die während der mündlichen Überlieferung entstanden sind. Jedes Evangelium hat seine eigene Art, Gleichnisse zu erzählen, zu deuten und auszuwählen.

Zwei Parabeln vom Reich

„Mit dem Reich Gottes ist es so, wie wenn ein Mann Samen auf seinen Acker sät ... Es wird Nacht und wird Tag, der Samen keimt und wächst, und der Mann weiß nicht, wie. Die Erde bringt von selbst ihre Frucht" (Mk 4, 26–28).
Anders gesagt: Das Reich kommt ohne menschliches Zutun. Matthäus (13, 24–30) verändert die Sinnspitze: Ein Feind sät Unkraut unter den Weizen. Der Mann läßt das Unkraut mitwachsen bis zur Ernte. Dann können es die Schnitter vom Weizen trennen, wie es dieses Glasfenster aus dem 19. Jh. darstellt. Dies zeigt, daß die frühen Christen Gleichnisse manchmal veränderten, um unterschiedliche Aspekte des Gottesreichs auszudrücken.

„Weiter ist es mit dem Himmelreich wie mit einem Netz, das man ins Meer warf, um Fische aller Art zu fangen" (Mt 13, 47). In der Parabel vom Netz – hier auf einer Glasmalerei des 13. Jh. aus der Kathedrale von Canterbury – unterstreicht Matthäus wiederum das Gericht, das stattfindet, ehe das Reich kommt. Andere Gleichnisse wie jenes von der besonders wertvollen Perle betonen eher den unvergleichlichen Wert des Reiches, der den vollen Einsatz erfordert.

„Hört! Ein Sämann ging aufs Feld, um zu säen. Als er säte, fiel ein Teil der Körner auf den Weg, und die Vögel kamen und fraßen sie" (Mk 4, 3 f).
Markus behandelt das

Sämannsgleichnis (hier auf einem Glasfenster des 13. Jh. in der Kathedrale von Canterbury) als Allegorie. Er deutet an, daß jenen, die nicht begreifen, worum es im

Gottesreich geht, die Gleichnisse so rätselhaft bleiben, daß sie weder sehen noch hören.

„Ein Mann ging von Jerusalem nach Jericho

hinab und wurde von Räubern überfallen" (Lk 10, 30).
Nur Lukas bringt das Gleichnis vom barmherzigen Samariter. Auf dem Glasbild aus der

Kathedrale von Chartres zieht der Räuber ein Schwert, wovon im Text nichts verlautet. Ein weiteres Gleichnis, das nur bei Lukas steht, ist dasjenige vom

verlorenen Sohn. Typisch lukanisch ist der Gegensatz zwischen dem umkehrenden Sünder, dem vergeben wird, und dem Selbstgerechten, der sich ausschließt.

„Zehn Jungfrauen nahmen ihre Lampen und gingen dem Bräutigam entgegen" (Mt 25, 1).
Das Gleichnis (links ein Glasfenster des 19. Jh.) zeigt die

Notwendigkeit, für das Kommen Jesu (= des Bräutigams) bereit zu sein. Matthäus richtet seine Gleichnisse auf „Jesu Wiederkunft und Gericht" aus.

„Ich bin der gute Hirt. Der gute Hirt gibt sein Leben hin für die Schafe" (Joh 10, 11).
Das Mosaik aus dem 6. Jh. stellt Christus als guten Hirten dar. Das Johannesevangelium

kennt keine Gleichnisse von der Art der drei anderen Evangelien. Doch finden sich Abschnitte mit derselben Bildwelt.

Maria und Marta

Nach Lukas (10, 38–42) kam Jesus auf dem Weg nach Jerusalem in ein Dorf, wo er im Haus von Marta und ihrer Schwester Maria aufgenommen wurde. Die beiden lebten offenbar zusammen, waren also entweder unverheiratet oder verwitwet. Maria benahm sich als Frau für die damalige Zeit völlig unüblich: Sie setzte sich dem Herrn zu Füßen und hörte ihm zu – offenbar zusammen mit den Männern.

Marta spielte ihre normale Rolle im Haushalt weiter und kümmerte sich eifrig um die Gäste. Begreiflicherweise ärgerte sie sich über Maria, die ihr hätte helfen können. Schließlich kam Marta zu Jesus und sagte: „Herr, kümmert es dich nicht, daß meine Schwester die ganze Arbeit mir allein überläßt? Sag ihr doch, sie soll mir helfen. Der Herr antwortete: Marta, Marta, du machst dir viele Sorgen und Mühen. Aber nur eines ist notwendig. Maria hat das Bessere gewählt, das soll ihr nicht genommen werden" (Lk 10, 40–42).

Angesichts dessen, was von einer Frau damals erwartet wurde, ist Jesu Verhalten völlig überraschend. Eine Frau hatte sich damals nicht mit religiöser Lehre abzugeben. Ihre Aufgabe war der Haushalt. Jesus respektiert hier den Wunsch einer Frau nach Wissen, gesteht ihr dieselben Bedürfnisse zu, wie einem Mann.

Die Geschichte enthält zunächst Gedanken, die sich oft in Jesu Lehre finden, daß nämlich tägliche Sorge und Verdruß vom Entscheidenden im Leben ablenken. Anderswo sagt Jesus: „Der Mensch lebt nicht nur von Brot, sondern von jedem Wort, das aus Gottes Mund kommt" (Mt 4, 4). Oder: „Sorgt euch nicht um euer Leben und darum, daß ihr etwas zu essen habt ... Ist nicht das Leben wichtiger als die Nahrung ... Seht euch die Vögel des Himmels an: Sie säen nicht, sie ernten nicht ... Euer himmlischer Vater ernährt sie" (Mt 6, 25 f). Doch bleibt auch der außergewöhnliche Respekt Jesu vor einer Frau beachtenswert.

Jesu Wertschätzung der Frau tritt besonders im Lukasevangelium zutage. So ergänzt Lukas eine Zusammenfassung des Wirkens Jesu, wie sie alle Evangelien kennen, mit den Worten: „Die Zwölf begleiteten ihn, außerdem einge Frauen ... Maria Magdalene ... Johanna, die Frau des Chuzas, eines Beamten des Herodes, Susanna und viele andere. Sie alle unterstützten Jesus und die Jünger mit dem, was sie besaßen" (8, 1–3). Bei Lukas sehen wir auch Frauen, die Jesus auf dem Kreuzweg folgen, und einige werden als Zeuginnen der Auferstehung genannt.

Damit hebt Lukas nur einen bemerkenswerten Zug aller Evangelien hervor. Sie alle geben Frauen erstaunliches Gewicht. Den Frauen wird die Entdeckung des leeren Grabes zugeschrieben – genau dies aber macht den Bericht vom leeren Grab glaubwürdig. Hätte man ihn erfunden, wären die Schlüsselrollen kaum Frauen gegeben worden.

Während seines Wirkens heilt Jesus Frauen, und Frauen treten in seinen Gleichnissen auf. Es war damals nicht üblich, daß Männer und Frauen in der Öffentlichkeit miteinander sprachen, erst recht nicht, wenn sie sich nicht kannten. Jesus aber unterhielt sich öffentlich mit ihnen und ließ sich von ihnen berühren, selbst wenn sie „unrein" waren, wie die Frau mit den Blutungen. Er ließ sich gar von einer bekannten Sünderin die Füße waschen und bot ihr Vergebung an (Lk 7, 36–50).

Eine weitere Geschichte findet sich im Johannesevangelium, worin Jesus sich weigert, eine Ehebrecherin zu verurteilen. Stets ist Jesus bereit, wenn es ihm wichtig erscheint, gegen die herrschenden Sitten zu handeln. Ebenso wie die Männer achtet er die Frauen, heilt sie und verzeiht ihnen, wie schwer auch immer ihre Schuld ist.

Die drei Frauen am Grab Jesu, ein Gemälde aus der Kirche des hl. Heracleides im Kloster des hl. Johannes Lampadistis auf Zypern.

Die Frauen, die im Neuen Testament Maria heißen

„Maria" ist die griechische Namensform für Mirjam, einen beliebten hebräischen Namen, den schon Moses' Schwester trug. In den Evangelien kommen mehrere Frauen namens Maria vor. Die frühe Kirche hat sie oft verwechselt.

Die wichtigste ist Jesu Mutter. Sie kommt in den Kindheitsgeschichten bei Matthäus und Lukas vor. Mk 6, 3 heißt Jesus „der Sohn Marias" – vielleicht ein Hinweis auf ungewöhnliche Familienverhältnisse, denn normalerweise wurde jemand als Sohn seines Vaters bezeichnet. Maria, die Mutter Jesus, wird im weiteren Verlauf nicht mehr erwähnt; bei Johannes steht sie unter dem Kreuz.

Markus und Matthäus zählen eine „Maria, Mutter des Jakobus und des Josef (oder Joses)" zu den Frauen beim Kreuz. Da Jakobus, Joses, Judas und Simon in Mk 6, 3 als Brüder Jesu erwähnt werden, könnte diese Maria Jesu Mutter sein. Allerdings wäre es seltsam, sie bei der Kreuzigung Jesu als „Mutter des Jakobus und des Josef" zu bezeichnen, nicht aber als Mutter Jesu. Johannes berichtet auch von einer „Maria, Frau des Klopas". Es ist möglich, aber recht unwahrscheinlich, daß sie die Mutter des Jakobus und der andern ist; die „Brüder" wären dann Jesu Cousins.

Die andere wichtige Maria stammt aus Magdala. Lukas bezeichnet sie als eine, von der sieben Dämonen ausgefahren seien; sie gehört zu den treuen Frauen, die Jesus folgten, und ihn unterstützten. Alle Evangelisten zählen sie zu den Frauen am leeren Grab; bei Johannes hat sie die erste Erscheinung des Auferstandenen: „Am ersten Tag der Woche kam Maria von Magdala frühmorgens, als es noch dunkel war, zum Grab ... Weinend beugte sie sich in die Grabkammer hinein. Da sah sie zwei Engel in weißen Gewändern sitzen ..." Sie wandte sich um „und sah Jesus dastehen, wußte aber nicht, daß es Jesus war ... Jesus sagte zu ihr: Maria! Da wandte sie sich ihm zu und sagte auf hebräisch zu ihm Rabbuni!, das heißt: Meister." Nachdem Jesus mit ihr gesprochen hatte, ging sie zu den Jüngern „und verkündete ihnen: Ich habe den Herrn gesehen. Und sie richtete aus, was er ihr gesagt hatte" (Joh 20, 1–18).

Die spätere Überlieferung hat Maria von Magdala mit der ertappten Ehebrecherin und der Sünderin, die Jesus salbte (Lk 7, 36–50), gleichgesetzt.

Auf diesem italienischen Gemälde des 13. Jh. hält Maria Magdalene eine Rolle mit der Inschrift: „Verzweifelt nicht, ihr, die ihr ein sündhaftes Leben geführt habt. Folgt meinem Beispiel, und regelt euer Leben mit Gott." Die Bilder zu beiden Seiten zeigen Ereignisse aus ihrem Leben.

Die Rolle der Frauen in biblischer Zeit

Abgesehen von ihrer Rolle als Trauernde („Klageweiber"), nahmen jüdische Frauen nicht am öffentlichen Leben teil und blieben auf den Bereich des Hauses beschränkt. Für eine Frau galten die Gebote der Teilnahme an öffentlichen religiösen Zeremonien nicht, ebensowenig die Pflicht zum Gesetzesstudium, zur Wallfahrt nach Jerusalem und Tora-Lesung in der Synagoge. Schulen gab es nur für Knaben; Frauen saßen vermutlich in den Synagogen von den Männern getrennt. Auf der Straße sollten Männer nicht mit Frauen sprechen.

Im Tempel hatten Frauen nur zu den Vorhöfen der Heiden und der Frauen Zutritt. Während ihrer Unreinheit (z. B. der monatlichen Blutungen und 40 Tage nach der Geburt eines Knaben und 80 Tage nach der Geburt eines Mädchens) waren sie nicht einmal hier zugelassen.

Doch hatte eine Frau ihre eigenen religiösen Pflichten. Sie war für „koscheres" Essen zuständig, d. h., sie trug die Verantwortung für die Einhaltung der Speisegesetze. Natürlich hatte sie den Sabbat zu halten, für ihre eigene Reinheit zu sorgen und wichtige Rituale im Haus zu vollziehen, denn Religion war keine ausschließliche Angelegenheit des öffentlichen, vielmehr mindestens ebensosehr des häuslichen Lebens.

Innerhalb des Haushalts genoß eine Frau Würde und Respekt und übernahm zahlreiche Pflichten. Sie war verantwortlich für das Mahlen von Getreide, fürs Backen und Kochen. Sie wusch, spann und wob und versorgte die Kinder. Sie wartete ihrem Mann und seinen Gästen auf und hatte ihm zu gehorchen. In ländlichen Orten half sie auf dem Feld, in den ärmeren Schichten unterstützte die Frau den Mann beim Handel und verkaufte oft seine Ware.

Ehrfurcht vor dem Vater stand an erster Stelle, vor der Ehrfurcht vor der Mutter, doch beides wurde von den Geboten gefordert. Eine Frau unterstand normalerweise männlichem Schutz: bis zur Heirat dem Vater. Sie hatte keine Besitzrechte; was sie produzierte, erwarb oder fand, gehörte dem Vater. Er konnte sogar ihre Gelübde ungültig machen und ein Heiratsangebot annehmen oder ablehnen. Heirat war ein Vertrag zwischen den beiden Familienoberhäuptern. Wurde eine Frau erwachsen, ohne zu heiraten, wurde sie immerhin frei von ihrem Vater, und selbst von einer Minderjährigen war Zustimmung zu einer Heirat gesetzlich erforderlich.

Verlobung bedeutete die gesetzliche „Erwerbung" einer Frau durch einen Mann. Der Heiratsvertrag gab ihr einen gewissen gesetzlichen Schutz gegen Ausbeutung und gehörte ihr. Die Mitgift mußte ihr bei Scheidung zurückgegeben werden. Für diesen Fall war im Ehevertrag eine Summe festgelegt worden, die der Ehemann für ihren Unterhalt aufbringen mußte. Eine Frau konnte auf Scheidung klagen, doch konnte nur der Mann sie vollziehen. Die Heirat fand üblicherweise ein Jahr nach der Verlobung statt. Das Heiratsalter einer Frau war etwa 12 Jahre. Ihre wichtigste Aufgabe war es, ihrem Ehemann Söhne zu gebären.

Innerhalb ihres Bereichs besaß die Frau hohe Geltung, in der Sicht des Gesetzes aber war sie untergeordnet; rabbinische Lehrsätze (gesammelt in der sogenannten Mischna) stellen sie neben Minderjährige und Sklaven. Ihr Ausschluß von öffentlichen religiösen Handlungen zeigt sich im alten Synagogengebet: „Gepriesen seist du, Gott, König der Welt, daß du mich nicht als Frau erschaffen hast."

Die Speisung der Menge

Daß Jesus in der Wüste eine große Volksmenge mit Brot und Fischen gesättigt hat, wird in allen vier Evangelien berichtet.

Keine der Darstellungen ist am Wunder selbst besonders interessiert. Jede hält die gewaltige Menge an Resten fest, die nach der Verteilung von Brot und Fisch gesammelt wurden. Die Speisungen werden in Begriffen dargestellt, welche die Eucharistie oder das Abendmahl vorwegnehmen, an dem Jesus „Dank sagte, Brot brach und verteilte". Bei Johannes folgt der Erzählung eine lange Diskussion über Jesus als „Brot des Lebens". Wie Gott die Israeliten in der Wüste mit dem himmlischen Manna nährte (siehe S. 38 f.), so gibt er ihnen Brot vom Himmel durch Jesus. „Wenn ihr das Fleisch des Menschensohns nicht eßt und sein Blut nicht trinkt, habt ihr das Leben nicht in euch" (Joh 6,53). Auch hier wird anscheinend das letzte Mahl vorweggenommen, begeht Jesus mit seinen Anhängern in der Wüste das „Festmahl des Gottesreiches".

Doch machen einige Forscher darauf aufmerksam, daß hinter der christlich geprägten Form der Erzählung Züge sichtbar werden, die auf einen Wendepunkt in Jesu Wirken hinweisen. Nach Johannes haben die Leute nach der Speisung Jesus zum König machen wollen. Zudem soll sie zur Zeit des Osterfestes stattgefunden haben, also an dem Termin, an dem man seit eh und je das Kommen des Messias erwartete. Bei Markus findet sich auch die Notiz, daß „die Leute kamen und gingen". Warum? Waren Vorbereitungen zu einem Aufstand in Gang?

Einige weitere Hinweise in dieser Richtung: Nach Markus war unmittelbar zuvor Johannes der Täufer getötet worden. Kann es sein, daß dessen Jünger Leute in der Wüste versammelt und Jesus gedrängt haben, die Königsrolle zu übernehmen? Hatte nicht Johannes Jesus als den bezeichnet, „der da kommen soll" – also den Messias?

Einen Augenblick mag Jesus versucht gewesen sein, den Weg der Volksbewegung und des militärischen Erfolgs zu gehen. Doch dann erkannte er, daß dies nicht seiner Sendung entsprach. Das könnte erklären, weshalb er die Jünger wegschickt, die Menge entläßt und sich allein auf den Berg zum Gebet zurückzieht.

Kurz danach weiß Markus von einem Gespräch zwischen Jesus und seinen Jüngern. Jesus fragt: „Für wen halten mich die Menschen? Sie sagten zu ihm: Einige für Johannes den Täufer, andere für Elija, wieder andere für sonst einen der Propheten. Da fragte er sie: Ihr aber, für wen haltet ihr mich? Simon Petrus antwortete ihm: Du bist der Messias! Da verbot er ihnen, mit jemand über ihn zu sprechen" (Mk 8,27–30). Als er dann aber erklärt, als „Menschensohn" müsse er „vieles erleiden und von den Ältesten den Hohenpriestern und Schriftgelehrten verworfen werden", ja als er sogar davon spricht, daß man ihn töten wird, da empört sich Petrus: Wie könne er nur so etwas sagen! Seiner Ansicht nach paßt ein solch bitteres Schicksal ganz und gar nicht zum Messias. Jesus aber „wies Petrus mit den Worten zurecht: Weg mit dir, Satan, geh mir aus den Augen! Denn du hast nicht das im Sinn, was Gott will, sondern was die Menschen wollen" (Mk 8,31–33).

Markus berichtet dann, wie Petrus, Jakobus und Johannes Zeugen der „Verklärung" Jesu werden: Auf einem hohen Berg wurden Jesu Kleider strahlend weiß, und Mose und Elija erschienen neben ihm „und sprachen von seinem Ende, das sich in Jerusalem erfüllen sollte" (Lk 9,31). Jesus ist die Erfüllung der Verheißung Gottes und doch nicht der kriegerische Messias, den die Zeitgenossen erwarteten.

Die Speisung – ein Aufgebot in der Wüste?

Während der gesamten Lebenszeit Jesu herrschte in Judäa und Galiläa politische Unruhe. Anschläge und Aufstände von Juden gegen die Römer führten schließlich zur Revolte im Jahre 66 n. Chr. und zur Zerstörung Jerusalems 70 n. Chr. (siehe S. 180–183). Rund 10 Jahre nach Jesu Tod überredete ein gewisser Theudas große Teile der Bevölkerung, ihre Häuser zu verlassen und sich am Jordan zu sammeln. Er gab sich als Prophet aus und versprach, die Wasser des Jordans zu spalten und einen Weg hindurch zu bahnen. Der jüdische Geschichtsschreiber Josephus beschreibt ihn als „Zauberer".

Zwischen 50 und 60 n. Chr. steigerten sich die Unruhen, und manche „Betrüger und Aufschneider" – wie Josephus sie nennt – riefen eine Menge Anhänger in die Wüste, um ihnen dort angeblich Zeichen und Wunder anzubieten. Ein Jude aus Ägypten rief die Leute auf den Ölberg und behauptete, er werde die Mauern Jerusalems vor ihren Augen einstürzen lassen. In der Folge tötete die römische Besatzung viertausend von ihnen und nahm zweitausend gefangen.

All diese Vorfälle zeigen, daß viele Juden erwarteten, Gott werde eingreifen und ihnen beistehen mit Wundern, die den Zeichen beim Auszug Israels aus Ägypten gleichen sollten.

Die Erzählung von der Speisung der Menge trägt ähnliche Züge. Das Johannesevangelium verbindet sie ausdrücklich mit dem Manna, der wunderhaften Himmelsspeise, welche Israel in der Wüste bekam: „Jesus sagte zu ihnen: Amen, amen, ich sage euch: Nicht Mose hat euch das Brot vom Himmel gegeben, sondern mein Vater gibt euch das wahre Brot vom Himmel ... Da baten sie ihn: Herr, gib uns immer dieses Brot! Jesus antwortete ihnen: Ich bin das Brot des Lebens; wer zu mir kommt, wird nie mehr hungern" (Joh 6,32–35).

Markus berichtet, Jesus habe Mitleid gehabt mit der Menge; sie seien gewesen wie Schafe, die keinen Hirten haben. Im Buch Numeri (27,15 ff.) hatte Mose gebetet: „Jahwe, der Gott der Geister, die alle Menschen beleben, setze einen Mann als Anführer der Gemeinde ein, der vor ihnen her in den Kampf zieht und vor ihnen her wieder in das Lager einzieht, der sie zum Krieg hinausführt und sie zurückführt; die Gemeinde des Herrn soll nicht sein wie Schafe, die keinen Hirten haben." Ein „Jesus" (so die griechische Form von „Josua") wurde damals an die Spitze gestellt. Er sollte das Volk über den Jordan führen und das Land erobern.

Nach Markus waren fünftausend Mann in der Wüste versammelt und saßen abteilungsweise in Reihen von fünfzig und hundert – wie die Truppeneinheiten, die Mose nach Dtn 1,15 (vgl. Ex 18,21) verordnet hatte. Jahwe sagte dort: „Ich habe die Führer eurer Stämme, weise und bewährte Männer, genommen und sie zu euren Führern ernannt: als Anführer für je tausend, Anführer für je hundert, Anführer für je fünfzig, Anführer für je zehn und als Listenführer, für jeden eurer Stämme."

Ähnliche Anordnungen werden in den Schriftrollen von Qumran für den „Krieg der Söhne des Lichts" getroffen.

Das alles weist auf ein Aufgebot in der Wüste hin, bei dem Jesus die wunderbare Speisung des Exodus erneuerte. Kein Wunder, daß die Leute ihn zum König machen wollten (Joh 6,15). Er aber lehnte ab.

Das Mosaik

hinter dem Altar der Brotvermehrungskirche in El-Tabgha in Israel zeigt die Bedeutung von Brot und Fisch in der christlichen Bildersprache. Der Korb mit den Broten ist voll. Zuoberst liegen zwei ganze und zwei halbe, alle mit dem Kreuz markiert; auf beiden Seiten des Korbes ein Fisch. (In der Bildersprache scheint der Fisch den eucharistischen Wein zu ersetzen.) Alle Speisungsgeschichten reden von Brot und Fisch. Der frühchristliche Schriftsteller Tertullian vergleicht die Neugetauften mit Fischlein, die dem großen Fisch durchs Taufwasser folgen. Die Evangelien nennen die Apostel Menschenfischer, und als wunderbarer Fischfang gilt auch der Missionserfolg. Am Ende des Johannesevangeliums steht eine Geschichte, in welcher der Auferstandene frühmorgens den Jüngern erscheint und ihnen Brot und Fisch anbietet. Und die Jünger halten Mahl mit dem auferstandenen Herrn.

Diese Grabinschrift

(rechts) aus den Vatikanischen Museen zeigt das griechische Wort: „I-CH-TH-Y-S" (= übersetzt: Fisch). Die einzelnen Buchstaben bedeuten: Iesous-CHristos-THeou-Yios-Soter = Jesus Christus, Gottes Sohn, Heiland. Die zwei griechischen Worte über den Fischen lauten: „Fisch der Lebenden".

153

Der triumphale Einzug in Jerusalem

Nach den ersten drei Evangelien sandte Jesus, als er sich Jerusalem näherte, zwei Jünger voraus, die ihm ein gesatteltes Eselsfohlen bringen sollten, das sie nach seinen Angaben finden würden. Jesus bestieg das Tier, und als er losritt, breiteten die Leute ihre Mäntel auf der Straße aus, andere schnitten Zweige von den Bäumen und legten sie auf seinen Weg. Sie riefen: „Hosanna! Gesegnet sei er, der kommt im Namen des Herrn, der König Israels!" (Joh 12, 13) Markus fügt bei: „Gesegnet sei das Reich unseres Vaters David, das nun kommt." – Was bedeuten kann, daß die Menge Jesu Tat als Herausforderung an die römischen Herrscher verstand. Die Worte deuten jedenfalls das Kommen des Messias und den Anbruch des Gottesreichs auf Erden an.

Alle drei ersten Evangelien bezeichnen diesen Einzug auf einer Eselin als geplante Aktion Jesu. Stellte er sich selbst damit als Messias dar? Er könnte versucht haben zu zeigen, daß er der wahre Messias ist, daß er aber friedlich auf einer Eselin geritten kam, nicht zum Aufstand provozierend auf einem Kriegsroß, wie manche Juden es vom Messias erwarteten.

Johannes erzählt dieselbe Geschichte mit einem Unterschied: Jesus plante den Einzug nicht selbst, sondern wurde von der Begeisterung des Volkes überrascht. Die ganze zum Fest versammelte Menge strömte ihm aus Jerusalem entgegen mit Palmzweigen und bejubelte ihn.

In dieser wahrscheinlicher klingenden Fassung antwortet Jesus auf einen Versuch der Menge, ihn zum König zu machen. Er tut dies auf eine Weise, die eine Prophezeiung erfüllt, aber gleichzeitig, durch den Ritt auf der Eselin, zeigt, daß er ein unkriegerischer König ist. Was immer Jesus beabsichtigte: Die Reaktion des Volkes auf seinen Einzug war Grund zur Beunruhigung für jüdische und römische Behörden.

Interessant ist die Frage, ob dem Einzug die Tempelreinigung folgte – eine weitere provokative, prophetische Tat Jesu. Die Geschichte, wie er Händler und Geldwechsler aus dem Vorhof des Tempels vertreibt, schließt sich bei Matthäus und Lukas ja unmittelbar an die Einzugsgeschichte an.

Doch gibt es da für die Forscher noch Probleme. Die Erwähnung von Palmzweigen legt nahe, daß der Einzug im Herbst war, wenn Äste geschnitten wurden, um Hütten für das Laubhüttenfest zu bauen in Erinnerung an den Aufenthalt der Israeliten in der Wüste (siehe S. 38 f). Die ersten drei Evangelien setzen aber voraus, daß die Tempelreinigung die Behörden zum Einschreiten gegen Jesus veranlaßte, so daß Prozeß und Hinrichtung an Ostern, also im Frühjahr, stattfanden.

Die Abfolge der Ereignisse läßt sich daher noch nicht genau bestimmen. Doch beide Taten Jesu erscheinen als bewußte Zeichenhandlungen dafür, daß die alttestamentlichen Prophezeiungen sich erfüllen. Und beide haben zweifellos Bewegung in die versammelte Festgemeinde gebracht und Reaktionen jüdischer Behörden, die außerordentlich an Ruhe und Ordnung und Überleben unter römischer Oberherrschaft interessiert waren, herausgefordert.

Was Johannes von der Diskussion unter den obersten Priestern und Pharisäern berichtet, klingt in der gegebenen Lage verständlich: „Was sollen wir tun? Dieser Mensch tut viele Zeichen. Wenn wir ihn gewähren lassen, werden alle an ihn glauben. Dann werden die Römer kommen und uns die heilige Stätte und das Volk nehmen." Und der damalige Hohepriester antwortete: „Besser, es stirbt ein einzelner Mensch für das Volk, als wenn das ganze Volk zugrunde geht" (Joh 11, 47–50).

Die Stein-Inschrift auf diesem Bruchstück aus dem Tempel bezeichnet die Stelle, welche Heiden nicht überschreiten durften. Paulus wurde unterstellt, er habe mit Trophimus diese Schranke mißachtet (Apg 21, 28 f). Nach Josephus lautet der vollständige Text: „Kein Ausländer darf die Balustrade und Abgrenzung um den Tempelbezirk betreten. Wer gefaßt wird, hat sich selbst den Tod zuzuschreiben, der folgen wird."

Jesus und die Geldwechsler

Jesus kam in den Tempel, so berichten die Evangelien, und begann die Händler zu vertreiben und die Tische der Geldwechsler umzustoßen. Was hatten diese Geschäftsleute hier zu suchen?

Der Tempel war ein gewaltiger, ummauerter Bezirk mit verschiedenen Höfen unterschiedlicher Heiligkeit rings um ein Tempelgebäude, das nur Priester betreten durften. Die Händler waren im Vorhof der Heiden, dem größeren, äußeren Hof, offen für jedermann.

Händler waren für den Tempelgottesdienst unerläßlich. Sie boten die nötigen Opfertiere an und wechselten Münzen verschiedenster Währungen in die spezielle Prägung, die für die Tempelsteuer vorgeschrieben war. Ihre Geschäfte galten nicht als Verunreinigungen im Sinn des Gesetzes.

Warum „reinigte" dann aber Jesus den Tempel? Die ersten drei Evangelien berichten, er habe aus dem Jesajabuch zitiert: „Mein Haus soll ein Haus des Gebets sein. Ihr aber habt daraus eine Räuberhöhle gemacht." Jesu Tat ist die Erfüllung der Prophezeiung, Gottes Herrschaft werde dem entehrten Tempelgottesdienst ein Ende setzen.

Markus fügt bei, Jesus habe nicht zugelassen, daß jemand etwas durch den Tempel trug – mit anderen Worten: den Tempelplatz als Abkürzung benutzte. Und Markus gibt ferner den Jesajatext vollständig wieder: „Mein Haus soll ein Gebetshaus für alle Völker sein" (Mk 11, 17). Mit seiner Tat macht Jesus den Tempelhof dafür bereit, daß die Nationen heranströmen können, um in der heiligen Stadt den wahren Gott zu verehren – auch dies ein Zeichen für den unmittelbar bevorstehenden Anbruch des Reiches. Natürlich war das eine religiöse wie politische Provokation.

Johannes verbindet die Geschichte mit dem Ausspruch: „Reißt diesen Tempel ab, und in drei Tagen werde ich ihn wieder aufbauen" – damit deutet er an, der jüdische Tempeldienst sei erfüllt und in Jesus zu seinem Ende gekommen.

Der Einzug in Jerusalem

Der Weg des triumphalen Einzugs Jesu in Jerusalem ist klar: Jesus kam von Betanien auf den Ölberg (1); von hier aus hat man einen eindrucksvollen Blick über das Kidrontal (2) auf den Hügel mit der Altstadt und dem Tempelbezirk (3). Nach Lukas weinte Jesus beim Anblick der Stadt über ihre bevorstehende Zerstörung: „Es wird eine Zeit für dich kommen, in der deine Feinde rings um dich einen Wall aufwerfen, dich einschließen und von allen Seiten bedrängen. Sie werden dich und deine Kinder zerschmettern und keinen Stein auf dem andern lassen" (Lk 43 f).

Von der Stadt aus war eine Reisegesellschaft, die über den Ölberg kam, leicht wahrzunehmen. Nach Johannes strömte die versammelte Festversammlung Richtung Kidrontal Jesus entgegen.

Das Kidrontal ist steil, vor allem auf der Stadtseite. Jesus ist wohl durch das Tor beim Schiloachteich (4) gezogen und dann hinauf zum Platz, wo die Pilger sich sammelten, bevor er den Tempel betrat.

Nach dem Tempelmodell von Dr. Schick (unten rechts) hätte Jesus dann den Vorhof der Heiden (5) durch das Doppelte Tor (6) betreten und schließlich die Tempelplattform erreicht. Der sogenannte Felsendom steht heute an der Stelle, wo einst entweder Brandopferaltar oder Tempelhaus standen.

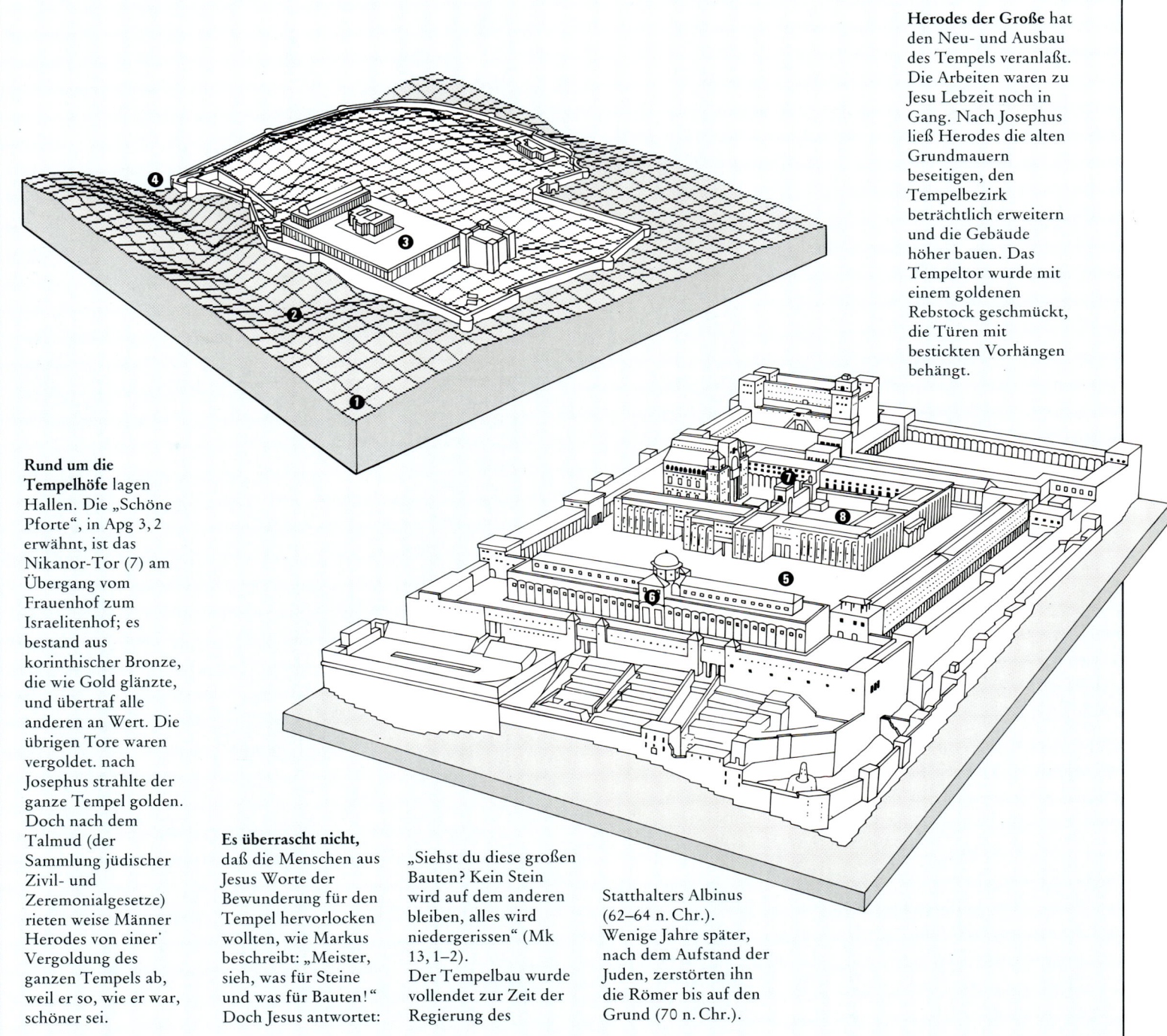

Herodes der Große hat den Neu- und Ausbau des Tempels veranlaßt. Die Arbeiten waren zu Jesu Lebzeit noch in Gang. Nach Josephus ließ Herodes die alten Grundmauern beseitigen, den Tempelbezirk beträchtlich erweitern und die Gebäude höher bauen. Das Tempeltor wurde mit einem goldenen Rebstock geschmückt, die Türen mit bestickten Vorhängen behängt.

Rund um die Tempelhöfe lagen Hallen. Die „Schöne Pforte", in Apg 3,2 erwähnt, ist das Nikanor-Tor (7) am Übergang vom Frauenhof zum Israelitenhof; es bestand aus korinthischer Bronze, die wie Gold glänzte, und übertraf alle anderen an Wert. Die übrigen Tore waren vergoldet. nach Josephus strahlte der ganze Tempel golden. Doch nach dem Talmud (der Sammlung jüdischer Zivil- und Zeremonialgesetze) rieten weise Männer Herodes von einer Vergoldung des ganzen Tempels ab, weil er so, wie er war, schöner sei.

Es überrascht nicht, daß die Menschen aus Jesus Worte der Bewunderung für den Tempel hervorlocken wollten, wie Markus beschreibt: „Meister, sieh, was für Steine und was für Bauten!" Doch Jesus antwortet: „Siehst du diese großen Bauten? Kein Stein wird auf dem anderen bleiben, alles wird niedergerissen" (Mk 13,1–2). Der Tempelbau wurde vollendet zur Zeit der Regierung des Statthalters Albinus (62–64 n. Chr.). Wenige Jahre später, nach dem Aufstand der Juden, zerstörten ihn die Römer bis auf den Grund (70 n. Chr.).

Soll man Rom Steuern zahlen?

Niemand verwickelt in den Evangelien Jesus und seine Jünger so häufig in Streit wie die Pharisäer. In Mk 12 stellen sie und „einige Anhänger des Herodes" Jesus eine Fangfrage: Ist es erlaubt, dem Kaiser Steuer zu zahlen oder nicht? Jesus läßt sich einen Denar geben und fragt: Wessen Bild und Aufschrift ist das? Sie antworten: Des Kaisers. Darauf Jesus: So gebt dem Kaiser, was dem Kaiser gehört, und Gott, was Gott gehört!

Wer Gottes Wege zu lehren behauptete, den durfte man wohl fragen, ob Steuern an den Kaiser Pflicht seien oder nicht. Die Kopfsteuer für die Provinzbewohner Judäas, Samarias und Idumäas war eine Quelle dauernden Ärgers. Jedes Jahr machte sie neu das römische Joch bewußt. Man mußte sie mit Münzen bezahlen, die den Namen und das Bild des Kaisers trugen. Im Jahre 6 v. Chr. hatte die Steuerverordnung zum Aufstand des Judas von Galiläa geführt. Damals entstand nach Auskunft des Josephus die Partei der Zeloten, die mit allen Mitteln für die Beseitigung der Römerherrschaft kämpfte.

Die Fangfrage der Pharisäer ließ Jesus offenbar nur die Wahl, zur Steuerpflicht ja zu sagen und so die vielen Gegner der Römer zu erzürnen, oder sie abzulehnen und damit die Römer und ihre Freunde zu erzürnen. Für letzteres konnte immerhin Tod wegen Verrats drohen.

Die Reaktion Jesu auf die Fangfrage ist vielsagend: Er läßt sich einen Denar geben und benutzt die Münze dann als Teil seiner Antwort. Die Aufschrift – „Tiberius Caesar, Sohn des göttlichen Augustus, Hoherpriester" – weist sowohl auf den eigentlichen Besitzer der Münze wie auch auf sein Recht, zu herrschen und Steuern einzutreiben. Mit dem Hinweis darauf drückte Jesus aus, wer immer in seinem Alltag solche Münzen verwendete, würde damit anerkennen, daß er unter dem Herrschafts- und Wirtschaftssystem des Tiberius lebte. Nebenbei gesagt: Bei der Frage im Tempel (!) hätte niemand ein Abbild eines Menschen bei sich haben dürfen.

Jesu Urteil: „Gebt dem Kaiser, was dem Kaiser gehört, und Gott, was Gott gehört", anerkennt einen gewissen begrenzten Bereich kaiserlicher Herrschaft mit entsprechenden Verpflichtungen. Der Nachdruck liegt aber auf der zweiten Satzhälfte: Gott gebührt vollständiger Gehorsam, und nur er kann einen solchen fordern. Dies ist die Forderung Jesu an alle politischen und religiösen Gruppierungen seiner Zeit: In welche Verantwortlichkeiten man auch immer verwickelt sein mag, es gibt kein Ausweichen vor der radikalen Forderung, dem Willen Gottes zu gehorchen. Jesu Antwort verwirft den Weg der Gewalttätigkeit der Zeloten, läßt aber auch keinen gedankenlosen Gehorsam Rom gegenüber zu.

Von Gegnern Jesu wird in Mk 12 auch sonst berichtet. Neben den Herodianern und Pharisäern, die gegen ihn Pläne schmieden, provozieren ihn auch Sadduzäer mit einer Frage zur Auferstehung der Toten (12, 18–27). Diese Gruppe bildete sich hauptsächlich aus priesterlichen und adeligen Kreisen und förderte Zusammenarbeit und Kompromiß mit den Römern, um so ihre Vorzugsstellung zu behalten.

Für die Pharisäer waren der Glaube an göttliche Vorsehung und Gesetzestreue der Weg zur Befreiung, ganz im Gegensatz zu den Zeloten, die das Gottesreich mit Gewalt herbeizwingen wollten. Unklar ist, ob das Markusevangelium die Herodianer hier als Gegner der Steuerzahlung an die Römer erwähnt. Klar ist hingegen, daß sowohl sie wie die Pharisäer Jesus in eine Falle locken wollen mit einer gefährlichen Frage, bei der sie glaubten, Jesus *müsse* sich auf eine Seite schlagen.

Pharisäer

Schriftgelehrter

Religiöse und politische Parteien

Die andauernden Auseinandersetzungen zwischen Christen und Juden in der jungen Kirche sind verantwortlich für das schlechte Bild der Pharisäer in den Evangelien. Matthäus urteilt am schärfsten und nennt sie „Heuchler", „Schlangenbrut" und „blinde Blindenführer" (Mt 23); Lukas ist gemäßigter: 7, 36 läßt er Jesus zu Gast sein im Haus des Pharisäers Simon; Pharisäer versuchen sogar, Jesus vor einem Mordplan des Herodes zu warnen (Lk 13, 31).

Pharisäer gelten als besonders strenge Anhänger des Gesetzes und der Reinheitsvorschriften. Sie hielten sich selbst und ihre Sachen peinlichst genau rein und schlossen unreine Personen, wie Steuereintreiber, körperlich oder geistig Kranke, sogar Behinderte, von ihrer Tischgemeinschaft aus.

Die reichsten und mächtigsten Juden waren die Sadduzäer. Sie hatten die Mehrheit der Sitze im Sanhedrin, Israels höchstem Gerichtshof (dem „Hohen Rat"). Obwohl sie nicht alle Priester waren, kontrollierten sie die Tempelverwaltung und den Gottesdienst. Sie deuteten die Schrifttexte wörtlich, betrachteten den Pentateuch (= die 5 Bücher Moses) als oberste Richtschnur und lehnten neue Lehren wie die von der leiblichen Auferstehung ab. „Die Sadduzäer behaupten nämlich, es gebe weder eine Auferstehung noch Engel, noch Geister" (Apg 23, 8).

Wenig weiß man von den Herodianern, außer daß sie wohl Anhänger der Herrschaft und Politik des Herodes Antipas waren. Dieser war ein Sohn Herodes' des Großen und regierte Galiläa und Peräa von 4 v. bis 39 n. Chr. Er wird von Jesus in Lk 13, 31 f ein „Fuchs" genannt und ist der häufigst erwähnte Herödes in den Evangelien.

All diese religiösen und politischen Gruppierungen bis hinauf in die reichsten und bestgeschulten Schichten hatten ihre Schriftgelehrten. Ursprünglich einfach Leute, die das Schreibhandwerk beherrschten, verstand man später darunter offizielle Lehrer des jüdischen Gesetzes.

Münzprägung in Israel

Die Münze, auf die sich Jesus bei seinem Urteil über die Steuerpflicht gegenüber dem Kaiser bezog, war höchstwahrscheinlich ein Denar, eine kleine Silbermünze, die etwa dem Taglohn eines Erntearbeiters entsprach (Mt 20, 2). Vor dem Jüdisch-Römischen Krieg betrug die Tempelsteuer ebenfalls einen Denar. Sie konnte von zu Hause aus während des Monats vor Ostern oder im Tempelbereich innerhalb der zwanzig Tage vor dem Fest bezahlt werden. In neutestamentlicher Zeit gab es wichtige römische Münzprägestätten im Osten in Pergamon, Ephesus, Antiochia und Alexandria. Anders als bei unbedeutenderen örtlichen Prägungen mit meist neutralen Zeichen, wie Trauben oder Granatäpfeln, trugen römische Münzen religiöse Zeichen.

Die kleine Münze der Witwe in Mk 12, 42 („das Scherflein der Witwe") war ein griechisches „Lepton", die Münze mit dem geringsten Wert. Die dreißig Silberstücke, die Judas Iskariot für seinen Verrat erhielt (Mt 26, 15), waren vermutlich Silberschekel und entsprachen etwa 120 Denaren. Das war der Betrag, der als „Blutgeld" für einen unabsichtlich getöteten Sklaven bezahlt werden mußte (Ex 21, 32).

Zur Zeit des Jüdisch-Römischen Krieges wurden Münzen geprägt mit der Aufschrift „Schekel Israels", einer Art Granatapfel und den Worten „Jerusalem ist heilig". Nach der Unterdrückung des Aufstands ließen Vespasian und Titus Münzen in Umlauf bringen mit der lateinischen Aufschrift „Judaea capta" (Judäa ist erobert). Gleichzeitig wurde die Tempelsteuer auf einen Halbschekel (= 2 Denare) angehoben und mußte nach Rom entrichtet werden. Antike Münzen kann man nur untereinander vergleichen; eine Umrechnung in heutige Währung ist sinnlos.

Münzbild eines Barbaren,
der Augustus ein Kind übergibt.

Die Steuermünze: 1 Denar
(Tiberius 14–37 n. Chr.).

Ein Denar
(Augustus 27 v. bis 14 n. Chr.).

Münze aus Neros Zeit
mit Ostias Hafen und Neptun.

Die Silbermünzen und das Bronzegefäß (oben) aus den letzten Jahrhunderten v. Chr. werden im Israelmuseum in Jerusalem gezeigt.

Münzen sind besonders wertvolle Ausgrabungsfunde, weil sie Datierungen ermöglichen. Angesichts der Vielfalt von Währungen, die von Festpilgern mitgebracht wurden, aber auch von Händlern aus aller Welt, war das Geldwechseln ein einträgliches Geschäft.

Wechsler saßen an Stadttoren oder bei wichtigen Gebäuden wie dem Tempel. Nicht nur, daß die Wechselgebühr von vier bis acht Prozent dem biblischen Zinsverbot widersprach, es wurde beim Geschäft wie auch beim Handel mit Opfertieren fleißig betrogen. Dies war der Grund für Jesu Zorn (Mt 21, 12 f; Mk 11, 15; Lk 19, 45 f).

Das letzte Mahl

In der Nacht, da er von Judas verraten wurde, hielt Jesus sein letztes Mahl mit seinen Jüngern. Der Apostel Paulus beschreibt es um 57 n. Chr. den Korinthern. Er möchte ihnen damit klarlegen, was es bedeutet, am Mahl des Herrn teilzunehmen, das man offensichtlich zum Gedächtnis immer wieder feierte. Jesus hatte Brot genommen, gesegnet, gebrochen und seinen Jüngern gegeben mit den Worten: „Dies ist mein Leib, für euch." Er hatte dann einen Becher mit Wein genommen, Dank gesagt und ihn herumgereicht mit den Worten: „Dieser Becher ist der neue Bund in meinem Blut." Paulus erklärt dann, daß Christen jedesmal, wenn sie dies zur Erinnerung an Jesus täten, seinen Tod verkündeten bis zu seiner Wiederkunft.

Der Bericht des Paulus ist das älteste schriftliche Zeugnis. Auch die Evangelien berichten davon. Der Wortlaut ist bei Matthäus und Markus geringfügig unterschiedlich, vielleicht, weil verschiedene Kirchen die Worte in ihrer Liturgie leicht unterschiedlich wiederholten.

Der Bericht bei Lukas gibt Rätsel auf: Die Handschriften zeigen zwei Fassungen, die längere ist wohl das Werk von Abschreibern, die Sätze aus Markus und Paulus eingefügt haben. Der kürzere Text zeigt eigentümliche Züge, und manche Forscher nehmen an, Lukas habe eine andere, vermutlich noch etwas ältere Geschichte gekannt. Diese betont nicht so sehr Jesu Tod, sondern den Gedanken, daß die Feier das Festmahl in Gottes Reich vorwegnehme.

Johannes sagt nichts von Brot und Wein, obwohl sein Bericht sich mit den anderen berührt. Statt Brot und Wein auszuteilen, wäscht Jesus hier seinen Jüngern die Füße. Doch muß der Evangelist das Austeilen von Brot und Wein gekannt haben, denn im Anschluß an seine Erzählung von der Speisung der Menge (siehe S. 152 f) sagt Jesus: „Wenn ihr das Fleisch des Menschensohnes nicht eßt und sein Blut nicht trinkt, habt ihr kein Leben in euch."

Bei Johannes kann das letzte Mahl kein herkömmliches jüdisches Paschamahl zur Erinnerung an die Verschonung der jüdischen Erstgeburt beim Auszug aus Ägypten sein (siehe S. 36 f). Jesus wurde um die sechste Stunde des Tages der Vorbereitung (des „Rüsttages") gekreuzigt – zur Zeit, da im Tempel die Paschalämmer geschlachtet wurden. Paulus sagt 1 Kor 5, 7: „als unser Paschalamm ist Christus geopfert worden" – was die Darstellung des Johannes stützt.

Die anderen Evangelien bringen allerdings das letzte Mahl mit dem Paschamahl in Verbindung, obwohl keine Beschreibung der ganzen Mahlfeier gegeben wird: keine Erwähnung der Bitterkräuter noch des Paschalammes. Doch mögen die Berichte durch ihren liturgischen Gebrauch gekürzt und auf das, was den Christen wichtig war, beschränkt worden sein. Hinweise, daß es sich um ein Paschamahl gehandelt hat, gibt es sogar bei Johannes: Daß Leute gemeinsam in eine Schüssel eintunken, gehört (wie die mehreren Becher Wein) zu diesem Mahl.

Lukas deutet an, daß Jesus im besagten Jahr das Paschafest nicht gefeiert, sondern vorweggenommen hat: Jesus sprach (Lk 22, 15 f): „Ich habe mich sehr danach gesehnt, vor meinem Leiden dieses Paschamahl mit euch zu essen. Denn ich sage euch: Ich werde es nicht mehr essen, bis das Mahl seine Erfüllung findet im Reich Gottes."

Ob Jesu Mahl nun ein wirkliches Paschamahl gewesen ist oder nicht – Jesu Tod fiel sicher in die Osterzeit, und sein letztes Mahl deutete an, was sein Tod bedeutete: Wie das Blut der Paschalämmer die Israeliten vor dem Engel des Verderbens gerettet hatte, sollte Jesu Tod die Rettung bringen.

Der Tod des Verräters
Nach allen vier Evangelien sagte Jesus während des letzten Mahles seinen Verrat voraus; in Joh 13, 26 bezeichnete er Judas als Verräter, indem er ihm einen Bissen Brot gab. Möglicherweise war Judas ein Zelot gewesen, der sich durch Jesu Ankündigung des Gottesreiches angezogen fühlte, aber von Jesu Gewaltfreiheit enttäuscht wurde. Vielleicht wollte er durch den Verrat Jesus eher zum Handeln zwingen als beseitigen. Das könnte erklären, weshalb er sich anschließend erhängte (Mt 27, 5). Die Darstellung (oben) aus dem 12. Jh. stammt aus der Kathedrale von Autun.

Die Fußwaschung
Nur Johannes berichtet davon, Jesus habe beim letzten Mahl seinen Jüngern die Füße gewaschen (oben Darstellung aus der St.-Martins-Kirche in Zillis, Schweiz; 12. Jh.). Petrus wehrte zunächst ab. Der anschließende Dialog weist vielleicht symbolisch auf die Taufe hin und die Sündenbefreiung, die Jesus brachte. Zugleich ist der Akt eine Umkehrung der Werte: Es war Sklaven- oder Frauenaufgabe, dem Meister die Füße zu waschen. Jesus kommt zu Herrlichkeit und Königsherrschaft nicht auf dem Weg der Macht, sondern des Kreuzes.

Auch Lukas betont diese Umkehrung der Wertordnung, wenngleich anders als Markus und Matthäus: Er läßt die Jünger beim letzten Mahl über ihre Rangordnung streiten. Jesus antwortet: „Der Größte unter euch soll werden wie der Kleinste" (Lk 22, 26).

Christliche Kunst hat üblicherweise das Letzte Abendmahl in die eigene Gegenwart versetzt, da es ja in den Liturgien ständig neu gefeiert wurde. Auf seinem berühmten Mailänder Bild malte Leonardo da Vinci die Szene an die Stirnwand eines Speisesaals und ließ dabei Jesus und seine Jünger am erhöhten Tisch sitzen. Seit dem 12. Jh. werden die Apostel meist sitzend um einen Tisch dargestellt, wie auf der Miniatur aus einer syrischen Handschrift (rechts). Nach den Evangelien lagen sie auf Polstern. Das war in der Antike üblich und wurde in frühchristlicher Kunst auch so dargestellt (oben: San Apollinare Nuovo, Ravenna; 6. Jh.). Man wollte darin den Beweis für ein Paschamahl sehen. Doch wird das griechische Wort für „zu Tisch liegen" allgemein gebraucht, z. B. auch für Jesu Tischgemeinschaft mit Zöllnern und Sündern im Hause Levis (Mk 2, 15). Ein Argument dagegen, daß Jesu letztes Mahl ein Paschamahl war: es fehlen die Familien. Weder Frauen noch Kinder sind anwesend. So gleicht die Feier eher einem privaten Mahl einer eng zusammengehörigen religiösen Gruppe (einer „chabura"). Die Entdeckung der Schriftrollen von Qumran rückt das Verständnis des letzten Mahls Jesu näher an die Kurzform des Lukas. Denn die Mitglieder der Qumrangemeinde segneten offenbar Brot und Wein, um das Festmahl des Gottesreiches vorwegzunehmen.

Jesu Verhaftung und Prozeß

Die letzten Stationen des Lebens Jesu sind bekannt. Alle Evangelien berichten von der Verhaftung im Garten Getsemani, von einer Reihe von Gerichtsverhandlungen und dem Todesurteil durch Pilatus. Verschiedenartige Fragen bezüglich des Ablaufs stellen sich. Wer stand wirklich hinter der Beseitigung Jesu? Wie lauteten die Anklagepunkte?

Nach den ersten drei Evangelien sind die Hohenpriester und die Ältesten des Volkes verantwortlich für Jesu Verhaftung; Jesus wird der Prozeß vor dem Sanhedrin (= dem Hohen Rat) gemacht; und die jüdischen Führer, unterstützt von der Menge, betreiben dann die Verurteilung und Tötung durch die Römer. Alle Evangelien entlasten also die Römer auf Kosten der Juden. Doch gibt es Hinweise, daß dieses Bild etwas zu einseitig gezeichnet ist:

Nach Johannes waren Soldaten – doch wohl römische – an der Verhaftung beteiligt; nach Lukas wurden Jesus von Pilatus politische Verbrechen vorgeworfen; alle Evangelien sind sich darin einig, daß Jesus von den Römern hingerichtet wurde. Kreuzigung war eine römische Strafe. (Die jüdische Strafe für Gotteslästerung war Steinigung.) Das Kreuzigungsurteil wurde nicht von einer jüdischen Behörde gefällt.

Der Bericht über den Prozeß vor dem Sanhedrin in Mk 14 ist problematisch. Offenbar ging es hier gar nicht um einen formellen Prozeß, sondern um eine äußerst ungewöhnliche Voruntersuchung. Lukas bestätigt dies. Die Juden brachten Anklagen gegen Jesus vor, welche den römischen Herrschern paßten: „Wir haben festgestellt, daß dieser Mensch unser Volk verführt, es davon abhält, dem Kaiser Steuer zu zahlen, und behauptet, er sei der Messias und König" (Lk 23, 2). Daß Pilatus aufgrund solcher Anklagen urteilte, zeigt die Kreuzesinschrift: „Dies ist Jesus, der König der Juden". Jesus wurde demnach verurteilt als Unruhestifter, vielleicht als Zelot, als jüdischer Freiheitskämpfer.

Nach den Evangelien sollen die Vorwürfe gegen Jesus von jüdischen Führern erfunden worden sein, welche Jesus aus religiösen Gründen loswerden wollten. Sie klagten ihn der Gotteslästerung an, weil er beanspruche, „Christus, der Sohn des Hochgelobten", also der Messias, zu sein. Doch der Anspruch, der Messias zu sein, war keine Gotteslästerung im eigentlichen Sinn. Daß Jesus einzig aus diesem Grund beiseite geschafft worden sei, ist eher unwahrscheinlich.

Ein wahrscheinlicherer Grund für den Gotteslästerungs-Vorwurf ist Jesu angebliche Behauptung, er wolle den Tempel zerstören – nach Mk 14, 58 ein „falsches Zeugnis", auch wenn laut Joh 2, 19 Jesus vom „niederreißen" des Tempels gesprochen hat. Sicher ist, daß Jesus sich die verschiedenen religiösen Führer zu Gegnern gemacht hatte durch seine Einstellung zu Sabbatvorschriften und Gesetzesbefolgung.

Urteilt man nach dem geschichtlichen Zusammenhang, so dürfte der wirkliche Grund für Jesu Tod in der hochgradig gereizten Stimmung zu suchen sein, welche durch die römische Besatzung im Land entstanden war, sowie in dem Bemühen der jüdischen Führer, um jeden Preis eine Form des Zusammenlebens mit den verhaßten Römern zu finden.

Die Bemerkung des Hohenpriesters Kajaphas zu anderen jüdischen Führern, die Johannes wiedergibt, ist vielsagend: „Ihr versteht überhaupt nichts. Ihr bedenkt nicht, daß es besser für euch ist, wenn ein einziger Mensch für das Volk stirbt, als wenn das ganze Volk zugrunde geht" (11, 49 f). Mit anderen Worten: Es ist besser, jemanden zu beseitigen, der die gegenwärtige Ordnung gefährdet, als die Römer herauszufordern.

Die seltsame Geschichte des Jesus Barabbas

Die Evangelien berichten, Pilatus habe versucht, Jesus zu retten, indem er gemäß einem Osterbrauch angeboten habe, einen Gefangenen freizulassen. Doch verlangte die Menge Barabbas, der beschuldigt wurde, einen Aufstand angezettelt und gemordet zu haben. „Aufrührer" entspricht dem Wort, das der jüdische Geschichtsschreiber Josephus für „Zelot" verwendet. Die Erzählung der Evangelien zeigt Jesu widersinniges Los: Ein offensichtlicher Freiheitskämpfer wird freigelassen, und einer, der Gewaltlosigkeit predigt, wird als Aufrührer verurteilt.

Diese seltsame Geschichte hat zu manchen Fragen geführt: Waren Jesus und Barabbas etwa gemeinsam an einem Aufstandsversuch beteiligt, wobei Jesus den Tempel einnehmen und Barabbas die Zitadelle stürmen sollte? Sind sie vielleicht nach dem Scheitern beide gemeinsam verhaftet worden?

Obwohl viele Juden gehofft haben mögen, Jesus werde einen Freiheitskampf führen, ist obige Vermutung jedoch äußerst unwahrscheinlich. Eine Hauptschwierigkeit der Barabbas-Geschichte besteht auch darin, daß es nirgends einen Beleg für den Brauch der Gefangenen-Freilassung am Fest gibt. Wenn Barabbas zum Tod verurteilt war, konnte nur der Kaiser ihn begnadigen; und daß ein Statthalter ausgerechnet einen gewalttätigen Freiheitskämpfer freilassen würde, klingt nicht überzeugend. Zum Charakter des Pilatus paßt es erst recht nicht. Seltsam ist ferner der Name des Mannes: Einer der Texte scheint ihn zunächst als „Jesus Bar-Abbas" gelesen zu haben. Vermutlich wurde „Jesus" aus den Matthäushandschriften getilgt, weil man diesen heiligen Namen keinem Räuber belassen wollte. Bar-Abbas wiederum heißt „Sohn des Vaters". Das ist genau die Bezeichnung, die Jesus nach dem Johannesevangelium zukommt. Eine merkwürdige Geschichte. Ob sie sich aus einem Mißverständnis entwickelte?

Pontius Pilatus: ein Mann der Vorsicht oder ein Tyrann?

Dieser Stein aus dem Theater von Cäsarea enthält die einzige bekannte Inschrift mit dem Namen des Pilatus: „[Pon]tius Pilatus" – zu lesen unter „Tiberieum". Nach dem jüdischen Geschichtsschreiber Josephus war Pilatus während seiner Statthalterschaft über Juda in verschiedene Auseinandersetzungen mit den Juden verwickelt. Er war ein harter Herrscher. Ruhe und Ordnung waren seine obersten Leitlinien in dieser heiklen römischen Provinz. Er wußte um den politischen Sprengstoff der jüdischen Religion und wollte sich keine Kompromisse leisten.

Die Evangelien zeigen einen ganz anderen Charakter: Pilatus läßt sich in Diskussionen über Unschuld und Wahrheit ein und nimmt Rücksicht auf den Mob. Doch Pilatus war von Tiberius' Minister Sejanus eingesetzt worden. Dieser wurde wegen Verrats 31 n. Chr. verurteilt. Seine Leute (z. B. Pilatus) wurden in Rom beargwöhnt. Wenn Jesu Kreuzigung nach 31 stattfand, konnte der Vorwurf schwer wiegen: „Wenn du diesen freiläßt, bist du kein Freund des Kaisers" (Joh 19, 12).

Nach dem Urteil

„Pilatus entschied, daß ihre Forderung erfüllt werden solle. Er ließ den Mann frei, der wegen Aufruhrs und Mordes im Gefängnis saß und den sie gefordert hatten. Jesus aber lieferte er ihnen aus, wie sie es verlangten" (Lk 23, 24 f).

Nachdem Jesus sein Kreuz zum Hinrichtungsplatz getragen hatte, wurde er zwischen zwei Verbrechern gekreuzigt. Mit Ausnahme des Verbrennens bei lebendigem Leib war Kreuzigung die grausamste Todesstrafe.

Die einzige „Erleichterung" bei dieser Hinrichtungsart: grausame Geißelung vor der Kreuzigung schwächte die Widerstandskraft und ließ das Opfer schneller sterben. Dabei wurde ein Flagellum verwendet, eine Geißel, die mit fleischaufreißenden Haken bestückt war und mit jedem Hieb blutige Striemen über den Körper zog.

Der genaue Weg, den Jesus vom Prozeßort aus nach Kalvaria ging, ist ungewiß, da die Zerstörung Jerusalems 70 n. Chr. durch die Römer die Stadt weitgehend dem Erdboden gleichmachte. Ungewiß ist darüber hinaus, ob Jesus in der Antonia (1) beim Tempel (2) verurteilt wurde oder ob Pilatus im oberen Palast des Herodes (3) residierte. Heutige Bibelwissenschaftler neigen zu letzterem. Jesu Weg nach Golgota (4) entspräche dann der Linie (5). Die frühere Annahme ist aber nicht widerlegt. So könnte der Kreuzweg der Linie (6) entsprochen haben. Die Linie (7) zeigt den möglichen Weg vom Garten Getsemani ins Haus des Kajaphas, das bei (8) oder (9) gelegen hat.

Die dritte Kreuzwegstation (unten) markiert die Stelle, wo Jesus erstmals unter seiner schweren Last stürzte. Die Evangelien erwähnen diese Begebenheit nicht, doch ist die Tradition alt, und kurz danach braucht Jesus Hilfe beim Kreuztragen. Dieses Relief steht über dem Eingang der polnischen Kapelle an der Via Dolorosa.

Welchen Weg auch immer Jesus gegangen ist – was sich zwischen Verurteilung und Grablegung ereignete, wird in 14 Stationen des Kreuzwegs verehrt: zunächst die Verurteilung zum Tod, dann die Übernahme des Kreuzes, der erste Sturz, die Begegnung mit seiner Mutter, die Nötigung Simons von Zyrene, das Kreuz zu tragen, die Begegnung mit der Jerusalemerin Veronika, die ihm mit ihrem Schweißtuch das Gesicht abwischte (worauf seine Züge auf dem Leinen haftengeblieben seien). Die 7. Station gilt Jesu zweitem Sturz, darauf trifft er eine Gruppe weinender Frauen, die er auffordert, nicht an ihn, sondern an ihr eigenes Schicksal zu denken; zum dritten Mal fällt Jesus bei der 9. Station; dann wird er seiner Kleider beraubt und ans Kreuz genagelt. Am Kreuz stirbt er; sein Leichnam wird abgenommen und ins Grab gelegt.

Gekreuzigt

„Gekreuzigt unter Pontius Pilatus" – die Worte aus dem christlichen Credo bezeichnen einen Eckstein christlichen Glaubens. Als geschichtliche Tatsache ist das Ereignis gut belegt. Der römische Geschichtsschreiber Tacitus schreibt bezüglich der Christen: „Christus, der ihnen den Namen gegeben hat, wurde von Pontius Pilatus unter Tiberius zum Tod verurteilt" (Annalen 15.44).

Gemäß den Evangelien wurde Jesus nach der Verurteilung außerhalb der Stadt zwischen zwei Verbrechern oder Aufständischen gekreuzigt, vor den Augen von Frauen aus seinem Kreis und vielen Gaffern. Dann habe sich im ganzen Land eine Finsternis ausgebreitet, und bei seinem Tod „riß der Vorhang im Tempel von oben bis unten entzwei. Die Erde bebte, und die Felsen spalteten sich" (Mt 27,51).

Nach dem römischen Staatsmann Cicero war die Kreuzigung die Höchststrafe. Sie wurde nur selten für Römer angewandt und galt als typische Sklavenstrafe. Jesus war kein Sklave, doch haben frühchristliche Schriftsteller die Sklavenstrafe zum Anlaß genommen, ihn dem „leidenden Knecht" (oder Sklaven) des Jesajabuches gleichzustellen; und in dem Hymnus, den Paulus im Philipperbrief wiedergibt, singen Christen, Jesus habe die Gestalt eines Sklaven angenommen und sei gekreuzigt worden (Phil 2,7 f).

Kreuzigung war insbesondere die Strafe für Aufruhr gegen Rom sowie für Räuberei; Freiheitskämpfer wurden denn auch „Räuber" genannt.

Die Inschrift, die an Jesu Kreuz geheftet wurde, enthielt die Anklage (Mk 15,26). In den vier Evangelien wird sie mit geringfügigen Unterschieden wiedergegeben, doch bei allen heißt es „König der Juden".

Jesus wurde nicht als Gotteslästerer verurteilt (worauf bei den Juden Steinigung stand, vgl. Lev 24,13–16; Apg 7,57 f), sondern als Revolutionär, der sich dem Kaiser widersetzt hatte. Er galt als Gefahr für die Herrscher in Judäa und Rom. Doch war er ein ungewöhnlicher Revolutionär, einer, der nicht auf Gewalt, sondern auf Gewaltlosigkeit setzte.

Bei einer Kreuzigung begann normalerweise der Todeskampf des Verurteilten, bevor er ans Kreuz genagelt wurde. Die vorausgegangene Geißelung sollte ihn schwächen. Dann mußte er den Kreuzesbalken durch die Straßen tragen. Die Inschrift mit dem Schuldurteil wurde vor ihm hergetragen oder um seinen Hals gehängt. Der senkrechte Kreuzbalken stand fest in der Erde am Hinrichtungsplatz. Bei der Ankunft dort wurde der Verurteilte ausgezogen und flach auf den Rücken gelegt. Der Querbalken wurde unter seinen Nacken geschoben und seine Hände festgebunden. Die Hände wurden dann angenagelt. Das Querholz wurde mit Seilen hochgezogen und als T-Balken festgenagelt. Das Gewicht des Körpers trug ein Pflock. Die Füße nagelte man am aufrechten Balken an. Die Opfer starben an Erschöpfung oder Hunger. Gelegentlich wurde mit einem Lanzenstich der Tod beschleunigt. Den Leichnam ließ man am Kreuz zerfallen; zuweilen überließ man ihn Freunden des Opfers.

Kreuzigung galt als schändlich und ehrlos – was den ersten Christen von den Heiden weidlich vorgehalten wurde. Die Christen verstanden sehr wohl, warum Paulus sagen konnte, dieser verkündigte Gekreuzigte sei „für Juden ein empörendes Ärgernis, für Heiden eine Torheit" (1 Kor 1,23). Doch sie erkannten Gottes Macht und Weisheit hinter vordergründiger Schande und Mißerfolg. Sie sahen „Gott regierend vom Kreuz" (= christliche Fassung von Psalm 96,10).

Die römische Kreuzigung
Die Zeichnung zeigt eine typische römische Kreuzigung mit Nägeln durch die Handwurzeln, geknickten Beinen und Füßen, die an den aufrechten Balken durch ein Brett hindurch angenagelt wurden. Die Evangelien reden nur von Nägeln durch die Hände; doch hätten diese das Gewicht nicht getragen, wenn nicht die Arme festgebunden gewesen wären.

Ein römisches Spottbild auf Jesus?
Eine der ersten bekannten Darstellungen der Kreuzigung Jesu ist diese Kritzelei an einer Hauswand auf dem Palatin in Rom, wo das Opfer mit einem Eselskopf dargestellt ist. (Eine damals geläufige Verunglimpfung behauptete, Juden verehrten einen eselsköpfigen Gott.) Daneben steht eine männliche Gestalt, den Arm zum Gebet erhoben. Darunter die Inschrift: „Alexamenos verehrt Gott." Vermutlich verspotten da römische Sklaven einen Kollegen, der Christ geworden war.

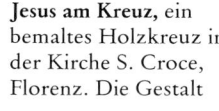

Jesus am Kreuz, ein bemaltes Holzkreuz in der Kirche S. Croce, Florenz. Die Gestalt neben der rechten Hand ist seine Mutter Maria, links der Apostel Johannes.

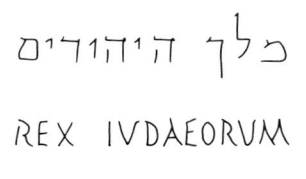

מלך היהודים

REX IVDAEORVM

OBACIΛΕΥC TШNIOYΔAIШN

Nach Johannes
(19, 19–24) schrieb Pilatus selbst die Kreuzesinschrift für den verurteilten Jesus. Diese Tafel hängte man Verbrechern auf dem Weg zur Hinrichtung um den Hals und nagelte sie dann über dem Kopf an. Johannes berichtet, die Inschrift habe gelautet: „Jesus, der Nazarener, König der Juden". Die anderen Evangelisten haben kleine Unterschiede. Alle aber erwähnen die Worte: „König der Juden", geschrieben in Hebräisch, Latein und Griechisch.

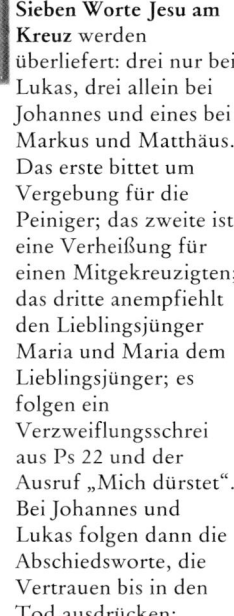

Sieben Worte Jesu am Kreuz werden überliefert: drei nur bei Lukas, drei allein bei Johannes und eines bei Markus und Matthäus. Das erste bittet um Vergebung für die Peiniger; das zweite ist eine Verheißung für einen Mitgekreuzigten; das dritte anempfiehlt den Lieblingsjünger Maria und Maria dem Lieblingsjünger; es folgen ein Verzweiflungsschrei aus Ps 22 und der Ausruf „Mich dürstet". Bei Johannes und Lukas folgen dann die Abschiedsworte, die Vertrauen bis in den Tod ausdrücken:

„Vater, vergib ihnen, denn sie wissen nicht, was sie tun" (Lk 23, 34).
„Amen, ich sage dir: Heute noch wirst du mit mir im Paradies sein" (Lk 23, 43).
„Frau, siehe, dein Sohn … siehe, deine Mutter" (Joh 19, 26 f).
„Eloï, Eloï, lema sabachtani?" (Mein Gott, mein Gott, warum hast du mich verlassen?) (Mk 15, 34; Mt 27, 46).
„Mich dürstet" (Joh 19, 28).
„Vater, in deine Hände lege ich meinen Geist" (Lk 23, 46).
„Es ist vollbracht" (Joh 19, 30).

163

Auferstanden vom Tod

Nachdem Jesus am Kreuz gestorben war, so berichten alle Evangelien, sei Josef, ein Mann aus Arimathäa (einem nicht sicher identifizierbaren Ort), zu Pilatus gegangen und habe um den Leichnam Jesu gebeten. Eine alte Handschrift beschreibt diesen Josef als „Freund des Pilatus wie auch Jesu". Pilatus entsprach der Bitte. Josef nahm die Leiche und hüllte sie in Leinwand – nach Johannes unterstützt von Nikodemus, einem Mitglied des Sanhedrin.

Angesichts des bevorstehenden Sabbats war Eile geboten. Die Leiche wurde in ein noch unbenutztes Felsengrab gelegt. Johannes berichtet, es habe in einem Garten nahe bei der Hinrichtungsstätte gelegen. Das Grab wurde mit einem schweren, radförmigen Stein verschlossen. Matthäus weiß zusätzlich von einer Grabwache.

Was danach geschah, ist unbekannt. Matthäus berichtet als einziger von einem Erdbeben. Alle Evangelien stimmen darin überein, daß Maria Magdalene entweder allein oder mit anderen Frauen frühmorgens zum Grab kam (mit Spezereien für die Salbung der Leiche) und das Grab offen und leer fand. Markus weiß von einem, Lukas von zwei weißgewandeten Männern, Matthäus von einem Engel, die ihnen sagten, Jesus sei auferstanden, wie er es versprochen habe. Johannes erzählt eine wunderschöne Geschichte: Wie Maria Magdalene, trostlos umherirrend, auf eine Gestalt stößt, die sie zunächst für den Gärtner hält, dann aber merkt, daß es Jesus ist, der sich jedoch nicht anfassen läßt. Ein Handwerker hätte übrigens in der Tat bloß einen Lendenschurz getragen, und dies war wohl auch das einzige Kleidungsstück, das man einem Gekreuzigten ließ.

Die Evangelien berichten dann eine Reihe von Erscheinungen Jesu vor seinen Jüngern – einzeln und in Gruppen. Besonders beeindruckend ist diejenige vor den beiden Wanderern nach Emmaus, die in ihrem Reisebegleiter erst dann Jesus erkennen, als er ihnen beim Nachtmahl das Brot bricht.

Doch der Leib, in welchem Jesus erscheint, ist kein gewöhnlicher Körper. Trotz der Geschichte vom zweifelnden Thomas, der ihn berühren darf, und einer weiteren, in welcher er mit den Jüngern ißt (beide bei Johannes), ist da auch von einem Erscheinen in einem Raum mit verschlossenen Türen und von plötzlichem Verschwinden die Rede. Paulus zählt seine Begebenheit auf dem Weg nach Damaskus zu den anderen Erscheinungen (1 Kor 15, 8).

Erscheinungen gab es während einer gewissen Zeit; dann nahm Jesus seine Jünger mit auf den Ölberg, segnete sie, wurde hinweggehoben und verschwand in einer Wolke. Man spricht von seiner „Himmelfahrt". Die Jünger kehrten nach Jerusalem zurück und warteten auf den Geist.

Was auch immer dann geschah, eines ist gewiß: Jünger, die ihren Meister verleugnet hatten und vor den Häschern geflohen waren, fanden wieder zusammen, traten plötzlich unerschrocken auf und verkündigten Jesus: „Er ist auferstanden."

Wäre Jesus nicht wirklich gestorben, sondern nur ohnmächtig geworden, ließen sich weder die neue Überzeugung der Jünger noch die eigentümliche Art der Erscheinungen erklären. Wäre sein Leichnam gestohlen worden, wäre zwar das leere Grab, nicht aber die Erfahrung seiner Gegenwart verständlich. Auch Betrug paßt ausgesprochen schlecht zu dem erst überängstlichen und dann plötzlich so mutigen Verhalten der Jünger. Sicher ist die Überzeugung der Jünger, daß sie Jesus nach seiner Kreuzigung lebendig gegenwärtig erfahren haben. Diese Überzeugung – nicht das leere Grab – ist das Fundament, auf dem die christliche Kirche gebaut wurde.

Ein Mosaik des 6. Jh. aus San Apollinare Nuovo, Ravenna, zeigt einen Engel mit Maria, der Mutter des Jakobus, und Maria Magdalene. Sie stehen erschreckt vor Jesu leerem Grab. „Plötzlich entstand ein gewaltiges Erdbeben, denn ein Engel des Herrn kam vom Himmel herab, trat an das Grab, wälzte den Stein weg und setzte sich darauf" (Mt 28, 2). Radförmige Steine (unten links) wurden zur Zeit Jesu verwendet, um Grabräuber zu behindern. Es war nämlich üblich, den Verstorbenen Wertgegenstände mitzugeben. Der Stein wurde auf eine Bahn mit Gefälle gelegt, so daß man einen Keil brauchte, um ihn beiseite zu schieben und das Grab zu betreten.

Jesu Himmelfahrt ist hier auf einer Ikone der St.-Neophytos-Kirche in Paphos, Zypern, dargestellt. Jesus erschien mehrmals seinen Jüngern, ehe er in den Himmel aufgenommen wurde.

Das Geheimnis von Turin:
Jesu Leichentuch oder mittelalterliche Fälschung?
Seit 1578 besitzt die Kathedrale von Turin ein Stück Leinen von der Art eines Leichentuches, das die Züge einer Männergestalt von 1,80 m Größe zeigt mit majestätischem Ausdruck, semitischem Gesicht und Bart.

Die Gestalt muß gegeißelt (Hiebspuren auf der Rückseite) und gekreuzigt worden sein, mit Nägeln durch Handwurzeln und Knöchel. Die Webart stimmt mit damaliger Technik überein; Getreidepollen, die sich darin fanden, enthalten Pflanzen, die für Jerusalem und Edessa charakteristisch sind. Könnte das Linnen Jesu Grabtuch sein?

Das Tuch kam von Frankreich nach Italien, so viel ist sicher. Der Rest bleibt Vermutung. Es gibt eine Überlieferung, nach welcher Thaddäus, einer der Jünger, nach der Kreuzigung ein Porträt Jesu nach Edessa in die südliche Türkei brachte, wo König Abgar V. sich zum Christentum bekehrte. Dieses Tuch, genannt „Mandylion" oder „Bild von Edessa", wurde 525 in einer Nische über dem Westtor Edessas gefunden. Seine Züge haben viele Darstellungen christlicher Kunst angeregt.

Das Mandylion kam dann nach Konstantinopel und verschwand dort anläßlich der Plünderung durch die Kreuzfahrer im Jahre 1204. Möglich, daß es damals nach Frankreich und von dort nach Turin gelangt ist.

Wissenschaftliche Untersuchungen sind noch im Gang. Offensichtlich stammt das Tuch aus der Antike und ist nicht künstlich entstanden. Es zeigt vielmehr den echten Abdruck eines gegeißelten und gekreuzigten Mannes. Ob es sich bei diesem aber um Jesus selbst handelt, ist noch ungeklärt.

Pfingsten

Ursprünglich ein Erntefest, wurde Pfingsten im Judentum auch der Gedenktag der Gesetzesübergabe am Sinai (siehe S. 40). An ihm kamen Juden aus aller Herren Länder zum Feiern nach Jerusalem.

An jenem Pfingstmorgen, von dem die Apostelgeschichte in Kapitel 2 berichtet, waren Jesu Jünger in einem Obergemach versammelt, als plötzlich ein Windstoß das Haus erfaßte und etwas wie „Feuerzungen" auf den Kopf eines jeden herabkam. Wind und Feuer sind vertraute Begleiterscheinungen des Eingreifens Gottes, man denke bloß an die Erscheinung am Sinai (Ex 19, 16). Doch jetzt kennzeichnen sie die Gabe, die Jesus verheißen hat: den Heiligen Geist.

Wenn in der Vergangenheit Gottes Geist über Menschen kam, verwandelte er sie, gab ihnen die Macht, Wunder zu wirken, oder ließ sie in verzückter prophetischer Rede reden (Num 11, 25). Als nun Flammen über die Jünger kamen, wurden sie erfüllt oder „getauft" mit dem Geist und begannen in verschiedenen Sprachen zu sprechen (Apg 2, 4).

Das „Brausen, wie wenn ein heftiger Sturm daherfährt", wurde nicht bloß von den Jüngern wahrgenommen, sondern ebenso von einer sich versammelnden Menge „aus allen Völkern unter dem Himmel" – eine Anspielung auf die Geschichte vom Turmbau zu Babel (siehe S. 16–19), wo Gott die Verschiedenheit der Sprachen verursacht hatte.

Es ist nicht sicher, ob die Jünger all die Sprachen der verschiedenen Völker sprachen oder bloß ihren galiläischen Dialekt. Vielleicht sprachen sie nicht in verständlichen Sätzen, sondern in „ekstatischen Lauten". Doch wie immer die Jünger gesprochen haben mögen, die Menge verstand, daß sie Gott priesen und seine Machttaten besangen (Apg 2, 11).

Danach begann Petrus zu predigen, indem er in Begriffen, die den Juden vertraut waren, die Bedeutung Jesu als Messias darlegte und seine Auferstehung verkündigte. Am Ende glaubte eine große Zahl von Menschen und ließ sich taufen. So fing es mit der Kirche an.

Für Lukas, den Verfasser der Apostelgeschichte, ist die Herabkunft des Geistes auf die in Jerusalem versammelten Jünger der entscheidende Wendepunkt. In seinem Evangelium hatte er dargestellt, was Jesus getan und gelehrt hatte. In der Apostelgeschichte zeigt er nun auf, wie Jesus weiterhin wirkt durch seine Zeugen, die Jünger.

Durch die neue Anwesenheit Jesu im Heiligen Geist wurde aus den Glaubenden die Kirche; sie sollten nun Jesu Zeugen sein „in Jerusalem und in ganz Judäa und Samarien und bis an die Grenzen der Erde" (Apg 1, 8).

Jerusalem als Geburtsstadt der Kirche hat symbolische Bedeutung. Im Alten Testament war angekündigt worden, Gott werde die Herrlichkeit für alle Völker nach Jerusalem bringen (Jes 66), und Boten sollten von dort ausgehen, in die Länder, die noch nichts von Gottes Namen gehört hatten (Jes 66, 19).

Lukas' Evangelium zeichnet Jesu Wirken als Weg nach Jerusalem; es endet mit der Begegnung vom Auferstandenen und den Jüngern, die er beauftragt, die Botschaft der Sündenvergebung und Erlösung zu verkünden.

Die Apostelgeschichte beginnt mit der Erinnerung, daß diese Aufgabe von Jerusalem aus in Angriff genommen werden soll, jedoch erst, nachdem die Jünger den Geist empfangen haben. So soll das Wachstum der Kirche dargestellt und die Rolle des Geistes betont werden, der den Jüngern die Kraft zur Verkündigung gibt.

Die Kraft des Geistes

Es gibt in der Bibel überaus zahlreiche Aussagen über den Geist, den Geist Gottes und den Heiligen Geist. Im Alten Testament wurden Führungsqualitäten und Kraft als Gaben des Geistes bezeichnet. Die Einsicht, mit welcher ein Prophet Dinge wahrnahm, die andern verhüllt blieben, wurde der Gabe des Geistes zugeschrieben. Diese Gabe erlaubte den Propheten, unbeirrt ihre Botschaft als Wort Jahwes zu verkünden.

Gott führte die Anführer, erleuchtete die Propheten und rief so sein Volk zu sich und machte es fähig, ihm zu folgen. Als das Volk ungehorsam wurde, versprach er trotzdem, den erneuernden Geist auf sie und alle Menschen zu senden: „Ich schenke euch ein neues Herz und lege einen neuen Geist in euch. Ich nehme das Herz von Stein aus eurer Brust und gebe euch ein Herz von Fleisch" (Ez 36, 26).

Jesus hat nach den Evangelien den Geist bei seiner Taufe bekommen. Bei seinem Auftritt in Nazaret zitiert er Jes 61, 1f: „Der Geist des Herrn ruht auf mir" (Lk 4, 18). Jesu Werke, die Weisheit seiner Lehre und seine Wohltaten sind für ihn Wirkungen des Geistes. Er verspricht den Jüngern den Geist (Joh 14, 17.26), und fast auf jeder Seite betont die Apostelgeschichte, daß die Kirche vom Geist geleitet wird.

Die Gegenwart des Geistes zeigt sich in verschiedenartigen Gaben, welche die Glieder der Gemeinde bekommen zum Aufbau eben dieser Gemeinde (1 Kor 12, 1–11). Durch Jesu Worte und Taten kamen Christen dazu, Gott im Schöpfer-Vater, in Jesus Christus, seinem Sohn, und in der Gegenwart des Heiligen Geistes zu erkennen. Darum ist für sie Gott einer, doch auch drei: Vater, Sohn und Heiliger Geist.

„In Jerusalem wohnten fromme Männer aus allen Völkern … Parther, Meder und Elamiter, Bewohner von Mesopotamien, Judäa und Kappadozien, von Pontus und der Provinz Asien, von Phrygien und Pamphylien, von Ägypten und dem Gebiet Libyens nach Zyrene hin, auch die Römer, die sich hier aufhalten, Juden und Proselyten, Kreter und Araber" (Apg 2, 5–10). Handelt es sich um Pilger oder – wahrscheinlicher – Bewohner der Stadt? Die Liste enthält fast die gesamte damals bekannte Welt. Man findet ähnliche Listen in alten astrologischen Dokumenten, in welchen Nationen von Osten nach Westen und von Norden nach Süden aufgezählt wurden.

Simon Petrus (oben) wurde als Leiter der jungen Kirche akzeptiert. Er war es, der an Pfingsten das Wort ergriff und die Geschehnisse deutete. Sein Name war Simon, sein Herkunftsort Betsaida beim See Gennesaret, sein Beruf Fischer. Sein Bruder Andreas brachte ihn zu Jesus, der ihm den Beinamen Petrus oder Kephas (= Fels) gab. Sein Charakter war ungestüm und heftig. Jesus sah seine Schwächen, sah aber auch seine Stärke und Treue, die sich schließlich durchsetzen würden. Petrus war immer dabei, wenn nur eine kleine Gruppe Jesus umgab. In Cäsarea Philippi war er es, der Jesus als Messias bekannte. Dafür erhielt er die Zusage: „Auf diesen Felsen werde ich meine Kirche bauen" (Mt 16, 18). Doch als Jesus offenbarte, der Messias werde umkommen, erhob Petrus Einspruch und wurde dafür scharf getadelt. Er war es dann wieder, der in Getsemani Jesus mit Gewalt verteidigen wollte. Nach der Verhaftung verleugnete er seinen Meister dreimal. Nach der Auferstehung beteuerte er dreimal seine Liebe zu Jesus, der ihn beauftragte, seine Schafe zu weiden. So trat Petrus predigend und heilend auf und nahm Verfolgungen mutig in Kauf. Er war es, der den Heiden Kornelius zur Kirche zuließ. Paulus wirft ihm später vor, nicht konsequent geblieben zu sein. Wahrscheinlich kam er schließlich nach Rom. Als eine Verfolgung ausbrach, soll er versucht haben zu fliehen. Nach einer Legende begegnete ihm Jesus und schickte ihn zurück. Er wurde schließlich mit dem Kopf nach unten gekreuzigt.

Dieses Bild (links) aus einem Psalter des 13. Jh. zeigt oben die Himmelfahrt und unten Pfingsten. Pfingsten (der 50. Tag nach Ostern) ist ein wichtiges christliches und jüdisches Fest im Frühjahr nach der Getreideernte. Am ersten Pfingstfest nach Jesu Tod und Auferstehung kam der Heilige Geist über seine Jünger. Deshalb ist Pfingsten für Christen das Fest der Herabkunft des Geistes.

167

Philippus bekehrt den Äthiopier

Auf der Straße von Jerusalem nach Gaza begegnete Philippus, ein Jerusalemer Christ, dem Wagen eines Kämmerers und Hofbeamten der Königin von Äthiopien. Philippus hörte, daß der Mann aus dem Buch Jesaja las, und fragte ihn, ob er den Text verstehe. Der Mann lud ihn ein, ihn durch den Text zu führen. Philippus fing mit dem Jesajakapitel an und ging dazu über, ihm die Gute Nachricht von Jesus zu erklären.

Bald kamen sie zu einer Wasserstelle, und der Mann bat Philippus, ihn zu taufen. „Als sie aber aus dem Wasser stiegen, entführte der Geist des Herrn den Philippus. Der Kämmerer sah ihn nicht mehr, und er zog voll Freude weiter" (Apg 8, 39).

Die Geschichte von Philippus und dem Äthiopier macht eine bedeutsame Entwicklung der jungen Kirche sichtbar. Zunächst bildeten die Jesusjünger eine Gruppe innerhalb des Judentums; doch bald wurden radikale Unterschiede zwischen dem neuen Glauben und der herkömmlichen jüdischen Religion deutlich. Um Christ zu werden, brauchte man nicht mehr das jüdische Gesetz zu übernehmen (Apg 15).

Philippus war einer der sieben Diakone, die gewählt wurden, um eine gerechte Verteilung materieller Güter unter den Jerusalemer Christen zu sichern. Die griechisch sprechende Gruppe (= die „Hellenisten") hatte sich beschwert, ihre Bedürftigen würden übergangen (Apg 6, 1–6). Die Namen der Diakone klingen allesamt griechisch. Wahrscheinlich gehörten sie zu den genannten Hellenisten, d. h. Juden, die aus verschiedensten Ländern der Diaspora nach Palästina gekommen waren. Sie scheinen landsmannschaftliche Gruppen mit eigenen Synagogen gebildet zu haben. Vermutlich unterschieden sie sich von den in Palästina geborenen, hebräisch sprechenden Juden nicht nur durch ihre Sprache, sondern auch durch religiöse Einstellungen und Bräuche.

Möglicherweise waren Christen dieser Herkunft leichter als palästinensische bereit, den Nichtjuden zu predigen; so wurden sie Wegbereiter der Heidenmission. Stephanus und seine Mitdiakone beschränkten sich nicht auf soziale Aufgaben. Stephanus wurde wegen seiner freimütigen Predigt gesteinigt, und die hellenistischen Christen wurden in der anschließenden Verfolgung gezwungen, Jerusalem zu verlassen. Das Tätigkeitsfeld des Philippus wurde Samaria; andere zogen nach Phönizien, Zypern und Antiochien.

„Ein Engel des Herrn" hatte Philippus mit dem Äthiopier zusammengeführt. Äthiopien meint hier vermutlich den nördlichen Sudan, wo in apostolischer Zeit die kuschitischen Könige von Meroë über Nubien herrschten. Der Äthiopier wird auch „Eunuch" genannt, was ihn – wörtlich verstanden – von der Teilnahme am jüdischen Kult ausgeschlossen hätte (Dtn 23, 1). In orientalischer Hofsprache wurden aber öfters Beamte Eunuchen genannt, ohne es wirklich zu sein. Vielleicht ist die Bezeichnung hier absichtlich gewählt, um auszudrücken, daß das Christentum niemanden wegen körperlicher Mängel ausschließt; Philippus predigte ihm freimütig die Gute Nachricht von Jesus, so daß dieser Pilger, der Gott bei den Juden gesucht hatte, im Glauben an Jesus das fand, wozu er sich auf den Weg gemacht hatte.

Die entscheidende Zeile in der Geschichte ist wohl die Frage des Eunuchen: „Was steht meiner Taufe noch im Weg?" Die Antwort ist natürlich: Nichts. Von jetzt an gibt es keinen Unterschied zwischen Juden und Heiden, zwischen Mann und Frau (Gal 3, 28). Der Glaube kann sich nun frei über alle Völker ausbreiten, sogar durch einen solchen Neubekehrten, der nach Hause zurückkehrte und die Botschaft von Jesus seinen Landsleuten in Nubien brachte.

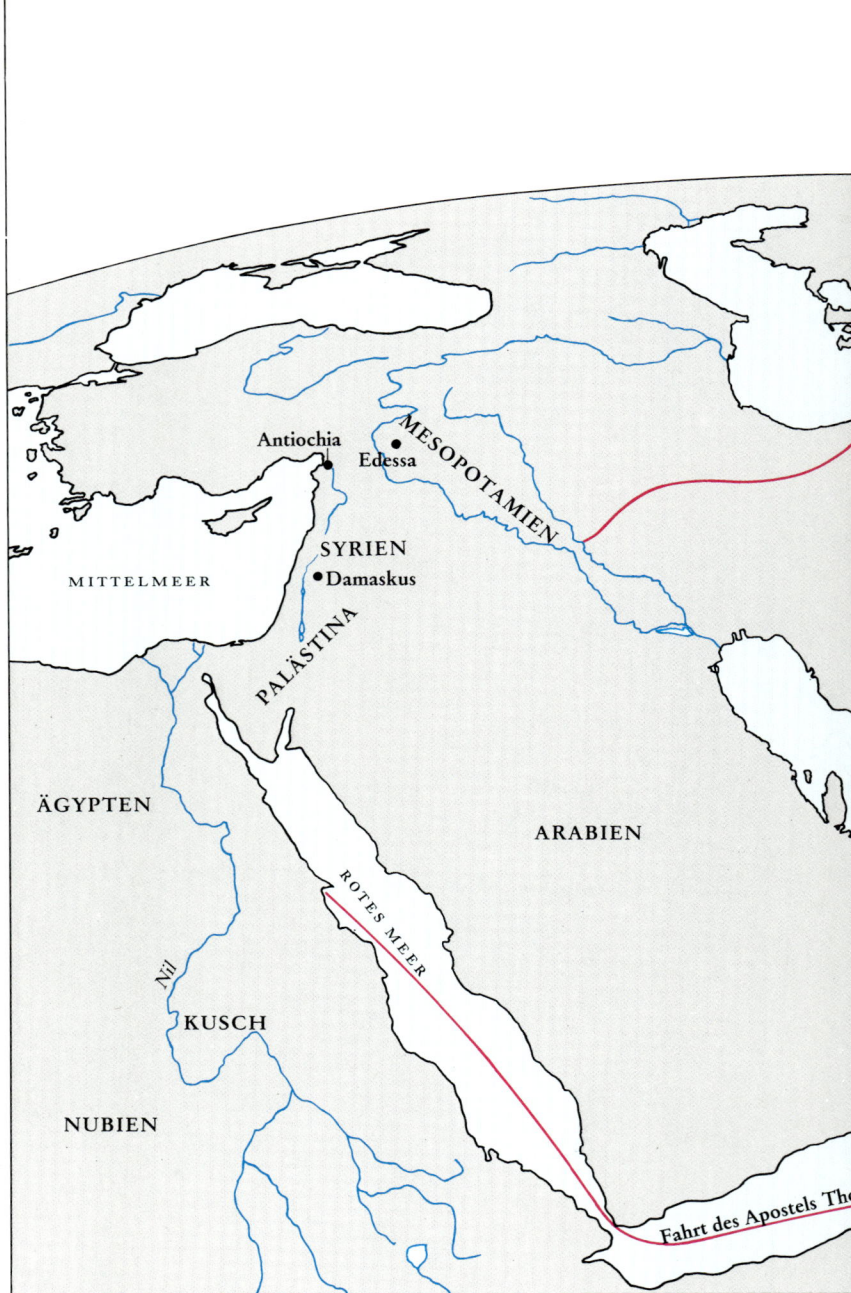

„Wie ein Schaf wurde er zum Schlachten geführt; und wie ein Lamm, das verstummt, wenn man es schert" (Apg 8, 32). Der Eunuch las diesen Abschnitt aus Jes 53, 7, als er Philippus traf. Unter den Rollen aus den Höhlen von Qumran fand sich dieser berühmte Jesaja-Text (Ausschnitt, links).

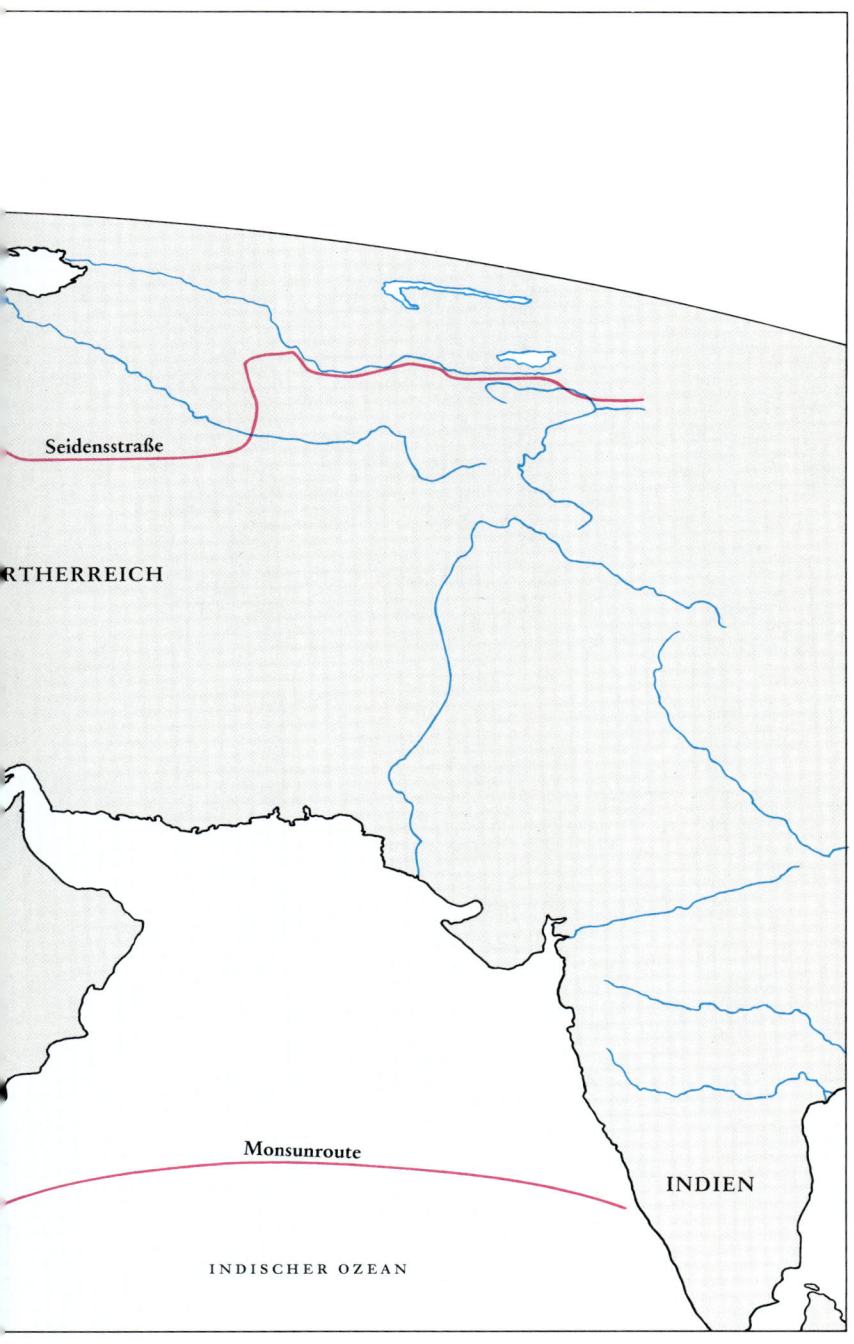

Antiochia: die zweite Stadt der frühen Christenheit

„Einige von ihnen ... verkündeten, als sie nach Antiochia kamen, auch den Griechen das Evangelium von Jesus, dem Herrn" (Apg 11, 20). Antiochia ist berühmt wegen seiner „Höhlenkirche" (oben) – vielleicht die erste Kirche der Christenheit. Hier wurden die Jünger erstmals „Christen" genannt (Apg 11, 26).

Antiochia wurde das Zentrum der Heidenmission. Hierher kamen Barnabas von Jerusalem und Paulus aus Tarsus; hier wurden sie „ausgewählt zum Werk, zu dem der Geist sie berufen hatte". Antiochia wurde zum wichtigsten Zentrum nach Jerusalem; von hier aus unternahm Paulus seine Missionsreisen.

Die frühe Ausbreitung des Christentums

Die Geschichte von Philippus und dem äthiopischen Beamten beleuchtet die Verbindungen, die jahrhundertelang zwischen Palästina und Ländern des heutigen Afrika bestanden. Ägypten ist in der Bibel besser bekannt als die südlicheren Länder, doch gab es gute Beziehungen zu den Königtümern des oberen Niltales und entlang dem Roten Meer (heute Sudan und Äthiopien). Das Königreich von Kusch in Nubien, zwischen Assuan und Khartum, war gar stark genug, den Pharaonen für hundert Jahre (im 8. Jh. v. Chr.) die Macht über ganz Ägypten abzunehmen. „Äthiopien" meint in alten Texten eher dieses Nubien mit den Hauptstädten Napata, später Meroë, als das heutige Äthiopien, welches seinerseits dem alten Königtum von Axum weiter südöstlich in der Nähe des Roten Meers entspricht. Das Christentum setzte sich in Axum spätestens zur Zeit des Königs Ezana um 340 n. Chr. durch, könnte aber schon früher Fuß gefaßt haben. Nach einer Legende hat der Evangelist Matthäus Äthiopien missioniert. Zweifelhaft ist, ob der äthiopische Beamte in der Apostelgeschichte ein Axumite war; er kam wohl eher aus dem nubischen Königreich von Meroë.

Königinnen (oder wahrscheinlicher Königinnenmütter) mit dem Titel „Kandake" werden in alten Schriften über das nubische Königreich erwähnt. Man kann ihre Gräber heute noch sehen. Daß ein Minister der Kandake nach Jerusalem pilgerte und jüdische Schriften las, läßt eine nicht bloß oberflächliche Beziehung zwischen Palästina und Kusch vermuten (siehe auch Num 12, 1). Dies ist gleichzeitig ein Hinweis, daß das Christentum diese afrikanischen Königreiche recht früh erreichen konnte.

Das Christentum breitete sich schnell südwärts und ostwärts aus. Missionare trugen die Botschaft entlang den alten Straßen nach Afrika, Syrien, Mesopotamien und vielleicht bis ins ferne Indien.

Blühende christliche Gemeinden entwickelten sich früh in Ägypten, Palästinas Nachbarland. Auf dem Wasserweg des Nils erreichten christliche Schiffsleute, Händler und andere die Königreiche des alten Kusch, Nubien, im heutigen Sudan und darüber hinaus. Spuren alter christlicher Niederlassungen sind in diesen Gegenden ausgegraben worden.

Indien wurde nach der Überlieferung vom Apostel Thomas missioniert, der auf dem Seeweg über den Indischen Ozean – vielleicht auf der Monsunroute – den Subkontinent erreichte. Sicher wurden syrische Zentren wie Antiochia, Damaskus und Edessa Ausgangspunkte der Ausbreitung des Christentums. Syrische Mönche und Prediger haben die Karawanenstraßen nach Mesopotamien und in den Fernen Osten benutzt; andere Missionare wirkten im vorislamischen Arabien.

Paulus: Seine Bekehrung auf dem Weg nach Damaskus

Die Bekehrung des Paulus vom Verfolger der Kirche zum wohl wichtigsten und berühmtesten Missionar des Christentums fand Mitte der dreißiger Jahre des 1. Jh. statt – wenige Jahre nach Jesu Tod. Paulus nimmt in Gal 1 und 1 Kor 15 darauf Bezug; Lukas berichtet dreimal davon in Apg 9, 22 und 26.

Die lukanischen Berichte stimmen darin überein, daß Paulus zunächst die Jünger Jesu verfolgt hat. Doch zweifeln manche Forscher, ob die Bekehrung so vor sich ging, wie Lukas sie viele Jahre später darstellte. Zwei der Berichte stehen innerhalb längerer Reden, die vielleicht nur bestimmte Aspekte beleuchten.

Apg 9 sagt, Paulus (oder „Saul" wie sein hebräischer Name lautet; als Christ trägt er den römischen Namen) sei nach Damaskus unterwegs gewesen, um dort Christen im Rahmen einer vom Hohenpriester gutgeheißenen Verfolgung zu verhaften. Wie er sich der Stadt näherte, fiel ein himmlischer Lichtschein über ihn. Er stürzte zu Boden und hörte die Worte: „Saul, Saul, warum verfolgst du mich?" – „Wer bist du, Herr?" fragte er. „Ich bin Jesus, den du verfolgst." Dieser Dialog ist das gemeinsame Kernstück der drei Berichte.

Nach Apg 9 verlor Paulus bei der Erscheinung sein Augenlicht und mußte an der Hand nach Damaskus geführt werden. Später kam ein Jünger namens Hananias, der ihm seine Sehkraft wiedergab, ihm verständlich machte, was geschehen war, und ihn schließlich durch die Taufe zum neuen Glauben führte. Doch geschah dies wahrscheinlich einige Jahre, bevor Paulus den vollen Sinn seiner Erscheinung verstand (Gal 1, 16–18). Damals war das Christentum noch wie eine Sekte innerhalb des Judentums, die Berufung zunächst eher eine Neuorientierung innerhalb einer Religion als die Bekehrung zu einer völlig anderen.

Daß Paulus selbst glaubte, der Auferstandene sei ihm vor Damaskus erschienen, ergibt sich aus Gal 1: „Gott offenbarte mir seinen Sohn". Ebenso zählt er sich nach 1 Kor 15 zu den Zeugen, denen der Auferstandene erschienen war. Wie die großen Propheten des Alten Testament sieht sich Paulus von Gott erwählt für eine besondere Aufgabe: zum Apostel der Völker oder der Heiden.

Zu Beginn dieses Jahrhunderts versuchte man, die Bekehrung des Paulus rein psychologisch zu erklären, und fragte sich, ob diese Bekehrung nicht gleichsam fällig war. In Röm 7 scheint Paulus ja von einem inneren Kampf mit den Forderungen des Gesetzes zu sprechen. Man deutete dies als seine persönliche Auseinandersetzung und zunehmende Unzufriedenheit mit dem Judentum, die schließlich – ohne wirkliche Begegnung mit dem Auferstandenen – zu seiner Bekehrung geführt habe.

Doch würde eine solche Erklärung mehr Fragen aufwerfen als beantworten. So behauptet Paulus in Phil 3, er sei „in der Gerechtigkeit des Gesetzes untadelig" gewesen. Eine angebliche Unzufriedenheit mit dem Judentum oder irgendeine sonstige Erklärung, die auf eine Erscheinung des Auferstandenen verzichten will, wird weder der paulinischen Theologie noch seinen eigenen Aussagen, noch der Art seines anschließenden Lebens gerecht.

Wenn etwas Paulus nachdenklich gemacht hat, dann allenfalls das unerschrockene Zeugnis eines Jüngers wie Stephanus. Paulus hatte zugeschaut, als dieser wegen angeblicher Gotteslästerung gesteinigt wurde. Trotz seines unterschiedlichen Verhaltens vor und nach der Bekehrung ist bei Paulus etwas gleichgeblieben: Vor seiner Bekehrung war er heftig engagiert in der Bekämpfung des Glaubens an Christus, danach war er ebenso engagiert in der Verbreitung desselben Glaubens.

Die Bekehrung des Paulus

„Unterwegs, als Paulus sich bereits Damaskus näherte, geschah es, daß ihn plötzlich ein Licht vom Himmel umstrahlte" (Apg 9,3). Die Folge von Ereignissen, die zur Bekehrung führten, sind auf dieser Handschrift aus dem 9. Jh. dargestellt. Paulus stammte aus einer pharisäischen Familie des Stammes Benjamin. Er hieß nach Israels erstem König „Saul", hatte aber auch einen griechisch-römischen Namen: Paulus. Seine Heimat war Tarsus in Zilizien, eine freie hellenistische Stadt und ein Zentrum griechischer Kultur. Er war römischer Bürger von Geburt, seine Ausbildung erhielt er in der berühmten rabbinischen Akademie Gamaliels in Jerusalem. Wie bei Juden üblich, lernte er auch ein Handwerk: Zeltmacher.

Paulus erscheint erstmals in der Bibel anläßlich der Steinigung des Stephanus, der Jesus als Messias verkündigt hatte. Wegen der Verfolgung in Jerusalem flohen viele Christen aus der Stadt. Paulus in seinem Ehrgeiz ging zum Hohenpriester und ließ sich mit Briefen bevollmächtigen, Christen in Damaskus zu verhaften und zum Prozeß nach Jerusalem zu bringen.

Sein Weg ist nicht genau bekannt, doch irgendwo unterwegs gelangte Paulus an den Wendepunkt seines Lebens. Nach einer Erscheinung mußte er – erblindet – nach Damaskus geführt werden. Seine Gefährten brachten ihn in die „Gerade Straße" ins Haus eines gewissen Judas. Auf Wasser und Speise verzichtend, verbrachte Paulus seine Zeit im Gebet. Am dritten Tag kam – aufgefordert durch eine Vision – ein Christ namens Hananias zu ihm, legte ihm die Hände auf und sagte: „Bruder Saul, der Herr hat mich gesandt, Jesus, der dir auf dem Weg hierher erschienen ist; du sollst wieder sehen und mit dem Heiligen Geist erfüllt werden" (Apg 9,17). Jetzt konnte Paulus wieder sehen. „Er stand auf und ließ sich taufen. Und nachdem er etwas gegessen hatte, kam er wieder zu Kräften" (9,18f).

Die Apostelgeschichte wie auch Paulus selbst beschreiben seine Erfahrung auf dem Weg nach Damaskus in den sechs typischen Schritten einer Prophetenberufung: die Erfahrung eines hellen Lichtscheins; eine Erscheinung des Herrn auf dem Thron; das Niederfallen des Propheten; sein Aufgehobenwerden; der Auftrag zum Prophezeien. Schließlich empfindet der Prophet eine Art göttlichen Zwangs sowohl während der Erscheinung als auch sein ganzes Leben hindurch.

Römisches Bürgerrecht: Rechte und Pflichten

Paulus war römischer Bürger von Geburt (Apg 22, 28). Römisches Bürgerrecht war ursprünglich auf die freien Bewohner Roms beschränkt, doch als Roms Herrschaft sich über ganz Italien und weit darüber hinaus ausdehnte, wurde auch Nichtrömern, Einzelnen und Gemeinden dieses Vorzugsrecht verliehen. Soldaten aus den Provinzen wurden meist zu Bürgern gemacht. Die Familie des Paulus war streng pharisäisch und lehnte darum wohl fremde Kulturen ab; ihr Bürgerrecht verdankt sie irgendwelchen Diensten für den Staat.

Ein Neubürger bekam die ersten beiden Namen (Praenomen und Nomen) vom Beamten, der ihm die Zulassung verlieh, und behielt seinen eigenen Namen als dritten Namen (Cognomen), unter dem er meist bekannt war. „Paulus" war ein Cognomen und wurde wohl wegen seiner Ähnlichkeit mit dem hebräischen „Saul" gewählt.

Neubürger erhielten ein Dokument; es hieß „diploma civitatis Romanae" oder „instrumentum". Händler und Soldaten benützten es im Ausland als Ausweis. Auch Paulus als geborener römischer Bürger mag eine Geburtsurkunde als Ausweis bei sich getragen haben.

Ein römischer Bürger gleich welcher sozialen Klasse genoß strengen Rechtsschutz. Behörden durften ihn nicht geißeln, und er hatte das Recht, den Kaiser persönlich anzurufen: Man konnte ihn nicht daran hindern, nach Rom zu einem Berufungsverfahren zu reisen. Daher der Protest des Paulus, als er in Philippi als römischer Bürger ohne richtigen Prozeß ausgepeitscht worden war (Apg 16, 37). Ärmere Bürger dürften allerdings Schwierigkeiten gehabt haben, Zeugen zu finden, die sich eine Reise nach Rom lei-

sten konnten, und mußten deshalb auf Berufung verzichten. Bei Todesstrafe wurde ein römischer Bürger mit dem Schwert, nie aber durch Kreuzigung hingerichtet.

Das Bürgerrecht hatte weitere Vorteile, vor allem das Recht, vor dem Gesetz Heiraten einzugehen und Verträge unter gesetzlichem Schutz abzuschließen. Das Recht, an römischen Versammlungen mit Stimme teilzunehmen, hatte für das begrenzte Bürgerrecht keine Geltung und verschwand unter den Kaisern mit der Abschaffung der Versammlungen.

Einer der großen **Vorteile des römischen Bürgerrechts** war das Recht, die Frau seiner Wahl zu heiraten (links). Das Recht zum „commercium" bedeutete, daß ein Händler, so wie dieser Kupferschmied (oben), als römischer Bürger den Schutz römischer Gerichte für seine Verträge in Anspruch nehmen konnte. Römische Bürgerschaft bedeutete auch Pflichten: Eine Erbschaftssteuer von 5 Prozent für größere Beträge, die man anderen Personen als den engen Verwandten vermachte, war von römischen Bürgern zu zahlen. Die Ausweitung des Bürgerrechts brachte dem Staat erhebliche Mittel. Es gab aber daneben noch andere Steuern. In der Frühzeit bestand die wichtigste öffentliche Pflicht („munus") im Militärdienst. Sie verschwand mit der Aufstellung von Freiwilligenheeren (Juden waren vom Militärdienst aus religiösen Gründen befreit). Die Hauptverpflichtung des Bürgers bestand darin, die jeweilige Gemeinde zu unterstützen durch Übernahme von Ämtern. Das konnte belastende Verantwortung für die kaiserlichen Steuern bedeuten. Doch die Vorteile gleichen die Nachteile bei weitem aus, und es ist daher klar, daß Paulus und seine Zeitgenossen das römische Bürgerrecht zu schätzen wußten.

Paulus: Seine ersten zwei Reisen

Nach seiner Bekehrung verließ Paulus Damaskus und verbrachte einige Zeit in Arabien. Gemeint ist die Gegend östlich und südlich des Toten Meeres, damals keineswegs eine bloße Wüste: Neben Beduinen, die mit ihren Herden umherzogen, waren hier Karawanen von nabatäischen Händlern zum Mittelmeerraum hin unterwegs; hier lagen auch die Siedlungen der Nabatäer, vor allem ihre Hauptstadt Petra.

Paulus begann in seiner Heimatgegend Nordsyrien-Zilizien zu predigen. Vermutlich wandte er sich damals schon nicht ausschließlich an Juden, sondern missionierte auch Heiden. Wie erfolgreich er dabei war, wissen wir nicht. Die Tatsache, daß ihm jede Verbindung mit Jerusalem fehlte und er auch noch keine eigenen Strukturen entwickelte, um seine Bekehrten zu überschauen, deutet eher auf begrenzte Erfolge hin.

Die Entfaltung seines missionarischen Werks verdankt Paulus weitgehend Barnabas, der von Jerusalem gesandt worden war, um in Antiochia zu wirken. Dieser entdeckte die besonderen Talente des Paulus und brachte ihn von Tarsus nach Antiochia (1). Hier wirkten sie eine Weile gemeinsam. Etwa 47 n. Chr. nahm Barnabas Paulus mit sich auf seine erste Missionsreise, die in Zypern begann. Sie besuchten Städte entlang der Militärstraße im südlichen Kleinasien, in Pisidien und Lykaonien, kamen nach (dem pisidischen) Antiochia (2), Ikonion (3), Lystra (4) und Derbe (5), bevor sie auf demselben Weg zurückkehrten, um ihre neugegründeten Gemeinden zu besuchen. Doch statt nach Zypern zurückzukehren, segelten sie von Atalia (6) nach Antiochia (1) zurück.

Gemäß der Apostelgeschichte haben in Antiochia erstmals griechisch sprechende Juden aus Zypern und Zyrene das Evangelium Nichtjuden gepredigt. Dies sollten Paulus und Barnabas vor den Aposteln in Jerusalem (16), auf dem Jerusalemer Konzil im Jahre 49 n. Chr., verteidigen.

Das Ziel der beiden war, die Jerusalemer Apostel zu überzeugen, daß das Evangelium zu Recht den Heiden verkündet werde und die Bekehrten nicht zuvor Juden zu werden brauchten, sondern ihre eigene Lebensweise beibehalten durften. Das Ergebnis war die Anerkennung zweier Missionen: die eine, von Petrus geleitet, für die Juden; die andere unter Paulus für die Heiden.

Die Heidenmission war damit gutgeheißen. Die einzigen Auflagen bestanden darin, daß Bekehrte sich gewisser Dinge enthalten sollten (z. B. Essen von Götzenopferfleisch), um gute

Diese Karte zeigt die erste und zweite Reise (rot und blau) des Paulus. Auf der zweiten gewann er in Lystra (4) Timotheus. Dessen Mutter war Jüdin, der Vater Grieche. „Mit Rücksicht auf die Juden, die in jenen Gegenden wohnten, ließ er ihn beschneiden, denn alle wußten, daß sein Vater ein Grieche war" (Apg 16,3).

Eines Nachts in Troas (7) hatte Paulus einen Traum: „Ein Mazedonier stand da und bat ihn: Komm herüber nach Mazedonien, und hilf uns! Auf diese Vision hin wollten wir sofort nach Mazedonien abfahren; denn wir waren überzeugt, daß uns Gott dazu berufen hatte, dort das Evangelium zu verkünden" (Apg 16,9f).

Beziehungen zu den Juden zu ermöglichen. Im weiteren war vereinbart worden, heidenchristliche Gemeinden sollten für die Armen Jerusalems Almosen sammeln.

Eine zweite Missionsreise wurde geplant, um die bei der ersten Reise gegründeten Gemeinden zu bestärken. Doch Paulus und Barnabas entzweiten sich an der Streitfrage, ob man den Jünger Johannes Markus mitnehmen solle, aber auch daran, daß Paulus inzwischen noch entschiedener für die Rechte der Heidenchristen eintrat. So segelten Barnabas und Johannes Markus nach Zypern, während Paulus mit Silas seine Heimat durchzog und von dort nach Derbe (5), Lystra (4) und Ikonion (3) kam.

Nach einer Reise durch Phrygien und Nordgalatien kam Paulus nach Troas (7). Ein nächtlicher Traum bewegte ihn, nach Europa überzusetzen. Der „Via egnatiana" entlang kam er nach Neapolis (8), Philippi (9) und Thessalonich (10). Nach einem Besuch Beröas (11) und Athens (12) gelangte er nach Korinth (13).

Über Ephesus (14) und Cäsarea (15) kehrte er nach Antiochia (1) zurück. Durch eine beiläufige Bemerkung, Gallio sei während des Aufenthalts des Paulus in Korinth römischer Prokonsul gewesen, wissen wir, daß diese Reise in die Jahre 49–52 fällt.

Paulus als Menschenführer

Paulus war Leiter eines Teams. Mehr als hundert Namen werden in der Apostelgeschichte und in seinen Briefen mit ihm in Verbindung gebracht. Zwölf davon scheinen längerfristig mit ihm zusammengearbeitet zu haben. Sie waren sein Stab, reisten mit ihm oder für ihn als Vollzeit-Mitarbeiter:

Eng zusammen arbeitete Paulus etwa mit Barnabas, Apollos und Silvanus (Silas), die später unabhängig weiterwirkten. Auch Titus, der Begleiter des Paulus in Jerusalem, hat wahrscheinlich später selbständig in Dalmatien und Kreta missioniert. Ferner wird Markus Mitarbeiter des Paulus genannt und stand ihm – mit Unterbrechungen – über viele Jahre bei. Tychikus überbrachte Briefe von Paulus, und Erastus wirkte mit Timotheus in Mazedonien. Timotheus, aus jüdisch-griechischem Elternhaus, einer der engsten Mitarbeiter, vertrat Paulus bei den Heiden über 15 Jahre. Andere, wie Lukas, Priska und Aquila, halfen Paulus sowohl beim Zeltmachen als auch missionarisch in verschiedenen Zentren seiner Griechenlandmission.

Paulus und Silas waren in Philippi (9) inhaftiert worden, weil sie „Sitten und Bräuche verkünden, die Römer weder annehmen können noch ausüben dürfen ... Um Mitternacht beteten Paulus und Silas und sangen Loblieder ... Plötzlich begann ein gewaltiges Erdbeben, so daß die Grundmauern des Gefängnisses wankten. Mit einem Schlag sprangen die Türen auf, und allen fielen die Fesseln ab" (Apg 16, 21.25 f.).

In Athen (12) predigte Paulus: „Athener, nach allem, was ich sehe, seid ihr besonders fromme Menschen. Denn als ich umherging und mir eure Heiligtümer ansah, fand ich auch einen Altar mit der Aufschrift: ‚Einem unbekannten Gott'. Was ihr verehrt, ohne es zu kennen, das verkündige ich euch" (Apg 17, 22 f).

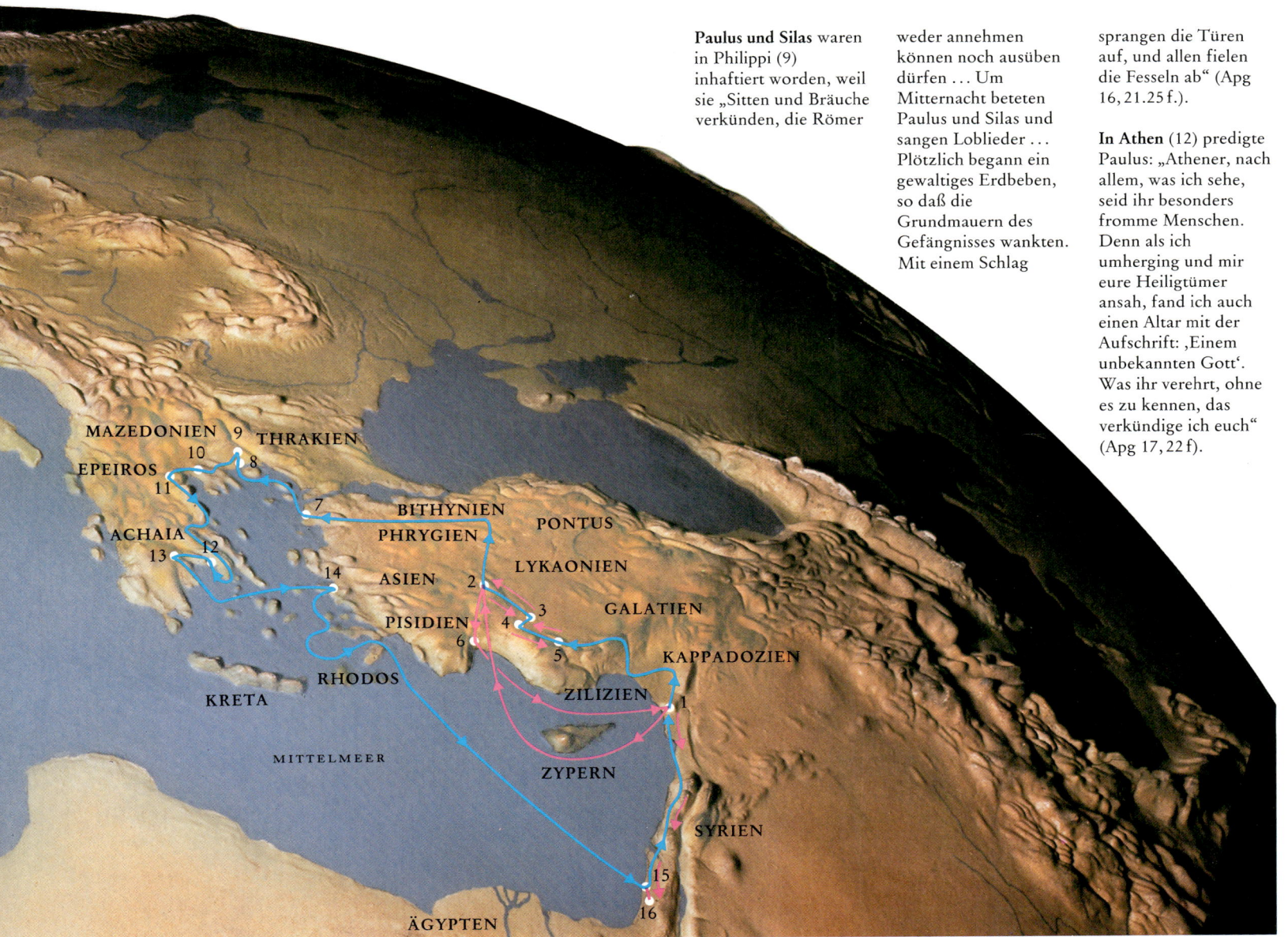

Briefe an die Kirchen

Fast das halbe Neue Testament besteht aus Briefen, die von Paulus stammen sollen. Sie sind die ältesten schriftlichen Zeugnisse des christlichen Glaubens. Sieben dieser Briefe sind mit großer Sicherheit von Paulus: Römer, 1. und 2. Korinther, Galater, 1. Thessalonicher, Philipper und Philemon. Andere stammen eher von seinen Nachfolgern. 1. und 2. Timotheus sowie Titus dürften etwa dreißig Jahre nach seinem Tod geschrieben worden sein. Die echten wurden wohl größtenteils zwischen 50 und 60 n. Chr. abgefaßt und von Gemeinden oder Einzelnen überliefert, ausgetauscht und etwa um 100 n. Chr. gesammelt – vielleicht gar von Onesimus, dem Sklaven des Philemon, falls es sich bei diesem um jenen Onesimus handelt, der später Bischof von Ephesus wurde.

Briefeschreiben war in der hellenistischen Welt des 1. Jh. sehr beliebt. Paulus machte diese Form so bekannt, daß sie zu einem normalen Kommunikationsmittel innerhalb der Kirche wurde. Seine Briefe sind nicht einfach theologische Abhandlungen, sie sind echte Briefe. Er wollte offenbar seine tiefsten theologischen Überzeugungen zu den aktuellen Fragen den Kirchen, die er gegründet hatte, mitteilen. So schreibt er den Kirchen von Galatien, sie sollten sich nicht der Beschneidung unterwerfen, und forderte sie auf, standhaft die christliche Freiheit zu verteidigen. Er schreibt der Kirche von Korinth, um gegen Spaltungen zu protestieren und Fragen zu beantworten, die ihm von dort über geschlechtliche Beziehungen, Götzenopferfleisch, Herrenmahl und Geistesgaben vorgelegt worden sind.

Die Briefe des Paulus sind planvoll durchdacht und das Werk eines gebildeten Menschen. Sein rednerisches Talent zeigt besonders deutlich 2 Kor 10–12, wo er mit leichtem Spott einen Vergleich zieht, den ihm seine Gegner aufgenötigt haben: Einerseits anerkennt er, es sei unsinnig, sich selbst zu rühmen, dann nimmt er aber die Herausforderung an und fängt an, sich selbst zu rühmen, allerdings nicht etwa wegen seiner Redegewandtheit und Weisheit, sondern wegen seiner Leiden für Christus.

Andernorts schreibt er gekonnt im Dialogstil (der Diatribe, Röm 2), verfaßt eine Hymne auf die Liebe (1 Kor 13) oder verwendet christliche Überlieferungen und alttestamentliche Zitate, um seine Lehre darzulegen (Röm 9–11).

Die Briefe des Paulus sind persönliche Mitteilungen und zugleich mehr als dies. Durch sie will er gegenwärtig sein und die Kirchen stärken, als wenn er persönlich anwesend wäre. Tatsächlich galten zu seiner Zeit seine Briefe als gewichtiger denn seine persönliche Erscheinung, die manche nicht sehr beeindruckend fanden (2 Kor 10, 10).

In einem der jüngsten neutestamentlichen Briefe (2 Petr 3, 15 f) finden sich Spuren dafür, daß die Paulusbriefe schon bald als heilige Schriften gewertet wurden, aber auch als teilweise schwer verständlich galten: „Das hat euch auch unser geliebter Bruder Paulus mit der ihm geschenkten Weisheit geschrieben; es steht in allen seinen Briefen, in denen er davon spricht. In ihnen ist manches schwer zu verstehen, und die Unwissenden, die noch nicht gefestigt sind, verdrehen diese Stellen ebenso wie die übrigen Schriften zu ihrem eigenen Verderben." Doch muß sich das Briefeschreiben des Paulus als wirkungsvoll erwiesen haben, denn es wurde zum Modell späterer christlicher Gedankenaustausches.

Zwei neutestamentliche Briefe tragen den Namen des Petrus, drei den des Johannes; ein Brief, der sich stark von den übrigen unterscheidet, wird Jakobus zugeschrieben, ein anderer Judas („Bruder des Jakobus"). Auch die Offenbarung hat die Gestalt eines Briefes und enthält Briefe an sieben Kirchen.

Das deutsche Wort „Papier" stammt von der ägyptischen Papyruspflanze (griechisch: papyros), deren Mark z. Z. des Paulus als Schreibmaterial Verwendung fand. Die Halme wurden entzweigeschnitten, das Mark herausgenommen, in dünne Streifen geschnitten und nebeneinandergelegt. Ähnliche Streifen legte man quer darüber und preßte das Ganze zu flachen Papyrusbögen, die zu Rollen zusammengefügt werden konnten.

Die Griechen benutzten hölzerne Schreibtafeln (6). Das innere Feld war mit Wachs belegt, der Rahmen mit Löchern versehen, um ihn mit weiteren Tafeln zu verknüpfen. Ein Stylus (4) aus Bronze, Elfenbein oder Holz wurde zum Einritzen der Schrift ins Wachs verwendet; mit seinem breiten Ende konnte man ausbessern. Auch Papyrus kannten die Griechen. Tintengefäße (3) waren meist aus Bronze. Weitere Schreibinstrumente: ein Schilfrohr mit gespaltener Feder (2) und ein Bronzegriffel (1).

1. Die Einleitung beginnt mit Namen und Titel („Paulus, Apostel Jesu Christi" usw.); oft erwähnt Paulus Mitabsender. Es folgt der Name der Empfänger. Vorausgesetzt ist, daß die Reaktion Philemons auf den Brief Auswirkungen haben wird auf die Kirche in seinem Haus, d. h., der Brief ist nicht rein privat. Der Gruß ist mehr als ein Wunsch für gute Gesundheit. Er ist christliche Form eines jüdischen Grußes.

2. Nach dem Eröffnungsgruß dankt Paulus Gott für geistliche Eigenschaften oder Taten der Empfänger (V. 5), gefolgt von Wünschen, sie möchten noch wachsen und gedeihen. Normalerweise erinnert er dabei an frühere gemeinsame Erfahrungen. Briefe dienen dazu, diese Erfahrungen aufzufrischen und zu sagen, was man künftig erwartet bei Angelegenheiten von gemeinsamem Interesse.

3. Paulus hat den entlaufenen Sklaven Onesimus (dessen Name „Nützlich" bedeutet) Philemon zurückgeschickt. Dieser hat nun die Wahl: a) er kann Onesimus als flüchtigen Sklaven nach dem Gesetz bestrafen; b) er kann ihn straflos wieder als Sklaven aufnehmen und seine Schuld verzeihen; c) er kann ihn aufnehmen und einem anderen christlichen Meister überlassen – gemeint ist Paulus – und sich so Ärger ersparen; d) er kann ihn als Bruder aufnehmen und den Betrag für seine gesetzliche Freilassung aufbringen.

4. Daß Paulus wünscht, Onesimus solle frei werden, zeigt er in V. 16. Er hofft, Philemon nehme ihn als christlichen Bruder auf und kaufe ihn frei. Nur die Größe dieser Zumutung erklärt, warum Paulus so sehr auf Schuld und Brüderlichkeit eingeht.

5. Paulus mag gelegentlich einen Sekretär zum Briefeschreiben bemüht haben. Doch wo er betonen will, wie ernst und wichtig ihm etwas ist, verweist er ausdrücklich darauf, daß er diese Stelle eigenhändig schreibe. Im Falle des Onesimus tut er dies, um zu garantieren, er selbst wolle allfällige Schulden übernehmen.

6. Schuld ist ein zentrales Thema im Philemonbrief. Vielleicht steht Onesimus seinem Meister gegenüber in Schuld nicht nur wegen des Weglaufens, sondern auch noch wegen eines Diebstahls. Paulus seinerseits hat Onesimus gegenüber eine Dankesschuld, weil er ihm im Gefängnis geholfen hat. Onesimus wiederum verdankt Paulus die Bekehrung zum neuen Glauben, wodurch Paulus für ihn „Vater in Christus" geworden ist. Diese Schuld trägt, wie Paulus verdeutlicht, auch Philemon, denn auch ihn hat Paulus bekehrt.

7. Der Schlußabschnitt eines Paulusbriefes hat üblicherweise drei Teile: a) die Doxologie (= Lobpreis Gottes); b) Grüße und Bitte um Gebet; c) ein Segensspruch. Der Philemonbrief enthält den speziellen Wunsch, ein Gastzimmer für Paulus vorzubereiten für die Zeit nach seiner Freilassung aus dem Gefängnis. Grüße ergehen oft auch von den Mitarbeitern (im Philemonbrief nicht weniger als deren fünf, die damit zweifellos die Worte des Paulus unterstützen).

Der Philemonbrief

Anschrift und Gruß: 1–3

¹Paulus, Gefangener Christi Jesu, und der Bruder Timotheus an unseren geliebten Mitarbeiter Philemon, ²an die Schwester Aphia, an Archippus, unseren Mitstreiter, und an die Gemeinde in deinem Haus: ³Gnade sei mit euch und Friede von Gott, unserem Vater, und dem Herrn Jesus Christus.

Dankgebet des Apostels: 4–7

⁴Ich danke meinem Gott jedesmal, wenn ich in meinen Gebeten an dich denke. ⁵Denn ich höre von deinem Glauben an Jesus, den Herrn, und von deiner Liebe zu allen Heiligen. ⁶Ich wünsche, daß unser gemeinsamer Glaube in dir wirkt und du all das Gute in uns erkennst, das auf Christus gerichtet ist. ⁷Es hat mir viel Freude und Trost bereitet, daß durch dich, Bruder, und durch deine Liebe die Heiligen ermutigt worden sind.

Fürsprache für Onesimus: 8–20

⁸Obwohl ich durch Christus volle Freiheit habe, dir zu befehlen, was du tun sollst, ⁹ziehe ich es um der Liebe willen vor, dich zu bitten. Ich, Paulus, ein alter Mann, der jetzt für Christus Jesus im Kerker liegt, ¹⁰ich bitte dich für mein Kind Onesimus, dem ich im Gefängnis zum Vater geworden bin. ¹¹Früher konntest du ihn zu nichts gebrauchen, doch jetzt ist er dir und mir recht nützlich. ¹²Ich schicke ihn zu dir zurück, ihn, das bedeutet mein eigenes Herz. ¹³Ich würde ihn gern bei mir behalten, damit er mir an deiner Stelle dient, solange ich um des Evangeliums willen im Gefängnis bin. ¹⁴Aber ohne deine Zustimmung wollte ich nichts tun. Deine gute Tat soll nicht erzwungen, sondern freiwillig sein. ¹⁵Denn vielleicht wurde er nur deshalb eine Weile von dir getrennt, damit du ihn für ewig zurückerhältst, ¹⁶nicht mehr als Sklaven, sondern als weit mehr: als geliebten Bruder. Das ist jedenfalls für mich, um wieviel mehr dann für dich, als Mensch und auch vor dem Herrn. ¹⁷Wenn du dich mir verbunden fühlst, dann nimm ihn also auf wie mich selbst! ¹⁸Wenn er dich aber geschädigt hat oder dir etwas schuldet, setz das auf meine Rechnung! ¹⁹Ich, Paulus, schreibe mit eigener Hand: Ich werde es bezahlen – um nicht davon zu reden, daß du dich selbst mir schuldest. ²⁰Ja, Bruder, um des Herrn willen, möchte ich von dir einen Nutzen haben. Erfreue mein Herz; wir gehören beide zu Christus.

²¹Ich schreibe dir im Vertrauen auf deinen Gehorsam und weiß, daß du noch mehr tun wirst, als ich gesagt habe.

Persönliches Anliegen; Grüße und Segen

²²Bereite zugleich eine Unterkunft für mich vor! Denn ich hoffe, daß ich euch durch eure Gebete wiedergeschenkt werde.

²³Es grüßen dich Epaphras, der mit mir um Christi Jesu willen im Gefängnis ist, ²⁴sowie Markus, Aristarch, Demas und Lukas, meine Mitarbeiter. ²⁵Die Gnade Jesu Christi, des Herrn, sei mit eurem Geist!

Paulus: Dritte Missionsreise – Aufstand in Ephesus

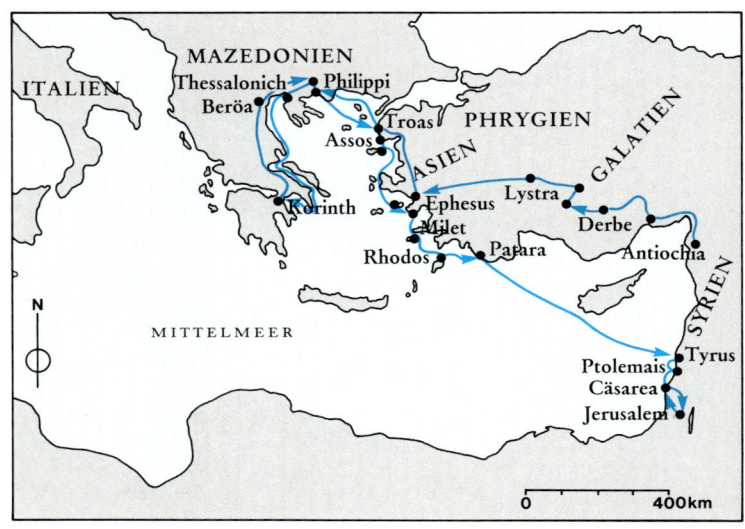

Ephesus war die größte Stadt der römischen Provinz Asien. In neutestamentlicher Zeit war sie wichtig als Hafen und Handelszentrum. Wegen ihrer günstigen Lage, dem leichten Zugang vom Meer und vom Land her wählte Paulus die Stadt als Mittelpunkt für die Kontakte mit den bereits gegründeten Gemeinden und als Ausgangspunkt für neue Ziele. Neben dem berühmten Tempel der Artemis (Diana), einem der sieben Weltwunder der Antike, besaß die Stadt prächtige Bäder und Bibliotheken, einen Marktplatz und ein Theater, verbunden durch marmorbelegte Straßen.

Gemäß der Apostelgeschichte genoß Paulus mehrere Monate lang die Gastfreundschaft der jüdischen Gemeinde der Stadt. Schließlich mußte er sich ein anderes Quartier suchen: in der Halle des Tyrannus. Nach Apg 19,9 konnte Paulus dieses Gebäude von der fünften bis zur zehnten Stunde benutzen, d. h. von 11.00 Uhr vormittags bis 16.00 Uhr nachmittags –, zur heißesten Tageszeit also. Die Zeit davor und abends wird Paulus seinem Beruf als Zeltmacher nachgegangen sein, um sich seinen Lebensunterhalt zu verdienen. In Apg 20,34 sagt er den Ältesten von Ephesus: „Ihr wißt selbst, daß für meinen Unterhalt und den meiner Begleiter diese Hände hier gearbeitet haben."

Paulus erregte großes Interesse bei seiner Missionstätigkeit in Ephesus. Sein Einfluß war bald so bedeutend geworden, daß er sich die Gegnerschaft der Zunft der Silberschmiede zuzog; sie sahen ihr Geschäft mit kleinen Statuen der Göttin Diana durch die Botschaft des Paulus vom einen wahren Gott bedroht.

Solche Händler waren genau die Leute, die Paulus für das Christentum gewinnen wollte. Die Gemeinden, die er gegründet hat, bestanden aus ein paar wenigen reichen Leuten, einigen Armen und Sklaven, vor allem aber aus tüchtigen Handwerkern. Diese Mittelklasse-Gruppen hatten sich in „Collegia" oder Zünften zusammengeschlossen, welche für das gesellschaftliche Leben der Mitglieder sorgten und aufpaßten auf alles, was ihre wirtschaftlichen Aussichten und ihre Rechte gefährdete.

Nach den Worten des Lukas war die Halle des Tyrannus ein Treffpunkt von der Art, wie die Collegia sie hatten. Vielleicht gab Tyrannus als Patron einer Zunft dem Gebäude den Namen. Paulus trifft sich hier als Handwerker mit seinesgleichen, zusammen mit seinen Mitarbeitern Aquila und Priszilla. Doch Demetrius, Vorsitzender der Zunft der Silberschmiede und vielleicht eine Art „Kirchenvorsteher" des Tempels, ruft zum Aufstand gegen Paulus auf, dem dieser dank des Eingreifens des Stadtschreibers und örtlicher Beamter gerade eben entkommt. Obwohl Paulus bei dieser Gelegenheit nicht verhaftet wird, kann man annehmen, er habe in dieser Stadt einige Zeit im Gefängnis verbracht:

Denn Paulus berichtet, Aquila und Priszilla (Priska) hätten „ihr eigenes Leben aufs Spiel gesetzt" und Andronikus und Junias seien mit ihm „im Gefängnis gewesen" (Röm 16,4–7); seine eigene Kraft sei „so sehr erschöpft" gewesen, „daß wir am Leben verzweifelten" (2 Kor 1,8).

Dennoch war die Zeit in Ephesus die Krönung seines Werks. Hier muß er einige seiner wichtigsten Briefe geschrieben haben, vielleicht „Gefangenschaftsbriefe" wie jenen an die Philipper. Hier erreichte sein theologisches Denken seine volle Reife. Auch verwendete er viel Zeit und Energie darauf, Geld zu sammeln, das dann von Vertretern der Heidengemeinden nach Jerusalem für die dortigen Armen gebracht werden sollte. Er war nun von seinem Werk überzeugt und erhoffte sich volle Anerkennung, wenn diese Gaben als Zeichen der Einheit zwischen „jüdischen" und „nicht-jüdischen" Christen überbracht würden.

Die dritte Missionsreise des Paulus begann mit Besuchen in Galatien und Phrygien, um die bestehenden Gemeinden zu stärken. Paulus kam dann nach Ephesus, das er für rund drei Jahre zum Hauptquartier machte. Nach einem kurzen Besuch in Korinth kehrte er hierher zurück und reiste später nach Troas und Mazedonien. Drei Monate verbrachte er anfangs 57 v. Chr. in Korinth und ging dann nach Philippi.

Diese Statue der Artemis, einer Erdgöttin, entstand im 2. Jh. n. Chr. und wurde in Ephesus gefunden. Sie trägt an ihrem Oberkörper entweder zahlreiche Brüste oder die „Eier der heiligen Biene". Der Artemistempel war eine riesige Anlage, viermal so groß wie der Parthenon in Athen. Er besaß 127 Säulen von 18 m Höhe, von den besten Künstlern der Zeit gestaltet. Im Tempel befand sich ein Bild der Göttin; es galt als nicht von Menschenhand bearbeitet, als göttliche Schöpfung, und sei vom Himmel gefallen. Der Kult in Ephesus hat eine lange Vorgeschichte und geht auf vorionische Verehrung der anatolischen Muttergottheit zurück. In Griechenland selbst galt Artemis als Herrin der Tiere und jungfräuliche Jägerin.

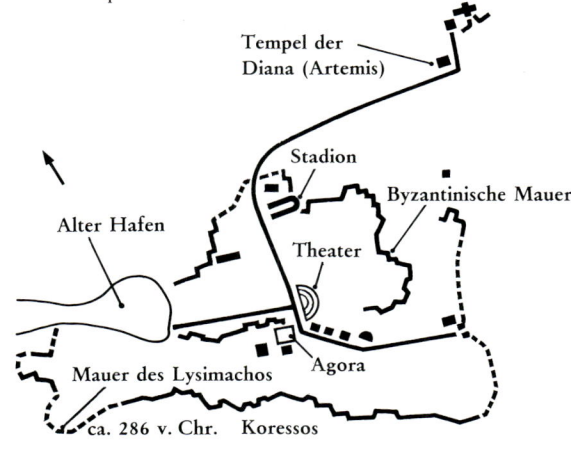

Das Theater von Ephesus

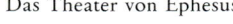

Tempel der
Diana (Artemis)

Stadion

Byzantinische Mauer

Alter Hafen

Theater

Mauer des Lysimachos

Agora

ca. 286 v. Chr.   Koressos

Der missionarische Erfolg des Paulus begann das Geschäft der Silberschmiede zu gefährden, die hauptsächlich Andachts-Statuen an die zahlreichen Wallfahrer zum Artemistempel verkauften. Einer dieser Silberschmiede, Demetrius, überzeugte die Bürger, Paulus und seine Leute würden nicht bloß ihr Geschäft, sondern den Kult der Artemis überhaupt bedrohen. Die Leute liefen zusammen, und die revoltierende Menge traf sich im riesigen Theater (oben), wo 24 000 Menschen Platz hatten. Zwei Mitarbeiter des Paulus wurden gefangengenommen und abgeführt. Paulus wollte ihnen beistehen, wurde aber von Freunden zurückgehalten. Zwei Stunden lang war im Theater die Hölle los; alles schrie: „Groß ist Artemis von Ephesus!" Schließlich vermochten Beamte die Menge zu beruhigen, indem sie vor dem Eingreifen der römischen Garnison warnten. Die Menge löste sich auf. Kurz danach verließ Paulus Ephesus.

Zur Zeit des Paulus war Ephesus (oben) eine der glanzvollsten Städte des Römischen Reiches, es war politisches, religiöses und wirtschaftliches Zentrum und besaß einen wichtigen Hafen. Das Theater und der Artemistempel gehörten zu den eindrucksvollsten griechisch-römischen Bauten. Paulus sprach täglich in der Synagoge und führte später Gespräche mit seinen Anhängern in der Halle des Tyrannus. Der Apg zufolge waren seine Wundertaten so erstaunlich, daß man Tücher, die er berührt hatte, zu den Kranken trug und sie so heilte. Die Stadt, die Paulus kennenlernte, war um 290 v. Chr. von Lysimachus neu gegründet worden. Trotz Plünderung durch die Goten 263 n. Chr. blieb sie bis 1000 n. Chr. besiedelt; dann entwickelte sich ein neues blühendes Zentrum in der Nähe rund um die Johanneskirche; es wurde 1426 von den Türken erobert.

Paulus: Die Reise nach Rom

Nach seiner Rückkehr von der dritten Missionsreise ging Paulus nach Jerusalem, obwohl eine prophetische Warnung ihm für diesen Fall angekündigt hatte, er werde verhaftet werden. Seine Anwesenheit veranlaßte einige Juden zum Tumult, weil sie fälschlich annahmen, er habe (gegen ihr Gesetz) einen Heiden mit in den Tempel genommen. Der Tumult führte zu seiner Verhaftung durch die Römer. Als sie ihn auspeitschen wollten, wies Paulus auf sein römisches Bürgerrecht hin.

Um Mordanschlägen seitens der Juden vorzubeugen, brachte man ihn nach Cäsarea. Hier wurde er erst dem Statthalter Felix, später dessen Nachfolger Festus vorgeführt; letzterer war begleitet von Herodes Agrippa II. und seiner Schwester Berenike. Um nicht vor den jüdischen Sanhedrin nach Jerusalem gebracht zu werden und um sein Glaubenszeugnis auch in Rom ablegen zu können, forderte Paulus sein Recht, als römischer Bürger in Rom vor Gericht gestellt zu werden. Dies wurde ihm auch gewährt.

Die Fahrt nach Rom wurde durch ungünstige Winde verzögert. Das Schiff des Paulus erreichte Myra in Lyzien, wo man in ein alexandrinisches Schiff mit Kurs nach Italien umstieg. Statt in Kreta zu überwintern, beeilte man sich und erlitt bei Malta Schiffbruch. Drei Monate später nahm ein anderes Schiff aus Alexandria Paulus mit nach Puteoli im Golf von Neapel, wo er eine Woche bei Mitchristen blieb. Auf dem Landweg gelangte er nach Rom. Dort blieb er zwei Jahre in einer Mietwohnung mit einer Wache und verkündete Besuchern die Gute Nachricht (Apg 28, 30 f).

Hier, wahrscheinlich 63 n. Chr., endet die Apostelgeschichte. Es ist nicht auszumachen, ob sie um diese Zeit herum – also noch vor dem Tod des Paulus – abgefaßt wurde oder später. Möglich ist auch, daß der Verfasser noch einen dritten Band dem Lukasevangelium und der Apostelgeschichte folgen lassen wollte.

Auch das weitere Schicksal des Paulus ist unklar. Ein beharrliches Gerücht des 2. Jh. will wissen, er sei noch nach Spanien gereist. Das setzt voraus, daß er entweder freigesprochen oder daß die Anklage fallengelassen wurde. Sollten die Briefe an Titus und Timotheus von Paulus selbst stammen oder Teile von ihm enthalten, hätte er eine weitere Reise in den Osten machen müssen und wäre dann erneut in römische Gefangenschaft geraten. Doch sprechen stärkere Argumente für eine spätere Entstehung der beiden Briefe.

Großes Gewicht hat aber zweifellos die Überlieferung, daß Paulus 67 n. Chr. hingerichtet worden sei; das läßt zeitlich die Möglichkeit jener Spanienreise zu, die er nach Röm 15, 22 schon lange ins Auge gefaßt hatte.

Auch Petrus kam alter Überlieferung zufolge nach Rom und erlitt den Märtyrertod. Daß er allerdings dort 25 Jahre lang bis zu seinem Tod Bischof gewesen sei, läßt sich nicht belegen. Joh 21, 18 deutet an, er sei gekreuzigt worden. Sein Aufenthalt in Rom – zusammen mit Paulus – wird von frühen Zeugen (wie Ignatius und Irenäus) betont und durch archäologische Spuren unter der Peterskirche erhärtet.

Eine schöne Legende erzählt, er habe versucht, der Verfolgung durch Flucht zu entgehen, sei dabei aber Jesus begegnet, der in der anderen Richtung unterwegs gewesen sei. „Domine, quo vadis?" (= Herr, wohin gehst du?), habe er gefragt – „Zu einer zweiten Kreuzigung." Da kehrte Petrus um und ging später in seinen Tod mit der Bitte, mit dem Kopf nach unten gekreuzigt zu werden, denn er sei nicht würdig, wie sein Meister zu sterben.

Der Tod von Petrus und Paulus wird allgemein mit der Verfolgung der Christen unter Nero in Verbindung gebracht; die genaueren Umstände bleiben aber umstritten.

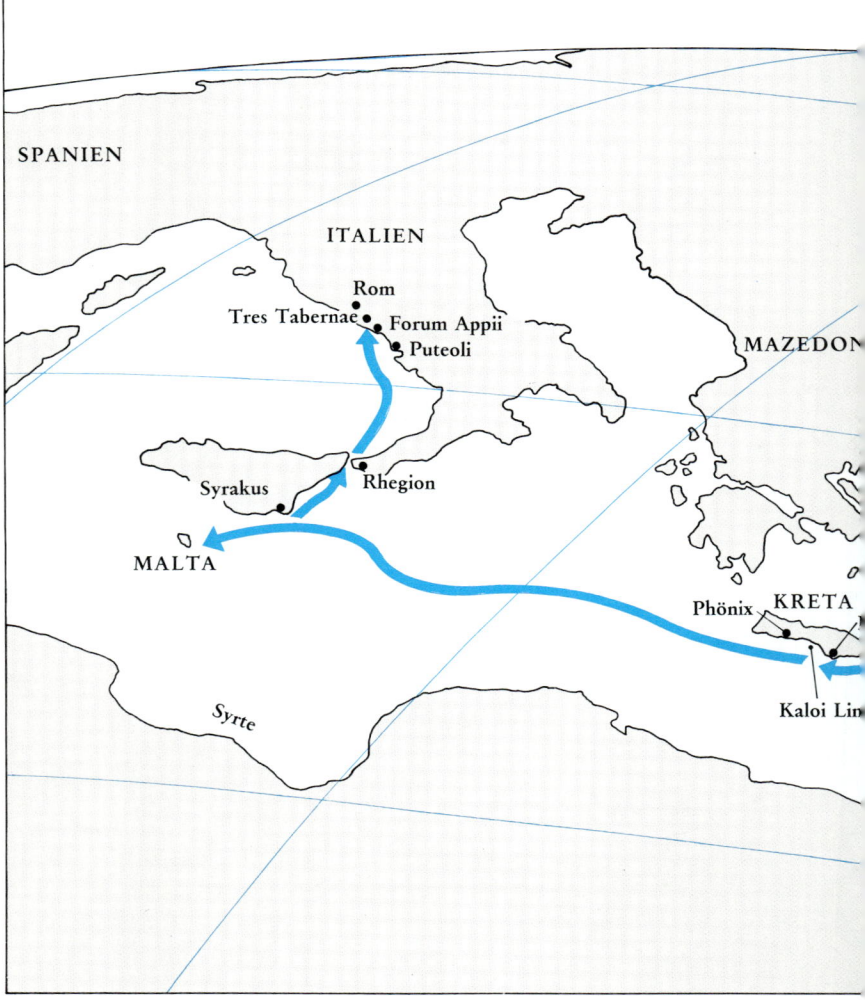

„Doch kurz darauf brach von der Insel her ein Orkan los, Eurakylon genannt" (Apg 27, 14). Truppen und Reisende wurden im Römerreich auf Schiffen transportiert, wie natürlich auch Kaufleute und ihre Ware. Ägyptisches Getreide etwa wurde auf Schiffen (oben) nach Rom gebracht. Die Seefahrt war nicht ungefährlich. Zwar hatten die Römer mit großer Anstrengung die Seeräuberei eingedämmt; doch die Schiffe jener Zeit hatten Sturmwinden und Wellen wenig entgegenzusetzen. Angetrieben wurden diese Schiffe von recht einfachen Segeln oder Rudern oder beidem. Eine der ersten Sorgen der Matrosen bei einem Sturm (wie er das Schiff mit Paulus erfaßte) bestand darin, die Rettungsboote hochzuhieven, ohne daß sie vom Sturm weggetragen oder gegen das Schiff geschleudert wurden. Römische Mosaiken zeigen oft Rettungsboote, die am Heck festgebunden sind.

Büste Neros, Thermen-Museum, Rom

Neros Christenverfolgung

Tacitus (ca. 55–120 n. Chr.) schrieb einen der ersten noch erhaltenen Berichte über die frühen Christen in Rom. Über die große Feuersbrunst von 64 n. Chr. liest man bei ihm: „Um das Gerücht zu beseitigen (daß er selbst das große Feuer habe legen lassen), beschuldigte er (Nero) statt dessen die, ... denen er den Übernamen ‚Christen' gab, wobei er äußerst ausgefallene Strafen für sie erfand. Der Name stammt von einem gewissen Christus, der im Auftrag des Statthalters Pontius Pilatus unter Tiberius hingerichtet worden war ..." Ihre Hinrichtung wurde mit Volksbelustigung verbunden: Sie wurden in Tierhäute gebunden und von Hunden zerrissen, gekreuzigt oder als Fackeln präpariert und dann angezündet, um die Dunkelheit zu erhellen. Nero hatte seinen privaten Garten für das Schauspiel geöffnet und bot eine Vorführung im Zirkus, bei der er sich selbst in Wagenlenkeruniform unter die Menge mischte und eigenhändig die Zügel eines Gespannes führte.

Sueton (ca. 69–135 n. Chr.) trennt seinen Bericht über die Bestrafung von Christen, einer Gruppe, „die einem neuen, entarteten und gefährlichen Aberglauben anhängt", vom Brand Roms, den er Nero zuschreibt. Clemens von Rom, der als Christ gegen Ende des ersten Jahrhunderts schreibt, nennt als Grund für den Tod von Petrus und Paulus „Eifersucht". Dio Cassius, ein Geschichtsschreiber des frühen 3. Jh., erwähnt die Christen überhaupt nicht und lastet den Brand Roms Neros Agenten an. Der Geschichtsschreiber Eusebius im frühen 4. Jh. weiß von Verfolgungen, aber ohne Zusammenhang mit dem Brand: „Nero war der erste, den man als Gegner Gottes bezeichnete, offenbar wegen der Hinrichtung der Apostel. Die Geschichte berichtet, Paulus sei enthauptet worden, als er während seiner Herrschaft in Rom weilte; ähnlich erlitt Petrus den Kreuzestod." Hieronymus (ca. 342–420), ein gelehrter christlicher Schriftsteller, folgt Eusebius, wenn er für den Brand das Jahr 64, für die Verfolgung das Jahr 68 angibt.

Die letzte Reise des Paulus

Die letzte Reise des Paulus (zu seinem Prozeß in Rom) ging von Cäsarea aus. Das Schiff legte in Sidon an, segelte dann nach Myra in Lyzien. Dort fand Julius, der begleitende Hauptmann, ein alexandrinisches Schiff mit Kurs nach Italien und brachte die Gefangenen an Bord. Das Schiff kam nur langsam voran; im Spätjahr erreichte es Kaloi Limenes auf Kreta.

Paulus empfahl, in Kreta zu überwintern, wurde aber überstimmt, und man setzte die Segel. Eine leichte Brise wuchs schnell zu einem wilden Nordoststurm an, der sie über das Ziel hinaus trieb und schließlich das Schiff an der Küste Maltas auf Grund laufen ließ.

Während des Sturms ermahnte Paulus die Mannschaft: Man hätte „von Kreta nicht abfahren sollen, dann wären uns dieses Unglück und der Schaden erspart geblieben" (Apg 27,21). Doch er versicherte ihnen, alle würden überleben; ein Engel Gottes hätte ihm dies verheißen.

Die Malteser begrüßten die Schiffbrüchigen mit einem riesigen Feuer. Als Paulus einen Ast nachlegen wollte, packte eine Viper seine Hand. Die Umstehenden hielten nun Paulus für einen Mörder, der, zwar dem Sturm entronnen, nun doch ein Opfer göttlicher Gerechtigkeit werden sollte. Als aber der Apostel die Schlange ins Feuer schüttelte und der Gebissene nicht tot umfiel, hielt man ihn für einen Gott.

Paulus soll auf Malta durch ein Wunder den Vater des von den Römern ernannten Herrschers der Insel geheilt haben. Als das Wetter sich im Winter besserte, machten sich alle auf den Weg zum italienischen Festland. Sie landeten in Puteoli bei Neapel. Römische Christen kamen ihnen über die Via Appia entgegen und begleiteten Paulus nach Rom – zum Martyrium.

Die Belagerung Jerusalems 70 n.Chr.

Zweimal wurde Jerusalem zerstört, schreibt der jüdische Historiker Josephus, einmal durch Babylon und einmal durch Rom. Die Belagerung der Stadt und ihre Zerstörung durch die Römer 70 n.Chr. wurde für die Juden eine Katastrophe.

Für die Römer waren die Juden mit ihrer nationalistischen und religiösen Ausschließlichkeit unbequeme Untergebene. Die Steuerschätzung von 6 n.Chr. reizte einen gewissen Judas zu einem militärischen Aufstand; ihm wird die Gründung einer neuen religiösen Sekte zugeschrieben, die 60 Jahre lang Unruhe stiften sollte. Man nannte diese Freiheitskämpfer „Aufrührer" oder „Banditen". Barabbas wurde zu ihnen gezählt, ebenso der Ägypter, der in Apg 21,38 erwähnt wird. Eine Gruppe hieß Siccarii oder Dolchmänner. Seit dem Aufstand 66 n.Chr. wurden jüdische Freiheitskämpfer „Zeloten" genannt.

Aufs Ganze gesehen, waren die römischen Statthalter Judäas mittelmäßig und ohne Geschick. Einige waren korrupt, und für viele Juden waren sie Symbole der Unterdrückung. Pilatus nahm keine Rücksicht auf die jüdische Religion. Porzius Festus (Apg 25,1–9) (60–62 n.Chr.) ist der einzige, gegen den keine massive Kritik laut wird.

Viele andere Gründe, soziale, wirtschaftliche und politische, führten schließlich zu Unruhen. Die Lage wurde brenzlig. 66 verlangte Florus 17 Talente aus dem Tempelschatz für ausstehende Tributschulden. Um die „Armut" des Prokurators zu verulken, veranstalteten Demonstranten eine Straßensammlung für ihn. Florus kam mit einer Armee nach Jerusalem, verlangte die Auslieferung der Missetäter und rief das Kriegsrecht aus; bei anschließenden Tumulten kamen 3000 Menschen um.

Florus aber war zu weit gegangen. Er zog sich zurück, um weitere Provokationen zu vermeiden – zu spät. Der offene Aufstand war ausgebrochen: Die Tempelopfer für den Kaiser wurden eingestellt. Die römischen Garnisonen in Jerusalem und auf der Masada wurden massakriert. Jene von Jerusalem hatten in drei befestigten Türmen des Herodespalastes Zuflucht gesucht; dort waren sie sicher, aber machtlos. Man sicherte ihnen freien Abzug zu, wenn sie die Waffen streckten. Doch außerhalb der Stadt wurden sie heimtückisch angegriffen und umgebracht.

Verhaftungen und Gegenmassaker folgten in Cäsarea, der Dekapolis, Alexandria. Cestius Gallus, der Statthalter von Syrien mit militärischer Verantwortung für Judäa, rückte mit der zwölften Legion samt Hilfstruppen gegen Jerusalem vor. Nach anfänglichen Erfolgen zog er sich zurück, geriet in einen Hinterhalt und kam mit einem Verlust von rund 6000 Soldaten und zahllosen Waffen davon.

Die Juden waren in Parteien zersplittert. Trotzdem organisierten sie sich und teilten Zuständigkeiten klug auf. Einige ihrer Anführer waren sehr jung. Der Geschichtsschreiber Josephus z.B. war gerade 30, als er das Kommando für Galiläa übernahm.

Nero betraute Vespasian, der in Britannien gekämpft und in Afrika regiert hatte, mit der Kriegsführung. Er verfügte über drei Legionen, insgesamt vielleicht 60 000 Mann. Systematisch räumte er von Norden her auf: Josephus ergab sich, prophezeite Vespasian, er werde Kaiser werden, und blieb am Leben.

Inzwischen war Nero gestürzt worden und hatte Selbstmord begangen. In Rom kam es zum Bürgerkrieg. Galba, Otho und Vitellius folgten einander als Kaiser. Die Legionen des Ostens riefen Vespasian zum Kaiser aus. Vitellius wurde ermordet, und die Prophezeiung des Josephus erfüllte sich. Vespasian überließ die Kriegsführung seinem Sohn Titus. Ein großer Sieg aber konnte Vespasians Ansehen guttun. Also mußte Jerusalem fallen.

Titus umzingelte Jerusalem zunächst, um die Freiheitskämpfer auszuhungern. Dann stürmte er die Stadt, indem er zuerst die Burg Antonia (1) einnahm und zerstörte.

Die Belagerten wurden in den Tempel (2) zurückgedrängt. Dort legten sie den Römern eine Falle, indem sie sich scheinbar zurückzogen und den westlichen Hallengang des Vorhofs der Heiden (3) anzündeten.

Titus nahm an, die Juden legten selber Feuer an den Tempel, den die Römer nicht hatten zerstören wollen. Daraufhin schritt er zum endgültigen Angriff.

Rammböcke wurden gegen den inneren Tempel aufgefahren und Sturmleitern aufgestellt, doch ohne Erfolg.

Titus gab dann den Befehl, die Tore anzuzünden. So fiel die äußere Verteidigungslinie, und die Römer schafften den Durchbruch. Ein Gegenangriff durch das Osttor des inneren Tempels wurde abgeschlagen.

Nach Josephus wollte Titus den Tempel schonen und gab Befehl, das Feuer zu kontrollieren. Doch ein Soldat ergriff ein brennendes Holzscheit und warf es durch ein Fenster, wo es auf brennbares Material fiel.

Allgemeine Verwirrung brach auf beiden Seiten aus. Römische Soldaten drangen ohne Befehl ein, trampelten sich gegenseitig nieder und fielen dem Feuer zum Opfer, während andere die Juden töteten, die den Untergang ihres Tempels verhindern wollten.

Die Befehle des Titus, den Tempel zu schonen, wurden entweder nicht gehört oder nicht befolgt. Plünderung setzte ein. Nach der Brandsetzung wurden die Verteidiger vom inneren in den äußeren Vorhof abgedrängt, dann in die Unterstadt und schließlich in ein letztes Nest in der Oberstadt.

Einige der Priester nahmen die Metallspieße, welche den Tempel gegen nistende Vögel schützten, und warfen sie als Speere auf die Römer. Diese brannten das Schatzhaus (mit allen kostbaren Gewändern) nieder wie auch einen der äußeren Säulengänge, wo Flüchtende, darunter viele Frauen und Kinder, zusammengedrängt worden waren.

181

Die Belagerung Jerusalems 70 n.Chr./2

Die Aufgabe war schwierig. Auf drei Seiten war die Stadt wegen der steilen Talhänge unterhalb der Stadtmauern fast uneinnehmbar. Die Nordseite war durch drei Verteidigungslinien mit starken Mauern und Türmen geschützt.

Titus rückte im Frühjahr 70 vor, indem er die Osterpilger vor sich her trieb, um die Zahl der zu füllenden Mäuler in der Stadt zu erhöhen. Beim Auskundschaften zeigte er großen Mut und hätte dabei fast sein Leben verloren.

Die Juden wußten, daß ihnen bei einer Niederlage Kreuzigung oder Sklaverei drohte. Sie machten Ausfälle und schlugen die Römer zurück. Der Erfolg blieb zeitlich begrenzt. Die römischen Lager wurden aufgebaut.

Die Freiheitskämpfer zerfielen in drei Parteien. Ihre Anführer waren Johannes von Gischala, Eleazar und Simon bar Giora. Sie bekämpften sich gegenseitig. Eleazar ging es dabei am schlimmsten. Johannes und Simon vereinigten ihre Streitkräfte und riskierten einen Ausfall gegen die römischen Belagerungstürme. Doch die Türme hielten stand. Die Verteidiger wurden von den Mauern vertrieben, und die Rammböcke schlugen Breschen in die äußere Mauer.

Titus nahm das Nordostquartier ein. Die zweite Mauer wurde überwunden, doch in den engen Gassen wurden die Römer zurückgetrieben. Aber schon vier Tage später drangen sie wieder ein und zerstörten die Mauer endgültig.

Nun umgab Titus die Stadt mit einem Wall, um Flucht- und Versorgungswege abzuschneiden. Hungersnot breitete sich aus. Leichen wurden über die Mauern ins Tal geworfen, um die Seuchengefahr zu bannen. Sogar Kannibalismus soll vorgekommen sein. Flüchtige, die den Römern in die Hände fielen, wurden in Sichtweite der Stadt gekreuzigt: 500 pro Tag. Ende Juni wurde der direkte Angriff wiederaufgenommen. Die Burg Antonia fiel und wurde dem Erdboden gleichgemacht. Im Juli mußten die täglichen Opfer im Tempel eingestellt werden. Am 6. August wurde der Tempel gestürmt und gegen den Befehl des Titus niedergebrannt.

In der Oberstadt leisteten die Aufständischen letzten Widerstand. Dieser wurde gebrochen, und nach fünfmonatiger Belagerung war die Stadt erobert und wurde völlig zerstört. Kriegsgefangene kamen als Gladiatoren in die Arena. Siebenhundert – unter ihnen Simon und Johannes – wurden im Triumphzug in Rom zusammen mit Beute aus dem Tempel vorgeführt.

So erfüllten sich Jesu Worte bei Lukas: „Wenn ihr seht, daß Jerusalem von einem Heer eingeschlossen wird, dann könnt ihr daran erkennen, daß die Stadt bald verwüstet wird" (21,20). „Es wird eine Zeit kommen, da wird von allem, was ihr hier seht, kein Stein auf dem andern bleiben" (21,6).

Einzelne Widerstandsnester blieben noch, wie etwa Masada (siehe S. 184f). Doch es gab keinen jüdischen Staat mehr. Ein heidnisches Heiligtum wurde auf dem Tempelplatz errichtet. Die Pilgerfahrt nach Jerusalem hörte auf. Die Tempelsteuer, welche die Diaspora für den Unterhalt des Tempels entrichtete, wurde – wenigstens für eine gewisse Zeit – für den Tempel des Jupiter Capitolinus in Rom verwendet. Judäa wurde eine eigene römische Provinz. Die Wirtschaft des Landes hatte unter dem Krieg schwer gelitten; der beste Boden wurde obendrein von den Römern beschlagnahmt.

Jedoch die Pharisäer mit ihrem Sinn für praktische Frömmigkeit blieben stark. Ein neues Zentrum für das Studium des Gesetzes wurde in Jabne errichtet. Das religiöse Leben überlebte die Zerstörung des Tempels.

Der Titusbogen, der am Ende des römischen Forums steht, ist mit Reliefs geschmückt, welche die Eroberung Jerusalems, jüdische Gefangene und den triumphierenden Titus zeigen. Dieser Ausschnitt (oben) läßt Beutestücke aus dem Tempel erkennen, die im Zug getragen werden: Trompeten, Schaubrottisch, Siebenarmiger Leuchter zusammen mit Schrifttafeln, die im Hintergrund hochgehalten werden.

In der antiken Kriegstechnik entwickelten die Griechen Katapulte, um Breschen in Verteidigungsmauern zu schlagen. Doch erst die Römer erfanden den Belagerungsturm, ein überaus raffiniertes Kriegsgerät. Er erlaubte ihnen, mittels einer Ziehbrücke die gegnerische Mauerzinne zu stürmen. Gleichzeitig befand sich unten ein massiver hölzerner Rammbock mit einem Eisenklotz an der Spitze, der nach Josephus die Form eines Widders hatte (daher der Name). In der Mitte waren Seile daran befestigt, mit denen die Soldaten ihn zurückzogen, um ihn erneut gegen die Mauer zu wuchten.

„Ich [Josephus] wurde von Gott zu dir gesandt ... du, Vespasian, bist Cäsar und Herrscher." Josephus: Der Jüdische Krieg.

Josephus: Patriot oder Verräter?
37 oder 39 n. Chr. geboren, wurde Josephus 66 widerstrebend verwickelt in den Aufstand seines Volkes gegen Rom. Als die Festung Jotapata fiel, entkam er mit 40 Mitstreitern. Im Bewußtsein ihrer hoffnungslosen Lage schlossen sie ein Selbstmordbündnis. Josephus und ein Gefährte aber übergaben sich den Römern. Josephus gelang es, Vespasians Gunst zu gewinnen, indem er ihm prophezeite, er werde einst Kaiser sein. Die Voraussage erfüllte sich 69. Josephus, jetzt in kaiserlicher Gunst, begleitete die römische Armee während der Belagerung Jerusalems. Dafür galt er in seinem Volk als Verräter. In Rom schrieb er später die Geschichte des jüdischen Volkes und dieses Krieges gegen die Römer.

„Wo die Erfahrung von Jahren gefragt ist für eine gute Regentschaft, da haben wir Vespasian; wo die Kraft der Jugend, Titus." Josephus: Der Jüdische Krieg.

Diese Münze wurde zwischen 69 und 79 n.Chr. in Rom zur Erinnerung an die Eroberung Jerusalems geprägt. Sie gehört zu einer Serie von Gold-, Silber- und Bronzemünzen und zeigt den Kaiser Vespasian auf der Vorderseite und ein Symbol des geschlagenen Juda auf der Rückseite: eine klagende Frau unter einer Palme (oben). Die Inschrift „IUD CAP" bedeutet: Judäa in Gefangenschaft. S C = „auf Beschluß des Senats".

Vespasian – eine römische Militärkarriere
Titus Flavius Vespasianus (9–79 n.Chr.) war ein Sabiner (= ein Volk in Mittelitalien) von mittelständischer Herkunft. Er machte seinen Weg in der Armee dank Geschick und Fleiß. Er diente in Germanien und dann in Britannien. 51 wurde er Konsul und war danach Neros Prokonsul in Afrika. 66 erhielt er das Kommando für den Krieg gegen die Juden. Er befand sich in Judäa, als Nero starb. Nach einigen Machtkämpfen in Rom riefen römische Soldaten in Alexandrien, Judäa und Syrien Vespasian zum Kaiser aus. Er kehrte nach Italien zurück, um seinen Anspruch durchzusetzen, während er seinem Sohn Titus die Kriegsführung überließ. Als Kaiser lebte Vespasian im Gegensatz zu Nero bescheiden; er ordnete die Staatsfinanzen und eröffnete eine Periode des Friedens und des Wohlstands, die hundert Jahre dauern sollte. Auf dem Thron folgten ihm Titus, später Domitian, sein zweiter Sohn.

Der Untergang der Festung Masada

Nach der Eroberung Jerusalems 70 n.Chr. wurde Masada zwei Jahre später Schauplatz des letzten jüdischen Widerstandes. Masada ist eine der gewaltigsten Festungen der Antike und liegt am Rand der Wüste, 397 m über steilen Abhängen zum Toten Meer. Herodes der Große hatte hier eine Burg mit Türmen und Mauern, Regenwasserkanälen, Zisternen, Magazinen, Soldatenquartieren und Palästen gebaut.

Als die Römer den Nachfolgern des Herodes die Herrschaft abnahmen, legten sie eine Garnison nach Masada. Doch Menahem, ein Widerstandsführer, konnte diese 66 n.Chr. mit seinen Leuten vernichten. Die Zeloten hielten die Festung und wurden verstärkt durch einige Flüchtlinge aus Jerusalem. Von hier aus unternahmen sie Guerillaattacken auf die Römer. Im Jahre 72 beschloß der römische Statthalter Flavius Silva, dieses letzte Widerstandsnest auszuheben. Ihm stand die zehnte Legion – etwa 6000 Mann – samt Hilfstruppen und Zwangsarbeitern für den Transport zur Verfügung.

Flavius Silva wandte römische Belagerungstechnik an. Eine Reihe von Lagern wurde rund um den Fuß des Felsmassivs eingerichtet, das damit völlig eingeschlossen war. Auf der Westseite der Festung schüttete er eine Rampe aus Steinen und Erde auf. Auf ihr schob er einen Belagerungsturm vor, der dem Rammbock Feuerschutz gab. So wurde eine Bresche in die Burgmauer geschlagen.

Die Besatzung erdachte sich eine trickreiche Verstärkung der Mauer von innen: sie schütteten Holz und Erde auf, die vom Rammbock hart gestampft wurden. Den Römern gelang es dann, Feuer an die Mauer zu legen; doch da kam ein Nordwind auf, der die Flammen gegen ihre eigenen Stellungen trieb. Als schließlich der Wind wieder drehte, hinterließ das Feuer eine Bresche in der Mauer.

960 Männer, Frauen und Kinder waren auf Masada. Man erkannte die hoffnungslose Lage. Sinn des ganzen Kampfes war es gewesen, der Versklavung durch die Römer zu entgehen. Die Männer zogen den Freitod der Tötung durch die Feinde vor. Frauen und Kindern drohten Vergewaltigung und Sklaverei. Ein altes jüdisches Sprichwort sagte: Wir leben, um zu sterben, und wir sterben, um zu leben. So beschloß man den gemeinsamen Freitod und warf das Los, wer zunächst die anderen hinrichten sollte.

Die Römer rüsteten sich zum letzten Angriff. Aber da war kein Widerstand, nur unheimliche Stille. Zwei Frauen und ihre fünf Kinder hatten das Leben dem Tod vorgezogen und erzählten, was vorgegangen war. Josephus berichtet, die Römer hätten den Mut ihrer Feinde bewundert und keine Freude über ihren Sieg empfinden können. Für eine Weile ließ Flavius Silva eine Besatzung in der Burg. Als der Widerstand gegen die Römerherrschaft im ganzen Land versandete, wurde der Ort verlassen. Im 5. und 6. Jh. wohnten einige christliche Mönche auf dem Burghügel und bauten eine Kapelle.

In den frühen sechziger Jahren grub eine israelische Expedition unter Yigael Yadin Masada aus. Man entdeckte die einfallsreiche Architektur und die herrlich bemalten Wände des luxuriösen Herodespalastes, eine Synagoge und Becken für Ritualbäder, daneben Schriftrollen, Münzen, Krüge, Ringe, Waffen und Spuren von Kleidungsstücken. Man fand Tonscherben, mit denen vielleicht gelost worden war, wer als nächster sterben sollte; man fand sogar noch die Skelette eines Mannes, einer Frau und eines Kindes, obwohl die Römer die Leichen eigentlich weggeschafft hatten.

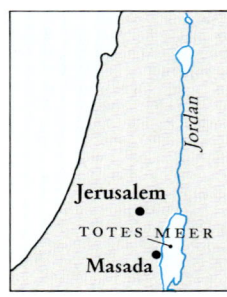

Masada war als königliche Zitadelle, Festung und Palast von Herodes dem Großen ausgebaut worden. Am Nordabhang fand sich eine Villa auf drei Terrassen (1) mit Verbindungstreppen und großartigen Fresken.

Der römische Kommandant Flavius Silva (7) dirigierte alles zu Pferd. Durch Lager rings um die Festung schnitt er die Fluchtwege ab. Für einen Angriff eignete sich nur die Westseite, wo ein Felsvorsprung den Bau einer 200 m langen und 100 m hohen Rampe ermöglichte (4). Diese wurde noch aufgestockt mit Steinen, fast bis zur Höhe der Kasemattenmauer – eine beachtliche belagerungstechnische Leistung.

Römische Belagerungsmethoden waren ausgeklügelt und wirksam. Man besaß mächtige Katapulte (8), die etwa bei der Belagerung von Jerusalem Wurfsteine von 24,5 kg rund 400 m weit schleuderten. Kleinere Katapulte, sog. Skorpione (9), funktionierten wie später die Armbrust. Die Katapulte wurden nicht vom dargestellten Platz aus benutzt, sondern beim Angriff näher herangebracht.

Die Legionäre (5) trugen lederne oder metallene Panzer, Bronzehelme mit eisernen Schädelplatten und Stiefel. Sie besaßen große, gekrümmte Schilde, Speere, Schwerter und Dolche.

120 Berittene gehörten zu jeder Legion als Meldereiter und Kundschafter.

Die wichtigsten Belagerungswerkzeuge waren die Rammböcke (mit einer widderköpfigen Metallspitze), geschützt durch ein starkes Dach auf Rädern, „Schildkröte" genannt, mobile Türme (3) aus Holz mit Eisen gepanzert, mit Haken zum Herausbrechen von Mauersteinen bestückt.

Proviant und Ausrüstung für Belagerungen wurden mit zweirädrigen Wagen transportiert (6).

Die Rampe (4) und der Turm (3) erlaubten den Römern, die Verteidiger von den Mauern zu vertreiben und gleichzeitig den Einsatz der Rammböcke zu decken. Die Legionäre im Vordergrund warten auf den Angriff, sobald die Bresche geschlagen ist. Die Zeloten bauten oben eine weitere Mauer aus Holz und Erde. Die Legionäre setzten sie in Brand (2). Als der Wind drehte, wäre fast der Turm zerstört worden. Doch die Windrichtung wechselte erneut, und so brannte die letzte Schutzmauer nieder.

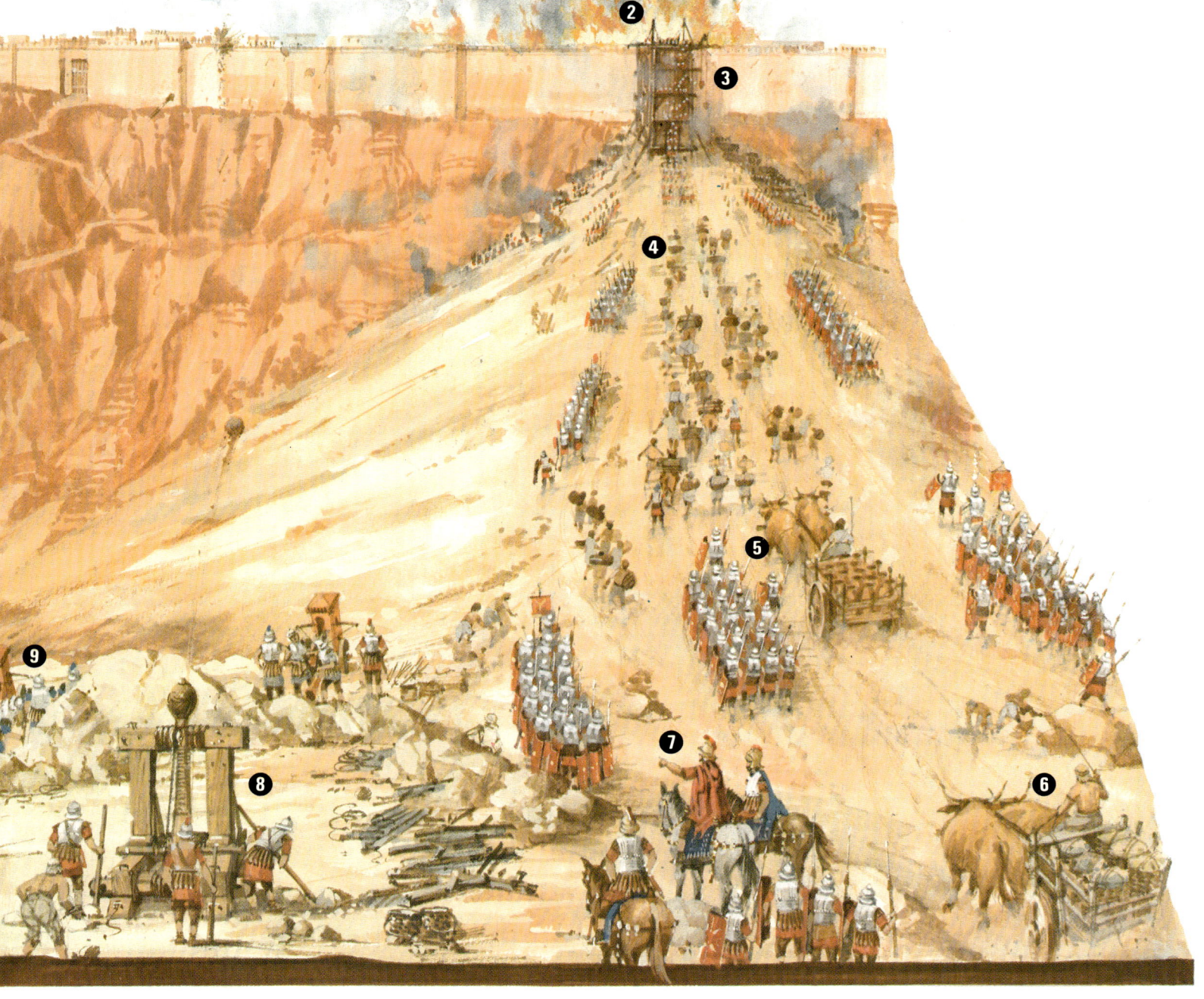

185

Die Schriftrollen von Qumran

Im Frühjahr 1947 warf der Beduinenjunge Muhammad ed Dib beim Hüten seiner Ziegen einen Stein in eine Höhle beim Nordwestende des Toten Meeres. Er hörte ein Geräusch von Scherben und entdeckte beim Nachschauen eine Anzahl hebräischer Schriftrollen in großen Tonkrügen. Es war der erste einer Reihe solcher Zufallsfunde.

Wissenschaftler fanden bald heraus, daß es sich bei den Rollen um Dokumente handelte, die vor der Belagerung Jerusalems im Krieg 66–70 n. Chr. vor den Römern versteckt worden waren. Die Entdeckung der „Schriftrollen vom Toten Meer" wurde überaus wichtig für das Studium des Judentums des ersten Jahrhunderts und des frühen Christentums; enthüllen doch diese Rollen die Weltanschauung von Juden zur Zeit des Neuen Testaments. Unter den Schriften finden sich abweichende Lesarten von Bibeltexten, wie Jesus oder Paulus sie gekannt haben mögen. Mit Ausnahme des Esterbuches entdeckte man in Qumran mindestens Teile sämtlicher Bücher der hebräischen Bibel. Wichtiger noch sind die zahlreichen Kommentare zu den heiligen Schriften.

Die klosterähnliche Anlage, in welcher diese Schriften verfaßt wurden, ist auf einem Plateau über dem Toten Meer in der Nähe des Wadi Qumran ausgegraben worden. Sie umfaßte ein Zentralgebäude mit Gemeinschaftsräumen, ein „Scriptorium", wo heilige Texte vervielfältigt wurden, und gleich daneben ein Speise- und Versammlungsraum. Neben dem Hauptgebäude fand man Reste landwirtschaftlicher Einrichtungen – Speicher, Mühlen, Ställe – sowie ein Töpferei mit Brennofen. In der Nähe liegen Friedhöfe mit insgesamt etwa 1100 Gräbern.

Die Mitglieder der Qumrangemeinde (= Essener) verstanden sich als das wahre Volk Gottes und bereiteten sich für das unmittelbar bevorstehende Weltende und Gottes Gericht vor. So diente ein kompliziertes System von Wasserleitungen und -becken, Ritualbädern, Reservoirs und Bewässerungskanälen nicht nur Sauberkeitsbedürfnissen, sondern auch liturgischen Zwecken. Die gespeicherte Wassermenge reichte übrigens aus, um in Trockenzeiten mehrere tausend Personen zu versorgen. Die Einhaltung kultischer Reinheit der Gemeinschaft war eine vorrangige Sorge. Grundlage dafür bildete ein Gesetzesverständnis, durch das sich Qumran vom übrigen Judentum unterschied.

Neumitglieder mußten Gehorsam allem gegenüber geloben, was den Zadokiden, den Priestern, geoffenbart worden war. Der Aufnahme folgte ein Probejahr, dann ein zweijähriges Noviziat. Nach erfolgreicher Prüfung erhielt der Kandidat das weiße Leinengewand und durfte am Gemeinschaftsmahl teilnehmen.

Die Glaubensüberzeugungen einer Gruppe, die zeitgleich neben dem jungen Christentum lebte, sind von größtem Interesse. Ein grundlegender „Dualismus" durchzieht ihre Gedankenwelt, was bedeutet, daß sie sich als Zeugen und Beteiligte der kosmischen Entscheidungsschlacht zwischen den Mächten des Lichts und der Dunkelheit, zwischen Gott und bösen Engeln, wie auch zwischen guten und bösen Menschen verstanden. Sich selbst sahen sie als Gottes Erwählte. Sie erwarteten zwei Messias-Gestalten: einen priesterlichen aus dem Haus Aaron, einen königlichen aus David, dazu noch einen Propheten.

Doch unterschieden sie sich von Jesus und seinen Anhängern. Jesus nahm sich der Frauen, der Behinderten und Kranken an; Qumran schloß sie aus. Qumran predigte Liebe gegenüber Gruppenmitgliedern und Haß gegen Feinde, während Jesu Liebesgebot die Feinde miteinschließt. Das Studium der Qumranrollen dürfte noch manches neue Licht auf Judentum und Christentum werfen.

Wer waren die Essener?

Das Vorhandensein von Essenern war aus Berichten von Schriftstellern des 1. Jh. längst bekannt. Philo von Alexandrien beschreibt sie als streng zurückgezogen, in Gemeinschaft lebend, selbstgenügsam, „den Weg des Herrn in der Wüste vorbereitend". Wie er, so notiert auch Josephus die strenge, fast militärische Disziplin der Sekte, deren Mitglieder harten Vorschriften unterworfen waren. Die Essener selbst betrachteten sich als Soldaten, die in der endzeitlichen Entscheidungsschlacht als „Söhne des Lichts" gegen die „Söhne der Finsternis" anzutreten haben. Mit Waffen allerdings wollten sie nichts zu tun haben.

Es ist inzwischen allgemein anerkannt, daß die Qumransekte zu den Essenern gehörte. Doch lebten nicht alle Essener in Qumran. Eine der Rollen, die sog. „Damaskusschrift", scheint für Mitglieder verfaßt, die als verheiratete, normale Bürger im ganzen Land wohnten.

Wahrscheinlich entstanden die Essener als eine priesterliche Gruppe innerhalb der Bewegung gegen die Hellenisierung, die im Makkabäeraufstand gipfelte. Qumran muß zwischen 160 und 134 v. Chr. bereits besiedelt gewesen sein. Der endgültige Rückzug nach Qumran könnte durch die Einsetzung des Hohenpriesters Simon ausgelöst worden sein (um 140). Er war vermutlich der „Lügenpriester", der den Sektengründer, den „Lehrer der Gerechtigkeit", verfolgte.

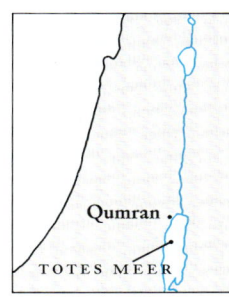

Qumran

TOTES MEER

Der Blick aus einer Höhle bei Qumran (oben) zeigt die unwirtliche Gegend, die vermutlich zur Essenerzeit nicht anders aussah.

Die Jesaja-Rolle (links), die älteste Handschrift eines vollständigen Buches des Alten Testaments, wurde in der 1. Höhle von Qumran gefunden. Sie besteht aus 17 Lederteilen, die, zusammengenäht, eine Rolle von 7,30 m ergeben. Jede Textspalte ist etwa 25 cm lang.

Das tägliche Leben in Qumran

Eine der Qumranrollen, die „Gemeinschaftsregel", zählt Regeln und Pflichten von Vollmitgliedern der Sekte, die am Ort selbst wohnten, auf. Es waren lauter ehelos lebende Männer. Man stand vor Sonnenaufgang auf zum Gebet, widmete sich dann seinem Handwerk oder der Landwirtschaft bis zur 5. Stunde (= 11 Uhr). Dann versammelte man sich, badete und zog die heiligen weißen Gewänder an für das rituelle Mahl. Die täglichen Mahlzeiten mit Gebeten am Anfang und am Schluß wurden gemeinsam eingenommen. Einige Forscher sehen Ähnlichkeiten zwischen diesen Mählern und Jesu letztem Mahl.

Jeder Gesunde hatte ein Drittel der Nächte des Jahres Wache zu stehen, das Gesetz zu studieren und die Kranken und Alten der Gemeinschaft zu pflegen. Das Gesetz wurde vorgelesen und mit Gebeten begleitet von der Gruppe, die während der drei Wachzeiten der Nacht gerade Dienst tat.

Strenge Vorschriften galten der Sorge um die Reinheit. Am Sabbat waren sogar Feueranzünden, Speisezubereitung, ja selbst der Stuhlgang verboten. Der religiöse Kalender der Essener sorgte dafür, daß kein Fest auf einen Sabbat fiel. Schwören, Ausspucken, Schlafen während der heiligen Versammlung, Entblößungen, Lügen bezüglich eines Besitzes, ja sogar verächtliches Lachen waren ausdrücklich verboten.

Die jüdische Sekte, die in Qumran lebte, war höchstwahrscheinlich essenisch, obwohl nicht alle Essener dort wohnten. Der Grundriß zeigt: den Eingang (1); eine Küche (2); das Scriptorium zum Abschreiben von Texten (3); ein Bad (4); Magazine (5); Zisternen (6).

Ausschluß aus der Gemeinde auf Zeit war ein Mittel zur Sicherung der Disziplin. Den Vorsitz hatten Priester inne: Die Gemeinschaft war in „Lager" von zehn Personen mit je einem Priester an der Spitze gegliedert. Über allen stand ein Priester als oberster Leiter. Diese straffe Ordnung galt als Vorbereitung für das letzte Kommen Gottes.

Die Offenbarung des Johannes

Die Offenbarung des Johannes ist das letzte Buch des Neuen Testaments. Geschrieben wurde sie vermutlich zur Zeit des Kaisers Domitian (81–96 n.Chr.). Sie ist der Bericht eines Ältesten der kleinasiatischen Kirche über eine Erscheinung, die Gott ihn auf der Insel Patmos hat sehen lassen. Dabei erhielt er eine Botschaft für die „sieben Kirchen Asiens", denen er in den ersten drei Kapiteln je einen Brief mit Zurechtweisungen und Ermunterungen schreibt.

Die Kapitel 4–21 richten sich an die gesamte Kirche. Die christlichen Leser werden aufgerufen, angesichts von Verfolgung standhaft zu bleiben und dem römischen Kaiser göttliche Verehrung zu verweigern.

Zunächst öffnet der Herr Jesus (in Gestalt eines Lammes) „die sieben Siegel" der Weltgeschichte und enthüllt dabei die Katastrophen, die über die Erde kommen sollen. Darunter erscheinen vier Pferde mit ihren Reitern, „denen Macht gegeben wurde über ein Viertel der Erde, Macht, zu töten durch Schwert, Hunger und Tod und durch die Tiere der Erde" (Offb 6, 8).

Sieben Trompeten leiten dann die Plagen des Gerichts und den Triumph der Gläubigen ein (8–11). Es kommt zum Kampf der Vertreter Gottes, symbolisiert durch die Frau und ihr Kind, gegen seine Widersacher, den Drachen und seine Komplizen, und schließlich zur Zerstörung Babylons (= Deckname für Rom). Es folgt der Endsieg der Heiligen, eingeleitet durch ein tausendjähriges Reich, vollendet durch den Triumph im neuen Jerusalem.

Die Offenbarung des Johannes mit ihrer eigenartigen Symbolik von Engeln, bösen Geistern, Erdbeben, Sieg über die Mächte der Dunkelheit, ist so geheimnisvoll, daß sie manchen Leser ratlos macht. Vielleicht versteht man sie am ehesten, wenn man sie als Beispiel eines Typs von Literatur liest, der bei den Juden vor allem zwischen 170 v.Chr. und 70 n.Chr. – besonders zu Zeiten von Verfolgung – verbreitet war.

In früheren Tagen erwartete man in Krisenzeiten Führung durch Propheten. Sie redeten im Namen Gottes, verurteilten die Zustände und riefen das Volk auf, Gott zu gehorchen. Doch während der Zeiten der Verfolgung konnte solch unverblümte Sprache allzu gefährlich werden. So vermittelte man nun Führung und Ermutigung in einer neuen literarischen Form, die man Apokalypse (griechisch für „Offenbarung") nannte. Die Botschaft war stets: Das Volk solle standhaft bleiben; die gegenwärtige Trübsal sei vorübergehend, und Gott werde die Verfolger bald vernichten.

Die typische Apokalypse drückte gegenwärtige Ereignisse und Personen in eigentümlichen Bildern, symbolischen Farben, Zahlen und Kreaturen aus, die einem Außenstehenden nichts sagten, von Eingeweihten aber gedeutet werden konnten. Oft geben sich solche Apokalypsen als das Werk einer wichtigen Gestalt der jüdischen Geschichte aus, die eine Erscheinung künftiger Ereignisse hatte mit dem Auftrag, sie für eine spätere Generation aufzuzeichnen. Tatsächlich schreiben hier aber Zeitgenossen für Zeitgenossen. Der eigentliche Autor soll verborgen bleiben. Zahlreiche solche Apokalypsen entstanden in den Jahren unmittelbar vor und nach Christi Geburt. Nur zwei davon wurden in die Bibel aufgenommen: Daniel und Offenbarung.

So erklärt sich die Anwesenheit komplizierter Symbole und Figuren in der Offenbarung. Doch die eigentliche Botschaft des Buches ist klar: Im Kampf zwischen Gut und Böse werden Gott und seine Getreuen siegen. Diese Botschaft war zur Zeit des Verfassers so gültig wie heute und stellt eine Grundeinsicht in die menschliche Geschichte insgesamt dar.

Patmos ist eine Insel in der Ägäis. Offb 1, 9 sagt der Verfasser Johannes, er sei hierher zur Strafe für seine Verkündigung Jesu verbannt worden. Im 2. Jh. schreibt Irenäus, das Werk sei unter Domitian (81–96) geschrieben worden. Einige Forscher denken allerdings an die Regierungszeiten Neros (68) oder Vespasians (69–79). Justin (ca. 100–165) schreibt die Offenbarung dem Verfasser des 4. Evangeliums zu: Stilistische und andere Gründe sprechen dagegen. Man dachte auch an den Apostel Johannes; doch nennt sich der Verfasser selbst schlicht: „Knecht Johannes". Das Johanneskloster auf Patmos wurde im 11. Jh. zur Erinnerung an seine Verbannung gegründet.

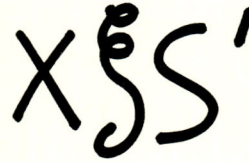

„Die Zahl des Tieres … ist 666" (Offb 13, 18)
Dieses Rätsel aus der Offenbarung hat die Phantasie der Leser jahrhundertelang beschäftigt. Die Offenbarung setzt das Tier eindeutig einem menschlichen „Ungeheuer" gleich.

Im Griechischen wie im Hebräischen waren Buchstaben zugleich Ziffern. Der Name Jesu ergibt so im Griechischen 888 (I = 10, H = 8, S = 200, O = 70, Y = 400, S = 200). 666 könnte ähnlich gebildet sein. Die beste Erklärung ist wohl die: Die Zahl bezeichnet – hebräisch geschrieben: „Neron Kaisar" (= Kaiser Nero); damit ist nicht gesagt, ob Nero selbst gemeint ist oder Domitian, den man einen „blanken Nero" genannt hat. Das paßt jedenfalls zu einem der Hauptthemen des Buches: Rom und seine Kaiser. Babylon steht für Rom, und das erste „Tier" (13, 1) hat sieben Köpfe, welche die römischen Kaiser meinen; im einzelnen lassen sie sich jedoch nicht bestimmen.

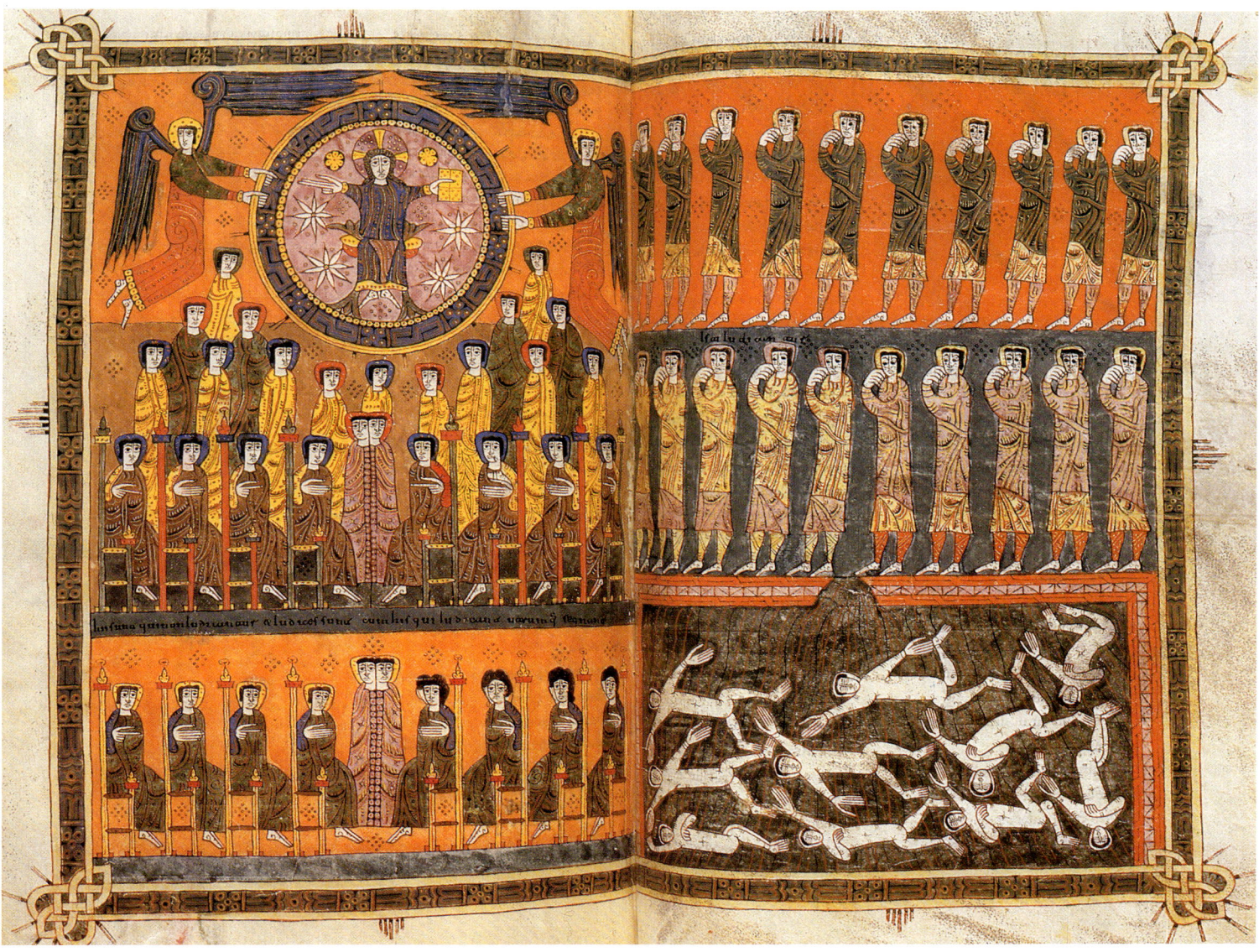

Diese Miniatur aus der Silos-Apokalypse in der British Library zeigt (oben links) Christus, majestätisch thronend, von Sternen umgeben, flankiert von zwei Engeln. Die Figuren unter ihm sind wahrscheinlich die 24 Ältesten, die Sitzenden im unteren Bildteil die Seligen.
Die Gestalten auf der rechten Bildseite kommen zum Gericht. Die oberen zwei Reihen erheben die Hand zur Anbetung, die darunter sind die Verdammten, vermutlich im brennenden Schwefelsee (Offb 21, 8).

Träume, Visionen und Symbole

Das Buch der Offenbarung führt seine Leser in eine Welt von Erscheinungen, Träumen und Prophezeiungen, welche verborgene Zusammenhänge der unsichtbaren Welt verständlich machen sollen. So etwas geschieht oft in einem außergewöhnlichen Bewußtseinszustand: im Schlaf, in der Ohnmacht oder in der Ekstase. Die meisten Kulturen der Vergangenheit und manche heutige Gesellschaften setzen voraus, daß es eine Verbindung zwischen den beiden Welten gibt und Kräfte der unsichtbaren Welt (höhere Mächte, Geister, Götter) vielfältig ihren Einfluß auf die sichtbare Welt ausüben.

Manchen heutigen Lesern kommt die Offenbarung des Johannes rätselhaft vor; ihnen fehlt der „Schlüssel" zur Erklärung der Bilder und Figuren, die in der apokalyptischen Welt geläufig sind. Symbole setzen eine Bildersprache voraus; ähnlich wie bei Wörtern, die wir verwenden, hängt ihre Bedeutung von einem gemeinsamen Vorverständnis ab.

Manche Symbole sind allgemein verständlich: Der Löwe etwa bedeutet Majestät und Macht. Andere jedoch sind Geheimsprache, sagen nur dem Eingeweihten etwas.

Die symbolische Sprache der Offenbarung stammt größtenteils aus dem Alten Testament. Sie spielt auf Vorgänge und Gestalten aus der jüdischen Geschichte an, die den damaligen Christen vertraut waren. Heutige Leser können zwar diese Sprache nicht vollständig entziffern, doch ist der allgemeine Sinn aus dem Vergleich mit anderen Bibelstellen meist erkennbar: z.B. ist das Lamm = Jesus; die Braut = die Kirche; die Frau steht für Eva, das Volk Israel und die Gemeinde der Gläubigen; Babylon = Rom, die feindlichste irdische Macht. Drache oder Schlange = Satan, der die Mächte der Erde (die Tiere) einsetzt zur Verfolgung der Gläubigen. Zahlen und Farben sind ebenso allgemeine Symbole. 7 bedeutet z.B. vollständig; 6 (= 7 minus 1) = unvollständig. Die Bedeutung dieser Symbole erfaßt man nicht durch einen Kurs in Logik oder im Anschauen von Bildern, sondern eher nach Art von Musik, die jenem Hörer etwas erzählt, der ein Gespür für die Botschaft hat.

Die junge Kirche wächst

Die ersten Jerusalemer Christen „hatten alles gemeinsam ... Tag für Tag verharrten sie einmütig im Tempel, brachen in ihren Häusern das Brot" (Apg 2, 44–46). Sie kümmerten sich um die Bedürftigen. Obwohl man vorhandene Spannungen nicht leugnen oder unterschätzen darf (vgl. Apg 5, 1–11; 6, 1), herrschte damals erstaunliche Gemeinsamkeit. Diese ersten Christen fuhren fort zu predigen und zu heilen in der Überzeugung, der Geist wirke in ihnen.

Mit den Jahren mußten sich Veränderungen ergeben. Die Erwartung einer bevorstehenden Wiederkunft Jesu schwächte sich ab, wenn auch die Hoffnung blieb. Heiden wurden zur Kirche zugelassen ohne Auflage der Beschneidung oder jüdischer Speisegesetze. Zuweilen widersetzten sich Juden der neuen Bewegung, gelegentlich gewaltsam.

Nero ordnete die erste römische Verfolgung von Christen an. Die christliche Gewaltlosigkeit stieß auf beiden Seiten auf Ablehnung, galt der jüdischen Befreiungsbewegung ebenso wie den Römern als Verrat. Die Enge von Hauskirchen war der weltweiten Bewegung bald nicht mehr angemessen. Die Sorge um Unterschiede im Glauben kam auf.

Schnell dehnte sich das Christentum in Syrien, Kleinasien, Griechenland aus. Als Paulus den Römern schrieb, gab es dort bereits eine beachtliche Gemeinde, ebenso rund den Golf von Neapel. Möglicherweise brachte Paulus selbst das Evangelium nach Spanien, sein Schüler Kreszenz vielleicht nach Galatien (2 Tim 4, 10). Sicher gab es im 2. Jh. eine starke Gemeinde im Rhonetal.

In Britannien ist außer Legenden und vagen Andeutungen noch nichts vom Christentum erkennbar. Doch nahmen an der Synode von Arles 314 bereits drei britannische Bischöfe teil. Im 2. Jh. blühte die Kirche in Nordafrika (wo die Bibel erstmals ins Latein übersetzt wurde) sowie im ägyptischen Alexandrien. Es gibt Hinweise auf eine frühe Ausbreitung nach Schwarzafrika, nach Edessa und sogar Indien (durch Thomas).

Die ursprünglichen Apostel waren Missionsleiter; neben ihnen gab es Propheten, andere Geistbegabte, anerkannte Lehrer und Gemeindeleiter. Nichtchristen wurde gepredigt, Christen wurden unterwiesen. Es entstanden Ämter wie die des „Bischofs" (eine Art Aufseher), des „Presbyters" (= Ältester), zuständig für eine Gemeinde oder eine Gruppe von Gemeinden, und des „Diakons" (= Verwalter); doch bildeten diese Ämter keine Stufenleiter. Die Annahme ist begründet, daß auch Frauen Ortskirchen leiteten (Kol 4, 15) und das Diakonsamt bekleideten (Röm 16, 1). Als die Kirche sich ausbreitete, gewann der Bischof von Rom an Ansehen, aber er war nicht von Anfang an „Papst" (vom lateinischen Papa = Vater). Sein Vorrang ist erst vom 6. Jh. an eindeutig belegt.

Ein Dokument des 2. Jh., die „Didache" (= Lehre), beschreibt kirchliches Leben: Taufe, Fasten am Mittwoch und Freitag, Eucharistie und entsprechende Gebete, das Gebet des Herrn (dreimal täglich). Der Römer Plinius berichtet, Christen würden sich an einem bestimmten Tag vor Sonnenaufgang treffen, wechselweise Hymnen auf Gott und Christus singen, eine gottgefällige Lebensführung geloben, dann auseinandergehen und abends wieder zu einem Gemeinschaftsmahl zusammenkommen.

Zwei Dinge brachten das Christentum voran: die Art zu leben und die Art zu sterben. Die Bedeutung, welche die Märtyrer (= Blutzeugen) bekamen, beschreibt der frühchristliche Theologe Tertullian (ca. 160–230) so: „Das Blut von Christen ist ein Same."

Die Verfolgung der frühen Christen in Rom war wohl ein Grund, verschlüsselte Symbole auf Siegeln und Wänden zu verwenden: Tauben, Fische, Schiffe und Anker. Diese friedlichen Zeichen waren für Christen bedeutungsvoll und zugleich unverdächtig. Das Mosaik (oben links) wurde unter einem Bogen der Taufkapelle von Albenga in Italien gefunden. Die drei Kreise bedeuten wohl das dreimalige Eintauchen im Namen des Vaters, des Sohnes und des Heiligen Geistes.

Die Schnitzerei (unten links) fand sich auf einer Wand der Johannesbasilika in Ephesus, die von Kaiser Justinian gebaut wurde. Dieses frühchristliche Symbol gründet auf alten Formen von Kreuz und Kreis und ähnelt frühen Fensterrosen. Die Sonne, symbolisiert durch Kreis, Rad oder Hakenkreuz, wurde in der Antike verehrt und von den Christen auf Christus, die „Sonne der Gerechtigkeit", übertragen.

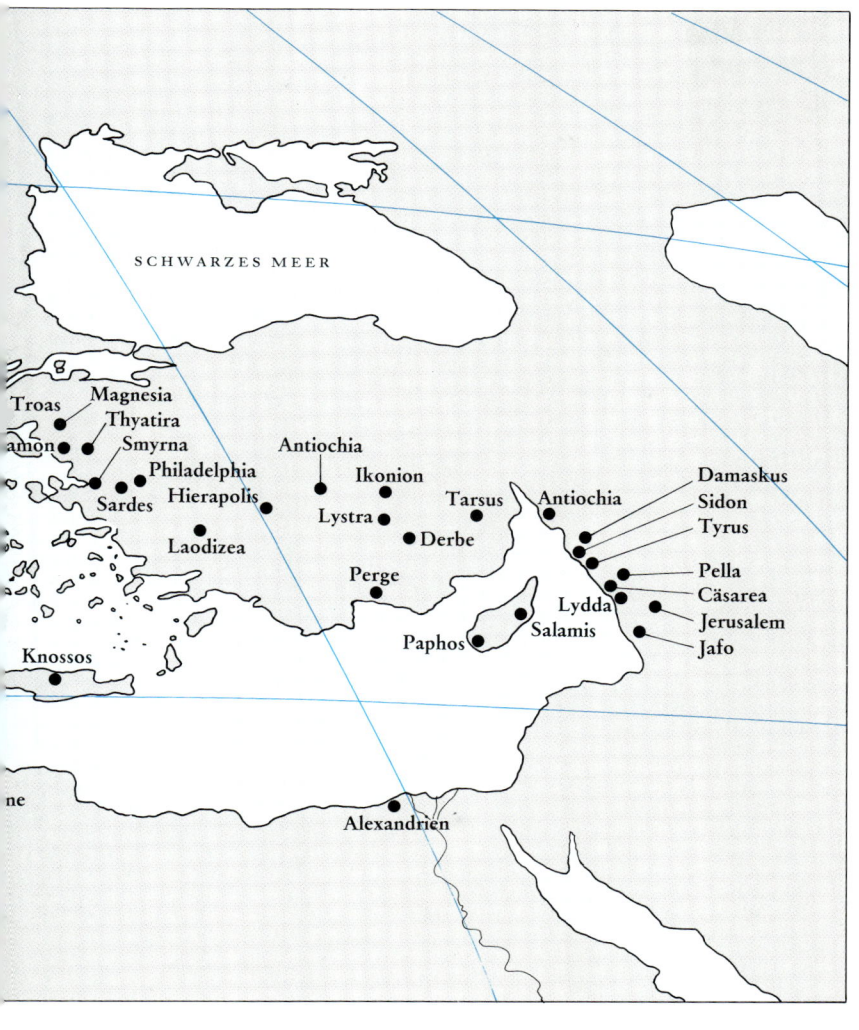

Die ersten Mönche

Strenge Lebensformen – auch Ehelosigkeit – finden sich in vielen Religionen. Der Kirchengeschichtsschreiber Eusebius sah in den Essenern (siehe S. 186 f) Vorläufer der Mönche.

„Mönch" (vom griechischen „monachos") meinte zunächst jemanden, der allein lebt. Um 285 zog sich der heilige Antonius in Ägypten zu einem einsamen Leben in die Wüste zurück. Andere taten es ihm gleich.

Gewöhnlich fanden sich christliche Mönche unter dem Einfluß von Pachomius und Basilius im Osten sowie Martin, Johannes Cassian und später Benedikt im Westen zu Gemeinschaften mit strenger Disziplin, Gebet und Arbeit zusammen. Klöster wie das irische von Inishmurray (oben) standen meist in der Einsamkeit.

Die christlichen Häretiker

„Häresie" heißt: Wahl. Zunächst für eine Philosophenschule gebraucht, bezeichnet es später Leute, die eine eigene Wahl treffen, ihre andere Ansicht der christlichen Lehre entgegensetzen. Die christliche Lehre entstand sozusagen aus der Abwehr von Häresien. Viele von diesen hatten mit der Natur und Person Jesu Christi zu tun. Hier einige wichtige häretische Gruppen der Kirchengeschichte:

Apollinarier sagten, Jesus habe einen menschlichen Leib und eine menschliche Seele, statt des menschlichen Geistes aber den göttlichen Logos gehabt. *Arianer* (nach Arius aus Libyen, 4. Jh.) hielten den Sohn Gottes für geschaffen, nicht ewig, Christus deshalb nicht für Gott im vollen Sinne. *Doketisten* sahen Gott nur zum Schein Mensch werden und leiden. *Ebioniten* waren judenchristliche Fromme, die am Gesetz des Mose festhielten und die Jungfrauengeburt leugneten. Die *Gnostiker* (griechisch: gnosis = Erkenntnis) glaubten an die Erlösung durch Erkenntnis Gottes und des Ursprungs und Schicksals der Menschheit, die nur den „Wissenden" geoffenbart ist. *Monarchianer* wollten die Einzigkeit Gottes schützen, indem sie den Sohn dem Vater unterordneten. *Patripassianer* lehrten, der Vater selbst habe am Kreuz gelitten. *Montanisten* verstanden sich als direkt vom Geist und von ekstatischer Prophetie erfaßt, verfochten eine strenge Moral und widersetzten sich allen Institutionen. *Pelagianer* waren ebenfalls strenge Moralisten. Sie lehnten die Erbsündenlehre ab und legten das Heil in die Alleinverantwortung des einzelnen, wobei die Gnade Jesu Christi nur Hilfe, nicht Voraussetzung sei.

Ende des 1. Jahrhunderts hatte sich das Christentum fast über das ganze Mittelmeerbecken ausgebreitet. Die Karte (oben) zeigt christliche Gemeinden dieser Zeit. Paulus war die wichtigste, aber nicht die einzige treibende Kraft der Missionierung. Die Namen der von ihm gegründeten Kirchen sowie die sieben Kirchen in der Offenbarung und einige weitere (z. B. Hierapolis in Kol 4, 13; Puteoli in Apg 28, 13) sind aus dem Neuen Testament bekannt. Eigentümlicherweise verlautet nichts von einer Kirche in der Weltstadt Milet. Schriftlich bezeugt sind ferner Kirchen in Magnesia und Tralles (bei Ignatius), Alexandrien und anderswo (bei Eusebius). Der Heide Plinius weiß von Christen in Bithynien und Pontus (vielleicht Sinope). Archäologische Spuren einer Kirche fanden sich in Pompeji. Später wurde es üblich, daß man Kirchen auf Apostel als Gründer zurückführte. Solche Ansprüche sind im allgemeinen fragwürdig. Daß Josef von Arimathäa nach Glastonbury in England gekommen sei, ist ganz unwahrscheinlich. Hingegen besteht eine begründete Annahme, Thomas sei als Missionar in Indien tätig gewesen.

Namen- und Sachregister

Bildnachweis

l = links; *r* = rechts; *o* = oben; *m* = Mitte; *u* = unten

2 William Macquitty; 9 Bodleian Library, Oxford; 11 Popperfoto; 13 British Library; 14 British Museum; 15 Gascoigne/Robert Harding Picture Library; 19 British Museum; 20/21 Daily Telegraph Colour Library; 22 Picturepoint; 22/23 The Mansell Collection; 25 *o* Richard Nowitz, Black Star/Colorific; 25 *u* Peter Carmichael/Aspect Picture Library; 26 Picturepoint; 27 Erich Lessing, Magnum/John Hillelson Agency; 29 British Museum; 30 British Museum; 31 *u* Committee of the Egypt Exploration Society; 33 Roger Wood; 35 British Museum; 36/37 NASA/Bruce Coleman; 38/39 Committee of the Egypt Exploration Society; 39/40 David Harris/Zefa; 41 British Library; 43 *o* Michael Holford/British Museum; 43 *u* Biblical Archaeological Review; 46–47 Earth Satellite Corporation/Science Photo Library; 49 Daily Telegraph Colour Library; 52 Alistair Duncan/Palestine Archaeological Museum; 58 *o* Sonia Halliday & Laura Lushington; 58 *u* David Harris/Zefa; 70 Britain/Israel Public Affairs Committee; 72–73 Picturepoint; 73 Michael Holford; 79 *o* Michael Holford/British Museum; 79 *u* British Museum; 85 Bodleian Library, Oxford; 87 British Museum; 89 William Macquitty; 90 British Museum; 91 Oriental Institute, University of Chicago; 92 *o* British Library; 92 *u* Britain/Israel Public Affairs Committee; 93 BPCC/Aldus Archive; 95 Robert Harding Picture Library; 96 British Museum; 96–97: Gedruckt mit Erlaubnis der Princeton University Press; 97/99 British Museum; 102–103 The Mansell Collection; 104 British Museum; 105 Bodleian Library, Oxford; 107 *o* British Library; 107 *u* British Museum; 110 British Museum; 111 Ed Mullis/Aspect Picture Library; 112/113 Ronald Sheridan; 114/115 Roger Wood; 117 *o* British Museum; 117 *u* Ashmolean Museum, Oxford; 119 *o* The Mansell Collection; 119 *u* British Museum; 120 C. M. Dixon; 120–121 C. M. Dixon; 121 British Museum; 122 Durch freundliches Entgegenkommen von Teheran Archaeological Museum & Malcolm College; 123 *o* BPCC/Aldus Archive/British Museum; 123 *u* Ashmolean Museum, Oxford; 126 The Mansell Collection; 127 Joan Wickes/Topham Picture Library; 129 Board of Trinity College, Dublin; 132 The Mansell Collection; 133 Sonia Halliday Photographs; 134 Sonia Halliday Photographs; 134/135 The Mansell Collection; 135 Britain/Israel Public Affairs Committee; 137 Sonia Halliday Photographs; 138 Robert Harding Picture Library; 138/139 Sonia Halliday Photographs; 139 Bridgeman Art Library; 140/141 Zefa Picture Library; 142 The Mansell Collection; 143 *l* British Museum; 143 *r* Scala; 144 Ronald Sheridan; 145 *l* Sonia Halliday & Laura Lushington; 145 *r* British Museum; 147 *o* The Mansell Collection; 147 *u* Aus dem Archiv des Palestine Exploration Fund; 148 *o* Sonia Halliday Photographs; 148 *u* Sonia Halliday & Laura Lushington; 149 *ol* Sonia Halliday & Laura Lushington; 149 *or* Sonia Halliday Photographs; 149 *ul* Sonia Halliday Photographs; 149 *ur* BPCC/Aldus Archive; 150 Sonia Halliday Photographs; 151 The Mansell Collection; 153 The Fotomas Index; 157 *ol* Werner Forman Archive/British Museum; 157 *um* Peter Clayton; 157 *or* Picturepoint; 157 *ul* Sonia Halliday & Laura Lushington; 157 *ur* Ronald Sheridan; 158 *o* L'Abbé Denis Grivot; 158 *u* Sonia Halliday Photographs; 159 *o* The Mansell Collection; 159 *u* British Library; 161 Aspect Picture Library; 163 The Mansell Collection; 164 Sonia Halliday Photographs; 164–165 Scala; 165 *o* The Mansell Collection; 165 *u* Sonia Halliday Photographs; 167 *l* British Library; 167 *r* Picturepoint; 168 Ronald Sheridan; 169 Sonia Halliday Photographs; 170 Phaidon Press Ltd; 171 *l* British Museum; 171 *r* William Macquitty; 172/173 George Philip & Son Ltd; 174 Anthony Bannister/NHPA; 176 Ronald Sheridan; 177 Pierre Putelat/Agence Top; 178/179 The Mansell Collection; 182–183 *o* The Mansell Collection; 183 *o* Durch freundliches Entgegenkommen von Lauros-Girandon Paris/Bridgeman Art Library; 183 *ul* Peter Clayton; 183 *ur* The Mansell Collection; 186/187 *u* BPCC/Aldus Archive; 187 Milner, Sygma/John Hillelson Agency; 188 Pierre Putelat/Agence Top; 189 British Library; 191 Clive Hicks.

Folgenden Personen und Organisationen wird für ihre Hilfe gedankt:
Alison Abel
Dr. Leonie Archer
Dr. John Bimson
Dr. Rupert Chapman, Executive Secretary of the Palestine Exploration Fund
Egypt Exploration Society
Dr. Martin Goodman
Heythrop College, London
Institute of Archaeology
David Rohl
Zilda Tandy

Künstlerische Gestaltung:
David Parker, Chris Forsey, Dennis Curram, John Hutchinson, Roy Flooks, Angus McBride, Hayward and Martin

Computer-Graphik: Creative Data Ltd.

Grundlegend für jeden Christen

Die Bibel – Einheitsübersetzung

Altes und Neues Testament

Die preiswerteste Bibelausgabe:
besonders handlich, praktisch und übersichtlich erschlossen durch Einleitungen, Anmerkungen, Querverweise, Zeittafeln, Karten, Register.

1464 Seiten, Dünndruckpapier.
Paperback ISBN 3-451-19998-X
gebunden ISBN 3-451-18988-7
Leder ISBN 3-451-19999-8

Hausbibel

Einheitsübersetzung des
Alten und Neuen Testaments.
Mit Bildern von Erich Lessing

„Diese Bibelausgabe fasziniert durch 64 hervorragende Farbaufnahmen des bekannten Fotografen Erich Lessing, die biblische Landschaften, archäologische Funde und biblische Kunstwerke wiedergeben. Es ist eine Freude, diese Bibel zu lesen und zu betrachten." (Pfarrer Günter Reinholdt, Honau)

5. Auflage, 1584 Seiten, gebunden.
ISBN 3-451-19997-1

Neue Jerusalemer Bibel

Einheitsübersetzung.
Mit dem Kommentar der Jerusalemer Bibel

„Diese Arbeits- und Studienbibel bietet ein Optimum an Kommentierung, die von keinem einbändigen Werk übertroffen wird." (Westfälische Nachrichten)

Herausgegeben von Alfons Deissler und Anton Vögtle in Verbindung mit Johannes M. Nützel.

2. Auflage, 1900 Seiten, mit vierseitigem Kartenanhang, gebunden in Schuber.
ISBN 3-451-20002-3

Glaube zum Leben

Die christliche Botschaft

Herausgegeben und bearbeitet von Günter Biemer

Eine Gesamtdarstellung des christlichen Glaubens, die jeder versteht: engagiert, umfassend und lebensnah.
„‚Glaube zum Leben' richtet sich an alle: an jeden aufgeschlossenen, fragenden und suchenden Menschen, der mehr wissen will; an alle Christen, die ihren Glauben besser kennenlernen wollen und an alle, die in der Glaubensverkündigung tätig sind."
(Bayerischer Rundfunk)

840 Seiten, gebunden.
ISBN 3-451-20494-0

Verlag Herder Freiburg · Basel · Wien

Bücher für junge Leute

Treffpunkt Mensch

Herausgegeben von Gerhard Eberts
und Robert Schäfer

Das Schmökerbuch für junge Leute – zum Nachdenken und Lebenlernen: vielseitig, abwechslungsreich, originell und farbig.

● bietet spannende Unterhaltung und reichlich Stoff zur Diskussion
● bringt das Leben zur Sprache – ungeschminkt und wie es wirklich ist
● erzählt von Begegnungen mit Menschen – und mit Gott
● enthält Geschichten bekannter Autoren

208 Seiten mit vielen Fotos und Illustrationen, geb.
ISBN 3-451-20488-6

Ungläubige Jugend?

Briefe und Bekenntnisse
Herausgegeben von Manfred Plate

Für die Mehrzahl der Jugendlichen in der westlichen Gesellschaft bietet der christliche Glaube keine sinnvolle Lebensperspektive mehr. Wo liegen die Gründe? Fehlt es an überzeugenden Vorbildern? Oder versperren das konkrete Erscheinungsbild der Kirche und vor allem ihre Sexualmoral jungen Menschen den Zugang zum Glauben? Fragen werden endlich offen beim Namen genannt und ohne Tabus ausdiskutiert. Es entsteht eine spannende Auseinandersetzung über den Glauben in unserer Zeit.

144 Seiten, Paperback.
ISBN 3-451-21088-6

Wandlungen

Günter Biemer und Werner Tzscheetzsch
Ein Symbolbuch für junge Menschen

Mit ihren beiden Büchern „Anstiftungen" und „Wagnisse" haben die Autoren eine Flut von Leserbriefen ausgelöst, die neue, weiterführende Anfragen enthalten. Solche Briefe bilden den Kern dieses Buches. Die Autoren geben ehrliche Antworten, die helfen, das Leben zu wagen.

120 Seiten, Paperback.
ISBN 3-451-20967-5

Von denselben Autoren:

Anstiftungen

(Zusammen mit Albert Biesinger)

6. Auflage, 120 Seiten, Paperback.
ISBN 3-451-19454-6

Wagnisse

2. Auflage, 120 Seiten, Paperback.
ISBN 3-451-20085-6

Werner Schaube

Rufsäule

Versuche zu beten

Werner Schaube ermuntert Jugendliche dazu, das Gespräch mit Gott wieder neu zu wagen. Seine Mischung aus modernen und klassischen Gebeten lädt dazu ein, das eigene Leben in das Gebet einzubringen.

3. Auflage, 144 Seiten mit vielen Fotos, Paperback.
ISBN 3-451-20757-5

Verlag Herder Freiburg · Basel · Wien